IFCT128PO

# BIG DATA

**IFCT128PO**

# BIG DATA

*Víctor López Fandiño*

La ley prohíbe
fotocopiar este libro

IFCT128PO - BIG DATA
Materia Thema: UYQ
Materia Bisac: COM042000
© Víctor López Fandiño
© De la edición: Ra-Ma 2024

Editado por:
RA-MA Editorial
Calle Jarama, 3A, Polígono Industrial Igarsa
28860 PARACUELLOS DE JARAMA, Madrid
Teléfono: 91 658 42 80
Fax: 91 662 81 39
Correo electrónico: *info@grupoeditorialrama.com*
Internet: *www.ra-ma.es* y *www.ra-ma.com*
ISBN: 978-84-10360-17-4
Depósito legal: M-12799-2024
Maquetación: Antonio García Tomé
Diseño de portada: Antonio García Tomé
Filmación e impresión: Safekat
Impreso en España en mayo de 2024

*A la Lali, porque sin ella
muchas cosas importantes no
hubieran sido posibles*

# ÍNDICE

PRESENTACIÓN ........................................................................................................... 11

ACERCA DEL AUTOR ................................................................................................ 13

**CAPÍTULO 1. *BIG DATA*: DEL DATO A LA INFORMACIÓN** ............................ 14

   1.1    DATOS, INFORMACIÓN Y CONOCIMIENTO ..................................... 14

   1.2    CARACTERIZACIÓN DEL DATO ........................................................ 18

        1.2.1   Datos en cuanto al tipo ................................................................ 18

        1.2.2   Datos en cuanto al formato .......................................................... 18

        1.2.3   Datos en cuanto al generador ...................................................... 20

        1.2.4   Datos en cuanto al tamaño ........................................................... 21

        1.2.5   Datos en cuanto a su rol .............................................................. 22

        1.2.6   Datos en cuanto a su latencia ...................................................... 24

        1.2.7   Datos en cuanto a su sensibilidad ............................................... 26

   1.3    *BIG DATA* EN CONTEXTO .................................................................. 27

        1.3.1   El modelo de las cinco uves ........................................................ 28

        1.3.2   Empresas orientadas por los datos .............................................. 30

        1.3.3   Computación en la nube .............................................................. 32

        1.3.4   Gestión y gobierno del dato ........................................................ 34

   1.4    ETAPAS DE ANÁLISIS EN LA EXPLOTACIÓN DE LA INFORMACIÓN ... 35

        1.4.1   Analítica descriptiva ................................................................... 36

        1.4.2   Analítica prescriptiva .................................................................. 37

        1.4.3   Analítica predictiva ..................................................................... 38

        1.4.4   Analítica cognitiva ...................................................................... 40

   1.5    ESCENARIOS DE APLICACIÓN DEL *BIG DATA* .............................. 40

   1.6    RESUMEN DEL CAPÍTULO ................................................................. 43

**CAPÍTULO 2. ARQUITECTURAS Y PATRONES PARA *BIG DATA*** ................ *44*

   2.1    PATRONES ARQUITECTURALES ....................................................... 44

        2.1.1   Tipologías de patrones ................................................................ 45

2.2    ARQUITECTURAS DE DATOS CENTRALIZADAS ....................................46
    2.2.1    Generación 0 (1970): sistemas transaccionales...............................47
    2.2.2    Generación 1 (1980): *data warehouse* ..........................................50
    2.2.3    Generación 2 (1990): almacenes operacionales ..............................59
    2.2.4    Generación 3 (2000): gestión de datos maestros.............................61
    2.2.5    Generación 4 (2010): *data lake* .....................................................62
    2.2.6    Generación 5 (2020): *data lakehouse*.............................................69

2.3    ARQUITECTURAS DE DATOS ORIENTADA POR DOMINIOS .................73
    2.3.1    El concepto de *data mesh*..............................................................74
    2.3.2    Organización distribuida de datos según dominios.........................75
    2.3.3    El dato como producto ....................................................................77
    2.3.4    Plataforma compartida y gobierno federado ..................................79

2.4    RESUMEN DEL CAPÍTULO ....................................................................80

**CAPÍTULO 3. SISTEMAS DE ALMACENAMIENTO....................................................82**

3.1    BASES DE DATOS RELACIONALES........................................................84
    3.1.1    Gestión de cargas analíticas ...........................................................84
    3.1.2    Escenarios e inconvenientes............................................................88
    3.1.3    *Software* y soluciones para *data warehouse*...................................88

3.2    SISTEMAS DE ARCHIVOS DISTRIBUIDOS............................................89
    3.2.1    Apache Hadoop–HDFS....................................................................90
    3.2.2    Formatos de archivos ......................................................................94
    3.2.3    Escenarios e inconvenientes............................................................96
    3.2.4    *Software* y soluciones para Apache Hadoop ...................................96

3.3    ALMACENES DE OBJETOS.....................................................................97
    3.3.1    Catálogos de tablas.........................................................................99
    3.3.2    Escenarios e inconvenientes..........................................................100
    3.3.3    Servicios para el almacenamiento de objetos.................................101

3.4    BASES DE DATOS NOSQL....................................................................101
    3.4.1    El modelo BASE y el teorema CAP.................................................102
    3.4.2    Gestores NoSQL según el modelo de datos .....................................105
    3.4.3    *Software* y servicios de bases de datos NoSQL..............................112

3.5    RESUMEN DEL CAPÍTULO ..................................................................114

**CAPÍTULO 4. PROCESAMIENTO DE DATOS POR LOTES ....................................115**

4.1    EXTRACCIÓN, TRANSFORMACIÓN Y CARGA .....................................116
    4.1.1    Extracción......................................................................................117
    4.1.2    Transformación...............................................................................119
    4.1.3    Carga .............................................................................................121

4.2    MODELADO DE DATOS Y GESTIÓN DE CAMBIOS ...............................122
    4.2.1    Modelos multidimensionales..........................................................123
    4.2.2    Cambios en los datos y gestión de la historia.................................127

4.3    TECNOLOGÍAS PARA EL TRATAMIENTO DE DATOS............................129
    4.3.1    Apache Hadoop..............................................................................130

4.3.2 Aplicaciones MapReduce ................................................................132

4.3.3 Apache Spark ......................................................................................134

4.3.4 Tecnologías para flujos ETL ............................................................138

4.4 MOTORES DE CONSULTA DISTRIBUIDOS .................................139

4.4.1 Apache Hive .........................................................................................140

4.4.2 Otros motores especializados ...........................................................142

4.4.3 Apache Arrow .....................................................................................143

4.5 RESUMEN DEL CAPÍTULO .............................................................145

CAPÍTULO 5. GESTIÓN DE EVENTOS EN TIEMPO REAL .......................146

5.1 TRANSMISIÓN DE EVENTOS ...........................................................147

5.1.1 Transmisión de eventos y colas de mensajes ..................................149

5.1.2 Apache Kafka ......................................................................................152

5.2 PROCESAMIENTO DE EVENTOS ....................................................159

5.2.1 Consideraciones sobre el análisis de datos en tiempo real ............160

5.2.2 Soluciones para el procesamiento de eventos ................................163

5.3 UNIFICACIÓN DE PROCESOS ..........................................................165

5.3.1 El modelo Lambda .............................................................................165

5.3.2 El modelo Kappa ................................................................................168

5.3.3 Revisitando los catálogos de tablas .................................................169

5.4 RESUMEN DEL CAPÍTULO .............................................................171

CAPÍTULO 6. ANÁLISIS DESCRIPTIVO: EXPLORACIÓN DE LOS DATOS .....172

6.1 MOTIVACIÓN Y OBJETIVOS ...........................................................173

6.2 CARACTERIZACIÓN DE LOS DATOS ............................................174

6.2.1 Observaciones y atributos .................................................................175

6.2.2 Relaciones entre atributos .................................................................178

6.3 ANÁLISIS EXPLORATORIO ..............................................................179

6.3.1 Análisis univariante ...........................................................................179

6.3.2 Análisis multivariante .......................................................................183

6.4 ANÁLISIS MULTIDIMENSIONAL ...................................................188

6.4.1 Cuadros de mando y KPI ..................................................................191

6.5 SISTEMAS PARA ANÁLISIS DESCRIPTIVO .................................195

6.5.1 Flujo de construcción de un cuadro de mando ..............................195

6.5.2 Herramientas y soluciones ...............................................................198

6.6 RESUMEN DEL CAPÍTULO .............................................................200

CAPÍTULO 7. ANÁLISIS PREDICTIVO: MINERÍA DE DATOS ...............201

7.1 MOTIVACIÓN Y OBJETIVOS ...........................................................202

7.2 PREPROCESADO DE LOS DATOS ...................................................203

7.3 MODELIZACIÓN DE LOS DATOS ....................................................206

7.3.1 Aprendizaje supervisado ...................................................................208

7.3.2 Aprendizaje no supervisado .............................................................218

7.4 PUESTA EN PRODUCCIÓN E INFERENCIA DE MODELOS ....................227

7.4.1   Escenarios de inferencia de modelos....................................228
7.5   HERRAMIENTAS Y SOLUCIONES PARA MINERÍA DE DATOS..............231
7.6   RESUMEN DEL CAPÍTULO............................................................232

**CAPÍTULO 8. ANÁLISIS PRESCRIPTIVO: MODELOS DE OPTIMIZACIÓN...233**
8.1   MOTIVACIÓN Y OBJETIVOS.........................................................233
8.2   OPTIMIZACIÓN MATEMÁTICA.....................................................234
8.2.1   Programación lineal..........................................................236
8.2.2   Otros métodos de optimización matemática ........................238
8.3   ALGORITMOS GENÉTICOS..........................................................239
8.4   MODELIZACIÓN PROBABILÍSTICA..............................................242
8.4.1   Cadenas de Markov...........................................................242
8.5   HERRAMIENTAS Y SOLUCIONES PARA ANÁLISIS PRESCRIPTIVO....244
8.6   RESUMEN DEL CAPÍTULO............................................................245

**CAPÍTULO 9. ANÁLISIS COGNITIVO: INTELIGENCIA ARTIFICIAL.............247**
9.1   MOTIVACIÓN Y OBJETIVOS.........................................................248
9.2   MECANISMOS DE APRENDIZAJE..................................................250
9.2.1   Aprendizaje por refuerzo....................................................251
9.2.2   Aprendizaje profundo.........................................................252
9.3   APLICACIONES EN EL ÁMBITO ANALÍTICO.................................257
9.3.1   Análisis de conversaciones.................................................258
9.3.2   Análisis de imágenes.........................................................261
9.4   PROBLEMAS DE SESGO Y FALTA DE EQUIDAD EN LOS MODELOS ..265
9.4.1   Mitigación del sesgo..........................................................268
9.5   HERRAMIENTAS Y SOLUCIONES PARA ANÁLISIS COGNITIVO.........270
9.5.1   Aceleración de la inferencia de modelos por *hardware*......................270
9.5.2   Servicios cognitivos en la nube..........................................271
9.5.3   Soluciones para la detección y mitigación de sesgo............................274
9.6   RESUMEN DEL CAPÍTULO............................................................276

**CAPÍTULO 10. GESTIÓN Y GOBIERNO DEL DATO Y SUS ACTIVOS...............278**
10.1   GESTIÓN DEL CICLO DE VIDA DE LOS DATOS.................................279
10.1.1   El marco DAMA-DMBOK2.............................................280
10.1.2   Operaciones sobre los datos y observancia ......................286
10.2   GESTIÓN DEL APRENDIZAJE AUTOMÁTICO..................................289
10.2.1   Metodologías para minería de datos..................................290
10.2.2   Automatización de modelos: MLOps ..................................294
10.3   SOLUCIONES PARA LA GESTIÓN Y GOBIERNO DEL DATO.................297
10.4   RESUMEN DEL CAPÍTULO............................................................298

**BIBLIOGRAFÍA RECOMENDADA........................................................299**

# PRESENTACIÓN

En el momento en que tuve la oportunidad de escribir este libro, lo primero que me vino a la cabeza fue que podía aportar yo a la ya extensa y variada literatura existente sobre el tema que nos ocupa. Las estanterías de las librerías temáticas, las plataformas de aprendizaje en línea y los blogs especializados rebosan contenidos alrededor del mundo del *Big Data*. Si a esto sumamos el ingente número de materiales y recursos elaborados por las compañías que se dedican al tema, ya sea en el desarrollo de *software* o en la prestación de servicios, nos encontramos con un área de conocimiento y una práctica empresarial, a priori, sobradamente documentada.

Sin embargo, es en esa abundancia donde para muchos está el problema; y es precisamente en ella donde yo encontré el primero de los argumentos que necesitaba para empezar a escribir. El grado de especialización de los textos sobre tecnologías de la información es parejo al de sistemas, arquitecturas, metodologías o marcos de desarrollo que la componen. En cierta manera, eso es lo esperable. Ahora bien, en estos contenidos tan específicos, al lector que se adentra por primera vez en la materia le cuesta enormemente posicionar y entender los distintos elementos que, como en el caso de *Big Data*, componen un ecosistema de tecnologías, servicios y soluciones de por sí complejo. Es verdad que existen libros (y muy buenos) con una intención más generalista, pero su tendencia es a girar alrededor de la infraestructura para el almacenamiento y el procesado de los datos, dejando las distintas formas de explotación y análisis para la estantería sobre inteligencia y analítica de negocio. Por lo tanto, la conveniencia de aportar una visión mucho más panorámica, conceptual y completa sobre todo el ciclo de vida del dato actuó como una motivación para que me lanzara a la escritura.

El segundo argumento tiene que ver con devolver lo aprendido. En estos ya 30 años alrededor del mundo del dato, primero desde la investigación, después desde el sector y la empresa, y siempre con incursiones en la docencia, uno no solo crece profesionalmente a base de experiencias, sino que desarrolla también una forma de entender y explicar las cosas. Y es esto lo que precisamente uno puede aportar a los que se inician en esta compleja y apasionante materia: su punto de vista, los elementos que considera más relevantes, lo que le costó entender en su momento, aquello que más le llamó la atención y le llegó a entusiasmar.

Existió desde el principio una tercera motivación, en ningún caso menor: contribuir a hacer más amplia la literatura en castellano sobre tecnologías de la información. Tengo que admitir que la tarea no ha sido fácil. En un campo en el que el lenguaje oral está dominado por los anglicismos, trasladar estos conceptos al papel intentando poner un mínimo de rigor, pero sin caer en traducciones sin sentido que no aportan nada, es más complicado de lo que parece. En este sentido, me gustaría agradecer y reconocer el trabajo que instituciones como la Fundéu-RAE vienen haciendo de cara a promover y facilitar el buen uso del lenguaje en los medios e internet.

Respecto a la organización del libro, conceptualmente está divido en tres partes. La primera, compuesta por cinco capítulos, comienza con una visión general sobre las necesidades alrededor del tratamiento del dato, presentando *Big Data* como una disciplina que permite a las organizaciones explotar grandes volúmenes de datos heterogéneos para soportar la toma de decisiones. Continúa con un tema que yo considero central, ya que actúa como guía y referencia de todo lo que vendrá después: las arquitecturas y patrones para la organización de los datos. Los sistemas de almacenamiento y persistencia vienen a continuación, dando entrada a las distintas formas de procesamiento del dato, por lotes y en tiempo real.

La segunda parte gira entorno a la explotación analítica de la información a partir del dato una vez transformado y consolidado, con un capítulo por cada forma de análisis: prescriptivo, predictivo, prescriptivo y cognitivo. Si bien la primera parte se centra más en temas de infraestructura e ingeniería de datos, esta segunda se abre a aplicaciones y usuarios de negocio. Finalmente, en una corta tercera parte, formada por un único capítulo, planteo un tema transversal a todo el libro: la gestión y el gobierno del dato. Es quizá poco espacio para un aspecto tan importante que todas las organizaciones deben abordar. Sin embargo, he preferido incluirlo, aunque sea de forma breve, antes que dejarlo fuera y dar más extensión a otros de los temas más troncales, pero ya tratados.

Por último, no quisiera terminar esta presentación sin agradecer a mi buen amigo y colega Jaime Requejo el haber compartido conmigo su punto de vista sobre el planteamiento y la exposición del análisis descriptivo, tema del que es un consagrado y reconocido especialista.

Vila de Gràcia, Barcelona, a 15 de mayo de 2023.

# ACERCA DEL AUTOR

Víctor López Fandiño es doctor en ingeniería industrial por la Universitat Ramon Llull, Barcelona, con una especialización en quimiometría sobre la aplicación de las redes neuronales artificiales al análisis estadístico multivariante. Con más de 30 años de experiencia en el sector de las tecnologías de la información, ha desarrollado la mayor parte de su carrera profesional en IBM, pasando por las divisiones de consultoría, *software* y, más recientemente, encargándose de la habilitación técnica de los socios tecnológicos de la compañía en España. Paralelamente, ha colaborado con distintas escuelas de negocio y universidades en la impartición de seminarios, cursos de especialización y asignaturas sobre explotación y análisis de los datos.

Siempre ha trabajado en áreas relacionadas con la gestión de la información, especialmente en temas de minería de datos, *data warehousing* y analítica de negocio, disciplinas por las que tiene una certificación como *Distinguished Technical Specialist*, otorgada por The Open Group.

# 1

# *BIG DATA*:
# DEL DATO A LA INFORMACIÓN

Hablar hoy en día de *Big Data* en un contexto empresarial es hablar simplemente de datos: el uso del calificativo es, en una gran mayoría de casos, innecesario. En relativamente poco tiempo, empresas de todos los tamaños y niveles de facturación han tomado conciencia del volumen real de datos que les rodea. Estos datos no solo surgen de la propia actividad del negocio, sino que provienen también de fuentes externas que proporcionan un contexto y un sentido a esa actividad. Aunque probablemente sí en cuanto a cantidad, tampoco son datos necesariamente nuevos. A pesar de que muchos de ellos son intrínsecos al propio negocio, su puesta en valor, explotación y rentabilización no se ha producido hasta hace no muchos años.

En este primer capítulo vamos a sentar las bases de lo que entendemos por conceptos tan habituales, pero al mismo tiempo tan complejos, como dato, información y conocimiento. Estudiaremos el ciclo de vida de los datos desde su generación hasta su explotación, centrándonos en esta última desde un punto de vista analítico. Plantearemos también las distintas necesidades y los retos que se derivan de la gestión del dato.

## 1.1 DATOS, INFORMACIÓN Y CONOCIMIENTO

Muchas veces los conceptos de **dato** e **información** se utilizan de forma equivalente. Hablamos de gestión de los datos y de gestión de la información de forma intercambiable y recursiva, quizá dándole un matiz y un contexto más operacional a la primera y más analítico a la segunda. Al mismo tiempo, la mayoría coincidiremos en que el **conocimiento** es un concepto que requiere una mayor elaboración, estando dotado de un mayor nivel de abstracción. Si además incluimos la **sabiduría** dentro del conjunto, entonces la complejidad conceptual aumenta todavía más.

La relación entre estos cuatro conceptos es algo profundamente estudiado, tanto desde el punto de vista de las ciencias de la información como de la epistemología, si bien no existe un consenso claro entre las distintas escuelas. Una forma habitual de representar esta relación es a través de la llamada **pirámide DIKW** (*Data, Information, Knowledge, Wisdom*).

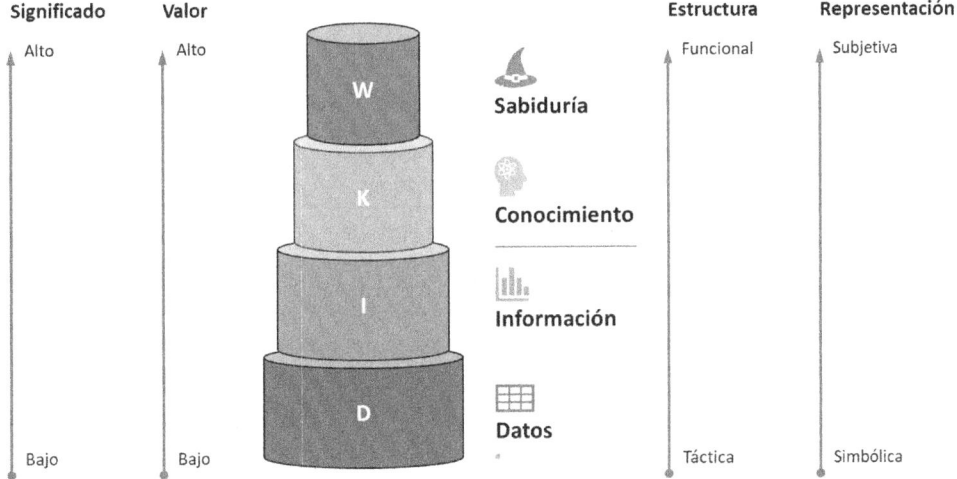

**Figura 1-1.** Pirámide DIKW.

Además de establecer una jerarquía, el modelo que hay detrás de esta pirámide (Figura 1-1) proporciona una definición más o menos consensuada de cada uno de estos cuatro conceptos, de forma que cada uno se apoya en el del peldaño anterior. La Tabla 1-1 contiene estas definiciones.

Desde el punto de vista de las tecnologías de la información, a medida que ascendemos por la pirámide nos enfrentamos con conceptos menos programables y susceptibles de ser manipulados mediante algoritmos, aunque la **inteligencia artificial** (**AI**, *Artificial Intelligence*) se empeñe día a día en contradecir esto. También en este ascenso vamos incorporando roles a esta cadena de valor. Desde una perspectiva empresarial, los **usuarios de negocio**, aquellos más cercanos a la toma de decisiones, son los encargados de generar conocimiento, entrando en este nivel de la pirámide y liderando el resto de la subida. Hasta ese punto, son los **ingenieros** los responsables de la captación de los datos y su elaboración de cara a facilitar la generación del conocimiento. Es evidente la importancia de cada uno de estos dos roles en esa cadena de valor.

| Concepto | Definición | Características |
|----------|-----------|----------------|
| **Datos** | Colección de hechos elementales codificados mediante símbolos y registrados sin una organización concreta | • Propios de las cosas<br>• Discretos y objetivos<br>• Operacionales |
| **Información** | Colección de datos procesados y organizados con el propósito de ser útiles a su destinatario, aportándole significado | • Entendible<br>• Categorizada<br>• Comunicable |
| **Conocimiento** | Información puesta en contexto, que combinada con experiencia, valores y reglas permite la toma de decisiones | • Propio de las personas<br>• Subjetivo<br>• Analítico |
| **Sabiduría** | Conocimiento acumulado que permite a las personas actuar de forma crítica y práctica ante una situación determinada | • Depende de un sistema de valores<br>• Comporta un juicio ético |

**Tabla 1-1.** Conceptos en la pirámide DIKV.

Al margen de lo que significa la pirámide del DIKV en la teoría general de la información y el conocimiento, a nosotros nos resulta útil para acotar el dominio en el que nos vamos a mover a la hora de plantear los sistemas de *Big Data*.

Podemos definir **Big Data**[1] como el conjunto de operaciones, técnicas y tecnologías orientadas al procesamiento de grandes y variados volúmenes de datos, con el fin de generar información válida sobre la que desarrollar conocimiento y soportar las decisiones de negocio. Es decir, nos centramos en la base de la pirámide con el objetivo de habilitar y facilitar el tercer peldaño[2]. Por consiguiente, los sistemas de *Big Data* son aquellos componentes de *hardware* y *software* encargados de soportar esas operaciones.

---

1    La Real Academia Española admite y recomienda el uso del término **macrodatos**, en lugar de *Big Data*. Sin embargo, he optado por mantener el anglicismo en la medida en que nos referimos a una disciplina y su uso está ampliamente extendido.

2    La sabiduría es un concepto tremendamente abstracto que la pirámide DIKV intenta con mayor o menor éxito conceptualizar (de hecho, no son pocos los autores que la dejan fuera) y que nosotros no tocaremos. Tampoco entraremos en la gestión del conocimiento como rama de las tecnologías de la información.

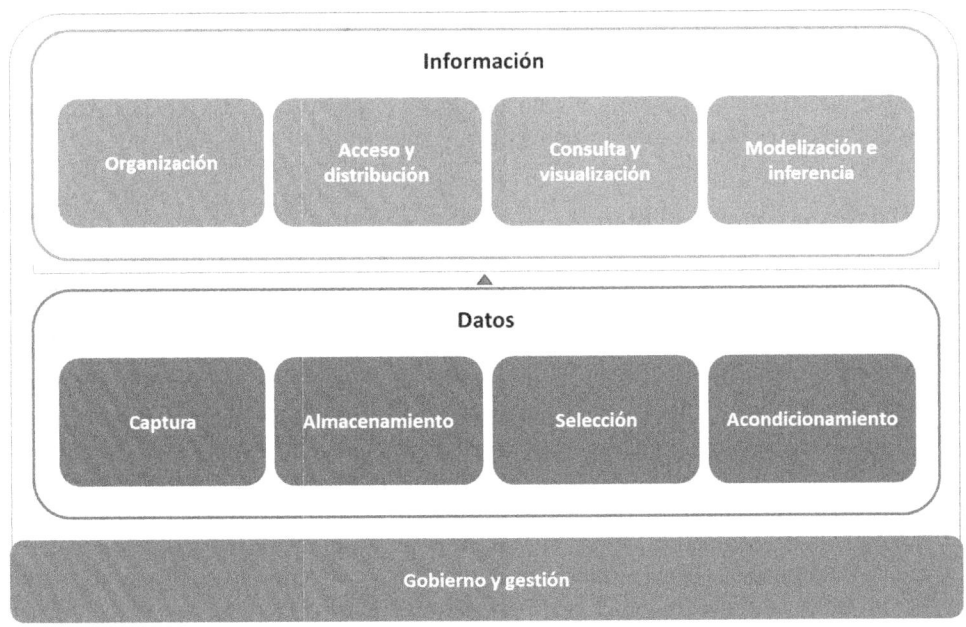

**Figura 1-2.** Operaciones de Big Data sobre datos e información.

La Figura 1-2 recoge esta idea. Sobre una capa de gobierno, encargada de proporcionar una serie de servicios comunes y unificados que van desde la trazabilidad hasta el control de acceso, se construye una infraestructura para la gestión del dato que permite su elaboración y transformación en información.

Si bien es posible caracterizar las distintas operaciones que componen esta cadena de valor, no siempre es fácil establecer cuando el dato deja de serlo y pasa a constituirse en información. Hay zonas difusas, especialmente en lo referente a la organización y distribución, donde las diferencias no están tan claras. Por ello, es habitual asociar la información con los sistemas encargados del acceso o consumo por parte de los usuarios finales, mientras que los datos quedarían confinados a aquellos que son internos, responsabilidad de los ingenieros y el departamento de tecnología.

Adicionalmente a este planteamiento, que es necesario para identificar y posicionar los elementos con los que vamos a tratar, no hay que perder de vista que los sistemas solo saben operan con datos, y además de forma agnóstica y descontextualizada[3]. En este sentido, entendemos los datos como las unidades básicas de almacenamiento sobre las que operan los ordenadores a través de procesos y aplicaciones. Esta visión operativa es compatible, y reconciliable, con nuestro modelo conceptual, especialmente desde el momento en que entendemos la información como un conjunto de datos procesados y organizados. Por lo tanto, cuando hablemos de datos en general estaremos englobando también la información como concepto, añadiendo siempre los matices pertinentes.

---

3   Nuevamente, la inteligencia artificial está marcando un antes y un después al respecto.

## 1.2 CARACTERIZACIÓN DEL DATO

Sobre este punto de partida, el dato puede ser caracterizado de muchas maneras, tomando tanto ejes técnicos como de negocio.

### 1.2.1 Datos en cuanto al tipo

Vamos a comenzar por una clasificación muy técnica y granular, pero que subyace en toda narrativa alrededor del procesamiento de los datos. Desde el punto de vista del tipo de operaciones que pueden hacer los ordenadores sobre los datos, podemos hablar de dos grandes clases:

- **Tipos simples**. También denominados tipos primitivos, representan un único valor. Cada tipo simple establece que valores puede tomar el dato, y dentro de que rango, así como las operaciones que se pueden realizar. Los tipos simples se dividen en lógicos, caracteres y numéricos, cada uno de ellos representado por un número determinado de bits. Mediante un tipo simple se puede codificar el salario de un empleado, el estado civil de un ciudadano o el indicador de que un cliente no desea recibir publicidad, por ejemplo.
- **Tipos compuestos**. Como resultado de la combinación de los tipos simples aparecen tipos compuestos, que representan un conjunto de valores a modo de estructura. Dentro de estos tipos nos podemos encontrar vectores, matrices, listas, conjuntos, registros, etc. Con tipos compuestos podemos representar el nombre de un producto, la imagen de la matrícula de un coche, en forma de matriz de bits, el audio de la transcripción de una conversación, o entes más complejos, como un coche o una persona.

### 1.2.2 Datos en cuanto al formato

Siguiendo en el ámbito técnico, pero ya dando forma a la idea de colección, podemos hablar de datos en cuanto a la forma de organizarlos (Figura 1-3). Como veremos, esta caracterización tiene mucha importancia a la hora de hablar del formato de los datos y la manera de almacenarlos.

- **Datos estructurados**. Una colección de datos está estructurada cuando presenta un modelo o esquema organizativo. Es decir, todos los elementos de la colección responden a una misma organización, tanto en cuanto a tipos como a significado. La primera idea que se nos viene a la cabeza cuando hablamos de datos estructurados es la de una **base de datos SQL**, donde las colecciones se materializan en forma de tablas y sus relaciones como referencias. Cada tabla responde a un esquema de tipos prefijado, de forma que todos los registros de la tabla tienen la misma estructura. Por ejemplo, un cliente puede estar almacenado como un tipo compuesto en una tabla, constituyendo un registro. Este tipo estará formado por un conjunto de tipos simples, representando cada uno un atributo sociodemográfico o conductual. Todos los registros (clientes) de la tabla responden a los mismos atributos[4]. En cualquier caso, la base de datos relacional no es el único medio de persistencia de las colecciones de datos estructurados, ya que estas pueden almacenarse en ficheros planos con separadores, hojas de cálculo u otros formatos propietarios.

▶ **Datos semiestructurados**. Los datos semiestructurados se definen por diferencia, es decir, son aquellos que no son estructurados, pero que presentan cierta organización. Su primer rasgo identificativo es que no responden a una estructura tabular en forma de una colección de registros compuestos por atributos, como veíamos anteriormente. El formato de estas colecciones se basa en una organización jerárquica que agrupa los datos de forma semántica, incluyendo una serie de etiquetas que delimitan los valores y sirven como descripción de la estructura. Esto no implica necesariamente una falta de rigor en la definición, ya que estas colecciones pueden implementar un esquema susceptible de ser validado. Por el contrario, ofrecen más flexibilidad a la hora de definir la organización, permitiendo al mismo tiempo el análisis (*parsing*) de los datos. El correo electrónico (MIME), y los formatos **XML** y **JSON** son ejemplos de cómo organizar datos en colecciones semiestructuradas.

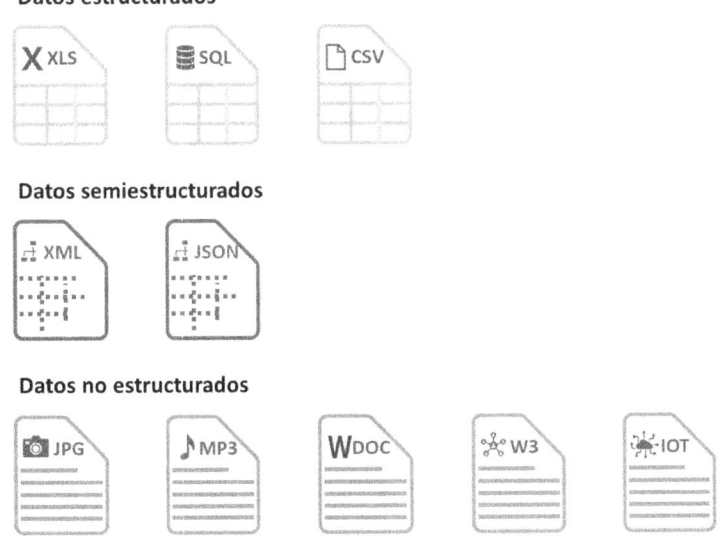

**Datos estructurados**

X XLS        SQL        CSV

**Datos semiestructurados**

XML        JSON

**Datos no estructurados**

JPG        MP3        WDOC        W3        IOT

**Figura 1-3.** Datos en cuanto a formato

---

4   Esto no implica que todos estos atributos deban estar informados para todos los clientes. El esquema de la tabla, que responderá a un modelo de entidad, marcará, entre otras cosas, que datos admiten la ausencia de un valor.

▼ **Datos no estructurados**. En el otro extremo nos encontramos con colecciones de datos carentes de estructura. Aquí situamos **datos textuales**, como documentos, mensajes o registros de aplicación (*logs*), y **datos no textuales**, incluyendo audio, vídeo e imágenes. En cualquier caso, estos formatos sí tienen una organización interna en forma de tipos compuestos, conformada además a un estándar (JPG, MP3, AVI, etc.). El calificativo de no estructurado aparece debido a la carencia ya de un esquema que facilite el acceso y la consulta. Estos tipos de datos, al igual que los semiestructurados, se acostumbran a persistir en sistemas de almacenamiento de objetos y **bases de datos NoSQL** especializadas[5].

## 1.2.3 Datos en cuanto al generador

Otro eje para considerar es el que tiene en cuenta quien es el creador de los datos. Tenemos dos posibilidades

▼ **Datos generados por personas**. Estas son unas de las colecciones que más rápidamente está creciendo, no tanto a nivel corporativo, sino por el gran volumen de interacciones en las redes sociales y el comercio electrónico. Aquí incluimos operaciones de compra, correos electrónicos, documentos de texto, hojas de cálculo, mensajes, video, imágenes, audio, etc. Si bien aquí hay una gran variedad de datos no estructurados, el volumen asociado a las transacciones comerciales directas entre empresas y consumidores (B2C, *Business-to-Consumer*) se apoya mayoritariamente en datos estructurados.

▼ **Datos generados por máquinas**. Son aquellos producidos por dispositivos digitales o aparatos mecánicos, sin que medie la intervención humana, y normalmente asociados a procesos industriales o científicos. Aquí podemos incluir imágenes generadas por sistemas de vigilancia o satélites, datos de sensores en entornos y aplicaciones de **IoT** (*Internet Of Things*), transacciones automáticas entre empresas (B2B, *Business-to-Business*) o registros de aplicaciones y sistemas, estos últimos suponiendo un volumen muy grande que no para de crecer[6]. El número de datos no estructurados en esta categoría tiene cada vez más peso.

---

5    En múltiples fuentes se indica que los datos no estructurados, y por extensión los semiestructurados, son aquellos que no pueden residir en una base de datos relacional. Esto no es correcto, ya que cualquier motor de SQL moderno puede almacenar imágenes, audio o documentos XML dentro de un campo de una tabla, permitiendo distintos niveles de interrogación y relación.

6    De hecho, el procesamiento de registros (*logs*) era una de las aplicaciones de referencia cuando se empezó a hablar de *Big Data*.

## 1.2.4 Datos en cuanto al tamaño

Si medimos los datos en términos de tamaño, no nos queda más remedio que relativizar la nomenclatura; lo que son volúmenes pequeños para una empresa pueden suponer un desafío para otra. La Figura 1-4 muestra algunos ejemplos de volúmenes de datos para hacernos una idea relativa de los tamaños.

Con el riesgo que conlleva delimitar unos rangos, podemos establecer las siguientes categorías, órdenes de magnitud y ejemplos:

**bit**

b
- Un dígito binario (1 o 0)

**byte = 8 b**

B
- 10 B = una palabra

**kilobyte = $10^3$ B**

kB
- 100 kB = una foto en baja resolución

**megabyte = $10^3$ kB**

MB
- 5 MB = la obras completas de Shakespeare

**gigabyte = $10^3$ MB**

GB
- 100 GB = un Ultra HD Blu-ray

**terabyte = $10^3$ GB**

TB
- 10 TB = la colección de la librería del congreso de EEUU impresa

**petabyte = $10^3$ TB**

PB
- 20 PB = datos procesados por Google en un día (2008)

**exabyte = $10^3$ PB**

EB
- 1 EB = volumen de datos creados en Internet cada día (2012)

**zettabyte = $10^3$ EB**

ZB
- 10 ZB = volumen de datos total en Internet (2018)

**yottabyte = $10^3$ ZB**

YB
- ...

**Figura 1-4.** Escala de almacenamiento de datos con algunos ejemplos.

▸ **Datos pequeños** (*gigabytes*). Un ejemplo podría ser una base de datos de proveedores, conteniendo información de contacto con varios miles de registros. Estos datos se pueden procesar con un *software* ofimático en ordenadores personales[7].

▸ **Datos medianos** (*terabytes*). Una base de datos conteniendo transacciones comerciales, con detalle de pedidos, facturas y devoluciones. Aquí estaríamos hablando de varios millones de registros, procesados con tecnologías convencionales.

---

7   Aunque aquí hablamos de datos pequeños en función de su tamaño, el término **small data** se usa comúnmente como continuación, o incluso alternativa, al *Big Data*, remarcando que la correcta visualización, comprensión y comunicación de los datos solo puede tener lugar sobre conjuntos pequeños.

▸ **Datos grandes** (*petabytes*). Los datos derivados de una aplicación de comercio electrónico, que incluyen rutas de navegación del usuario, tiempo de sesión, búsquedas, incidencias, etc. Las volumetrías estarían aquí sobre los billones de registros, requiriendo ya sistemas distribuidos y entornos de computación escalables.

▸ **Datos muy grandes** (*exabytes*). Aquí incluimos el procesamiento de datos de satélites, genómica, imágenes médicas, entornos de correlación de eventos de seguridad, inteligencia artificial, etc., requiriendo sistemas específicos y dedicados de computación.

Lógicamente, estas consideraciones tienen un impacto en los mecanismos de almacenamiento de los datos, pero no solo por el volumen en sí, sino también por su temperatura, medida esta como la frecuencia de acceso. Hablamos de **datos calientes** (*hot storage*) cuando estos requieren un acceso frecuente e instantáneo, siendo cruciales para el negocio. Por el contrario, los **datos fríos** (*cold storage*) son aquellos inactivos la mayor parte del tiempo, no requiriendo un acceso inmediato y permaneciendo archivados. Esta diferenciación implica métodos de almacenamiento separados, optimizados para cada caso, y que tienen una importante repercusión en el coste de la infraestructura.

## 1.2.5 Datos en cuanto a su rol

Las cuatro primeras clasificaciones que hemos visto son de carácter básicamente técnico. Sin embargo, para comprender bien el papel y el valor que los datos aportan al negocio es necesario ponerlos en un contexto más funcional.

Los datos que manejan las empresas tienen un trasfondo corporativo. Esto quiere decir que son compartidos de forma controlada por empleados, socios y proveedores a lo largo de diferentes organizaciones y departamentos, en diferentes geografías. Algunos de ellos son accesibles también por los clientes, como parte de las transacciones comerciales, y otros deben estar disponibles de cara a cumplir con marcos regulatorios, o incluso requerimientos judiciales. Desde este punto de vista corporativo, podemos clasificar los datos en cuatro categorías:

▸ **Datos maestros.** Son aquellos que detallan las entidades principales del negocio, y que son compartidos y utilizados por distintas aplicaciones. Ejemplos de datos maestros son clientes, empleados, productos u oficinas. Los datos maestros deben tener una concepción transversal del negocio, ya que implican a todos los departamentos, y son críticos para su funcionamiento. Por este motivo, su gestión debería centralizarse.

▸ **Datos operacionales.** Son los derivados del propio funcionamiento del negocio, consecuencia de las transacciones comerciales con clientes y proveedores. Los sistemas que producen estos datos son críticos, ya que su caída implicaría el paro de las actividades. Los datos operacionales necesitan datos maestros para tener sentido. Por ejemplo, una compra en un supermercado genera datos operacionales dentro de un escenario formado por un cliente, una tienda, una serie de productos, un vendedor, etc. El dato operacional en si hace referencia al detalle de la facturación de la compra y las unidades vendidas, los puntos generados bajo el programa de fidelización, o el tiempo invertido por el vendedor en escanear los artículos. El escenario, por su parte, está formado por datos maestros.

▼ **Datos externos**. Los datos externos son aquellos no generados por el negocio, pero que tienen una relación con él, siendo susceptibles de influir y aportar valor. Aquí podemos incluir datos meteorológicos, que nos informan de la previsión de lluvias y su impacto a la hora de establecer los periodos de siembra, datos de redes sociales, diciéndonos el sentimiento que generan nuestros productos y servicios, o datos encargados a proveedores o agencias externas, que nos detallan la propensión de voto por código censal en las próximas elecciones municipales. Los datos externos pueden actuar como fuente para los datos maestros, aportando un perfil sociodemográfico de nuestros clientes en función de su lugar de residencia, por ejemplo.

▼ **Datos analíticos**. Aquí podríamos hablar ya de información en lugar de datos, en el sentido que hemos mencionado en el apartado anterior. Si el dato operacional tiene sentido dentro de un escenario, también debe analizarse en este para su comprensión. El dato analítico se genera a partir de los datos operacionales, denominados ahora **hechos**, dentro del contexto de los datos maestros, denominados aquí **dimensiones**, y relatado a lo largo de una **perspectiva temporal**. Es decir, el dato analítico siempre es dimensional, siendo el tiempo una de las dimensiones más importantes y ubicua. El dato analítico puede recircular, enriqueciendo los datos maestros; sería el caso, como ya veremos, de nuevos atributos de los clientes generados a través de un modelo de segmentación.

Ligar el dato analítico al tiempo como dimensión no implica que los datos operacionales no puedan monitorizarse y estudiarse en tiempo real[8]. Sin embargo, cuando nuestro análisis está enfocado a soportar la toma de decisiones desde un punto de vista estratégico y táctico, es imprescindible tomar una cierta profundidad histórica. Por el contrario, la monitorización del dato operacional estaría más enfocada a la toma de decisiones operativas.

---

8    Aún en este caso, el tiempo sigue siendo un eje imprescindible.

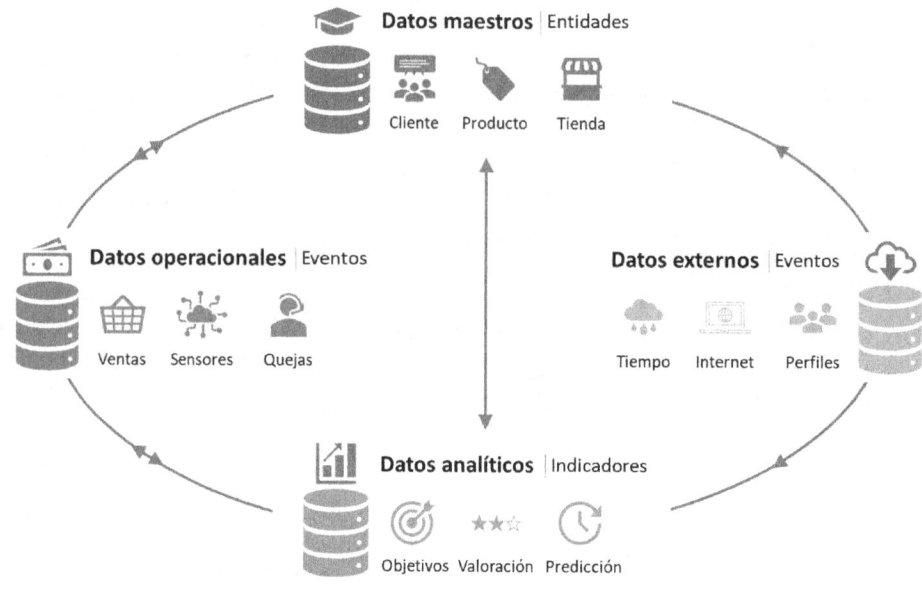

**Figura 1-5.** Datos corporativos

Cuando hablamos de **gestión de datos corporativos** (EDM, *Enterprise Data Management*) nos estamos refiriendo a los procesos involucrados en el manejo de estos cuatro tipos de datos. La Figura 1-5 muestra las relaciones entre ellos; la existencia de conexiones y dependencias bidireccionales añade complejidad en la gestión.

## 1.2.6 Datos en cuanto a su latencia

En términos de gestión de eventos, la **latencia** se define como el tiempo total transcurrido entre que un dato es generado y es puesto a disposición de las aplicaciones y los usuarios para ser consumido. Desde un punto de vista técnico, la latencia puede descomponerse en latencia de red, almacenamiento, procesado, etc. A estos tiempos podemos añadir, ahora funcionalmente, una latencia de análisis, decisión e implementación. Existe el convencimiento de que a mayor latencia menor es el valor que aporta el dato al negocio, pero esto debería matizarse.

Podemos hablar de dos tipos de datos en términos de latencia:

▶ **Datos en tiempo real**. Son aquellos captados en el momento en que son obtenidos. Esto implica dos cosas: por un lado que la captación es próxima a la inmediatez, produciéndose de forma constante; por el otro, que la integración del dato tiene lugar en la propia captación. El procesamiento en tiempo real es una característica inherente a los datos operacionales. Un sistema de reserva de entradas, un monitor de transacciones fraudulentas o un sistema de detección y apagado de incendios, son ejemplos de aplicaciones que tienen que trabajar en tiempo real. El procesamiento de datos en tiempo real suele medirse en segundos, milisegundos o incluso menos.

▼ **Datos en lotes**. En este caso, los datos son almacenados en un lote (*batch*) cuando son recibidos, permaneciendo así durante un cierto periodo de tiempo o hasta que alcanzan un volumen determinado. Después son procesados de forma planificada como un conjunto y entregados en destino. Este periodo de tiempo puede ir desde una hora hasta varios meses. Aquí el tiempo de entrega no solo no es crítico, sino que además es, en muchos casos, necesario. Por ejemplo, un sistema de facturación de agua o electricidad tiene que operar necesariamente por lotes, acumulando las lecturas del contador durante un mes para poder emitir la factura. Aunque el dato analítico se ha asociado a este tipo de procesamiento, imprescindible para dar esa profundidad histórica de la que hablábamos antes, la necesidad de acortar los procesos de toma de decisiones, y la disponibilidad de datos operacionales para hacerlo, ha hecho que el procesado en tiempo real tenga tanta relevancia o más que el procesado por lotes.

Aunque la industria demanda cada vez más el aprovisionamiento y el procesado de datos en tiempo real, el tratamiento por lotes tiene una serie de ventajas desde el punto de vista de la integración de los datos.

Una de ellas es la eficiencia que se gana al unificar todo el tratamiento en un único proceso, no teniendo que gestionar cada dato individual cada vez que este se adquiere o genera. Además, permite un uso eficiente de los sistemas al poder planificar los lotes en periodos en que la carga de trabajo es baja.

| Riesgo bajo | Riesgo medio | Riesgo alto |
|---|---|---|
| • Datos y contenidos autorizados, disponibles a través de páginas web públicas de la empresa<br>• Ofertas de empleo<br>• Notas de prensa<br>• Material de *marketing* aprobado para uso público<br>• Datos de contacto no designados como privados por la empresa o por el empleado | • Identificadores internos de empleados<br>• Datos de desarrollo, investigación y patentes no publicados<br>• Contenidos con propiedad intelectual licenciada de un tercero o restringida por contrato<br>• Datos de recursos humanos relacionados con los empleados<br>• Contratos no públicos<br>• Datos financieros<br>• Correo electrónico, informes, presupuestos y planes internos | • Identificadores personales (números de la Seguridad Social, DNI, carné de conducir, pasaporte, etc.)<br>• Contraseñas y claves de acceso a sistemas, aplicaciones, etc.<br>• Información identificable sobre salud o pólizas<br>• Números de tarjetas de crédito o débito<br>• Números de cuentas bancarias<br>• Exportaciones controladas<br>• Donaciones y regalos |

**Tabla 1-2**. Ejemplos de tipos de datos en función de su sensibilidad.

En cualquier caso, será el proceso de negocio y el usuario final el que dicte la latencia más apropiada para cada caso, siendo habitual tratar un mismo dato de ambas formas con el fin de satisfacer necesidades y tiempos diferentes.

## 1.2.7 Datos en cuanto a su sensibilidad

Por último, los datos pueden ser también clasificados según su connotación en términos de privacidad e intimidad. Esta asignación marcará quien puede acceder a los mismos y durante cuánto tiempo, estableciendo también las condiciones en que deben ser almacenados.

Las empresas suelen emplear distintas categorías para gestionar sus datos en cuanto a su sensibilidad y acceso. Estas categorías tienen en cuenta tanto datos recogidos de las interacciones con clientes y proveedores, como aquellos generados por el propio negocio. Varían de un país a otro en función de las regulaciones que se aplican (GDPR, SOC2, HIPAA, PCI SSC, etc.)[9], y cada empresa introduce además sus propias matizaciones. De forma general, podemos hablar de tres clases de datos en términos del riesgo que supone su manipulación indebida:

- **Riesgo alto**. Son aquellos datos cuyo acceso, revelación o manipulación no autorizada puede suponer acciones legales y cargos criminales contra la empresa, poniéndola en riesgo. Estos datos están tipificados y gobernados por regulaciones nacionales e internacionales, y es obligatorio informar de cualquier incidencia o incumplimiento en cuanto a su gestión.

- **Riesgo medio**. Son datos igualmente regulados cuyo uso o revelación está sujeto a una serie de restricciones contractuales. Su uso no autorizado puede tener un efecto adverso tanto en la empresa y sus empleados, como en clientes, proveedores y socios comerciales.

- **Riesgo bajo**. Aquí incluimos datos disponibles al público en general. Su acceso, uso o alteración no tienen un impacto negativo ni en la empresa ni en su ecosistema.

La Tabla 1-2 da algunos ejemplos de datos pertenecientes a estas tres categorías.

---

9   **GDPR** (*General Data Protection Regulation*): ley de la Unión Europea para la protección global de la privacidad y los datos; **SOC2** (*Service Organization Control 2*): marco internacional para la gestión de datos de clientes; **HIPAA** (*Health Insurance Portability and Accountability Act*): ley estadounidense para la protección y seguridad de los datos médicos confidenciales de los pacientes; **PCI SSC** (*Payment Card Industry Security Standards Council*): directiva para la seguridad en el uso de tarjetas de pago establecida por los principales proveedores, como American Express, MasterCard y Visa Inc.

## 1.3 *BIG DATA* EN CONTEXTO

Una vez que hemos caracterizado el dato a lo largo de siete ejes (habría más), estamos ya en disposición de plantear lo que significa *Big Data* como concepto y modelo de procesamiento de datos para el negocio.

Hablar de *Big Data* es hacerlo de un antes y un después. Que este paso haya supuesto una revolución, en el sentido de un cambio de paradigma tecnológico, como lo será la **computación cuántica**, es algo ya más discutible. En cualquier caso, es habitual que cuando hablamos de *Big Data* lo veamos como una respuesta a una situación en la que las corporaciones se vieron desbordadas por la cantidad de datos que les rodeaban, planteándose como aprovecharlos. Si bien no hay nada de incorrecto en esta formulación, sí que adolece de un matiz importante que la haría menos reactiva: el análisis de grandes colecciones de datos permite adquirir un conocimiento que no es posible abordando solo conjuntos pequeños.

**Figura 1-6**. Las cinco uves del Big Data.

Las empresas se empezaron a dar cuenta de esto hace ya más de 25 años, cuando la **minería de datos** (*data mining*) se incorporó como disciplina dentro de las prácticas de la **inteligencia de negocio** (**BI**, *Business Intelligence*). Sin embargo, en aquella época fallaban dos elementos importantes: el primero de ellos era la cultura empresarial, conservadora y reacia a incorporar a la toma de decisiones elementos externos que no acababa de entender. El segundo era el estado de la tecnología: la minería de datos se hacía sobre muestras debido a que las aplicaciones no escalaban; no había volúmenes significativos de datos no estructurados, ni tampoco oferta comercial madura para tratarlos; los especialistas en modelización escaseaban y, además, todavía no existía una oferta de infraestructura analítica que fuera asequible y económica.

Quizás lo más propio sería hablar de *Big Data* como un fenómeno que se da alrededor de 2010 cuando convergen, en un orden por determinar, cuatro factores importantes:

▸ La aparición y consolidación de nuevos modelos de negocio que se basan en la disponibilidad y variedad de datos que hay en internet, creando a su vez más datos sobre los que se realimentan. El auge del **internet de las cosas**, con la explosión de dispositivos y sensores conectados en red, la generalización del acceso y participación en las redes sociales o la preponderancia del comercio electrónico son algunos ejemplos.

▸ Un cambio en la cultura empresarial, conducido por una nueva generación de profesionales de formación interdisciplinar y habituada a la tecnología.

▸ Un avance tecnológico que, girando entorno a la **computación en la nube** (*cloud computing*), proporciona nuevas funcionalidades y capacidades con unos modelos de consumo muy flexibles y con costes asequibles.

▸ Una oportunidad de negocio en sí mismo, explotada por los departamentos de *marketing* de las grandes corporaciones tecnológicas.

## 1.3.1 El modelo de las cinco uves

Sea como fuere, hay un cierto consenso a la hora de caracterizar el *Big Data* como la confluencia de cinco propiedades que presentan los datos que manejan las organizaciones. Es el modelo de las **5 uves** (Figura 1-6):

▸ **Volumen**. La búsqueda de nuevas oportunidades de negocio y la necesidad de diferenciarse de la competencia, hace que la cantidad de datos que hay que analizar para obtener resultados sea cada vez más grande. Como ya hemos comentado, unidades como el *petabyte* y el *exabyte* son ya habituales para referirnos a los volúmenes generados por el comercio electrónico, las redes sociales y dispositivos portátiles (Figura 1-7).

▸ **Velocidad**. En términos de *Big Data*, la velocidad presenta dos aspectos. El primero hace referencia a la celeridad con que se producen los datos. Todos somos conscientes de que la generación de contenido es un continuo que no se detiene nunca. El segundo aspecto pone el foco en la prontitud con la que los datos deben ser procesados y analizados para sacarles provecho. La combinación de ambos hace, en definitiva, que los flujos de datos que atraviesan las empresas no solo sean voluminosos, sino constantes. Esto supone un reto en términos de latencias de acceso y velocidades de respuesta, pero también en lo referente a la seguridad. Un aspecto igual de importante que la velocidad es la dirección. Tradicionalmente los datos fluían desde los orígenes a los destinos, donde eran almacenados y consumidos por parte de los usuarios finales. Esto ha dejado de ser así, ya que nos podemos encontrar recirculaciones que van desde los entornos analíticos hacia los operacionales, involucrando tanto datos como modelos predictivos.

**Figura 1-7**. Orígenes de datos para Big Data.

▶ **Variedad**. Parece que existe un consenso en que entorno al 80-90% de los datos que tienen las organizaciones son no estructurados, y estos porcentajes se llevan escuchando ya varios años: correos electrónicos y mensajes, manuales, transcripciones de audio, video e imágenes, etc. En determinados sectores estos tipos de contenido son todavía más relevantes. El ámbito legal puede ser uno de los extremos, con lo que representan las leyes y la jurisprudencia; el sector de la salud no se queda lejos, con toda la literatura médica, la investigación y los historiales clínicos. Son precisamente estos dos campos donde más están contribuyendo las tecnologías de *Big Data*, y donde se espera un mayor crecimiento.

▶ **Veracidad**. Aquí nos estamos refiriendo a poder asegurar la certeza de los datos, y este es un aspecto crucial. Si no se puede confiar en los datos, la toma de decisiones está comprometida. El problema de la calidad de los datos no es algo ni mucho menos nuevo, pero parece que a las empresas les cuesta todavía tomar conciencia de su importancia. El volumen y la velocidad vienen a dificultar el control de la veracidad, pero es probablemente la variedad de orígenes el factor más complicado, ya que obliga a un mayor foco en las tareas de reconciliación, limpieza y consolidación del dato. En este sentido, el aseguramiento de la calidad se basa en la trazabilidad del dato y el análisis de su impacto, contabilizando y documentando su origen, las transformaciones por las que pasa y su destino.

▶ **Valor**. Aunque la presentamos en último lugar, esta es la uve que lo justifica todo. Como decíamos al principio del capítulo, el objetivo final del tratamiento de los datos es convertirlos en información que a su vez nos permita desarrollar un conocimiento para soportar la toma de decisiones. Esto implica poder conocer y comprender a los clientes, diseñando nuevos productos y servicios para satisfacer sus necesidades, retener y fidelizar a los más rentables y optimizar los procesos de negocio para disminuir costes y aumentar el margen de beneficios.

La puesta en valor de lo que los datos representan para una empresa ha provocado una reorientación de todo el negocio a su alrededor. Es lo que se ha venido a denominar **empresas orientadas por los datos** (*data driven companys*).

## 1.3.2 Empresas orientadas por los datos

Esta idea va mucho más allá de una reingeniería de los procesos, suponiendo un cambio cultural y organizativo. Se trata de orientar el funcionamiento del negocio alrededor de la capacidad que tienen los datos para describir lo que ha pasado, estimar lo qué podrá suceder y determinar cómo anticiparse a ello. Debajo de este cambio de orientación está el mantra de que no se puede conocer lo que no se puede medir, y mucho menos mejorarlo[10].

Para negocios nacidos en la era digital este sería, en principio, su estado natural. Sin embargo, no lo es así para empresas más longevas, donde la resistencia al cambio es mayor (Figura 1-8). De forma general, podemos singularizar a las compañías que se encuentran en este estadio de orientación por los datos por las siguientes características:

▶ Concienciación de que el dato, después de los empleados y los clientes, es el principal activo de la empresa, y su gestión es una tarea colectiva.

▶ Los procesos, internos y externos, son necesariamente medibles, y la evaluación de la marcha del negocio y de sus empleados está basada en objetivos cuantificables.

▶ Los usuarios de negocio tienen una formación interdisciplinar, con un alto grado de autonomía para el acceso y la elaboración del dato. El responsable de los sistemas de información forma parte del consejo directivo, participando en la toma de decisiones estratégicas de la empresa.

▶ Adopción de modelos híbridos de computación en la nube con diferentes proveedores, consumiendo infraestructura, plataforma y software como servicio con pago por uso.

▶ Fuerte inversión en tecnología, especialmente en todo lo referente a procesamiento y análisis de datos.

Un aspecto igualmente diferenciador es la involucración y el conocimiento que los usuarios del departamento de tecnologías de la información tienen del negocio, lo que contribuye decisivamente a una innovación constante.

---

10 Esta frase proviene de una cita de Lord Kelvin (1824–1907): «*I often say that when you can measure what you are speaking about, and express it in numbers, you know something about it; but when you cannot measure it, when you cannot express it in numbers, your knowledge is of a meagre and unsatisfactory kind*».

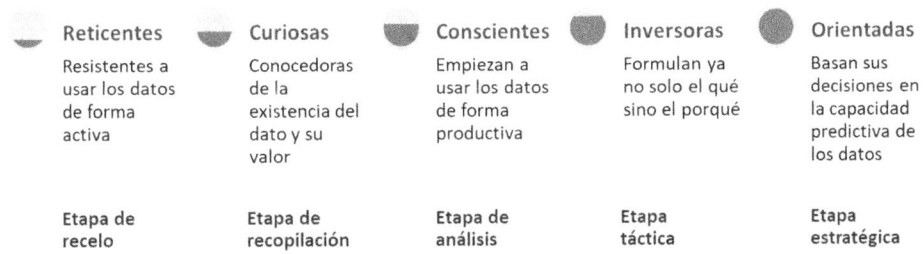

**Figura 1-8.** Evolución de las empresas con relación a los datos.

**Nota.** Adaptado de *The Evolution of the Data-Driven Company* [Figura], por Christopher S Penn, 2019, www.christopherspenn.com (*https://www.christopherspenn.com/2019/08/ the-evolution-of-the-data-driven-company/*).

| Propiedad | Contexto | Retos |
|---|---|---|
| **Volumen** | Escalabilidad | • Almacenamiento en paralelo, sin elementos compartidos<br>• Elevado coste de la infraestructura necesaria |
| | Comunicaciones | • Capacidad y rendimiento de la infraestructura de red<br>• Segregación de redes y localidad en el procesamiento del dato[11] |
| | Computación híbrida | • Movimiento de grandes volúmenes de datos entre distintos proveedores y el centro de datos local |
| **Velocidad** | Latencia de acceso | • Elevado consumo de ancho de banda de forma constante |
| | Agilidad de uso | • Necesidad de infraestructura escalable, distribuida y homogénea |
| | Tiempo de respuesta | • Mayor acceso al dato en memoria<br>• Elevada concurrencia |
| | Seguridad | • Impacto de los mecanismos de seguridad en la latencia de acceso |
| **Variedad** | Tipología del dato | • Introducción de nuevas plataformas y tecnologías especializadas |
| | Integración | • Reconciliación y acceso a los datos en repositorios dispares<br>• Consistencia del dato |
| **Veracidad** | Calidad | Complejidad en las estrategias de control de la calidad del dato |
| | Conformidad | Mayor esfuerzo en las políticas de gobierno del dato |

**Tabla 1-3.** Retos del Big Data en cuanto a gestión y procesamiento.

---

11  La localidad del dato (*data locality*) hace referencia al hecho de procesar el dato donde reside, en lugar de moverlo y hacerlo en una ubicación central, minimizando así el tráfico de red y mejorando el rendimiento.

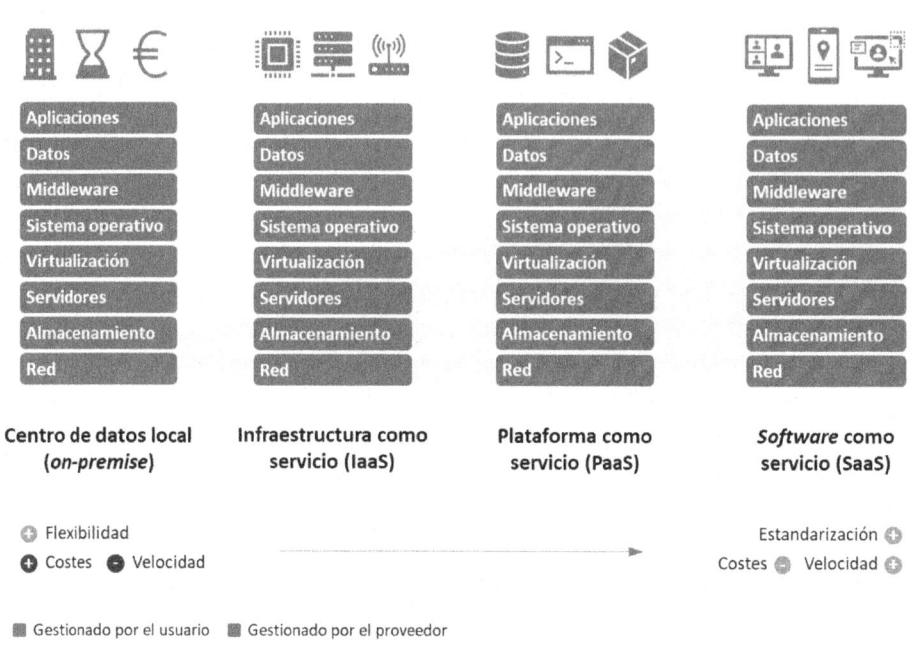

**Figura 1-9.** Modelos de servicio en la nube.

## 1.3.3 Computación en la nube

Podemos ver el *Big Data* como una respuesta a una serie de retos tecnológicos que plantearon en su momento las características de los datos que hemos estado viendo. La Tabla 1-3 los expone y pone en contexto. Muchos de ellos los iremos viendo a lo largo de los diferentes capítulos.

A la hora de gestionar grandes y variados volúmenes de datos, que se generan y mueven a gran velocidad, la consolidación del modelo de **computación en la nube** (*cloud computing*) fue decisiva. Lo fue en el ámbito tecnológico, sin duda, pero también muy especialmente en el económico.

La computación en la nube permite abstraer los distintos niveles que componen una aplicación, de forma que son gestionados por el proveedor de forma transparente y facturados por su uso[12]. Esto ofrece mucha flexibilidad a la hora de mover a la nube cargas de trabajo existentes, agilizando al mismo tiempo la creación de aplicaciones nativas. Básicamente nos podemos encontrar 3 modelos de consumo que se pueden combinar entre sí (Figura 1-9), siendo habitual que un mismo proveedor los ofrezca todos:

---

12 Es lo que se denomina una **facturación por suministro** (*utility services*), similar a la que realizan las compañías de gas, agua o electricidad

▼ Un modelo de **infraestructura como servicio** (**IaaS**, *Infrastructure as a Service*), que permite el aprovisionamiento, configuración y consumo de servidores físicos y virtuales, almacenamiento y elementos de red. Proporciona también funcionalidades de balanceo de carga, autoescalado alta disponibilidad o seguridad perimetral. Es el modelo que ofrece más flexibilidad, pero también un mayor esfuerzo de administración. Permite desplegar rápidamente aplicaciones existentes sin prácticamente necesidad de modificarlas.

▼ Un nivel por encima se sitúan los **servicios de plataforma** (**PaaS**, *Platform as a Service*). Aquí la abstracción cubre todos los elementos, exceptuando el propio código y los datos de las aplicaciones. Este nivel es muy amplio, ya que podemos encontrar desde componentes todavía muy próximos a la infraestructura, como plataformas de contenedores, hasta **entornos «sin servidor»**[13] (*serverless*) orientados a la gestión de eventos. También encontramos aquí servicios de base de datos, integración de aplicaciones, aprendizaje automático, inteligencia artificial, componentes analíticos o herramientas de desarrollo. Es decir, en este nivel dispondremos de piezas que podremos ensamblar mediante código para conformar nuestra aplicación

▼ Finalmente encontraríamos el modelo de *software* **como servicio** (**SaaS**, *Software as a Service*), donde consumimos, ya como usuarios finales, una aplicación (un cliente de correo electrónico, un procesador de textos o un gestor de campañas de *marketing*, por ejemplo). El proveedor se encarga de toda la gestión del ciclo de vida, incluyendo la liberación de nuevas versiones y la gestión de incidencias. La principal cualidad de este nivel sería la instantaneidad de la contratación y el acceso. Por el contrario, es el modelo menos flexible de todos, ya que las posibilidades de adaptación y programación suelen ser limitadas por motivos de estandarización.

El modelo en la nube permite separar el almacenamiento de la capacidad de proceso. En un centro de datos local es necesario dimensionar la potencia de cómputo de acuerdo con los picos de trabajo, aunque la mayoría del tiempo los procesadores estén ociosos. La flexibilidad que ofrece la nube permite desplegar un servidor físico, una máquina virtual o un contenedor en cuestión de segundos o minutos, acomodando rápidamente nuevas cargas de trabajo, planificadas o esporádicas. Esto es especialmente relevante en los sistemas de *Big Data*, donde los recursos consumidos son elevados, aunque de forma irregular en el tiempo.

Otra característica importante que tiene que ver con la anterior, es la capacidad de la nube para separar y gestionar de forma individual los distintos elementos que integran una solución. Esto permite descomponer aplicaciones monolíticas en distintos **microservicios**, que se desarrollan, actualizan y escalan de forma independiente,

---

13  El proveedor se encarga de dimensionar dinámicamente los recursos necesarios para ejecutar el código, facturándose por petición y/o memoria consumida.

proporcionando una gran flexibilidad y favoreciendo su reutilización. Esto conduce también al modelo de **nube híbrida** (*hybrid cloud*), donde distintos componentes residen y se ejecutan en nubes de distintos proveedores o en el centro de datos local, comunicándose entre sí de forma segura.

Adicionalmente, la existencia de múltiples **interfaces de programación (API,** *Application Programming Interface*) a nivel de servicio permite automatizar la mayoría de las tareas de gestión, tanto de forma planificada como en respuesta a eventos. El aprovisionamiento y la cancelación de servidores, la gestión de certificados y autorizaciones, el ensamblado en el despliegue de aplicaciones o la inferencia de modelos analíticos son algunos ejemplos de procesos que se pueden automatizar y orquestar.

Como veremos a lo largo de los diferentes capítulos, los sistemas de *Big Data* se pueden implementar empleando elementos de los tres niveles que acabamos de plantear. De esta manera se benefician de la facilidad de escalado y la flexibilidad en el despliegue, así como de la forma de facturación del modelo, adoptando los mejores componentes de cada proveedor, todo ello gestionado de forma controlada y segura.

### 1.3.4 Gestión y gobierno del dato

El beneficio de implantar en las empresas una disciplina alrededor del **gobierno del dato** (*data governance*) era algo que ya se había hecho patente en las últimas décadas. La consolidación del *Big Data*, con los retos que conlleva en cuanto a gestión de los datos, no hizo más que convertir ese beneficio en necesidad.

Cuando hablamos de gobierno del dato nos estamos refiriendo al conjunto de procesos, roles, políticas, estándares y mediciones que permiten el uso eficiente de los datos dentro de una organización. Va mucho más allá de un conjunto de buenas prácticas, convirtiéndose en un marco que orquesta y regula una empresa orientada por los datos, tal y como veíamos anteriormente. El gobierno del dato cubre un campo tremendamente amplio, y se apoya en un conjunto de tecnologías y soluciones que necesariamente deben cubrir todo el ciclo de vida del dato: captación, almacenamiento, transformación, consumo y eliminación, tal y como veíamos en la Figura 1-2.

Un aspecto transversal en el gobierno del dato es la **gestión de metadatos**. Los metadatos son propiedades de los datos, adicionales a su contenido, que nos sirven para documentarlos, tanto desde el punto de vista técnico como de negocio. Los datos parten con una serie de metadatos descriptivos que nos informan, entre otros, sobre su origen, creador o formato, y a lo largo de su ciclo de vida van incorporando otros metadatos acerca de las transformaciones que han sufrido, sus relaciones con otros datos, su calidad, significado de negocio, restricciones de uso, informes donde son consumidos, etc. Los metadatos son la base de cualquier actividad relacionada con el gobierno del dato, desde la catalogación hasta la publicación, pasando por el control del linaje y el análisis de impacto.

| Componente | Función |
|---|---|
| Gestión de metadatos | Generación y mantenimiento de metadatos técnicos y de negocio a lo largo de todo el ciclo de vida |
| Catalogación y clasificación | Gestión de glosarios, diccionarios y categorías, incluyendo el etiquetado y la catalogación de activos |
| Definición de estándares | Unificación de los elementos de gobierno, desde la arquitectura de datos hasta la nomenclatura |
| Integración | Captura, transformación, almacenamiento y entrega del dato para su consumo |
| Gestión de la calidad | Cuantificación, monitorización e implantación de medidas para corregir y asegurar la calidad del dato |
| Linaje de activos | Control y análisis de impacto transversal sobre datos, procesos, modelos e informes |
| Búsqueda y autoservicio | Mecanismos de solicitud y acceso autónomo a los datos por parte de los usuarios finales |
| Control de acceso y privacidad | Gestión de aprobaciones en el tratamiento del dato, control de usuarios y políticas de enmascaramiento |
| Control regulatorio | Automatización de los procesos de auditoría, tanto interna como externa |
| Monitorización y medición | Seguimiento, documentación y medición de los diferentes procesos involucrados en la gestión |

**Tabla 1-4.** Componentes de un marco para la gestión y el gobierno del dato.

La Tabla 1-4 resume los principales componentes que deberían formar parte de una correcta estrategia unificada de gobierno. Iremos viendo muchos de ellos a lo largo del libro, especialmente en el Capítulo 10.

## 1.4 ETAPAS DE ANÁLISIS EN LA EXPLOTACIÓN DE LA INFORMACIÓN

El aspecto fundamental y fundacional del *Big Data* es el análisis de grandes volúmenes de datos. Es decir, poner la información (llegados a este punto podemos referirnos al dato ya de esta manera) a disposición de los usuarios y analistas para tomar decisiones documentadas sobre la operativa, la táctica y la estrategia del negocio. La **analítica de negocio** (BA, *Business Analytics*) es el conjunto de aproximaciones, métodos y tecnologías encaminadas a la explotación de la información con ese fin[14].

---

14 Al hablar del contexto del *Big Data* hicimos referencia a la inteligencia de negocio (BI). Existe una importante confusión en el mercado y la literatura respecto a las diferencias y similitudes entre esta y la analítica de negocio. Muchos consideran a la segunda como un subconjunto de la primera, centrada en la modelización predictiva, el pronóstico (*forecasting*) y la visualización de datos. Para otros es exactamente al revés, y hay quien las ubica una al lado de la otra, encargándose la inteligencia de la parte descriptiva y la analítica de la predictiva. Con una perspectiva histórica, mi opinión es que son básicamente la misma cosa. Sin embargo, creo que hablar de analítica de negocio es más explícito o, en todo caso, menos pretencioso.

Podemos hablar de 4 categorías dentro de la analítica de negocio (Figura 1-10). Lo habitual es que las empresas las vayan abordando de forma progresiva, construyendo una sobre la otra. Por este motivo, se suelen hacer corresponder con grados de madurez empresarial en cuanto a la orientación por los datos[15]. Aunque dedicaremos un capítulo a cada una de estas categorías, es importante plantearlas brevemente en conjunto.

Figura 1-10. Estadios de madurez analítica dentro del negocio.

## 1.4.1 Analítica descriptiva

La analítica descriptiva proporciona información sobre el rendimiento pasado del negocio y su contexto, respondiendo a preguntas como:

- ▶ Cuál fue el número de piezas defectuosas en cada una de las fábricas durante el último trimestre.

- ▶ Cómo ha variado la rentabilidad promedio por metro cuadrado de las tiendas respecto al último año.

- ▶ Qué relación existe entre los días de lluvia y el incremento en la venta de paraguas.

---

15  Se pueda abordar directamente un análisis predictivo, de propensión al abandono de clientes, por ejemplo. Sin embargo, lo habitual es tener antes resuelta la analítica descriptiva.

Aunque es un análisis reactivo, esto no quiere decir que no pueda ser inmediato, ya que puede involucrar datos en tiempo real que se acaban de producir. Este tipo de análisis se vale de informes, tanto planificados como a medida[16], y de cuadros de mando interactivos (*dashboards*) que permiten al usuario consultar y navegar de forma fácil por la información en modo autoservicio (Figura 1-11).

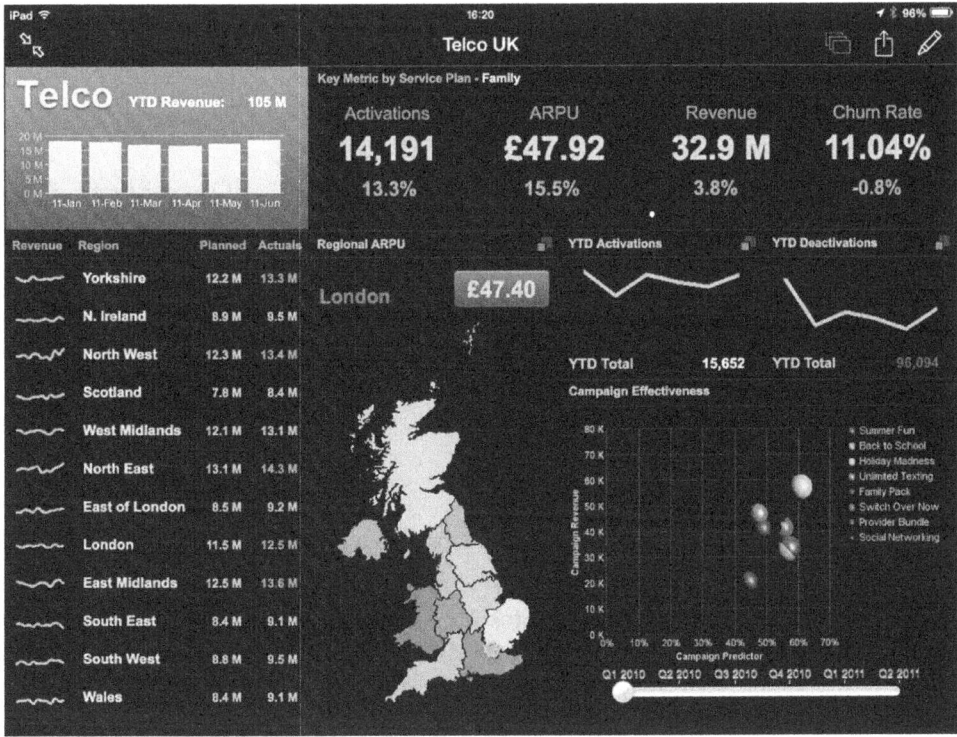

**Figura 1-11.** Ejemplo de cuadro de mando interactivo desarrollado con IBM Cognos Analytics.

## 1.4.2 Analítica prescriptiva

Aquí nos adentramos ya en el terreno de las recomendaciones, tanto en forma de planificación, presupuestación u optimización en general. Este tipo de análisis tiene un enfoque más operativo y de proceso, ya que busca detallar la mejor solución para una situación determinada. Por ejemplo:

---

16 Los informes planificados son aquellos que su ejecución y distribución está programada, realizándose de forma periódica. Los informes a medida, o informes *ad hoc*, son aquellos generados de forma individual por un usuario para satisfacer una necesidad concreta.

    &#9654;  Organizar los turnos y las rotaciones de las tripulaciones en una compañía aérea, teniendo en cuenta restricciones operativas y laborales que condicionan la planificación.

    &#9654;  Establecer las ubicaciones más adecuada para situar una serie de centros logísticos con el fin de abastecer los puntos de venta lo más rápido posible, incurriendo en los mínimos costes.

    &#9654;  Determinar y planificar qué tipo de planta generadora debe ponerse en funcionamiento en cada franja y en que secuencia para abastecer la demanda de energía, teniendo en cuenta el tiempo de arranque y los periodos de mantenimiento obligatorios.

    &#9654;  Definir la estrategia de precios más adecuada para el petróleo, considerando los niveles de producción en cada momento, la demanda y la situación geopolítica.

La tecnología para este tipo de análisis se basa en la combinación de reglas de negocio con modelos matemáticos de optimización y simulación (*what-if analysis*), incluyendo técnicas de programación lineal y no lineal, o algoritmos genéticos y cadenas de Markov.

## 1.4.3 Analítica predictiva

La analítica predictiva se basa en el descubrimiento de patrones, tendencias y relaciones que permiten explicar un comportamiento a partir de datos históricos con el fin de anticiparse a él en el futuro.

Como disciplina, la **minería de datos** proporciona técnicas basadas en el análisis estadístico multivariante y el **aprendizaje automático** (*machine learning*) que van desde la regresión, la clasificación o la segmentación (*clustering*) hasta el análisis de series temporales o la detección de asociaciones y patrones secuenciales.

Por ejemplo, la Figura 1-12 muestra un modelo de árbol de decisión. Su objetivo es clasificar clientes en bandas de ingresos anuales, teniendo en cuenta una serie de atributos como el país de nacimiento, la educación, el estado civil, la edad, el sexo, la plusvalía obtenida mediante la venta de activos, etc. Para ello evalúa estas características generando reglas que permiten dicha asignación de forma automática. La idea es que el modelo generalice ese patrón, de forma que pueda ser aplicado a nuevos clientes cuyos ingresos son desconocidos, soportando determinadas acciones comerciales.

El verdadero valor de los modelos predictivos está en su puesta en producción. Esto quiere decir aplicarlos en entornos operacionales, integrándolos con otros sistemas y aplicaciones del negocio, con el fin guiar acciones directas como la detección de fraude en transacciones, la concesión de cupones de descuento en supermercados o la selección de público objetivo para campañas, por ejemplo.

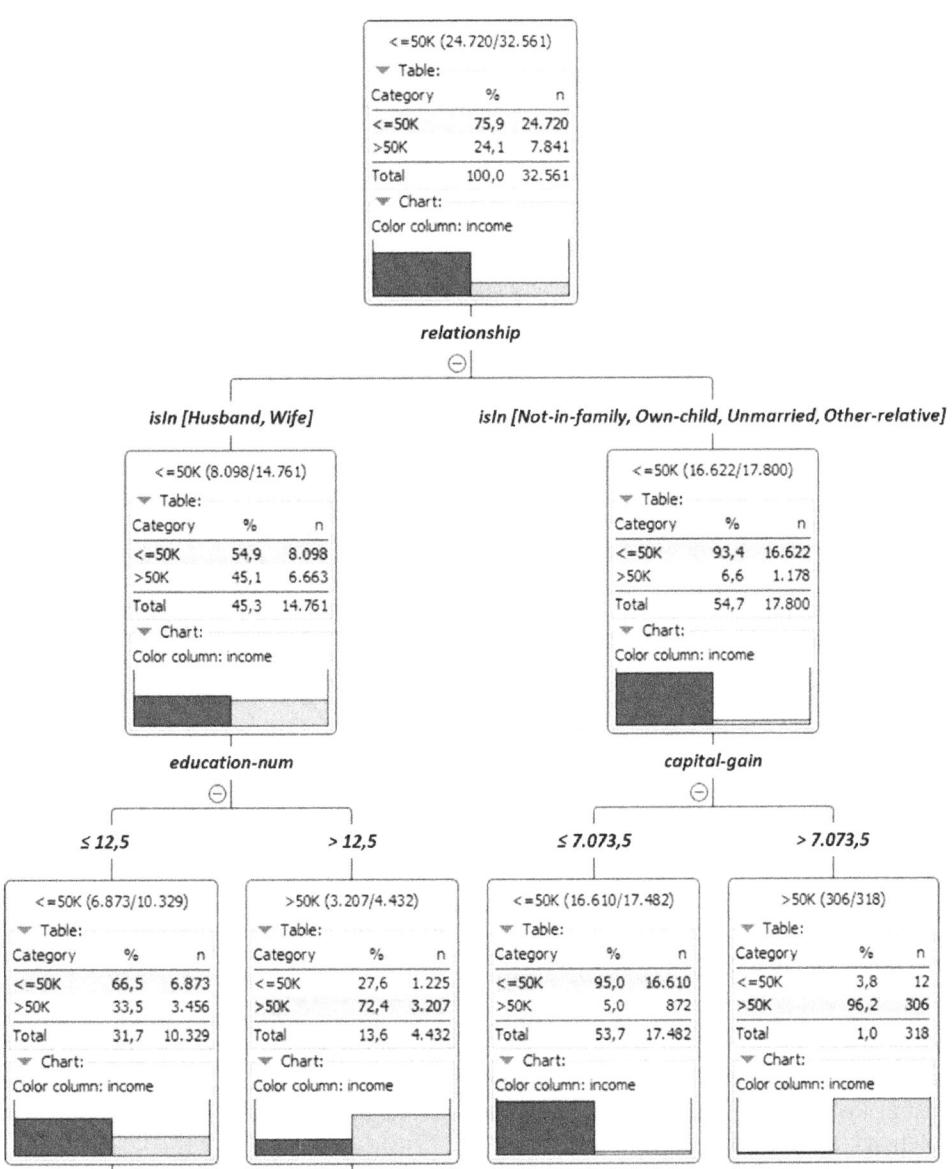

**Figura 1-12.** Árbol de clasificación binario desarrollado con KNIME Analytics Platform.

### 1.4.4 Analítica cognitiva

La **computación cognitiva** refleja el estado del arte de la tecnología en cuanto al procesamiento y el análisis de la información. La **inteligencia artificial**, a través de los **sistemas simbólicos** y del **aprendizaje profundo** (*deep learning*), está avanzando rápidamente en tareas como el **procesamiento del lenguaje natural** (**NLP**, *Natural Language Processing*), el **reconocimiento del habla** o la **clasificación de imágenes**.

El objetivo es, ni más ni menos, que desarrollar sistemas con capacidad para entender, razonar e interactuar emulando a los seres humanos. Además de su aplicación directa en campos como la robótica, la visión artificial o los asistentes virtuales, estas tecnologías marcan la diferencia a la hora de analizar resultados. Por ejemplo:

▶ Facilitando la preparación e integración de la información, recomendando como transformar y enlazar datos de fuentes dispersas mediante la comprensión semántica de su contenido.

▶ Revelando patrones y relaciones entre los datos que son difíciles de detectar, sugiriendo nuevos cruces de información.

▶ Recomendando las mejores formas de representar y visualizar los datos, interpretando su significado y contexto.

▶ Respondiendo a preguntas en lenguaje natural, de forma clara y concisa, acelerando la navegación sobre los datos

Veremos como el aprendizaje profundo permite desarrollar e implementar este tipo de sistemas. También en qué consisten los retos asociados con el procesamiento de imágenes y del lenguaje natural, especialmente en lo referente a sesgo y equidad.

## 1.5 ESCENARIOS DE APLICACIÓN DEL *BIG DATA*

Vamos a concluir el capítulo con una relación de aplicaciones de *Big Data* en distintos sectores y abordando distintos problemas de negocio. El objetivo no es otro que ilustrar los conceptos que hemos presentado, facilitando su comprensión y valorando su potencial. La Tabla 1-5 las contiene.

| Área | Objetivo | Descripción |
|------|----------|-------------|
| Medios de pago | **Detección de fraude en compras** | Predecir la probabilidad de que una transacción con tarjeta de pago sea fraudulenta. Mediante el análisis en tiempo real del perfil de esta, es posible generar recomendaciones que pueden llegar incluso a denegarla de forma automática |
| Finanzas | **Monitorización del mercado bursátil** | Seguimiento en tiempo real de las cotizaciones en bolsa, con el fin de anticipar movimientos en los precios de las acciones y guiar las estrategias de compraventa |
| Finanzas | **Gestión del riesgo en las inversiones** | Mejorar la estimación del resultado y la rentabilidad de las inversiones mediante modelos predictivos, mitigando al mismo tiempo el riesgo asociado |
| Seguros | **Personalización y tarificación de pólizas de salud** | Elaborar un perfil del asegurado en base a su historial médico, hábitos y actividad registrada por los dispositivos móviles. De esta manera es posible adaptar las coberturas de su póliza y establecer la tarifa más adecuada para él y la compañía |
| Seguros | **Evaluación del riesgo en seguros del automóvil** | Mejorar la segmentación y asignación de los clientes a distintas bandas de riesgo de acuerdo con la probabilidad de tener un accidente |
| Seguros | **Detección de fraude en visitas médicas** | Detectar asociaciones y patrones repetitivos que indiquen secuencias de consulta involucrando distintos especialistas sin que medie una causa |
| Seguros | **Inspección de partes de daños en seguros del hogar** | Implementación de un sistema de identificación y validación de daños mediante reconocimiento de imágenes, que permita agilizar su cuantificación y acelerar el pago de las indemnizaciones |
| Servicio al cliente | **Monitorización de llamadas** | Análisis de las transcripciones de las llamadas para identificar el grado de satisfacción de los clientes al principio y a la conclusión, analizando también el tono conversacional de los agentes |
| Servicio al cliente | **Clasificación de encuestas de satisfacción** | Enrutamiento automático de encuestas de satisfacción al departamento más apropiado según el contenido de campos de texto libre |
| Distribución | **Ubicación de los productos en los lineales o en la tienda en línea** | Identificar asociaciones de productos que son comprados de forma conjunta con el fin de ubicarlos juntos en la tienda física o en la disposición de la página web, facilitando también el diseño de promociones a medida |
| Distribución | **Recomendación de productos** | Construir un motor de emparejamiento que asocie cada cliente con un conjunto de productos según su perfil e historial de compra |

**Tabla 1-5.** Relación de aplicaciones del Big Data por área.

| Área | Objetivo | Descripción |
|------|----------|-------------|
| Distribución | Generación de cupones promocionales | Análisis en tiempo real del contenido de la cesta de la compra al pasar por el terminal de punto de venta, y generación de un cupón de descuento en base a su contenido y la probabilidad de redención de este |
| Marketing | Análisis de sentimiento ante nuevos lanzamientos | Analizar el sentimiento de los mensajes de Twitter y otras redes sociales para determinar lo que los usuarios están opinando sobre la compañía y sobre los nuevos productos que acaban de ser lanzados |
| Logística | Diseño de almacenes y optimización de rutas | Diseño de la ubicación de los productos en cada almacén teniendo en cuenta la composición de los pedidos, minimizando el número de ellos necesarios para satisfacer el envío |
| Telefonía | Prevención del abandono y fidelización de clientes | Utilizando datos históricos, identificar perfiles de clientes que concentran una alta probabilidad de abandono, determinando sendas de desvinculación a medio plazo y prediciendo su salida a corto, con el fin de retener a los más rentables y fidelizarlos |
| Telefonía | Identificación de fraude en llamadas telefónicas | Con el uso de modelos de detección de anomalías es posible analizar los registros de llamadas para identificar usuarios compinchados en la realización de llamadas a servicios de tarificación especial |
| Energía | Predicción y adaptación de la demanda | Mediante el empleo de sensores en las centrales de producción y de contadores inteligentes en los puntos de consumo, analizar en tiempo real la demanda para adaptar y predecir la generación |
| Salud | Identificación de anomalías en imágenes médicas | Implantación de sistemas de clasificación automática de imágenes que son capaces de identificar tumores y otras complicaciones después de un proceso de entrenamiento con datos históricos |
| Salud | Extracción de términos en historiales médicos | Procesado de historiales médicos y clínicos textuales con el fin de identificar y sistematizar síntomas, dolencias y tratamientos, detectando relaciones causa-efecto de interés |
| Seguridad | Análisis de archivos de registro de sistemas | Recopilación, monitorización, análisis, correlación, búsqueda y almacenamiento de archivos de registro (logs) provenientes de múltiples y variados sistemas para detectar posibles amenazas de seguridad y responder de forma anticipada y automática |
| Medios | Gestión de estadísticas en eventos deportivos | Seguimiento y documentación de la actividad de los jugadores durante un partido, combinando estadísticas al segundo y datos históricos que son presentados en tiempo real |

Tabla 1-5 (continuación). Relación de aplicaciones del Big Data por área.

## 1.6 RESUMEN DEL CAPÍTULO

En este capítulo introductorio hemos planteado en que consiste el *Big Data* como concepto, las necesidades que aborda, los retos a los que se enfrenta en términos de la gestión del dato, y los beneficios que aporta soportando distintas categorías de análisis y aplicaciones.

- ▶ ***Big Data*** es el conjunto de operaciones, técnicas y tecnologías orientadas al procesamiento de grandes y variados volúmenes de datos, con el fin de generar información válida sobre la que desarrollar conocimiento y soportar las decisiones de negocio.

- ▶ Los retos a los que se enfrenta el *Big Data* en la gestión y procesamiento de los datos tienen que ver con su **volumen**, su **velocidad** de generación y consumo, la **variedad** en cuanto al formato y el aseguramiento de su calidad y **veracidad**.

- ▶ El modelo de **computación en la nube** permite un despliegue de las soluciones de *Big Data* de una forma flexible y económica, dando acceso a capacidad de cómputo y almacenamiento bajo demanda, así como a las últimas tecnologías a nivel de infraestructura, componentes y aplicaciones.

- ▶ El **gobierno del dato** es un aspecto fundamental a la hora de establecer y asegurar una cultura empresarial orientada por los datos. Se compone de un conjunto de procesos, roles, políticas, estándares y mediciones que permiten el uso eficiente de los datos dentro de una organización.

- ▶ Podemos dividir la explotación de la información en cuatro categorías de análisis: **descriptivo**, **predictivo**, **prescriptivo** y **cognitivo**. Cada uno de ellos supone un estadio de madurez de las organizaciones en cuanto a la toma de decisiones basada en la evidencia.

En el siguiente capítulo abordaremos los distintos patrones arquitecturales de datos que nos podemos encontrar a la hora de desplegar una infraestructura y plataforma de *Big Data*. Como veremos, la caracterización de los datos con lo que trabajemos tendrá mucho que ver.

# 2

# ARQUITECTURAS Y PATRONES PARA *BIG DATA*

Las **arquitecturas de datos** vienen a describir la forma en que estos son organizados y gestionados dentro de una entidad. Cubren todo su ciclo de vida, desde la ingestión inicial hasta la explotación final, pasando por el procesamiento y el almacenamiento, todo ello de forma gobernada.

En este capítulo vamos a plantear las dos principales formas de organizar los datos que podemos encontrar en las empresas: la **arquitectura centralizada**, monolítica y agnóstica de las distintas áreas que hay en la organización, y la **arquitectura orientada por dominios**, descentralizada en cuanto a la propiedad y la elaboración del dato, pero unificada en lo referente al gobierno. Esta última supone una visión muy actual (por lo tanto, con poca implantación todavía) y rompedora de cómo organizar los datos, con grandes implicaciones a nivel de cultura empresarial. Veremos la forma en que ha ido evolucionando la arquitectura centralizada, creando y adoptando los distintos patrones de los que se compone, y llegaremos a ver como estos mismos se acomodan y adaptan en la reciente concepción orientada por dominios. El objetivo no es otro que introducir conceptos que iremos desarrollando en los sucesivos capítulos.

## 2.1 PATRONES ARQUITECTURALES

Una arquitectura de datos debe dar respuesta a requerimientos de negocio. Como tal, se centra en plantear una visión abstracta de alto nivel sobre cómo afrontar estos, admitiendo posteriormente distintos diseños por parte de arquitectos e ingenieros de cara a su implementación. Es decir, la arquitectura no dice nada de los productos o servicios concretos sobre los que se acabará materializando, pero sí sobre qué componentes hay que tener en cuenta, qué funciones deben asumir y cómo deben estar relacionados, y lo hace mediante una combinación de patrones arquitecturales.

Un **patrón arquitectural** viene a ser una buena práctica; un modelo que, debido a su uso reiterado, ha demostrado ser satisfactorio para resolver una problemática en un contexto concreto. En el nuestro, disponemos de patrones para resolver las necesidades que acabamos de enumerar en lo referente al ciclo de vida del dato. Es importante resaltar que, mientras una arquitectura concreta utiliza una serie de patrones de una determinada forma, otra podrá orquestar esos mismos patrones de una manera diferente[17].

## 2.1.1 Tipologías de patrones

Antes de nada, vamos a plantear las tipologías básicas a la hora de clasificar los distintos patrones necesarios para componer una arquitectura de datos.

| Tipología | Propósito | Ejemplos |
|---|---|---|
| **Integración** | Reconciliar los datos provenientes de distintos orígenes con el fin de garantizar un acceso y entrega consistente, todo dentro de un marco gobernado | • ETL & ELT<br>• Lambda<br>• Kappa<br>• Federación |
| **Modelado** | Organizar y representar los datos de la forma más eficiente para su consumo y almacenamiento | • Entidad-Relación<br>• Multidimensional<br>• *Schemaless* |
| **Almacenamiento** | Persistir los datos de cara a su posterior acceso de acuerdo con su formato y la forma en que serán consumidos | • OLTP<br>• *Data warehouse*<br>• ODS<br>• *Data lake* |
| **Análisis** | Extraer conocimiento de la información para soportar la toma de decisiones dentro del negocio | • Análisis descriptivo<br>• Análisis prescriptivo<br>• Análisis predictivo<br>• Análisis cognitivo |

**Tabla 2-1**. Tipos de patrones dentro de una arquitectura de datos.

La Tabla 2-1 los condensa, pero básicamente se corresponden con las distintas etapas del ciclo de vida del dato. Algunos de estos patrones ya los comentamos en el capítulo anterior, especialmente los relativos al análisis.

Por ejemplo, el **análisis predictivo** los podemos ver como un patrón arquitectural que proporciona una solución reutilizable, en forma de metodología, componentes y técnicas, dirigida a dar respuesta a la necesidad del negocio en cuanto a la detección de patrones y tendencias que subyacen en sus grandes volúmenes de datos. Como veremos en su correspondiente capítulo, podemos a su vez dividir el análisis predictivo en subpatrones que nos indican como abordar problemáticas concretas, como la detección de patrones secuenciales, la identificación de anomalías y desviaciones o la clasificación de datos.

---

17  Estamos adoptando aquí una noción muy sintetizada de arquitecturas y patrones, siendo este un campo muy amplio y matizado dentro de la ingeniería de sistemas.

Como veremos a continuación, el *data warehouse* es un patrón de almacenamiento que nos indica como persistir los datos estructurados de cara a soportar análisis históricos[18]; nos da una guía de las características que debe tener un repositorio, teniendo en cuenta las distintas necesidades, tanto de integración como de análisis. Adicionalmente necesitaremos disponer de un patrón de **modelado dimensional** de los datos, que facilite especialmente las operaciones de lectura. Es decir, aunque un patrón puede tener sentido en sí mismo, de forma aislada, donde aporta más valor es cuando se orquesta con otros patrones bajo una arquitectura de datos cohesionada.

## 2.2 ARQUITECTURAS DE DATOS CENTRALIZADAS

Una arquitectura de datos centralizada se caracteriza por concentrar todos los datos de una organización en una única plataforma monolítica[19]; es decir:

▼ Los datos de los distintos orígenes, tanto operacionales como externos, son recopilados, reconciliados, procesados y almacenados de forma centralizada.

▼ Los datos derivados (maestros y analíticos) son modelados (si este requerimiento existe, como luego veremos) de forma unificada y conformada, sin tener en cuenta el dominio original del dato, e intentando satisfacer los requerimientos de todos los usuarios.

▼ Los datos analíticos son servidos y presentados también de forma centralizada a sus consumidores, contemplando distintas necesidades de explotación (descriptiva, predictiva, etc.).

▼ La plataforma de datos, incluyendo su contenido (los datos), gobierno y gestión, es propiedad y responsabilidad del departamento de tecnologías de la información de la empresa.

Esta idea de centralidad del dato presenta diversas ventajas en términos de unificación de la gestión, menor redundancia en los procesos, simplificación de la seguridad, etc. Como luego veremos, también arroja inconvenientes, derivados principalmente del desarraigo del dato de sus orígenes.

La mejor manera de comprender este modelo es a través de una perspectiva histórica, viendo, a modo de generaciones, los distintos patrones que ha ido incorporando con el fin de satisfacer necesidades concretas.

---

18  Como ya comentábamos en el capítulo anterior, un análisis histórico es aquel que no lo es en tiempo real, lo que no quiere decir que no pueda implicar datos muy recientes.

19  Utilizamos aquí los adjetivos centralizado y monolítico (de una sola pieza, sin fisuras) para referirnos a la concepción de la plataforma y a la gestión del dato; desde un punto de vista tecnológico, una arquitectura de datos centralizada (y moderna) estará basada en sistemas y servicios distribuidos, que facilitan la escalabilidad y la disponibilidad de la plataforma.

## 2.2.1 Generación 0 (1970): sistemas transaccionales

Hablamos aquí de generación 0 queriendo significar una ausencia de arquitectura de datos tal y como la estamos planteando. Los **sistemas transaccionales** (**OLTP**, *OnLine Transaction Processing*) tienen su origen en la década de 1960, si bien las primeras aplicaciones comerciales no aparecerían hasta 10 años después. Su desarrollo es parejo al de las bases de datos, concretamente al **modelo relacional** y el lenguaje de consulta **SQL**.

Los sistemas OLTP implementan un patrón crítico cuya misión es soportar las operaciones de negocio, fundamentalmente mediante la gestión de transacciones. Entendemos aquí **transacción** no desde un punto de vista comercial, sino como una unidad de trabajo que generalmente implica un cambio de estado en una o varias bases de datos. Entre otras muchas características, una transacción es, por definición, **atómica**, lo que quiere decir que, o todas las operaciones que componen la unidad de trabajo se ejecutan satisfactoriamente, o todas fallan (o se cancelan).

Ahora bien, la traslación de una transacción comercial a una o varias transacciones de base de datos es directa: el pago con una tarjeta de débito implica una unidad de trabajo que es necesariamente atómica: la disminución de saldo en la cuenta corriente del comprador se tiene que corresponder con un aumento en la del vendedor por el mismo importe. Si cualquiera de los dos movimientos falla, la unidad de trabajo no se contabiliza y la transacción comercial no tiene lugar.

| Característica | Descripción |
|---|---|
| **Indisolubilidad** (*Atomicity*) | Todos los cambios que involucra una transacción se ejecutan como si se tratara de una única operación: o se confirman todos (*commit*) o se deshacen (*rollback*), dejando en este último caso la base de datos en su estado previo |
| **Consistencia** (*Consistency*) | Una transacción solo puede modificar el estado de la base de datos de maneras predefinidas. Una vez completada, los resultados de esta transacción son visibles de forma consistente a toda operación posterior sobre la base de datos |
| **Aislamiento** (*Isolation*) | Varias transacciones concurrentes no interfieren unas con otras. El estado intermedio de una transacción es invisible a otra transacción, de forma que para la segunda la primera o ya se ha ejecutado, o todavía no ha tenido lugar |
| **Durabilidad** (*Durability*) | Los cambios realizados por una transacción que se ha completado de forma satisfactoria son persistentes, incluso en el caso de un fallo en el sistema |

**Tabla 2-2.** Propiedades ACID de una base de datos transaccional.

Por lo tanto, los sistemas OLTP, soportados por **bases de datos** que llamaremos **transaccionales**, se encargan de registrar las actividades diarias del negocio, como la recepción de pedidos, la gestión del inventario, las ventas o las reservas. Entre otros, aquí se incluyen los sistemas **SCADA** (*Supervisory Control And Data Acquisition*), **MES** (*Manufacturing Execution Systems*), los **ERP** (*Enterprise Resource Planning*) o las aplicaciones de **CRM** operacional (*Customer Relationship Management*).

Es importante resaltar que los datos operacionales no se limitan a medidas exclusivamente transaccionales, como importes, unidades vendidas o número de operaciones bancarias; reflejan también los detalles que, por ejemplo, acompañan a un proceso de venta en una tienda en línea: tiempo de sesión, dispositivo utilizado, páginas visitadas, carros abandonados, etc. También incluimos aquí los datos generados por máquinas y sensores. En definitiva, todo aquello que es consecuencia, directa o indirectamente, de la operativa del negocio.

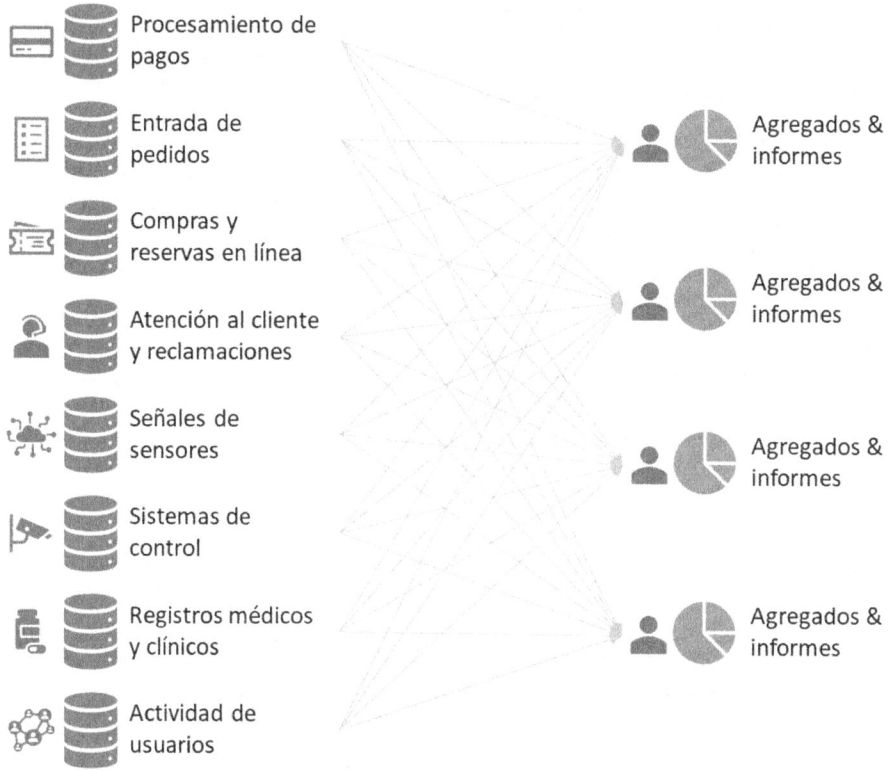

**Figura 2-1.** Explotación de datos en sistemas transaccionales.

Como se puede comprender, es imprescindible que las bases de datos transaccionales mantengan la integridad y la consistencia de sus datos. Para ello se definieron, ya finales de los años setenta del siglo pasado, una serie de propiedades que deben cumplir estos sistemas con el fin de garantizar esta fiabilidad. Son las llamadas **propiedades ACID** (*Atomicity, Consistency, Isolation, Durability*). La Tabla 2-2 las describe. Desde un punto de vista tecnológico, la necesidad de adhesión a estas propiedades hace que, hasta el día de hoy, los sistemas OLTP estén básicamente soportados por bases de datos relacionales, al menos aquellos dedicados al procesamiento de transacciones. Como veremos, las bases de datos **NoSQL**, en aras de una mayor flexibilidad, acaban relajando una o varias de estas propiedades. Esto no implica que no tengan su lugar en el soporte de operaciones, ya que aportan mucha versatilidad y rendimiento para determinadas tareas.

En definitiva, y de acuerdo con la caracterización del dato que hicimos en el capítulo anterior, los sistemas OLTP generan datos operacionales en tiempo real[20], con un formato estructurado en el caso de transacciones, pero incluyendo también datos semiestructurados y no estructurados, como comentarios de los clientes, grabaciones de llamadas telefónicas, videos de seguridad, datos geoespaciales, etc.

Sin embargo, desde el punto de vista de consumo y análisis del dato, los sistemas OLTP presentan grandes inconvenientes. Entre ellos:

- ▸ Cada aplicación es responsable de los datos que gestiona, no existiendo una conformidad en cuanto a los modelos de datos, formatos de almacenamiento y tecnologías de procesamiento[21]. Esto dificulta mucho las tareas de integración y consolidación.

- ▸ Cada aplicación OLTP hacen un uso muy particular de la base de datos, siendo habitual que el modelo no esté documentado de cara a facilitar el acceso de una aplicación externa que quiera explotar esos datos.

- ▸ Estos sistemas no están pensados para almacenar una gran profundidad histórica, sino que guardan los datos necesarios para poder poner en contexto las operaciones (varios meses, uno o dos años a lo sumo). Por lo tanto, no pueden soportar consultas que impliquen una cierta temporalidad.

- ▸ El diseño del modelo de datos y el almacenamiento está optimizado para transacciones, no para consultas analíticas. Una transacción se caracteriza por efectuar accesos sencillos a la base de datos, involucrando sentencias SQL simples: operaciones de lectura accediendo a pocos registros, inserciones y actualizaciones. El acceso es además aleatorio, lo que quiere decir que no es predecible que registros se verán implicados. Una carga analítica, por el contrario, tiene unos requerimientos bien distintos, como veremos en el siguiente apartado.

- ▸ La concurrencia de operaciones acostumbra a ser muy elevada, con lo que los requerimientos de aislamiento transaccional son muy exigentes, cosa que no ocurre con las cargas analíticas que no son, en principio, transaccionales.

---

20  Un sistema OLTP puede manejar millones de transacciones por minuto, con tiempos de respuesta por debajo del segundo

21  Formalmente, el lenguaje SQL es un estándar; sin embargo cada proveedor de base de datos acaba implementando su propio dialecto. En el caso de bases de datos NoSQL, esta falta de estandarización es todavía más acentuada.

Estos y otros factores hacen que la coexistencia de cargas transaccionales y analíticas sobre una misma base de datos sea muy difícil, especialmente por el impacto negativo que las segundas puedan tener en el rendimiento de las primeras, vitales para el funcionamiento del negocio[22].

La Figura 2-1 viene a representar la consecuencia de estos inconvenientes para la explotación de los datos: cada base de datos debe ser accedida por separado (es habitual que las propias aplicaciones ofrezcan alguna funcionalidad para la generación de informes), y cualquier necesidad de relacionar y agregar datos dispares debe ser resuelta por el usuario. Esto limita los tipos de análisis que se pueden realizar (básicamente informes estáticos que no implican consultas muy complejas), ofrece un mal rendimiento y, lo que es un gran problema añadido, la dispersión de los datos introduce incertidumbre en cuanto a la veracidad y representatividad de la información analizada.

## 2.2.2 Generación 1 (1980): *data warehouse*

Con el fin de resolver estas dificultades, en la década de 1980 apareció un nuevo patrón de almacenamiento enfocado a soportar cargas analíticas: el ***data warehouse***[23]. **Bill Inmon**, un científico computacional todavía en activo, puede ser considerado como el padre del *data warehouse*[24].

Esencialmente, un *data warehouse* es un repositorio central de datos analíticos, que se nutre de los sistemas OLTP y de algunos orígenes externos, cuya finalidad es proporcionar información completa, precisa y comprensible para la toma de decisiones. Como disciplina, el ***data warehousing*** comprende el diseño y la implementación de los procesos, sistemas y herramientas para el acceso a datos en fuentes dispersas, su reconciliación, limpieza y transformación, y su almacenamiento final de una forma estructurada que permite un acceso sencillo y eficiente. Como tal, el *data warehouse* tiene unos requerimientos y unos patrones de uso bien diferentes a los de las bases de datos OLTP. La Tabla 2-3 resume estas diferencias.

La irrupción del concepto del *data warehouse* a finales de los años ochenta del siglo pasado, supuso la separación formal de entornos: el operacional, para cargas transaccionales y datos relacionados con la operativa del negocio, y el entorno de información, para las cargas y usos analíticos.

---

22  De hecho, lo habitual es que las bases de datos operacionales no sean accesibles fuera de las aplicaciones que soportan.

23  Además de estar plenamente arraigado, el término *data warehouse* (al igual que *data mart*) es difícil de traducir al castellano; algunos lo han intentado de forma más o menos literal, como «depósito de datos». Sin embargo, esta traducción dice poco a la hora de diferenciarlo de otros patrones y sistemas de almacenamiento.

24  *https://en.wikipedia.org/wiki/Bill_Inmon.*

| Área | OLTP | *Data warehouse* |
|---|---|---|
| Soporte | Operaciones | Decisiones |
| Orientación | Aplicaciones | Dominios y procesos |
| Profundidad del dato | Actual, en contexto | Histórica |
| Volatilidad del dato | Volátil | No volátil |
| Tipo de dato | Estructurado | Estructurado |
| Nivel de detalle | Atómico | Atómico y agregado |
| Latencia | Tiempo real | Procesado por lotes |
| Modelo de datos | Normalizado | Normalizado y desnormalizado |
| Patrón de acceso | Transaccional | Lectura masiva |
| Operaciones | Inserciones, actualizaciones y lecturas cortas | Lecturas complejas, incluyendo ordenaciones y agregaciones |
| Modelo de acceso y almacenamiento | Relacional (SQL) | Relacional (SQL) y propietario (MDX, DAX) |
| Acceso a los datos | Aleatorio | Secuencial |
| Volumetría de datos | *gigabytes – terabytes* | *terabytes – petabytes* |
| Concurrencia de usuarios | Miles–millones | Cientos–miles |
| Criticidad para el negocio | Muy alta (★★★★★) | Muy alta (★★★★☆) |
| Disponibilidad | Muy alta (★★★★★) | Muy alta (★★★★☆) |

**Tabla 2-3**. Diferencias entre las características de los sistemas OLTP y data warehouse.

Esta separación trajo consigo nuevas necesidades y oportunidades, con la consiguiente aparición de nuevos patrones relacionados:

▼ **Integración**. El *data warehouse* debe ser alimentado desde los sistemas OLTP y otras fuentes de datos externas. Esto implica extraer los datos de los sistemas origen (con el mínimo impacto posible para no perjudicar los procesos transaccionales), transformarlos y combinarlos para, finalmente, cargarlos en el *data warehouse*. Esta secuencia en tres fases recibe el nombre de **procesos ETL** (*Extract, Transform, Load*) y es un patrón fundamental en la arquitectura de datos. De él depende el aseguramiento de la calidad del dato, incluyendo su veracidad, integridad y adhesión a estándares[25]. Además, estos procesos son los responsables de entregar la información en destino de forma puntual y planificada. Como veremos más adelante, lo habitual es que este patrón de integración se implemente mediante su propio subsistema de procesamiento, con una serie de recursos dedicados.

---

25  Siguiendo con la argumentación que hicimos al principio del capítulo anterior, los procesos ETL serían, al fin y al cabo, los responsables de convertir los datos en información.

▶ **Modelado.** Un error no poco habitual es concebir el *data warehouse* como una copia de las tablas de las bases de datos OLTP. Es decir, los procesos ETL se dedicarían solo a replicar los datos, sin mediar ninguna operación de consolidación, limpieza y, sobre todo, remodelado. Con esto se podría conseguir una separación de las cargas, de forma que las consultas analíticas no impactaran en el rendimiento de los sistemas OLTP. Ahora bien, el problema está en que la forma de organizar y relacionar los datos en estos últimos está optimizada, como ya vimos, para el soporte de transacciones, no de operaciones de lectura pesada. Estas últimas se caracterizan por accesos secuenciales (se recuperan grandes bloques de registros contiguos), operaciones de ordenación, enlace de tablas (*joins*) y agregación. Por lo tanto, el modelo de datos, tanto a nivel lógico como físico (indexación, división en particiones, materialización de consultas, etc.) debe ser diferente en cada entorno. En el caso de los sistemas OLTP, los datos se organizan mediante un modelo normalizado **entidad-relación**, mientras que en el *data warehouse* los modelos predominantes son **dimensionales** (desnormalizados), aunque esto depende del diseño.

▶ **Análisis.** Una separación y organización del dato analítico favorece la consolidación de otros patrones de consumo, como el **análisis descriptivo multidimensional** (**OLAP**, *OnLine Analytical Processing*), que permite una consulta rápida e interactiva sobre los datos[26], y el **análisis predictivo**.

Un aspecto importante en el funcionamiento de un *data warehouse* es la **gestión del cambio**. Ciertos datos, aquellos que permiten establecer un contexto, van evolucionando con el tiempo. Los clientes varían su ocupación, estado civil, o bien se cambian de lugar de residencia; los productos son asignados a nuevas secciones o banda de precios; los restaurantes suben o bajan de categoría en función de las opiniones de los clientes. Desde el momento en que el *data warehouse* debe ofrecer una visión histórica de la información, una funcionalidad esperada es la de proporcionar el dato en el contexto en el que fue generado; si un cliente de una entidad bancaria se jubila en octubre de 2023, cuando consultamos la rentabilidad de los clientes en activo por ocupación en septiembre y luego en noviembre de ese año, dicho cliente debería contabilizarse en el primer agregado pero no en el segundo. El mantener esta ligazón del dato con el tiempo (*time-variant*) no es viable en un sistema OLTP por la naturaleza volátil de los datos, pero sí en un *data warehouse*, donde esta gestión, aun no siendo trivial, es posible.

---

26 El término OLAP hace referencia al análisis interactivo de la información, en el que la respuestas a unas consultas dan pie a otras que se van resolviendo dinámicamente, siendo la base de los cuadros de mando analíticos. Muchos autores utilizan el término para referirse al propio *data warehouse*, como modelo de procesamiento y acceso contrapuesto al OLTP.

## 2.2.2.1 EL MODELO DE INMON

Tradicionalmente han existido dos aproximaciones a la hora de concebir un *data warehouse*: la del propio Inmon, basada en un despliegue descendente (*top-down*), y la de **Ralph Kimball**[27], considerado el padre del **modelado dimensional**, con una concepción ascendente (*bottom-up*). Ambas han llegado hasta nuestros días evolucionando a lo largo del tiempo, si bien el modelo de Kimball ha tenido una mayor implementación debido a su mayor sencillez y practicidad, siendo más próximo al negocio y con unos costes de despliegue menores.

El **modelo de Inmon**, denominado en sus orígenes como **fábrica de información corporativa** (**CIF**, *Corporate Information Factory*), plantea el *data warehouse* como una gran base de datos donde se recopila toda la información de la empresa, a partir de la cual se crean repositorios más pequeños, denominados ***data marts***, para satisfacer las necesidades de cada departamento.

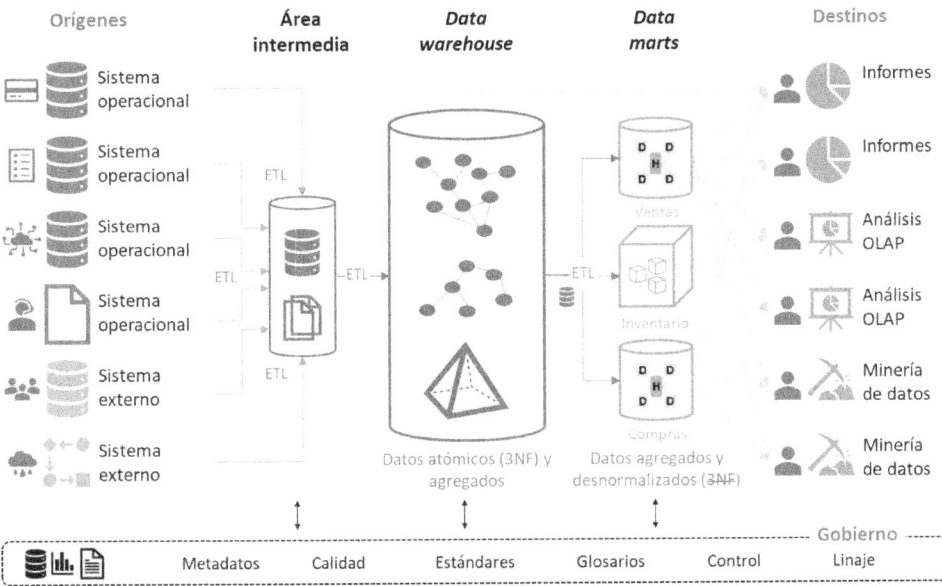

**Figura 2-2.** *Data warehouse* – modelo de Inmon.

---

27  *https://en.wikipedia.org/wiki/Ralph_Kimball*

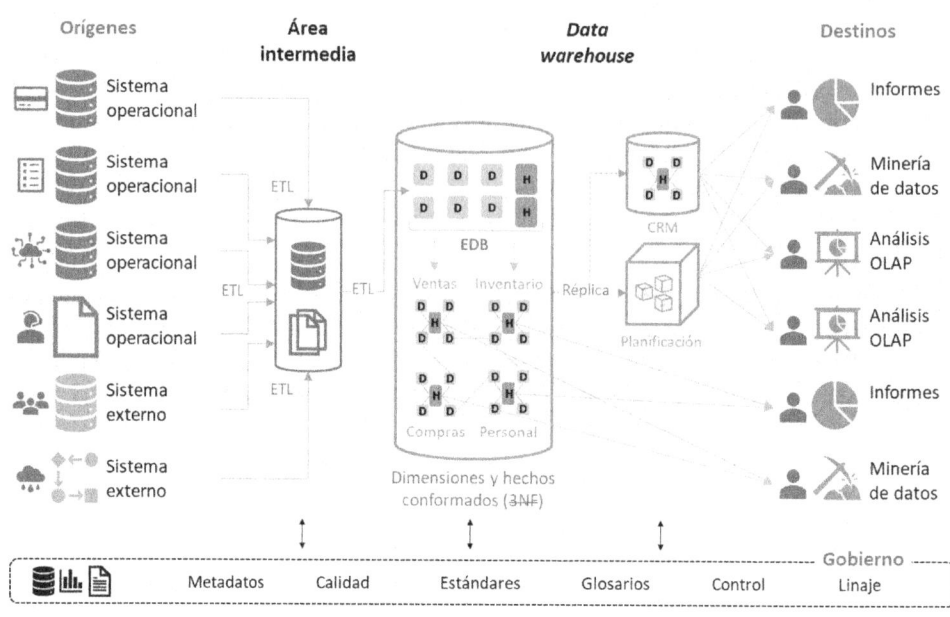

**Figura 2-3.** *Data warehouse* – modelo de Kimball

La Figura 2-2 esquematiza la arquitectura de Inmon. En ella podemos matizar los siguientes aspectos:

▸ Inicialmente los datos son extraídos, transformados y cargados en el *data warehouse* mediante procesos ETL, apoyándose estos en un **área intermedia** (**SA**, *Staging Area*) con sus propios recursos de almacenamiento y proceso. La función de esta es triple. Por un lado, guardar lo antes posible los datos recién extraídos de los orígenes. De esta manera, si más adelante se produjera un error en la transformación y carga de los datos no sería necesario volver a impactar en los sistemas OLTP. Por otro, soportar las operaciones de reconciliación, limpieza y transformación. Finalmente, se encarga también de llevar la gestión del cambio que acabamos de comentar, así como el control de que datos han sido ya procesados, necesario este para poder soportar cargas de datos incrementales.

▸ Los datos se almacenan en el *data warehouse* siguiendo un **modelo entidad-relación** (**E/R**, *Entity-Relationship*)[28] como el que podemos encontrar en un sistema OLTP (Figura 2-4), pero ahora orientado a satisfacer a los distintos departamentos que consumirán la información (ventas, compras, inventario, etc.).

---

28 Un modelo entidad-relación representa elementos de interés (empleado, empresa, cuenta corriente, etc.) y las relaciones que pueden existir entre estos elementos (una empresa tiene empleados, un empleado tiene una o varias cuentas corrientes, etc.). Es un modelo normalizado, en el sentido en que reduce la redundancia de datos y asegura la integridad, por lo que es típico en bases de datos operacionales donde se busca la máxima eficacia para procesar transacciones.

Si bien el nivel de detalle es el mismo que en los sistemas origen (atómico), se materializan también agrupaciones de datos con el fin de satisfacer consultas agregadas y la carga posterior de los *data marts*.

▶ Aunque los usuarios podrían consultar directamente los datos del *data warehouse*, sobre todo para ir a buscar información de detalle, lo habitual es continuar agregando la información en los *data marts* departamentales, siguiendo aquí un **modelo en estrella** (*star schema*)[29], optimizado para consultas. Para ello, son necesarios nuevos procesos ETL, si bien ahora estos se encargan básicamente de reorganizar los datos. Estos *data marts* se suelen implementar en sistemas y bases de datos diferentes a la del *data warehouse*, empleando bases de datos también relacionales o propietarias, basadas estas últimas en un almacenamiento matricial (cubos multidimensionales).

▶ La organización y optimización del dato, orientada a su explotación analítica, permite nuevas formas de explotación, como el análisis OLAP y la minería de datos.

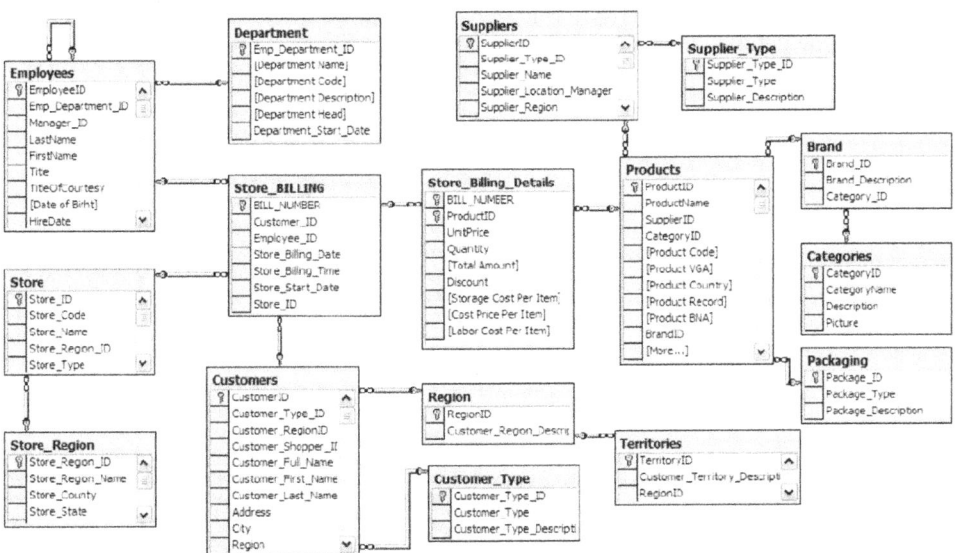

**Figura 2-4.** Modelo E/R para un proceso de venta minorista.

**Nota.** Extraído de *Dimensional Modeling: in a Business Intelligence Environment*, 1ª edición [Figura], por Chuck Ballard, Daniel Farrell, Amit Gupta, Carlos Mazuela y Stanislav Vohnik, 2006, IBM Redbooks.

---

29 Un modelo en estrella consiste en una o más tablas de hechos que referencian una serie de tablas de dimensiones. Las tablas de hechos contienen datos cuantitativos y medibles del negocio (unidades vendidas, importe, puntos otorgados, etc.), mientras que las dimensiones proporcionan el contexto de esas medidas (tiempo, tienda, producto, cliente, etc.). Al contrario que el modelo entidad-relación, el modelo en estrella está desnormalizado, conteniendo información redundante con el fin de acelerar las consultas.

### 2.2.2.2 EL MODELO DE KIMBALL

Por el contrario, el **modelo de Kimball**, posterior en el tiempo, difiere esencialmente en la pieza central. Kimball no habla de una organización en dos niveles, *data warehouse* y *data marts*. Para él, el *data warehouse* es una unidad lógica con las siguientes características (Figura 2-3):

▸ Los datos deben ser directamente almacenados, presentados y accedidos mediante modelos multidimensionales, ya sea en forma de esquemas en estrella o cubos multidimensionales. Es decir, para Kimball los modelos entidad-relación normalizados no tienen cabida en el *data warehouse*.

▸ Estos modelos deben contener información de detalle. Aunque el nivel granular vendrá dictado por las necesidades de negocio (y, claro está, por su disponibilidad en origen), es siempre preferible pecar de detallista. Por ejemplo, si el nivel más atómico con el que guardamos los datos de venta en el *data warehouse* es un agregado horario por tienda y departamento de producto, impedimos ya de raíz cualquier consulta que pretenda recuperar ya no solo transacciones individuales, sino las ventas por subdepartamento en agregados de 30 minutos. Modificar el nivel de detalle de los datos una vez establecido tiene un impacto y un coste muy elevado.

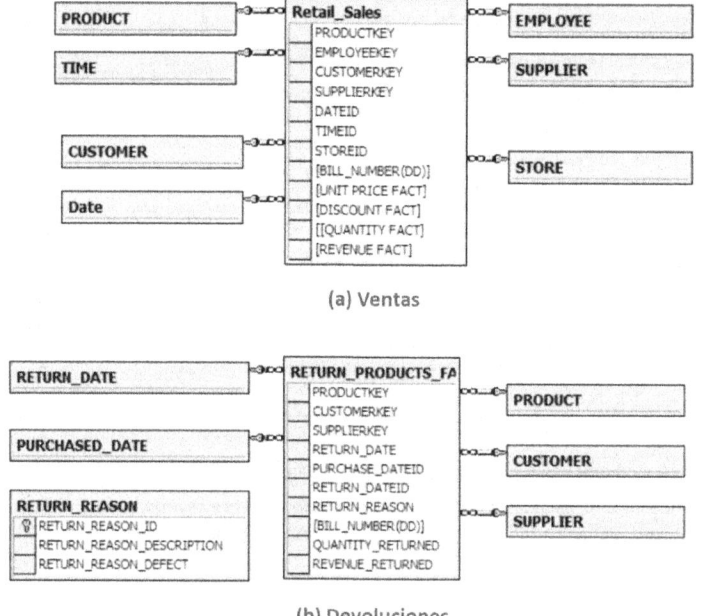

(a) Ventas

(b) Devoluciones

**Figura 2-5.** Dos modelos en estrella representando dos procesos de negocio en el comercio minorista.

**Nota.** Extraído de *Dimensional Modeling: in a Business Intelligence Environment*, 1ª edición [Figura], por Chuck Ballard, Daniel Farrell, Amit Gupta, Carlos Mazuela y Stanislav Vohnik, 2006, IBM Redbooks.

▼ Un matiz importante que Kimball remarca con frecuencia es que los modelos multidimensionales deben representar procesos de negocio, no departamentos, ya que los primeros son transversales a los segundos. Por ejemplo, el modelo de ventas debe ser único en toda la organización, no existiendo versiones o especializaciones de él en el departamento de finanzas, *marketing* o ventas. Kimball sigue manteniendo el nombre de *data mart* para referirse a estos modelos.

▼ El elemento central del modelo de Kimball es el de las **dimensiones conformadas**. Una dimensión conformada o maestra, es aquella que se define y carga una sola vez, pero se puede emplear en todos aquellos *data marts* que la requieran. Este empleo puede incluir todos los campos originales, o bien un subconjunto (lo mismo pasa con los registros). Ahora bien, la nomenclatura, significado y contexto de los campos empleados debe ser conforme a la tabla maestra. Por ejemplo, la dimensión Producto es común a los *data marts* de ventas y compras. En el primero será necesario incluir toda la jerarquía de clasificación del producto (producto, sección, subdepartamento, etc.), mientras que en el segundo no. Sin embargo, hay una serie de atributos que son necesarios en ambos casos (identificador del producto, formato, fabricante, etc.). En lugar de construir, aprovisionar y mantener dos dimensiones para cada *data mart*, será suficiente con hacerlo una sola vez, utilizando luego las columnas necesarias en cada caso. Esta no es la única ventaja. El hecho de que ambas dimensiones estén conformadas permite relacionar los modelos de ventas y compras de una manera directa, de forma que los usuarios pueden lanzar consultas que involucran ambos procesos de negocio. Por lo tanto, el empleo de dimensiones conformadas permite la navegación entre *data marts*. La Figura 2-5 muestra dos modelos en estrella para ventas y devoluciones. Las dimensiones Producto y Cliente, entre otras, permiten la relación de ambos procesos de negocio.

▼ La idea de dimensiones conformadas se refleja en el concepto de **bus corporativo** (**EDB**, *Enterprise Data warehouse Bus*) introducido por Kimball. Es decir, todos los *data marts* deben emplear dimensiones conformadas. El EDB es una forma de representar matricialmente la correspondencia entre dimensiones conformadas y los distintos procesos de negocio, concretamente sus hechos cuantitativos (Figura 2-6).

▼ El modelo de Kimball (también en cierta medida el de Inmon) es ante todo lógico, agnóstico de cualquier implementación física. Los *data marts* pueden ser virtuales, en forma de modelos en estrella construidos empleando vistas SQL sobre las dimensiones conformadas, o se pueden materializar en bases de datos separadas, empleando también cubos multidimensionales. La volumetría y la concurrencia en el acceso marcarán las mejores opciones. En cualquier caso, si se opta por copiar las tablas de dimensiones a otro sistema separado estaríamos hablando de una replicación directa y rápida, no de procesos ETL como tal.

| Procesos de negocio / Dimensiones comunes | Fecha | Producto | Almacén | Tienda | Promoción | Cliente | Empleado |
|---|---|---|---|---|---|---|---|
| Emisión de órdenes de compra | X | X | X | | | | |
| Recepción de entregas en almacén | X | X | X | | | | X |
| Inventario de almacén | X | X | X | | | | |
| Recepción de entregas en tienda | X | X | X | X | | | X |
| Inventario de tienda | X | X | | X | | | |
| Ventas | X | X | | X | X | X | X |
| Previsión de ventas | X | X | | X | | | |
| Seguimiento de promociones | X | X | | X | X | | |
| Devoluciones de clientes | X | X | | X | X | X | X |
| Devoluciones a proveedores | X | X | | X | | | X |
| Altas de clientes | X | | | X | | X | X |

**Figura 2-6.** Ejemplo de bus corporativo del data warehouse (EDB) para un comercio minorista,
**Nota.** Adaptado de *The Data Warehouse Toolkit*, 3ª edición [Figura],
por Ralph Kimball y Margy Ross, 2013, John Wiley & Sons, Inc.

Desde el punto de vista de la implementación, los modelos de Inmon y Kimball adoptan aproximaciones opuestas. El modelo de Inmon es necesariamente descendente: como gran repositorio corporativo, el *data warehouse* debe preceder a los *data marts*. El de Kimball, sin embargo, es ascendente: el *data warehouse* se va construyendo como consecuencia de ir conformando dimensiones y hechos. Esta diferencia en la concepción hace que los tiempos de implementación de un *data warehouse* según la escuela de Inmon sean mucho más largos, ya que no podemos empezar con los *data marts* hasta que el repositorio central esté consolidado. Al facilitar un despliegue ágil de un primer *data mart*, el modelo de Kimball es más táctico. Ahora bien, en este caso existe el riesgo de una proliferación muy rápida de modelos en la que no se mantenga la conformidad dimensional, lo que acabaría desembocando en un conjunto de *data marts* independientes, muy difíciles de interrelacionar, y donde se han duplicado los procesos ETL y las tareas de mantenimiento asociadas.

### 2.2.3 Generación 2 (1990): almacenes operacionales

Un aspecto que, al menos al principio, los modelos de Inmon y Kimball no cubrían era como resolver la incorporación al entorno de información de datos generados en tiempo real. El objetivo en este caso no era tanto poner a disposición de los usuarios la información de forma más rápida, sino poder ofrecer una visión integrada y actual de la operativa de negocio usando datos dispersos en distintos sistemas. El *data warehouse* podía asumir, incorporando nuevos datos de forma controlada y planificada, las necesidades analíticas para establecer la estrategia del negocio. Sin embargo, quedaban una serie de cuestiones todavía por cubrir.

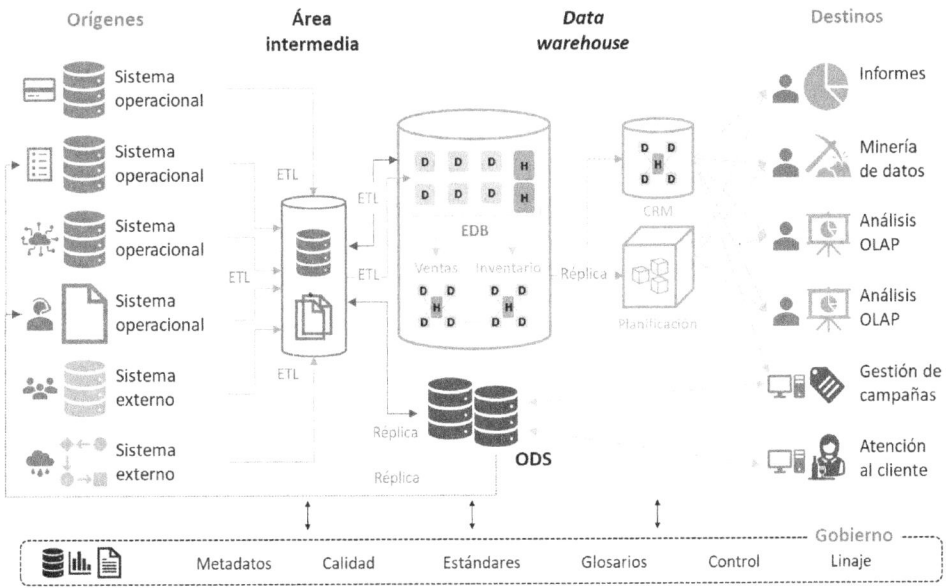

**Figura 2-7.** Almacén de datos operacional (ODS).

Con esta finalidad surgieron los **almacenes de datos operacionales** (**ODS**, *Operational Data Store*). Un ODS proporciona una **visión integrada** y **actual** de distintos sistemas OLTP con el fin de soportar ciertas operativas del negocio. Su frecuencia de actualización es mucho mayor que en el *data warehouse*. Ahora bien, para que esto último sea viable, debe llegar a poder soportar actualizaciones directas de las aplicaciones que lo alimentan, lo que implica la imposibilidad de implementar grandes transformaciones mediante procesos ETL.

Un caso típico de ODS es el de un repositorio que consolida y actualiza en tiempo real los datos de clientes que están dispersos en distintos sistemas OLTP: datos de contacto, reclamaciones, facturación, últimas compras, etc. Las aplicaciones de negocio, como el centro de atención telefónica, el gestor de campañas, o el propio cliente, que quiere ver toda su información y posiciones, serán usuarios de este repositorio[30]. Este deberá soportar la actualización e inserción de nuevos datos, notificando y actualizando a su vez a los sistemas de los que se alimenta. Como veremos en el siguiente apartado, la gestión de datos maestros aportará mucho valor en un escenario como este.

La Figura 2-7 muestra la posición del ODS dentro del entorno de información. Lo primero que salta a la vista es la introducción de nuevos flujos de datos, especialmente la recirculación entre sistemas. Entre sus características podemos destacar las siguientes:

- Los datos que salen del área intermedia lo hacen en dos flujos diferentes. Uno alimenta el *data warehouse*, mediante un aprovisionamiento por lotes, y el otro el ODS, normalmente a través de técnicas de replicación y captura de cambios[31]. Lo hacen de esta manera porqué las necesidades son diferentes en cuanto a transformación y latencia del dato.

- A través también del área intermedia, puede existir un flujo de datos (mediante lotes) del ODS al *data warehouse*. Desde el momento en que los consumidores del ODS (un centro de atención telefónica o un sistema de detección de fraude en tiempo real, por ejemplo) son aplicaciones operacionales que pueden escribir en él, es necesario circular estos datos como si se tratara de un origen más. De forma similar, serán también posibles las realimentaciones del ODS hacia los sistemas OLTP. Por ejemplo, un cambio en la dirección de facturación de un proveedor, registrada en un centro de atención al cliente, que debe trasladarse al sistema que emite las facturas.

- Puede darse también cierta circulación de datos del *data warehouse* al ODS. Por ejemplo, puede ser necesario que una segmentación de clientes realizada con técnicas de minería de datos sea accesible desde un gestor de campañas con el fin de diferenciar perfiles (ETL inverso).

Desde el punto de vista de la implementación, un ODS está basado en almacenamiento relacional, con un modelo de datos que acostumbra a ser entidad-relación frente a un arreglo multidimensional, aunque esto dependerá de la carga transaccional. En cualquier caso, el diseño estará orientado a la función de negocio específica que haya que soportar. No hay que perder de vista que la existencia de nuevos flujos de datos hace que la gestión y el mantenimiento de todo el entorno se vuelva bastante costosa, lo que complica el crecimiento del entorno de información a base de estos repositorios.

---

30  Es importante insistir en que el ODS es explotado por aplicaciones operacionales. Aunque puede ser usado por aplicaciones generadoras de informes, como las que son usuarias del *data warehouse*, este no es el foco principal.

31  La replicación de datos es una tecnología que consiste en la copia en tiempo real de una serie de tablas de una base de datos a otra, en caliente y con un impacto mínimo en el rendimiento. Entre otras aplicaciones, es el fundamento de la alta disponibilidad y la recuperación ante desastres en bases de datos.

## 2.2.4 Generación 3 (2000): gestión de datos maestros

Como acabamos de ver, el ODS es un patrón que se sitúa a medio camino entre el entorno operacional y el de información. Algo similar ocurre con la **gestión de datos maestros** (**MDM**, *Master Data Management*).

Como ya vimos en el capítulo anterior, los datos maestros se pueden definir como aquellos objetos o entidades de negocio que proporcionan un contexto a sus operaciones. Por exclusión, son aquellos datos que, dando sentido a una transacción, tienen existencia y persistencia fuera de esta. Datos maestros comunes a la gran mayoría de negocios son clientes, proveedores, socios, productos, tiendas, empleados, etc. Podemos decir que los datos maestros son uno de los activos más valiosos de cualquier empresa, haciéndose necesaria su gestión uniforme y consistente a lo largo de toda la organización mediante los sistemas adecuados.

En cierta manera, los datos maestros vienen a ser a los sistemas operacionales lo que las dimensiones representan en el *data warehouse*, especialmente si nos ceñimos a la idea de conformidad de Kimball. Es más, la principal autoridad a la hora de alimentar las dimensiones debería ser, precisamente, el gestor de datos maestros. Por este motivo, esos sistemas tienen una gran relevancia en toda la gestión corporativa del dato, debiendo cubrir múltiples dominios (cliente, producto, empleado, etc.) de forma integrada.

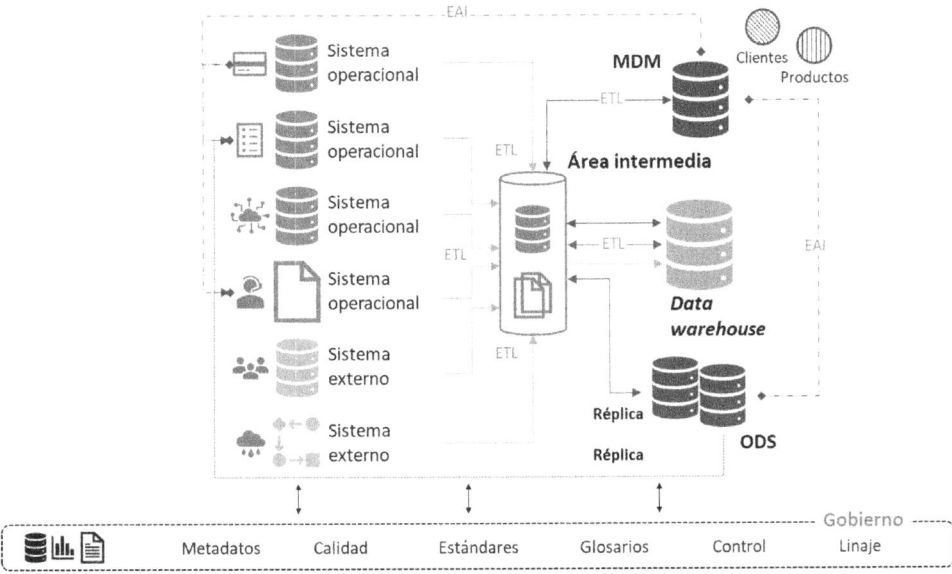

**Figura 2-8**. Gestión de datos maestros (MDM).

Un sistema de gestión de datos maestros debe ser el punto central de donde dependen el resto de los sistemas para contextualizar las transacciones (OLTP, ODS) y los hechos medibles del negocio (*data warehouse*). En ningún caso se encargan de gestionar operaciones. La misión del MDM es definir, reconciliar y mantener una única versión de cada entidad que maneja, denominada **registro de oro** (*golden record*). Este registro se modifica, cuando es necesario, solo en este sistema central, de forma que el resto de los sistemas que lo manejan son notificados, actuando en consecuencia. No hay que olvidar que una parte importante de este registro de oro son las clasificaciones y taxonomías a las que pertenece la entidad. Esto es especialmente relevante en la gestión de productos, donde la necesidad de gestión de múltiples jerarquías es algo habitual.

Como veíamos en el ejemplo del apartado anterior, los datos que caracterizan a un cliente pueden estar dispersos por diferentes sistemas (información de contacto, clasificación para el negocio, antigüedad, productos contratados, etc.). No solo esto, sino que los datos de contacto, como la dirección postal, pueden diferir entre sistemas. Empleando reglas de negocio, que priorizan unas fuentes frente a otras, y algoritmos de selección, los sistemas MDM tienen como misión discernir que piezas de cada sistemas son las más fiables, construyendo el registro de oro con la máxima veracidad.

La Figura 2-8 ubica el MDM dentro de la arquitectura, donde se han suprimido elementos para facilitar su comprensión. Como en el caso del ODS, la conexión del MDM con el *data warehouse* es a través del subsistema de ETL. La ventaja está ahora en que, en principio, gran parte del esfuerzo de reconciliación, transformación y carga de las dimensiones recae ahora en el MDM. Sin embargo, la gestión del cambio en las dimensiones sigue siendo una tarea propia del *data warehouse*, a través del área intermedia. También como en el caso anterior, existen flujos de datos desde el *data warehouse* al MDM. Estos consistirán típicamente en categorizaciones de clientes, productos, tiendas, empleados, etc., derivados de procesos de segmentación con técnicas de minería de datos.

La comunicación y sincronización del MDM con los sistemas operacionales (OLTP, ODS) se puede realizar de varias maneras: tecnología de **integración de aplicaciones**[32] (**EAI**, *Enterprise Application Integration*), **servicios web**[33] o **federación de datos**[34].

## 2.2.5 Generación 4 (2010): *data lake*

Las sucesivas generaciones que acabamos de ver se encargan de ir añadiendo patrones de almacenamiento a la arquitectura de datos, cubriendo nuevas funcionalidades y

---

32  La integración de aplicaciones hace referencia a un conjunto de tecnologías para intercambiar y sincronizar datos a nivel de aplicación: arquitectura orientada a servicios (**SOA**, *Service Oriented Architecture*), bus de servicio (**ESB**, *Enterprise Service Bus*), etc.

33  **SOAP** (*Simple Object Access Protocol*), **REST** (*REpresentational State Transfer*).

34  En este caso, la federación de datos permite virtualizar el sistema MDM de forma que sigue proporcionando una versión unificada de las entidades que maneja, combinando diferentes fuentes sin necesidad de mover físicamente los datos.

necesidades de los usuarios. Estas adiciones implican, a su vez, nuevos patrones de integración y modelado, habilitando también nuevas formas de análisis y explotación. Sin embargo, todas ellas ignoran, en mayor o menor medida, la existencia de datos que no se corresponden con un formato tabular, bien estructurado. Pasa algo similar con la latencia del dato; los procesos ETL son mediante lotes, de forma planificada, con poco espacio para realizar cargas masivas de datos cercanas al tiempo real. Aunque el ODS y el MDM vienen a aportar cierto dinamismo en este sentido, su foco es más operacional que analítico.

Alrededor de 2010, las organizaciones empiezan a valorar estos dos aspectos y a darse cuenta de que los sistemas y las tecnologías existentes no son eficaces, ni para manejar datos no estructurados, ni para procesar grandes volúmenes en tiempo real. La volumetría en sí mismo no constituía necesariamente un problema: los sistemas de *data warehouse*, basados en el modelo relacional y apoyados en sistemas distribuidos donde los datos se dividen y optimizan en particiones, han venido demostrando grandes capacidades de escalado[35] y rendimiento. Pero es la conjunción de estas tres uves (variedad, velocidad y volumen; la veracidad se añadiría más tarde) la que genera nuevos requerimientos y necesidades. No nos podemos olvidar de un cuarto factor (aunque este no empieza por uve): el precio. El *data warehouse* puede escalar, pero a base de invertir en una tecnología, normalmente propietaria, cuyos costes de adquisición y mantenimiento eran francamente elevados.

Ante estas necesidades surgiría inicialmente la idea del ***data lake***. Esencialmente, un *data lake* es un repositorio pensado para almacenar datos corporativos en bruto, manteniendo su formato nativo, con el fin de facilitar su explotación por parte de los usuarios de negocio en modo autoconsumo. A primera vista, esta definición no es muy atractiva, incluso se podría decir que es un tanto retrógrada. Sin embargo, tiene una serie de implicaciones importantes:

▸ Al mantener los formatos originales, el *data lake* permite manejar en un mismo lugar tanto datos estructurados como no estructurados.

▸ Los datos se almacenan directamente, sin ningún tipo de procesamiento ni modelado. Esto conlleva una idea central: el *data lake* es un repositorio «**sin esquema**» (*schemaless*). Al contrario que en el *data warehouse*, muy rígido a la hora de forzar una estructura basada en tablas, filas, columnas y relaciones, en el *data lake* no se especifica que se va a guardar en el repositorio, ni tampoco como están los datos organizados o relacionados entre sí. Alternativamente, el esquema se establece en el acceso posterior a los datos para su explotación (*schema-on-read*). Aunque no es exclusivo de ellas, las **bases de datos NoSQL** se basan en esta idea. Esta aproximación conlleva una serie de ventajas, pero también retos, alguno de ellos bastante evidente (Tabla 2-4).

---

35 Es frecuente que un *data mart* relacional presente tablas de hechos con varios miles de millones de registros, rodeada de decenas de tablas de dimensiones, y sirviendo un cuadro de mando interactivo con una concurrencia de decenas de usuarios.

| Ventajas | Inconvenientes |
|---|---|
| • El poder almacenar datos en distintos formatos da una gran flexibilidad, favoreciendo el acceso en tiempo real<br>• Los procesos de carga son muy ágiles, ya que no hay que validar, transformar o adaptar los datos a un esquema predefinido<br>• La escalabilidad es más fácil de alcanzar y mantener, al serlo la replicación y distribución de los datos<br>• La falta de esquema no condiciona el tipo de preguntas y análisis que pueden soportar los datos en el futuro<br>• Permite retrasar la definición de un atributo y su tipo al momento de la lectura del dato<br>• Evita la reingeniería de los modelos de datos debida a modificaciones en el esquema<br>• Reduce los costes de almacenamiento y proceso al no depender de formatos propietarios | • Asegurar la calidad e integridad de los datos se convierte en algo muy complicado<br>• Es difícil llevar un control sobre los datos almacenados, pudiendo existir redundancias y sobrecostes en el almacenamiento<br>• Las consultas analíticas son mucho más complicadas, ya que la falta de esquema impide o dificulta la optimización del acceso<br>• El gobierno, incluyendo las reglas de negocio, y la trazabilidad del dato son más difíciles de implementar<br>• La protección de información sensible o confidencial es más complicada, siendo muy difícil enmascarar atributos concretos<br>• De ser necesarias, no siempre es fácil implementar características ACID<br>• No existe una estandarización en cuanto a gestión y acceso al dato |

**Tabla 2-4.** Ventajas y retos de un modelo *schemaless.*

▶ El *data lake* habilita una serie de análisis hasta el momento complicados. Aunque no es cierto, como se representa en muchos diagramas y figuras, que hasta la aparición del *data lake* no se soportaban tareas de minería de datos y aprendizaje automático a través del *data warehouse*, sí que es verdad que la existencia de este repositorio central facilita el acceso a datos no estructurados, como texto, audio o imágenes, base para el aprendizaje profundo y la inteligencia artificial.

▶ A priori, el *data lake* puede suponer una reducción de costes, al menos en infraestructura. La disminución de los procesos ETL, globales y planificados, y una mayor delegación de la optimización del acceso a los datos en capas fuera del repositorio, permiten desacoplar los recursos de almacenamiento de la capacidad de proceso. Es decir, no es necesario mantener y pagar por una plataforma necesariamente dimensionada para satisfacer picos de trabajo cuando la carga cotidiana es considerablemente menor. Es posible ir aumentando según se necesite la inversión solo en almacenamiento, más barato al tratarse de datos en bruto, y acceder bajo demanda a la capacidad de proceso requerida en cada caso. Como comentamos en el capítulo anterior, el modelo de computación en la nube es idóneo para este consumo de infraestructura como servicio.

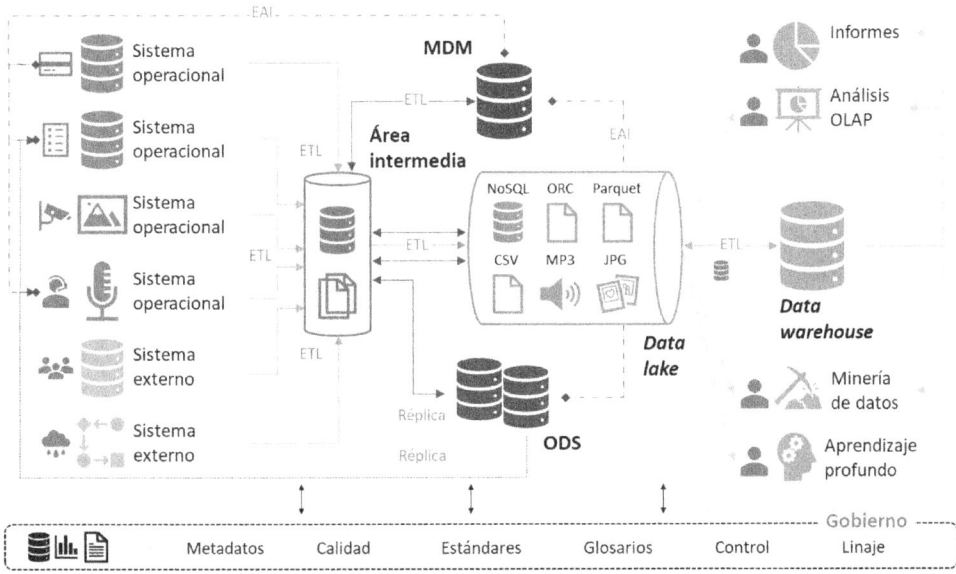

**Figura 2-9.** *Data lake.*

▶ Un aspecto novedoso, y hasta cierto punto rompedor, es el modelo de autoservicio que sugiere el *data lake*. Los datos están ahí, para el que quiera usarlos e investigar con ellos, en cualquier momento, sin necesidad de que exista un proyecto alrededor y sin requerir el concurso del departamento de informática[36]. Este escenario establece al mismo tiempo las restricciones sobre el tipo de datos que se pueden compartir en el repositorio a nivel de sensibilidad.

Desde un punto de vista tecnológico, la irrupción primero de **Apache Hadoop**, con su **sistema de archivos distribuido** (**HDFS**, *HaDoop File System*) de bajo coste, y del **almacenamiento basado en objetos** en la nube después (Amazon S3, IBM COS, etc.), con costes todavía más bajos y otra serie de ventajas, supusieron un importante facilitador para la implantación generalizada del *data lake* en las organizaciones. Algunas de estas han intentado también virtualizar el *data warehouse*, empleando una capa de abstracción que proporciona un acceso SQL al contenido del *data lake*, dotándolo incluso de características ACID. **Apache Hive** es una de las tecnologías más populares para este fin.

Sin embargo, la inmensa mayoría de implementaciones de un *data lake* han mantenido el *data warehouse* como elemento central para organizar y distribuir información estructurada. La Figura 2-9 muestra este escenario. Los procesos ETL que van ahora del área intermedia al *data lake* son básicamente de adquisición de datos y de conversión

---

36 Alrededor de esta idea de disponibilidad universal se construye el concepto, muy de moda estos días, de «democratización del dato».

de formatos. La unificación de estos últimos es importante de cara a habilitar el acceso a los datos por parte de las diversas aplicaciones en la capa de consumo. En este sentido, además de los datos en bruto, es frecuente la creación de ciertas estructuras agregadas en el propio *data lake*, con el fin de facilitar y acelerar el consumo frecuente de ciertos datos.

A partir de ahí, el *data lake* está abierto para la explotación de los datos que contiene, incluyendo ahora la parte de extracción, transformación y carga dedicada a alimentar el *data warehouse*. En cierta manera, podríamos establecer la división de funciones de ambos repositorios de la siguiente forma:

▼ Las tareas y procesos planificados y proyectados, basados en información estructurada (informes, cuadros de mando, modelos predictivos, etc.), estarían atendidos por el *data warehouse*.

▼ El *data lake* se encargaría de las tareas y procesos con esas mismas características, pero que requirieran datos no estructurados (aprendizaje profundo, inteligencia artificial, etc.).

▼ Toda actividad experimental que no forme parte de un proyecto, con independencia del tipo de dato requerido, accederá al *data lake*.

Como comentábamos anteriormente, esta diferenciación, además de funcional, responde también a criterios de eficiencia y, sobre todo, coste.

Un aspecto para tener en cuenta en todas las generaciones que hemos ido viendo es el del **gobierno del dato**. En todas ellas hemos representado esta capa de forma transversal a todo el ciclo de vida. En el capítulo anterior ya introdujimos la importancia de esta práctica y la volveremos a tratar más adelante. Sirva este punto aquí para remarcar su criticidad a la hora de implementar un *data lake*, donde la diversidad de formatos, la falta o libertad de esquemas y su percepción como depósito donde todo cabe y todo se pone, hace de su gestión algo muy complejo. Si no se consigue un gobierno riguroso del dato, en lugar de un lago habremos construido un pantano.

## 2.2.5.1 DATOS EN TIEMPO REAL

En cualquier caso, tal y como acabamos de representar la incorporación del *data lake* a la arquitectura de datos, hay un aspecto todavía no resuelto, y este es el procesamiento de **datos en tiempo real**. El patrón de integración que hemos venido utilizando hasta ahora se basa en una gestión del dato por lotes: procesos ETL (o ELT[37]) que mueven y

---

37 En los procesos ELT (*Extraction, Load, Transformation*) se invierte el orden de la transformación y la carga. Los datos se cargan en destino y allí son transformados. Esta aproximación permite aligerar el dimensionamiento del área intermedia en términos de proceso, pasando la carga de las transformaciones al sistema de destino, que debe ser dimensionado acordemente. Además, dicho sistema debe soportar lógica de ejecución de procesos; si se trata de una base de datos relacional, dicha lógica puede implementarse mediante procedimientos almacenados y rutinas externas.

transforman paquetes de datos a intervalos regulares entre orígenes y destinos. Aunque podemos hacer estos paquetes muy pequeños, procesando cada uno en paralelo y de forma independiente (*micro-batching*), esto no es suficiente cuando se requiere una gran inmediatez a la hora de poner el dato a disposición de los usuarios[38].

Por lo tanto, para procesar el dato en tiempo real, y continuar manteniendo la gestión por lotes, tenemos que introducir necesariamente nuevos patrones de integración.

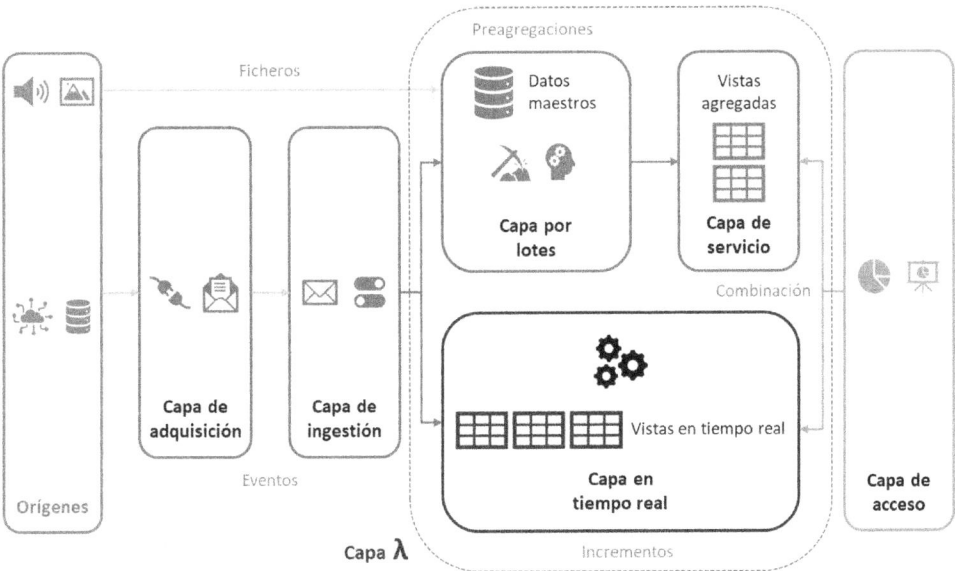

**Figura 2-10**. Integración Lambda.

La **integración Lambda**[39] es un modelo de ingestión y procesamiento de datos que viene a resolver estos problemas de latencia (Figura 2-10). Lambda es un patrón independiente del almacenamiento (aunque requiere de elementos de persistencia para

---

38  Cuando se habla de *micro-batching* la latencia se suele medir en decenas de milisegundos, mientras que en el procesado en tiempo real la referencia es de unidades. Además, por pequeños que sean los paquetes, en *micro-batching* siempre hay que esperar a que se acumulen un mínimo de eventos para desencadenar el procesamiento, cosa que no es viable cuando se necesita gestionar cada uno de forma individual. La monitorización de pagos con tarjeta bancaria para detectar fraude y llegar a impedir la operación en tiempo real es un ejemplo.

39  Hay distintas teorías sobre la razón de este nombre. Una de ellas lo liga a que representa un modelo funcional (la letra lambda se utiliza mucho en programación funcional), en el que los datos son inmutables y las operaciones sobre ellos se pueden plantear en términos de funciones. Otras simplemente lo atribuyen a que la forma de la letra dibuja una bifurcación (λ), como realmente ocurre con el tratamiento de los datos en el modelo. En cualquier caso, fue un modelo planteado inicialmente por Nathan Marz en 2011 (*http://nathanmarz.com/blog/how-to-beat-the-cap-theorem.html*).

su funcionamiento). Esto quiere decir que puede emplearse dentro de un contexto de *data warehouse* y/o *data lake* corporativo, pero también en casos de uso concretos, como el análisis de archivos de registro (*logs*), el análisis de datos de sensores en plataformas IoT, sistemas de recomendación o la gestión de estadísticas en eventos deportivos.

Esencialmente, Lambda combina un procesamiento por lotes con otro en tiempo real, con el fin de reducir la latencia en la entrega de los datos, pero manteniendo su integridad. Sus características básicas son las siguientes:

- Los datos generados en los sistemas origen son procesados a modo de eventos, reflejando cambios de estado. Todo evento lleva asociado una clave, un contenido (*payload*) y una marca temporal (*timestamp*) que indica el momento en que se ha producido.

- Los eventos se captan mediante una capa de adquisición donde, a través de distintos conectores con sistemas origen, son convertidos a mensajes y transmitidos mediante tecnologías de publicación en colas o tópicos (como **Apache Kafka**, por ejemplo).

- Una capa de ingestión se encarga de recibir los mensajes, procesarlos y enviarlos en dos flujos a la capa Lambda: uno para el procesamiento por lotes y otro para la capa en tiempo real. El procesado incluye las conversiones requeridas por cada capa. La capa por lotes recibe los datos en los formatos adecuados para su almacenamiento (Parquet, ORC, etc.).

- La capa por lotes, denominada también **ruta fría**, se encarga en primer lugar de persistir los datos, constituyendo el llamado **conjunto de datos maestro** (*master dataset*). Este conjunto almacena los datos en bruto y de forma inmutable, siendo un punto de reconstrucción de todo el histórico de datos en el caso en que exista algún problema o error en todo el procesamiento posterior (es, por lo tanto, un sistema crítico en la arquitectura). A partir de este conjunto, esta capa se encarga de todo el procesamiento y acondicionamiento de los datos, en la misma medida y con las mismas funciones que un sistema de ETL, tal y como lo hemos estado planteando hasta ahora. Adicionalmente, esta capa incorpora el entrenamiento y la generación de los modelos de minería de datos y aprendizaje profundo[40], así como el cómputo de vistas conteniendo agregados y medidas de uso frecuente por parte de los usuarios (*batch views*).

- Estas vistas se materializan e indexan dentro de la capa de servicio con el fin de soportar consultas por parte de los usuarios con la mínima latencia posible.

---

40 Hasta ahora hemos representado siempre estas tareas de modelización dentro de la capa de consumo de la arquitectura, implicando que se llevaban a cabo en un sistema dedicado. Aunque esto continúa siendo así en muchos casos, con el tiempo la tendencia ha sido a mover estas cargas cerca de los datos (*data locality*), integrándolas con los procesos de transformación de los datos mediante motores de procesamiento como **Apache Spark**.

▼ La capa en tiempo real constituye la **ruta caliente** de los datos. Su objetivo es complementar a la capa por lotes, que contiene la fracción histórica, con los datos más recientes que no han podido ser procesados por esta todavía. Su función es generar vistas en tiempo real (*real-time views*) que pueden ser consumidas tan pronto como los datos son recibidos. Estas vistas son, por naturaleza, efímeras, ya que su contenido será reemplazado en cuanto las vistas agregadas de la capa por lotes incorporen estos datos.

▼ Finalmente, una capa de acceso se encarga de proporcionar una visión unificada de los datos. Las consultas se segregan en una parte dirigida a la capa por lotes y otra a la capa en tiempo real, combinándose después ambos resultados.

Aunque el encaje del modelo Lambda con los distintos patrones de almacenamiento admite distintos encuadres, en realidad la ruta fría se corresponde con el procesamiento ETL que hemos estado viendo hasta ahora, siendo el concepto y la funcionalidad del conjunto de datos maestros equivalente a la de un *data lake*. La capa de servicio, encargada de optimizar las consultas, puede implementarse con un *data warehouse* relacional, o bien utilizando bases de datos NoSQL y un motor de indexación. Por último, la capa de acceso virtualiza ambas rutas, por lo que la tecnología de federación puede ser una solución adecuada. En definitiva, es la capa en tiempo real, que también requiere su propia persistencia, la principal aportación de este modelo al procesamiento de la información.

Una de las principales críticas que recibe el modelo Lambda, además de su elevada complejidad, es la duplicidad en el procesamiento. Es necesario implementar y mantener dos rutas paralelas, que emplean distintas tecnologías, para acabar produciendo el mismo resultado. Con el fin de subsanar esto, han aparecido distintas alternativas. Una de ellas es el **modelo Kappa**, que elimina la capa por lotes, asumiendo la capa en tiempo real todo el procesamiento.

Volveremos a hablar de estos dos modelos cuando abordemos el procesamiento datos en movimiento.

## 2.2.6 Generación 5 (2020): *data lakehouse*

Pese a lo que el nombre pueda sugerir, un ***data lakehouse*** no es la coexistencia de un *data lake* y un *data warehouse*, tal y como la hemos venido planteando hasta ahora. Por el contrario, es una arquitectura que pretende sustituir esta dualidad unificando las características de ambos bajo un único sistema abierto.

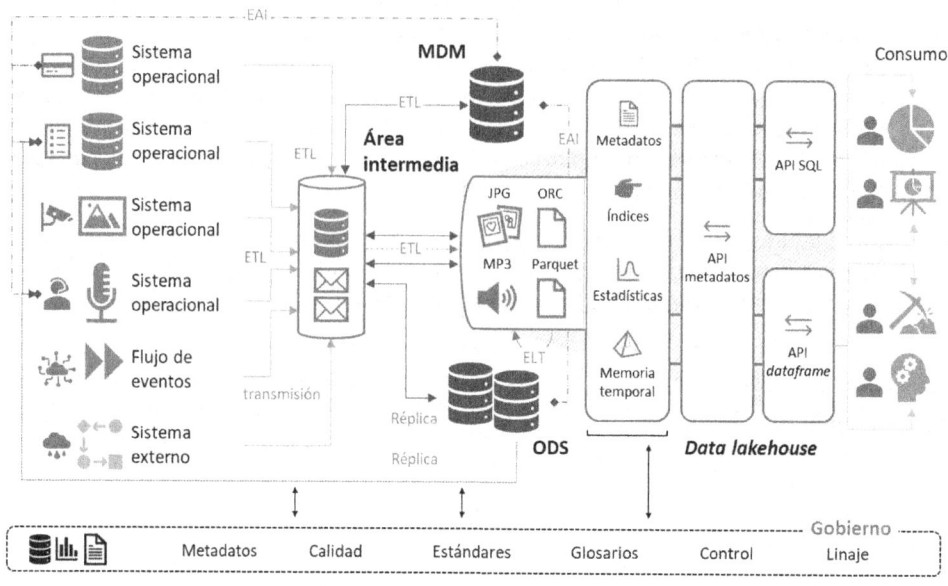

**Figura 2-11.** *Data lakehouse.*

La motivación para un sistema como este parece clara. Mantener un *data lake* y *data warehouse* de forma sincronizada es algo complejo y costoso, de forma que es fácil que aparezcan inconsistencias, duplicidades y retrasos en el procesamiento de los datos. Por otro lado, la tendencia a la especialización, asumiendo cada vez más el *data lake* la analítica predictiva y el *data warehouse* la descriptiva, no es práctica en términos de facilidad y agilidad a la hora de combinar datos, resultados y modelos.

Otros aspectos no acaban de estar del todo resueltos, como la coexistencia de procesos por lotes y en tiempo real. También está el tema de los altos costes de inversión y mantenimiento, y del temido **lazo del proveedor**[41] (*vendor lock-in*), especialmente del lado del *data warehouse*, donde la falta de estándares para el almacenamiento complica la incorporación de nuevas tecnologías y aplicaciones.

Esencialmente, un *data lakehouse* es la convergencia de los dos sistemas; sobre la base de un *data lake* como modelo de almacenamiento basado en estándares, se proporciona una capa que unifica capacidades de gobierno, gestión y optimización del acceso a los datos. La Figura 2-11 muestra sus componentes, con las siguientes características:

▸ **Almacenamiento**. Como en el *data lake*, el *data lakehouse*, se compone de una capa de almacenamiento de bajo coste (HDFS, S3, etc.) basada en estándares

---

41 Este concepto representa la dependencia de un proveedor concreto de sistemas y servicios, que hace muy complicada y/o muy costosa el reemplazo de estos por una solución alternativa, ya sea de desarrollo propio, de distribución libre o proporcionada por un competidor. Va ligada al empleo de tecnologías cerradas y formatos propietarios.

abiertos para los formatos de archivo. Como ya veremos, esto permite optimizar el acceso a los datos, así como su fácil importación y exportación. Los datos se cargan en bruto, una sola vez, disminuyendo la carga ETL global y convirtiéndola en ELT. El *data lakehouse* mantiene la idea de desacoplamiento entre los elementos de almacenamiento y de proceso, permitiendo un escalado independiente y el consiguiente ahorro de costes.

▼ **Metadatos**. Sobre este almacenamiento estándar se sitúa una capa de gestión de metadatos que permite, por un lado, catalogar los ficheros a modo de tablas y gestionar sus versiones; por otro, optimizar el acceso a los datos. Una de las características más importantes de esta capa es que dota al sistema de **características ACID**, lo que lo convierte en transaccional, proporcionándole una gran fiabilidad. Esto es lo que permite a esta arquitectura implementar flujos que leen y escriben datos en tiempo real sobre una misma tabla, haciendo que la información esté siempre actualizada, y eliminando las complejidades del modelo Lambda y sus dos rutas. En cualquier caso, no hay que perder de vista que introducir el soporte de transacciones tendrá un impacto en el rendimiento y puede llegar a provocar bloqueos en el acceso a los datos[42].

▼ **Optimización del acceso**. La forma en la que los formatos abiertos, como ORC y Parquet, optimizan el acceso a los datos no es suficiente para garantizar un buen rendimiento de lectura. Por ello, junto a la gestión de metadatos se intentan emular las características de un *data warehouse*, con funciones para la generación y mantenimiento de estadísticas[43], indexación, datos preagrupados o almacenamiento en memoria intermedia (*caching*). La principal idea aquí es la de dotar al sistema de almacenamiento de funcionalidad y apariencia de sistema de base de datos, pero soportado por un conjunto de ficheros que permiten un acceso independiente. Soluciones como **Apache Iceberg** van encaminadas en este sentido.

▼ **Gobierno**. Como siempre, este es un elemento crucial. La capa de metadatos debe encargarse también de asegurar la calidad de los datos, impidiendo que puedan insertarse registros que violan ciertas reglas de negocio (*schema-on-write*). También es en lugar donde implementar tanto el control como la auditoría de acceso.

---

42 Es frecuente que en los sistemas de *data warehouse* se relaje la conformidad ACID, ya que el soporte de transacciones no es necesario cuando los datos se cargan por lotes de forma controlada por una herramienta ETL, sin utilizar inserciones. En este escenario, el sistema es básicamente de lectura, con lo que se puede prescindir del control de aislamiento, mejorando el rendimiento de las consultas. Por el contrario, si hay que soportar inserciones y actualizaciones constantes, entonces la base de datos debe ser 100% ACID.

43 En un sistema de bases de datos, las estadísticas a nivel de tabla indican como están distribuidos los datos, teniendo en cuenta la cardinalidad de cada columna, el número de valores frecuentes, etc. Estos datos sirven al optimizador de la base de datos para determinar el mejor plan de acceso a la hora de resolver una consulta, especialmente si está involucra varias tablas e índices.

▶ **Acceso**. Sobre la capa de metadatos se construyen una serie de API de acceso. Un API de metadatos permite a las aplicaciones consultar los objetos que residen en el *data lakehouse*. A partir de este, una interfaz SQL permite el acceso mediante este lenguaje, estando orientado a las aplicaciones de informes y cuadros de mando. Paralelamente, también se habilita una entrada para los procesos de aprendizaje automático basados en el **DataFrame**[44] como elemento contenedor de datos, pero también permitiendo un consumo directo de los ficheros en formato abiertos.

Aunque conceptualmente el *data lakehouse* da respuesta de forma unificada al modelo de las 5 uves, todavía le queda mucho camino por recorrer en cuanto a desarrollo tecnológico. Empresas como **Snowflake**, impulsora de **Delta Lake** como capa sobre el almacenamiento de código abierto, o **Databricks**, que se presenta como la compañía del *data lakehouse*, son fuertes impulsoras de este modelo en la nube, aunque existen diferencias en la concepción de ambas. Incluso **Bill Inmon**, patrocinado por Databricks, ha abrazado esta aproximación[45].

### 2.2.6.1 *DATA HUB* Y *DATA FABRIC*

Vamos a terminar este recorrido sobre las arquitecturas de datos centralizadas mencionando dos conceptos que las empresas tecnológicas no paran de repetir, y que inundan blogs tanto generalistas como especializados, muchas veces de forma confusa. Uno de ellos es el de ***data hub*** (intercambiador de datos), que viene a representar una estrategia para la conexión y compartición de datos entre aplicaciones productoras y consumidoras. Un *data hub* no está restringido solo a usos analíticos. Su objetivo es reemplazar los movimientos de datos punto a punto entre sistemas por un modelo centralizado y radial, que actúa como centro de integración y de monitorización de los datos a nivel corporativo. El *data warehouse*, los *data lakes* o el *data lakehouse* siguen cumpliendo su función como repositorios analíticos, pero ahora existe una pieza central que representa el papel de mediador entre aplicaciones. Entre sus funciones está la de intercambiar y modelar datos (con capacidades de persistencia efímera), transformarlos y entregarlos mediante distintos mecanismos (ETL, APIs, etc.), todo ello en tiempo real y bajo una capa de gobierno.

El otro concepto es el de ***data fabric*** (tejido de datos). Al contrario que el *data hub*, que puede ser visto como una topología de aplicaciones y sistemas, *data fabric* hace referencia a un conjunto de tecnologías que permiten a las organizaciones acceder y gobernar los datos a lo largo de un conjunto dispar de repositorios, diseminado en sistemas heterogéneos. Se materializa en forma de una capa de abstracción semántica que permite

---

44  Un DataFrame es una estructura similar a una tabla relacional, que se puede también dividir en particiones y ubicarlas en diferentes nodos, permitiendo la manipulación de grandes volúmenes de datos. Con algunas diferencias, es una estructura muy empleada en procesos de aprendizaje automático bajo Apache Spark, Python (a través de la librería Pandas) o R.

45  *https://www.databricks.com/resources/ebook/building-the-data-lakehouse*

catalogar y acceder a los datos con independencia de donde se encuentren, con un uso importante de las tecnologías de **virtualización**[46]. Aunque el *data fabric* conecta los diferentes sistemas de la organización a modo de red distribuida, su gobierno y gestión está centralizada. Con respecto a la concepción del *data hub*, *data fabric* contiene más elementos de gobierno del dato, sobre todo en lo referente al aseguramiento, control y seguridad del dato. De alguna manera, su propuesta puede resultar parecida a la del *data lakehouse*, en la medida en que ambas ponen el foco en la capa de gestión de metadatos y la optimización del acceso. Sin embargo, el *data lakehouse* supone una propuesta y una renovación tecnológica alrededor de una capa única de almacenamiento, mientras que la idea del *data fabric* va en la línea de hacer que la infraestructura y los componentes ya existentes funcionen de una manera más orquestada.

## 2.3 ARQUITECTURAS DE DATOS ORIENTADA POR DOMINIOS

Con independencia de las distintas aproximaciones empleadas, las arquitecturas que hemos visto en los apartados anteriores se caracterizan por un modelo de gestión totalmente centralizado, responsabilidad del departamento de informática de la organización. Tanto el mantenimiento de la plataforma tecnológica como los procesos que se encargan de captar, transformar y entregar los datos, son realizados por un único equipo que da servicio a todos los departamentos. En la práctica, se ha demostrado que este planteamiento presenta algunos inconvenientes, tanto en aspectos funcionales como tecnológicos. Por citar unos cuantos:

- ▶ **Rigidez en la gestión**. Una administración centralizada puede llegar a implicar una falta de flexibilidad a la hora de gestionar y modelar los datos, lo que se traduce en unos mayores tiempos de respuestas a la hora de responder a nuevas necesidades. Es decir, un modelo centralizado tiende a exhibir una mayor «burocracia» cuando se trata de incorporar nuevas fuentes de datos o satisfacer demandas específicas de un determinado departamento.

- ▶ **Desconexión entre equipos**. Las distintas áreas que componen una organización tienen su propia casuística, procesos y objetivos; incluso terminología. La estandarización y catalogación a nivel global es necesaria, pero también lo es una especialización por dominios. Esto no siempre llega a los departamentos de informática que, en muchos casos, adolecen de un conocimiento de negocio que les aleja de los usuarios a los que dan servicio, disminuyendo su involucración en la consecución de los objetivos parciales y globales.

---

46 La virtualización de datos permite el acceso y la combinación de distintas fuentes heterogéneas sin necesidad de mover y consolidar los datos. Aunque la idea es muy sugerente y apropiada en muchos escenarios, puede tener un impacto importante en los sistemas origen y en el rendimiento de las consultas.

▶ **Difuminación de entornos**. La separación tradicional entre entornos operacionales y entornos de información tiende a ser cada vez más difusa. La necesidad creciente de consumir datos en tiempo real hace aumentar esa nebulosa. Por ejemplo, la aplicación que recoge las interacciones de un usuario en una tienda de comercio electrónico sería un sistema operacional, ya que su función es proporcionar una capacidad de negocio. Sin embargo, los datos que genera, fundamentales para comprender el comportamiento de los usuarios, mejorar la navegabilidad del sitio y ofrecer recomendaciones personalizadas, son sometidos a unos procesos de extracción y transformación centralizados para poder ser consumidos. Como alternativa, su modelización podría ser realizada y servida en origen, disminuyendo la latencia y ganando en agilidad.

▶ **Desalineación tecnológica**. Las arquitecturas basadas en **microservicios** han demostrado los beneficios de descomponer grandes aplicaciones monolíticas en componentes más pequeños que pueden ser desplegados y escalados de forma independiente. Sin embargo, esta idea implica un mayor encapsulamiento del dato con el servicio que lo maneja, lo que choca con una gestión centralizada de la información.

La respuesta a estos problemas no es tanto tecnológica sino organizativa, suponiendo un importante cambio cultural en la concepción del modelo organizativo de la empresa.

## 2.3.1 El concepto de *data mesh*

Como bien indica la Wikipedia[47], *data mesh* (se podría traducir como malla de datos) es una aproximación sociotécnica; esto es así en la medida en que combina aspectos técnicos y sociales dentro de una organización. El término de *data mesh* fue introducido por **Zhamak Dehghani** en 2019[48], para referirse a un modelo descentralizado de propiedad y exposición del dato, orientado al domino donde se produce.

Dehghani admite que un modelo de gestión centralizada del dato puede funcionar para organizaciones pequeñas, con pocos usuarios y necesidades analíticas muy concretas. Sin embargo, en empresas grandes, con gran variedad de orígenes y destinos de datos, y también múltiples usuarios, es un modelo poco flexible, lento y que no escala bien. Con el fin de dar una respuesta a estas necesidades, ella plantea un nuevo modelo basado en 4 principios, que se resumen en la Figura 2-12:

---

47 *https://en.wikipedia.org/wiki/Data_mesh*

48 *https://martinfowler.com/articles/data-monolith-to-mesh.html*

**Figura 2-12.** Los cuatro principios del *data mesh*.

## 2.3.2 Organización distribuida de datos según dominios

El **dominio** es la base de la descentralización del dato y de la distribución de responsabilidades. Representa una capacidad de negocio, no un departamento (un departamento podría tener varios dominios, de la misma forma que un dominio podría estar a caballo entre dos departamentos). En este sentido, encapsula tanto una serie de operaciones de negocio, que ofrece mediante API, así como conjuntos de datos analíticos asociados, presentados en distintos formatos (Figura 2-13).

Es decir, el dominio es una organización en sí mismo, siendo responsable de proporcionar una serie de servicios operacionales y los datos analíticos que estos producen al resto del negocio, que es su cliente. Dependiendo del dominio, estas interfaces pueden estar también abiertas al exterior, dando también servicio a socios, proveedores o clientes. Como organización que es, el dominio tiene su propio equipo de personas. Ahora bien, para dar un servicio de calidad, este debe contemplar todas las funciones, lo que implica que tiene que incorporar ingenieros y analistas de datos que se encarguen de diseñar, construir y operar los distintos procesos relacionados con la elaboración de la información. De esta manera se consigue romper la concentración de conocimiento técnico en el departamento de informática, creándose en cada dominio equipos interdisciplinares de ingenieros, analistas de negocio, especialistas en aprendizaje automático, etc.

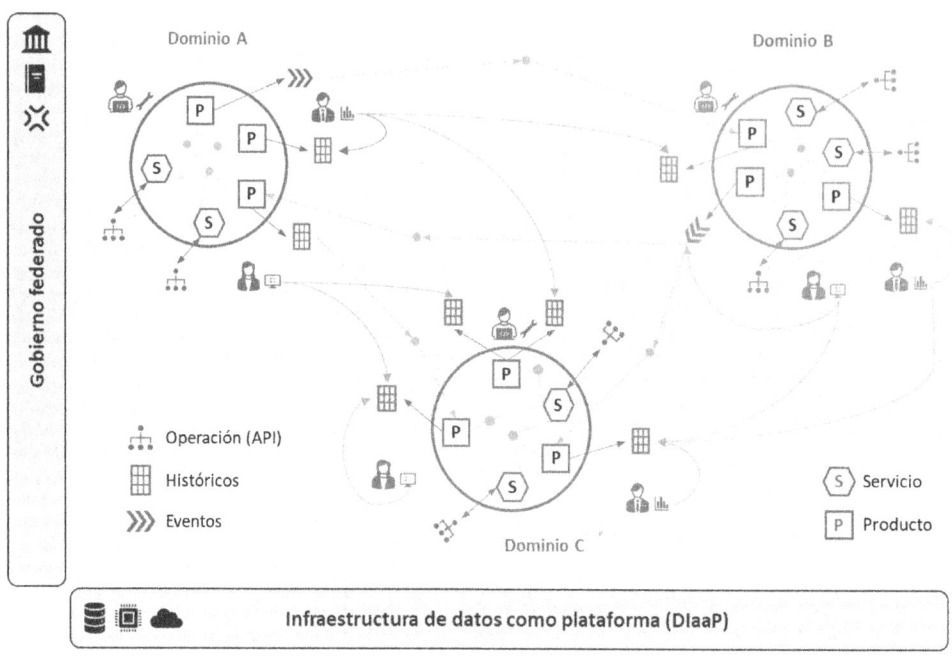

**Figura 2-13.** Dominios de datos en un data mesh.

En relación al dato, un dominio puede tener distintos perfiles. Hablaremos de un **dominio de origen** cuando su función se centre en exponer y realizar operaciones de negocio, elaborando y presentando los datos derivados de estas como un modelo único, agnóstico de cualquier consumidor en particular. Estos datos se pueden servir en forma de eventos, fechados y continuos, o bien como instantáneas históricas agregadas cada cierto tiempo.

Otro perfil es el de **dominio de consumo**. De carácter más analítico, este tipo de dominio se encarga de procesar datos procedentes de otros dominios, elaborando a su vez nuevos datos de acuerdo con una serie de casos de uso.

En su excelente artículo introductorio sobre el concepto de *data mesh*[32] y en otro posterior en el que se centraba en distintos elementos de la arquitectura[49], Zhamak Dehghani utiliza el negocio de la música en directo por Internet (*streaming*) para ilustrar estas ideas. La Figura 2-14 muestra un ejemplo en el que se pueden ver tres dominios (artistas, usuarios y transmisiones), las operaciones que expone cada uno a modo de servicio, y los datos que sirven y comparten entre sí. Los tres dominios tienen un carácter bastante operacional, si bien el dominio de usuarios se encarga de una elaboración analítica

---

49  *https://martinfowler.com/articles/data-mesh-principles.html*

importante, en forma de segmentación de clientes y recomendaciones personalizadas. Todos los dominios publican datos, elaborados estos a partir de sus operaciones de negocio y de datos de otros dominios.

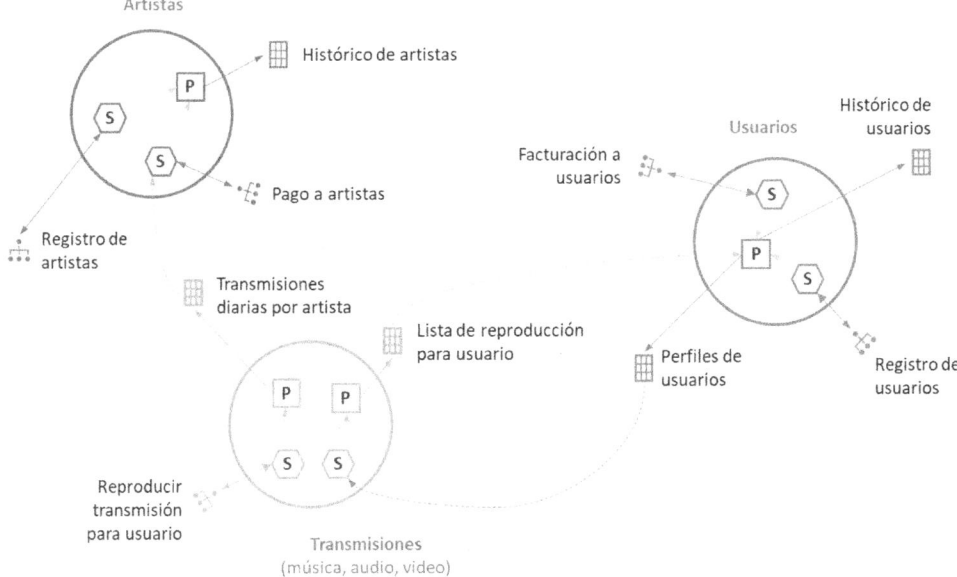

**Figura 2-14.** Servicios y datos en un *data mesh*.

**Nota.** Adaptado de *Data Mesh Principles and Logical Architecture* [Figura], por Zhamak Dehghani, 2020, martiFowler.com (*https://martinfowler.com/articles/data-mesh-principles.html*).

### 2.3.3 El dato como producto

Dentro del dominio donde se produce, el dato debe ser tratado como un producto. Es más, el resto de los dominios y organizaciones que lo consumen deben tener la consideración de clientes, con todo lo que ello implica. Es decir, el producto debe tener una alta calidad, ser fácil de localizar y consumir, estar bien documentado, y además ofrecer un buen servicio posventa. Todas estas características se pueden agrupar en 6 puntos (Tabla 2-5).

| Característica | Descripción |
|---|---|
| Detectable | Todos las partes interesadas deben ser capaces de localizar los datos a través de un catálogo federado, donde cada dominio registra los suyos, incluyendo sus metadatos (propietario, origen, linaje, etc.) |
| Accesible | Los datos deben ser publicados mediante una nomenclatura estándar que indique la forma de presentación (fichero, cola de mensaje, etc.) y la dirección de consumo. Deben estar acompañados también de una documentación que facilite su interpretación |
| Veraz | Cada dominio debe implementar mecanismos de control y aseguramiento de la calidad del dato, indicando el nivel de servicio proporcionado en cuanto a precisión y conformidad. Este podrá variar dependiendo del dato, el formato y la frecuencia de actualización |
| Interoperable | Las entidades de negocio son polisémicas, con distintos significados y atributos en función del dominio. Debe ser posible interrelacionar una misma entidad entre dominios mediante un registro federado con una nomenclatura estándar |
| Seguro | Como producto de valor, el dato debe estar protegido mediante un control de acceso global |
| Atribuible | El dato debe tener un responsable que se encargue de definir su evolución, medir su éxito y penetración en el resto de la organización, y coordinar el equipo interdisciplinar de usuarios e ingenieros del dominio |

**Tabla 2-5.** Cualidades del dato como producto.

Como producto, el dato es resultado de una elaboración. Esa elaboración consiste en una serie de operaciones que, como ya sabemos, extraen el dato de la aplicación operacional, lo transforman y lo publican en distintos formatos, incluyendo ahora la interfaz de acceso. Esos procesos, que antes estaban centralizados y gestionados por un equipo externo, son ahora propiedad y responsabilidad del dominio que gestiona el dato, variando en función de las necesidades de cada uno. Esta descentralización de los procesos permite una mayor flexibilidad y rapidez a la hora de generar un resultado final de calidad.

Inevitablemente, la gestión del dato por dominios introducirá duplicidades. Siguiendo con el ejemplo del negocio de la música en directo, la entidad artista o la entidad usuario son manejadas por más de un dominio. Esto no debería suponer mayor problema si ambas entidades están conformadas: cada dominio tiene su propia especialización en términos de atributos, teniendo aquellos atributos comunes la misma definición y formato. De esta manera, la interoperabilidad y navegación entre datos de dominios distintos estará garantizada.

## 2.3.4 Plataforma compartida y gobierno federado

Desde el momento en que la transformación del dato pasa a ser competencia de cada dominio, podría parecer que esto implica una redundancia y duplicidad en términos de plataforma tecnológica, recursos y herramientas.

De forma similar a como hemos hablado de catálogo de metadatos federado o registro de entidades compartido, la solución en este caso pasa por una **infraestructura de datos común** para todos los dominios. Esta infraestructura sería central a todos ellos. Tendría una gestión única, a cargo del departamento de informática, y cada dominio se abastecería de los recursos que necesita para elaborar sus productos. Este esquema de compartición es el habitual en los modelos «como servicio» que ofrecen los proveedores de computación en la nube y, en todos sus aspectos, está ya resuelto tecnológicamente[50],[51].

Desde un punto de vista de capacidades, esta plataforma debe ser también agnóstica a las particularidades de cada dominio, unificando y estandarizando las distintas tecnologías que debe proporcionar. Entre ellas:

- Distintos recursos de almacenamiento (relacional, NoSQL, ficheros, etc.).

- Gestión de eventos (colas, tópicos, registros de almacenamiento, etc.).

- Federación y virtualización de datos.

- Capacidad de cómputo bajo demanda.

- Definición, implementación y orquestación de procesos de transformación de datos.

- Gestión del versionado del dato, linaje y análisis de impacto.

- Monitorización y observancia de los sistemas (*observability*).

- Registro, catalogación y publicación de datos.

- Gobierno, estandarización, conformidad e interoperabilidad.

- Encriptación, enmascaramiento y control de acceso al dato.

- Mecanismos de automatización de tareas comunes (alta de datos, modificación de permisos, generación de documentación, etc.).

Bajo este modelo, los distintos patrones de almacenamiento, modelado e integración que vimos al hablar de arquitecturas centralizadas siguen estando en vigor. El *data warehouse* y los *data lakes* son ahora elementos bajo el control de cada dominio, creados

---

50  Ya sea a través de la virtualización de los recursos o en el diseño de las aplicaciones (*multitenancy*).

51  Esto no quiere decir que la infraestructura deba esta alojada necesariamente en la nube, si bien la variedad tecnológica, los mecanismos de acceso y el modelo de aprovisionamiento y facturación la hacen muy atractiva.

bajo demanda y según necesidades concretas, pero sustentados sobre una infraestructura común y bajo un modelo de gobierno federado que convierte la organización en un ecosistema de dominios.

Como concepto y arquitectura de datos, el *data mesh* tiene todavía un largo camino por andar, pero este parece prometedor. Es, sin duda, uno de los principales puntos en la transformación digital de las empresas para 2023[52]. Compañías como JP Morgan, CMC Markets, Flexport, Netflix o Zalando han incorporado ya estos principios a sus organizaciones y se espera que su adopción vaya en aumento en los próximos años.

## 2.4 RESUMEN DEL CAPÍTULO

Este ha sido un capítulo necesariamente amplio en cuanto a conceptos. Hemos comenzado planteando dos enfoques de gestión a la hora de plantear una arquitectura de datos, así como los distintos patrones de los que se componen en cuanto a persistencia, modelado, integración y consumo.

- ◤ En una **arquitectura centralizada** los datos se organizan, procesan y gestionan de forma unificada para toda la organización. El gobierno y el control residen en el departamento de informática.

- ◤ Los **sistemas transaccionales** son los encargados de soportar las operaciones de negocio, organizando los datos para optimizar el procesamiento de transacciones, no de cargas analíticas.

- ◤ Un sistema de *data warehouse* está orientado a soportar el procesamiento analítico. Se alimentan de los sistemas transaccionales internos y de fuentes externas, modelando los datos para su explotación basada en operaciones de consulta. Un *data warehouse* se compone de un conjunto de **data marts**, que son repositorios dependientes especializados por procesos de negocio. Los modelos de Inmon y Kimball son dos maneras de concebir, diseñar y relacionar estos *data marts* entre sí.

- ◤ Un almacén de datos operacional (**ODS**) es un repositorio cuya misión es ofrecer una visión integrada y actual de distintos sistemas transaccionales con el fin de soportar ciertas operativas de negocio y análisis asociados.

- ◤ Un sistema de gestión de datos maestros (**MDM**) se encarga de concentrar la gestión de entidades comunes para el negocio (clientes, productos, tiendas, etc.), dando servicio tanto a los sistemas operacionales como al *data warehouse*, del que a su vez también se alimenta.

---

52 *https://www.montecarlodata.com/blog-13-data-engineering-trends-for-2023/*

▶ Un ***data lake*** es un repositorio donde los datos no responden a un esquema predeterminado al ser almacenados, albergando datos no estructurados y soportando un acceso en modo de autoservicio. Su concepción es complementaria a la del *data warehouse*.

▶ La **integración Lambda** es un patrón de integración y transformación que permite disminuir la latencia global en la ingestión de datos al separar el procesado por lotes y en tiempo real, consolidando finalmente ambas vías.

▶ En un ***data lakehouse*** se unifican las funciones del *data warehouse* y el *data lake* bajo un único almacenamiento basado en estándares abiertos, expuesto mediante una capa semántica que se encarga de optimizar y facilitar el acceso por parte de las aplicaciones.

▶ ***Data hub*** y ***data fabric*** son dos aproximaciones a la hora de comunicar y orquestar las distintas aplicaciones generadoras y consumidoras de datos dentro de una arquitectura centralizada. *Data hub* se basa en una pieza central que capta e irradia los datos a los sistemas, mientras que *data fabric* conecta los sistemas mediante una capa semántica y la virtualización de los datos.

▶ ***Data mesh*** es una arquitectura descentralizada orientada por dominios, donde el dato se gestiona y consume como un producto. Cada dominio es responsable de una serie de procesos de negocio y de los datos que estos generan. El modelo se basa en una infraestructura tecnológica común y compartida con un gobierno federado del dato.

En el siguiente capítulo comenzaremos a profundizar en los distintos patrones que componen las arquitecturas que hemos visto. Arrancaremos abordando un aspecto que es nuclear a todas ellas como son los **sistemas de almacenamiento de datos**.

# 3

# SISTEMAS DE ALMACENAMIENTO

Al inicio del libro caracterizamos el dato de múltiples maneras: tipología, formato, tamaño, latencia, etc. En este capítulo nos basaremos en su estado para abordar los distintos mecanismos de almacenamiento que podemos utilizar para persistirlo y acceder a él. La Figura 3-1 muestra los tres estados fundamentales en los que se puede encontrar un dato. Los **datos en reposo** (*data at rest*) son aquellos que se encuentran fuera del acceso habitual. Son, en principio, inmutables, y típicamente se almacenan en sistemas de cintas (*backup*), redes de almacenamiento local (SAN, *Storage Area Network*) o en la nube. Desde el momento en que su acceso es esporádico, los requerimientos de estos sistemas en términos de número de operaciones por segundo (IOPS, *Input Output Per Second*), rendimiento y latencia no son muy exigentes.

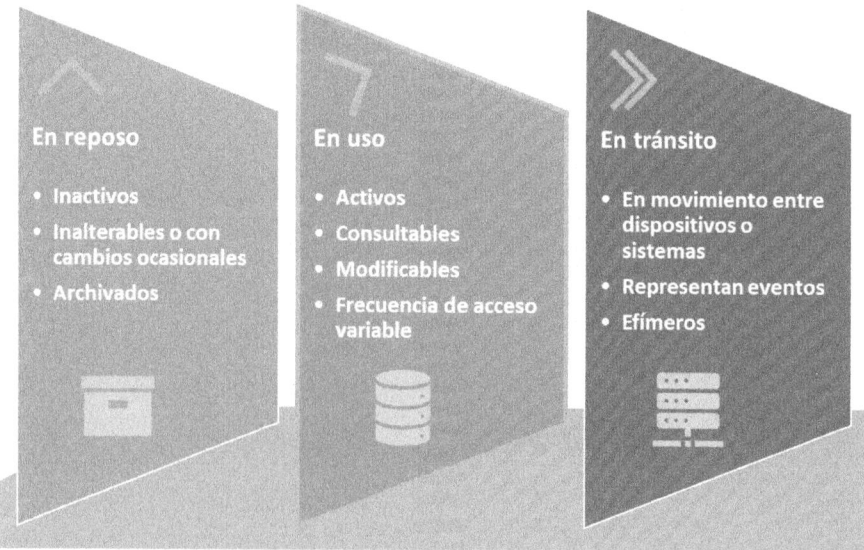

**Figura 3-1.** Estados del dato.

Estos sistemas se emplean para guardar datos históricos fuera del rango temporal de acceso establecido en la organización, aunque pueden ser consultados bajo solicitud. También contienen datos de acuerdo con lo dictado por los distintos marcos regulatorios que afectan al negocio. Aunque no nos detendremos en este tipo de datos, suelen representar un volumen importante, con unos costes de almacenamiento más bajos que en otros estados.

**Figura 3-2.** Taxonomía de mecanismos de almacenamiento para datos en uso.

Nos vamos a centrar en los **datos en uso** (*data in use*). Estos son aquellos que, residiendo en un tipo de almacenamiento, están siendo usados por los sistemas del negocio. Es decir, son datos activos, que con una frecuencia variable van del disco a la memoria RAM, y de ahí son procesados por la CPU. Dependiendo del tipo de sistema y aplicación que los gestiona, soportarán unos tipos de operaciones (lectura, escritura, actualización, borrado) con más frecuencia que otras. La Figura 3-2 muestra una forma de clasificar los distintos mecanismos de almacenamiento que podemos utilizar para este tipo de datos, y que vamos a tratar a continuación poniendo el foco en el soporte de cargas analíticas. Están basados en diferentes tecnologías, cada una con una serie de características que la hacen más adecuada para una casuística u otra.

Los **datos en tránsito** (*data in motion*), no menos importantes en el contexto de *Big Data*, los abordaremos en un capítulo posterior.

## 3.1 BASES DE DATOS RELACIONALES

Los **sistemas de gestión de bases de datos relacionales** (**RDBMS**, *Relational Database Management System*) han estado en el centro de los sistemas de negocio durante décadas, evolucionando con ellos y haciendo evolucionar a la tecnología. Han demostrado ser la mejor opción para las cargas OLTP, donde la disponibilidad y la consistencia del dato son factores críticos, pero también para escenarios OLAP, donde la escalabilidad y el rendimiento de consultas que involucran agregaciones dinámicas y complejas son requerimientos constantes. Adicionalmente, los RDBMS constituyen la primera opción para la persistencia en soluciones de ERP, CRM y MDM. Todo esto acaba significando que la gran mayoría de los datos que representan el comportamiento y los rasgos de los clientes de las corporaciones, y que son la base de la analítica de negocio, residen de forma nativa en repositorios relacionales.

El **modelo relacional** sobre el que se basan estos sistemas fue definido ya en 1970 por **E. F. Codd**, de IBM[53], y es bien conocido. En este, los datos se organizan en forma de **filas**, cada una representando una ocurrencia (un cliente), y **columnas**, conteniendo estas distintos atributos de cada ocurrencia (identificador, estado civil, profesión, etc.). Un conjunto de ocurrencias representa una **entidad** (Cliente), constituyendo una **tabla**. La **relación** ente entidades (Cliente – Cuente Corriente) es, por lo tanto, una relación entre tablas. El **lenguaje SQL** (*Structured Query Language*), desarrollado también por IBM, se utiliza para gestionar los datos, incluyendo la creación de tablas, relaciones, manipulación y lectura de filas, etc.

Es importante resaltar que todas las filas que componen una tabla tienen las mismas columnas, y todas obedecen a la misma semántica e integridad referencial. Esta rigidez del modelo relacional es lo que propició en su momento la aparición de las **bases de datos NoSQL** (*Non-SQL*), mucho más flexibles al permitir una libertad de esquema (*schemaless*) tanto en la estructura de las entidades como en sus relaciones. Sin embargo, esta flexibilidad sólo es posible a costa de relajar ciertas características que pueden resultar fundamentales, como el soporte de transacciones en los RDBMS según las propiedades ACID.

### 3.1.1 Gestión de cargas analíticas

Los RDBMS han evolucionado mucho desde sus inicios. Además de ser la tecnología de referencia para los sistemas de *data warehouse*, incluyendo los *data marts*, y los ODS, hoy en día incorporan una serie de características muy interesantes, especialmente para la gestión de cargas analíticas. Por ejemplo:

▶ **Poliglotía**. Un RDBMS moderno es híbrido, en el sentido en que en un único entorno podemos soportar modelos relacionales (tabulares) y otros formatos más flexibles. Aquí se incluye el soporte nativo para **XML** (*eXtensible Markup*

---

53  *https://www.seas.upenn.edu/~zives/03f/cis550/codd.pdf*

*Language*)[54], **JSON** (*JavaScript Object Notation*)[55] o **RDF** (*Resource Description Framework*), aunque este no está estandarizado como en los dos casos anteriores. Esto no solo implica la persistencia de este tipo de documentos, que quedan almacenados e indexados como una columna más en una tabla, sino también el soporte de los lenguajes de interrogación correspondientes (XPath/XQuery, SPARQL, etc.) y su combinación con SQL. Por ejemplo, es posible lanzar una consulta que combine datos relacionales con elementos de varios documentos XML y presentar el resultado en formato tabular. Esta capacidad de gestionar formatos heterogéneos, incorporando **datos semiestructurados**, hace que estos gestores puedan llegar a cubrir ciertas funciones de un *data lake*[56].

▶ **Extensibilidad**. Un RDBMS soporta el despliegue de lógica de negocio, ya sea de forma nativa mediante lenguajes procedimentales (a través de funciones y procedimientos almacenados), o bien mediante lenguajes externos (Java, C, Python, etc.), pero cuyos programas se acaban ejecutando en la base de datos. Esto no solo permite implementar la **localidad del dato**, procesándolo allí donde reside, sino también el desarrollo de extensiones para la definición y manipulación de estructuras complejas dentro de la base de datos. De esta manera, es igualmente posible almacenar y manipular **datos no estructurados**, como geometrías espaciales, texto, modelos predictivos, imágenes o audio.

▶ **Rendimiento**. Los RDBMS soportan **arquitecturas distribuidas** en forma de **clúster** compuesto por varios servidores (nodos). De esta forma pueden paralelizar las consultas mediante la **fragmentación de los datos** en los diferentes nodos (*data sharding*)[57]. Esto les permite una alta capacidad de escalado horizontal[58].

---

54  *https://en.wikipedia.org/wiki/SQL:2006*

55  *https://en.wikipedia.org/wiki/SQL:2016*

56  Muchos utilizan también el término NoSQL para referirse a los gestores relacionales modernos, pero ahora con otro significado para las siglas: *Not only SQL*.

57  También se conoce como arquitectura sin compartición (*shared-nothing*).

58  Esto significa añadir más servidores, distribuyéndose la carga de trabajo a lo largo de los diferentes nodos. Hacerlo verticalmente, por el contrario, implica añadir más recursos (CPU, RAM, disco) a un mismo servidor para asumir una carga que va en aumento. El crecimiento horizontal es, en principio, preferible para un entorno de *Big Data*, ya que no está limitado por la capacidad de un único servidor y ofrece una mayor tolerancia a fallos. En cualquier caso, la aplicación sustentada debe estar diseñada de forma acorde.

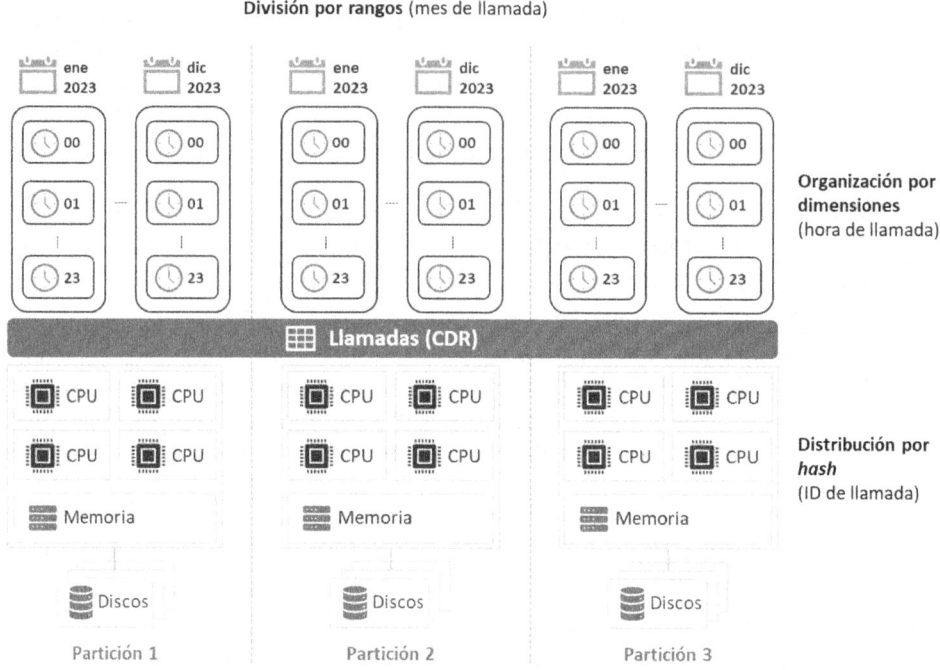

**Figura 3-3**. Organización de datos a tres niveles en un gestor relacional.

**Nota.** Extraído de *Five reasons for in-database data mining* [Figura], por L. Fandiño, V., 2020, Medium (*https://medium.com/towards-data-science/five-reasons-for-in-database-data-mining-84e9cf8e084a*).

La Figura 3-3 muestra un ejemplo de organización de datos a tres niveles. Una única tabla conteniendo atributos de llamadas telefónicas (CDR, *Call Detail Record*) ha sido fragmentada en tres particiones, cada una soportada por un nodo. El criterio para la fragmentación ha sido el identificador de llamada, una clave sin ninguna lógica de negocio que permite una distribución uniforme de los registros, de forma que ninguna partición este ociosa cuando se accede a los datos. Adicionalmente, en cada partición la tabla ha sido divida por rangos, utilizando el mes de la llamada para ello. Cada mes se encuentra en un objeto de almacenamiento diferente, de forma que la eliminación y adición de nuevos meses es muy rápida. Finalmente, la tabla se organiza e indexa en bloques por dimensiones, según la hora de la llamada en este caso. Esta organización permite que una misma consulta SQL se subdivida en múltiples partes que se ejecutan de forma paralela, tanto dentro de una misma partición (*intrapartitioning*) como entre particiones (*interpartitioning*). Arquitecturas de este tipo son las que permiten consultar modelos en estrella, donde las tablas de hechos contienen billones de registros y están rodeadas de múltiples tablas de dimensiones, resultando en operaciones de lectura con un gran número de tablas involucradas (*joins*).

▼ **Organización**. En sistemas OLTP, caracterizados por tener un acceso aleatorio a los registros, recuperándose todas las columnas, estos se organizan en disco a modo de filas consecutivas. Sin embargo, las cargas analíticas recuperan grandes bloques de registros, pero accediendo ahora a menos columnas. Para estos casos, ciertos gestores soportan una **organización en columnas** de los datos. En este caso, los bloques de disco contienen columnas en formato comprimido, con lo que el acceso llega a ser varios órdenes de magnitud más rápido, eliminándose además la necesidad de definir y gestionar índices o vistas materializadas[59].

▼ **Federación**. La federación es la base de la virtualización de datos. Esto quiere decir que con una única sentencia SQL, tanto de lectura como de escritura, podemos acceder a datos distribuidos en distintas fuentes heterogéneas (una tabla en otro gestor, un fichero Parquet en Hadoop o S3, una hora de cálculo Excel, un documento JSON en MongoDB, etc.), como si sus datos estuvieran juntos. Esto permite combinar datos estructurados y semiestructurados sin necesidad de movimiento físico, aunque a costa de cierta penalización en los tiempos de acceso.

Otras características, como la gestión y segregación de cargas de trabajo (*workload management*), el control de acceso granular a nivel de registro y columna o la alta disponibilidad con configuraciones **activo-activo** o **activo-pasivo**[60], son características que hacen de las RDBMS una opción siempre a tener en cuenta.

---

59  Una vista materializada contiene el resultado de una consulta SQL, normalmente resultado de un proceso de agregación de datos costoso de resolver. Sin embargo, al contrario que en una vista SQL ordinaria, dicho resultado se persiste en disco, con lo que el acceso es mucho más rápido. Este tipo de vistas son transparentes al usuario, que sigue escribiendo las consultas pensando en las tablas base que integran la vista. Además, cada vez que estas varían, el gestor recalcula la vista, manteniendo así la sincronía.

60  Una configuración activo-pasivo significa que todas las operaciones de escritura van dirigidas a un nodo primario, que a su vez va replicando los cambios a una serie de nodos secundarios. En el caso de caída del primario, uno de los secundarios asume su papel. Mientras tanto, los nodos secundarios pueden soportar operaciones solo de lectura. Por el contrario, en una configuración activo-activo todos los nodos soportan tanto escritura como lectura, si bien en este caso hay que tener un control de que no existan conflictos en el acceso, manteniendo las propiedades ACID. Estas configuraciones son la base de la alta disponibilidad y recuperación ante fallos (HADR, *High Availability and Disaster Recovery*).

### 3.1.2 Escenarios e inconvenientes

La Tabla 3-1 resume las características de las RDBMS para cargas analíticas.

| Escenarios | Inconvenientes |
|---|---|
| • Los datos se organizan a modo de entidades y relaciones | • Soporte escaso para tipos de datos y relaciones complejas |
| • El modelo de datos es consistente, siendo relativamente estático | • La modificación del modelo de datos (*schema evolution*) es complicada |
| • Aunque no mayoritarios, hay que almacenar datos semiestructurados | • Ineficientes cuando dominan datos no estructurados e inconsistentes en cuanto a organización |
| • Es necesario asegurar la consistencia del dato (propiedades ACID) | • Mayor esfuerzo de mantenimiento (particiones, índices, agregados, etc.) |
| • La proporción de datos históricos a analizar es mayoritaria | • Las restricciones ACID pueden afectar al rendimiento |
| • La carga es principalmente por lotes | • Poco adaptadas para cargas no planificadas y en tiempo real |
| • El acceso debe ser estándar (ODBC/JDBC, SQL) | • Coste elevado para su crecimiento, ya sea en infraestructura local o como servicio en la nube |
| • Hay necesidad de soportar accesos mixtos (OLTP & OLAP) | • Percepción de tecnología obsoleta |
| • Hay recursos para permitir un crecimiento horizontal | |

**Tabla 3-1.** Ventajas e inconvenientes de las bases de datos relacionales para *Big Data*.

### 3.1.3 *Software* y soluciones para *data warehouse*

A la hora de evaluar las distintas ofertas para el almacenamiento en sistemas de *data warehouse*, nos podemos encontrar, por un lado, con los motores tradicionales de bases de datos, con versiones más o menos especializadas para cargas analíticas. **Oracle Database**, **IBM Db2 Warehouse**, **Microsoft SQL Server** o **Teradata Vantage** dominan la porción del mercado con licencias comerciales, mientras que **PostgreSQL**, **Maria DB** o **MySQL** lo hacen desde un planteamiento de código abierto. Todos ellos pueden ser instalados localmente o en infraestructura en la nube (IaaS) a través de distintas opciones, incluyendo el despliegue en contenedores.

Otro grupo interesante es el de los **sistemas de *data warehouse* nativos en la nube**, con un modelo que estaría entre un servicio de plataforma (PaaS) y de *software* (SaaS). La Tabla 3-2 muestra las 4 soluciones más extendidas en esta categoría con algunas de sus características.

| | Amazon Redshift | Azure Synapse | Google BigQuery | Snowflake Data Platform |
|---|---|---|---|---|
| **Proveedor** | AWS | Azure | Google | AWS, Azure, Google |
| **Arquitectura** | Sin compartición | | | |
| **Motor SQL** | PostgreSQL | SQL Server | Dremel | Propietario |
| **Transacciones** | ACID | | | |
| **Organización** | Columnas | | | |
| **Elasticidad** (*serverless*) | Manual y automática | Manual y automática | Automática | Automática |
| **Formatos consultables** | CSV, Parquet, JSON, ORC, Avro | CSV, Parquet, JSON | CSV, Parquet, JSON, ORC, Avro | CSV, Parquet, JSON, XML, ORC, Avro |

**Tabla 3-2.** Comparación entre distintas soluciones de *data warehouse* en la nube.

Una característica interesante de estas soluciones es que explotan el modelo *serverless*. Es decir, la asignación de recursos al clúster (nodos, CPU, memoria, disco, etc.) es realizada por el proveedor del servicio, de acuerdo con la carga de trabajo de cada momento, y de forma transparente al usuario. Este autoescalado permite que el servicio sea elástico, desatendido y con un coste ajustado al consumo en cada instante, separando el almacenamiento del cómputo. Adicionalmente, se trata de arquitecturas sin compartición, donde cada nodo tiene sus propios recursos y una porción de los datos[61].

Un factor común a todas ellas es que intentan expandir sus capacidades más allá del puro modelo relacional con el fin de asumir algunas funcionalidades propias del *data lake*. Por ejemplo, el soporte de **tablas externas** permite la consulta mediante SQL y el análisis datos existentes en un almacenamiento externo, sin necesidad de cargarlos primero en la base de datos.

## 3.2 SISTEMAS DE ARCHIVOS DISTRIBUIDOS

El **sistema de archivos** (**FS**, *File System*) es uno de los elementos centrales de cualquier sistema operativo. Es el encargado de almacenar y recuperar los datos en forma de archivos, incluyendo su nomenclatura, organización jerárquica (directorios), así como el manejo de los distintos metadatos (fecha de creación, última modificación, longitud, permisos de acceso, etc.). Hablamos de **sistema de archivos distribuido** (**DFS**, *Distributed File System*) cuando esta gestión se realiza a lo largo de múltiples servidores (nodos) conectados por red, permitiendo un acceso transparente, compartido y controlado a los distintos archivos que gestiona. La posibilidad de ir añadiendo nodos

---

61  Algunas soluciones, como Snowflake, realizan compartición de disco a nivel de todo el clúster, aunque cada nodo acaba almacenando una porción de los datos localmente.

al sistema facilita un escalado horizontal prácticamente ilimitado. Además, como los archivos son distribuidos y replicados entre los distintos nodos[62], la tolerancia a fallos es muy alta, pudiéndose paralelizar el acceso.

Un sistema de archivos distribuidos y un gestor de bases de datos relacional son, por lo tanto, dos aproximaciones a la hora de almacenar los datos de una forma segura y escalable. Aunque el segundo puede proporcionar de forma inherente muchas funcionalidades, el primero presenta a su vez una serie de ventajas: flexibilidad en cuanto a la estructura de los datos, empleo de formatos no propietarios, sencillez a la hora de programar y manipular los archivos o, especialmente, menores costes en infraestructura, por citar algunas.

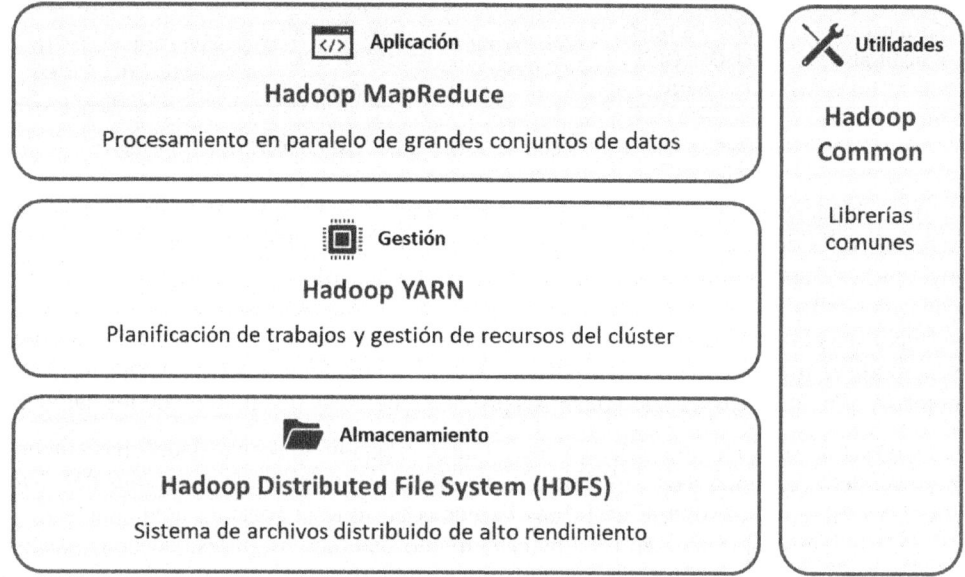

**Figura 3-4.** Módulos de Apache Hadoop.

## 3.2.1 Apache Hadoop–HDFS

**Apache Hadoop**[63] es un proyecto de código abierto consistente en una librería de *software* para el procesamiento distribuido de grandes conjuntos de datos. Programada en Java, la primera versión fue liberada en abril de 2006. La principal motivación detrás de su desarrollo fue la de construir un sistema que se pudiera ejecutar en un clúster de

---

62  Formalmente, un sistema de archivos distribuido sigue una arquitectura sin compartición (*shared-nothing*). Es decir, cada nodo tiene su propio almacenamiento, pudiendo existir además replicación de datos o no entre los nodos. Otra opción sería una configuración de varios nodos bajo un modelo de disco compartido con redundancia ante fallos, aunque en este caso la escalabilidad es menor.

63  *https://hadoop.apache.org/*

servidores convencionales y asequibles, proporcionando un entorno altamente escalable y con tolerancia a fallos. Aunque Hadoop ha dado lugar a un amplio ecosistema de herramientas y aplicaciones a su alrededor, el proyecto como tal consta de 4 módulos, mostrados en la Figura 3-4. Esencialmente, Hadoop proporciona un entorno de programación de aplicaciones distribuidas apoyado sobre un gestor de recursos, denominado **YARN** (*Yet Another Resource Manager*). Junto con los módulos comunes de administración (Hadoop Common), YARN es el único elemento imprescindible de Hadoop, ya que tanto la capa de almacenamiento, **HDFS** (*Hadoop Distributed File System*), como la de aplicación, **MapReduce**, pueden ser reemplazadas o complementadas con otras alternativas[64]. Hablaremos de YARN y MapReduce en el siguiente capítulo.

| Característica | Descripción |
| --- | --- |
| Resiliencia | Se asume que siempre existirán nodos del sistema de archivos no operativos. HDFS es tolerante ante estos fallos, los detecta y se recupera de forma automática. Por ello, HDFS puede ejecutarse en servidores convencionales, sin requerir RAID[65] u otras configuraciones específicas y más costosas |
| Portabilidad | HDFS es fácilmente portable entre plataformas de *hardware* y *software* heterogéneas |
| Escalable | HDFS puede escalar a varios cientos de nodos por clúster, con archivos individuales de tamaño en el orden de los *terabytes*[66]. |
| Acceso por lotes | HDFS parte de la base que la mayoría de las operaciones sobre un archivo son de lectura, involucrando estas su completo procesado. En este sentido, si bien las operaciones de adición y truncado al final del archivo están soportadas, no así las actualizaciones en un punto concreto. HDFS no es un sistema pensado para un uso interactivo, primando el rendimiento de acceso (*throughput*) frente a la latencia[67] |
| Localidad del dato | Con el fin de maximizar el rendimiento de todo el clúster, incluyendo el acceso a los recursos de red, HDFS permite la ejecución de aplicaciones en los nodos, moviendo el procesado a donde residen los datos |

**Tabla 3-3**. Características de Hadoop HDFS.

---

64  Es posible un acceso programático desde YARN a otros repositorios de archivos, como Amazon S3 o Azure Blob Storage, entre otros.

65  RAID (*Redundant Array of Independent Disks*) consiste en la virtualización de varios discos con el fin de ofrecer una mayor tolerancia a fallos y/o un mayor rendimiento de acceso, dependiendo del nivel (RAID 0, RAID 1, RAID 5, etc.). Al multiplicar el número de discos, es una solución de redundancia más cara que JBOD (*Just a Bunch Of Drives*), donde esta se consigue a nivel de *software* y replicación de datos, como en el caso de HDFS.

66  *https://cwiki.apache.org/confluence/display/hadoop2/PoweredBy*

67  La latencia mide el tiempo en que tarda en llegar un paquete de datos a su destino, mientras que el rendimiento tiene en cuenta el número de paquetes accedidos en un periodo de tiempo.

**HDFS** es el sistema distribuido de archivos propio de Hadoop, diseñado originalmente para trabajar de forma efectiva con aplicaciones MapReduce al explotar la localidad del dato. El objetivo y funcionamiento de HDFS se basa en 5 premisas[68], recogidas en la Tabla 3-3.

Desde un punto de vista arquitectural, HDFS se compone de un **servidor de nombres (NameNode)** y de un número variables de **servidores de datos (DataNode)**. Estos servidores son elementos de *software*, si bien lo habitual es que exista uno por nodo en el clúster. En el caso del NameNode es habitual disponer de un servidor de nombres secundario para evitar un único punto de fallo.

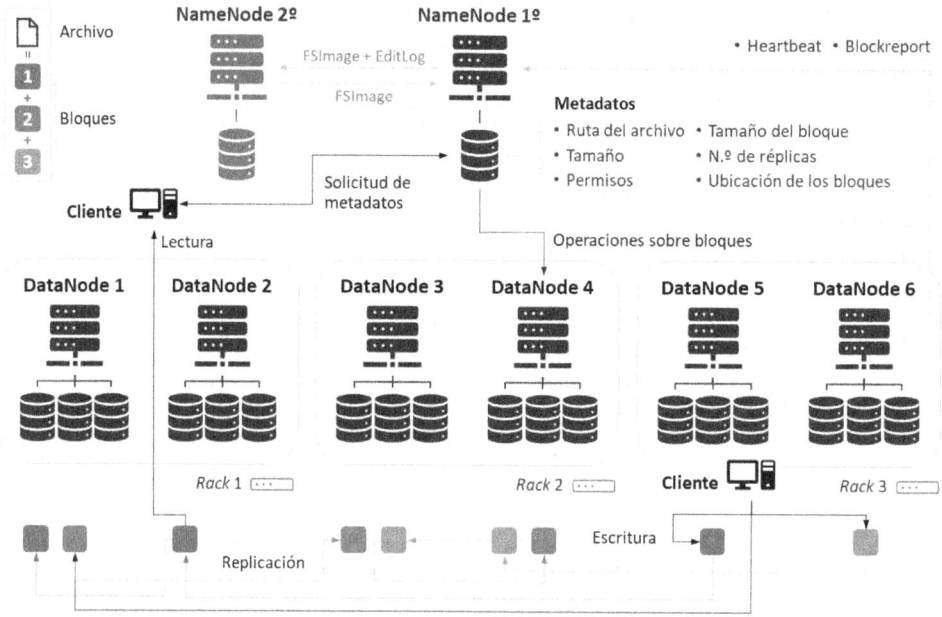

**Figura 3-5.** Arquitectura de HDFS

La Figura 3-5 muestra los elementos principales de un clúster de HDFS. En este ejemplo podemos identificar tres bastidores (*racks*), cada uno con dos DataNodes[69]. Cada DataNode tiene su propio almacenamiento. Adicionalmente hay un NameNode primario y otro secundario, así como una serie de aplicaciones cliente que hacen uso del sistema de archivos.

El papel de los diferentes elementos es como sigue:

---

68  *https://hadoop.apache.org/docs/stable/hadoop-project-dist/hadoop-hdfs/HdfsDesign.html*

69  El concepto de bastidor aquí es en sentido amplio, entendido como un conjunto de servidores geográficamente próximos y conectados al mismo *switch* de red, por lo que el ancho de banda entre dos nodos del bastidor es mayor que entre dos nodos en bastidores diferentes.

▶ La función del NameNode primario consiste en mantener el **espacio de nombres** (*namespace*) del sistema de archivos, es decir, toda la estructura jerárquica de elementos (directorios, subdirectorios, archivos y bloques) y su nomenclatura, así como soportar todas las operaciones relacionadas: listado de archivos, creación, borrado, movimiento, control de acceso, etc. Este nodo sólo realiza funciones de gestión, de forma que los datos nunca pasan a través de él[70].

▶ Con el fin de mantener el estado del espacio de nombres y gestionar los cambios, el NameNode primario guarda una foto actual de sus metadatos (FSImage) y un archivo de transacciones (EditLog), conteniendo este último todos los cambios desde la última foto. Para evitar la pérdida del sistema de archivos ante una eventual caída del NameNode primario, existe un NameNode secundario cuya misión es mantener una copia de esos dos ficheros, ir aplicando los cambios y replicar la foto de los metadatos al primario para agilizar su arranque en caso de reinicio.

▶ Con el fin de gestionar de forma ágil archivos grandes, HDFS los divide en **bloques**, replicando a su vez cada bloque a lo largo de los diferentes DataNodes del clúster. El tamaño del bloque (*block size*) y el número de réplicas (*replication factor*) es configurable a nivel de archivo, siendo este último modificable a posteriori[71]. Toda esta información forma parte de los metadatos gestionados por el NameNode.

▶ La ubicación de cada bloque de datos y sus réplicas es decisión del NameNode. Para ello tiene en cuenta el estado de disponibilidad de cada nodo (Heartbeat) y la lista de bloques que maneja (Blockreport), información que le es enviada de forma periódica por cada uno. De igual manera, el NameNode considera la **distribución de nodos entre bastidores** (*rack awareness*) para la ubicación de los bloques[72]. Cuando el número de réplicas es 3, entonces dos copias del bloque se crearán en un mismo bastidor (aunque en nodos distintos) y la tercera en otro diferente[73]. Esta distribución de las copias permite proporcionar una mayor disponibilidad y fiabilidad de los datos, mejorando al mismo tiempo el rendimiento del clúster y la optimización del ancho de banda de la red.

---

70   Si el clúster es muy grande es posible añadir más NameNodes adicionales, gestionando cada uno una porción del sistema de archivos a modo de sistema federado.

71   Por defecto, el tamaño de bloque es de 128 MB y el factor de replicación es 3. Ahora bien, si el número de nodos es menor que el factor de replicación, entonces no todas las réplicas podrán ser creadas, marcándose como omitidas en el NameNode.

72   Por defecto, se asume que todos los DataNodes pertenecen al mismo bastidor.

73   Si el factor de réplica es superior a 3, la cuarta copia y sucesivas son ubicadas de forma aleatoria. Esta política de colocación se puede alterar para hacer el sistema más tolerante a fallos. Por ejemplo, se puede hacer que las tres réplicas se almacenen en bastidores distintos, soportando así el fallo simultáneo de dos de ellos.

- Cuando una aplicación cliente desea leer un archivo envía una petición de metadatos al NameNode. Este le contesta con una lista de los DataNodes donde puede encontrar las réplicas de los bloques que constituyen el archivo. Para elaborar esta lista, el NameNode tiene en cuenta la topología de la red, la proximidad del cliente a cada bastidor, así como la disponibilidad y la carga de trabajo de cada nodo. Si existe una réplica en el bastidor donde se encuentra el cliente[74], entonces esta será empleada para satisfacer la petición de lectura.
- De forma similar, cuando un cliente quiere escribir un archivo hace también una solicitud al NameNode, indicando el nombre del archivo, su tamaño, etc. El NameNode le responderá indicando la lista de DataNodes para cada bloque de datos. Si el cliente se encuentra en el clúster, entonces el primer bloque se escribirá en su mismo nodo. De lo contrario el nodo es elegido aleatoriamente. Cuando el cliente escribe el primer bloque de datos, el DataNode de destino se encarga de ir replicándolo al segundo nodo y este a su vez al tercero, según la configuración establecida por el NameNode. Este proceso (*replication pipelining*) se va ejecutando para todos los bloques del archivo.

Hadoop está pensado y optimizado para soportar un modelo de una escritura y múltiples lecturas de un mismo archivo (WORM, *Write Once Read Many*), donde el acceso se efectúa sobre todo el contenido, de ahí los tamaños de bloque tan grandes. Una vez creados, los ficheros no pueden ser actualizados, soportando solo el anexo o el truncado de su contenido. Desde el punto de vista del acceso, HDFS proporciona una serie de API (Java, C, REST), una interfaz HTTP y una línea de comandos (FS Shell).

En el siguiente capítulo estudiaremos **Apache Hive**, una solución para la implantación de un *data warehouse* virtual sobre Hadoop empleando SQL.

### 3.2.2 Formatos de archivos

Debido a sus características de resiliencia, procesamiento por lotes, localidad y, sobre todo, bajo coste, Apache Hadoop se convirtió en su momento en la primera opción para implementar un *data lake* en la mayoría de las organizaciones. Pero otro factor importante era la posibilidad de utilizar distintos formatos de archivo especializados, de naturaleza genérica u orientados a consultas, y de código abierto.

74 No hay que perder de vista que una de las características principales de Hadoop es la localidad del dato, de forma que las aplicaciones se pueden ejecutar en los nodos.

| | CSV | JSON | SEQ | RCFile | ORC | Avro | Parquet |
|---|---|---|---|---|---|---|---|
| **Tipo de archivo** | Texto | Texto | Binario | Binario | Binario | Binario | Binario |
| **Metadatos** | No | No | Sí | No | Sí | Sí | Sí |
| **Acceso aleatorio** | No | No | No | No | Si | No | Sí |
| **Orientación del registro** | Fila | Fila | Fila | Columna | Columna | Fila | Columna |
| **Esquema incluido** | No | No | No | No | Sí | Sí | Sí |
| **Esquema modificable** | No | Sí | No | No | Parcial | Sí | Parcial |
| **Tipos complejos** | No | Sí | No | No | Sí | Sí | Sí |
| **Adición de datos** | Sí | Sí | Sí | Sí | Sí | Sí | No |

**Tabla 3-4.** Formatos de archivo en Hadoop.

La Tabla 3-4 enumera estos formatos. Todos ellos son divisibles en bloques de registros, característica necesaria en HDFS. También admiten compresión a distintos niveles (registro o bloque), siendo este un factor importante de cara a reducir el espacio en disco y aumentar la velocidad de proceso; no hay que perder de vista que la compresión permite ejecutar el paso de disco a memoria (la operación más costosa) de forma más rápida, aún a expensas de un mayor trabajo posterior de la CPU en la tarea de descompresión.

La orientación del registro es otro elemento a tener en cuenta. Al igual que en las bases de datos relacionales, el almacenamiento puede ser en filas o en columnas. En el primer caso cada fila es ubicada de forma contigua en el archivo, mientras que en el segundo son los valores de cada columna para todas las filas los que son almacenados juntos. Por lo tanto, un almacenamiento en columnas será preferible cuando se desee acceder solo a un número reducido de estas, mientras que la orientación en filas dará un mejor rendimiento cuando se necesiten leer un número menor de estas últimas, pero de forma completa.

**ORC** (*Optimized Row Columnar*) y **Parquet** son dos de los formatos orientados a columnas más empleados cuando el rendimiento de las consultas es un factor importante. Estos incluyen además metadatos sobre la distribución de los valores y su ubicación en el archivo, lo que permite un acceso aleatorio más optimizado a los registros.

Otro factor importante es la inclusión del esquema de datos y su posibilidad de modificación. Si el esquema no está incluido en el fichero, es necesario conocer su estructura de atributos por otra vía para poder consultarlo. Si existe la necesidad de que el esquema pueda variar con el tiempo, un formato como **Avro** puede ser una buena elección.

El formato de secuencia (**SEQ**) es muy empleados en Hadoop como mecanismo de almacenamiento intermedio. Son archivos binarios donde cada fila contiene un par clave-valor. La clave es un identificador del registro y el valor puede ser cualquier cosa. Por este motivo, se suelen usar para condensar múltiples archivos pequeños en uno grande, haciendo su gestión más sencilla. Existen librerías para distintos lenguajes de programación que permiten la creación y manipulación de estos formatos de archivo.

### 3.2.3 Escenarios e inconvenientes

La Tabla 3-5 resume los puntos fuertes de HDFS y sus deficiencias.

| Escenarios | Inconvenientes |
|---|---|
| • Soporte para el almacenamiento de datos masivos, con estructuras variables y cambiantes | • Mal rendimiento en la gestión de archivos pequeños y en patrones de acceso aleatorio e iterativos |
| • Alta tolerancia a fallos | • Falta temporal de consistencia en los datos por la replicación de bloques |
| • Alto rendimiento en el procesado de grandes archivos | • Modelo de seguridad muy complicado |
| • Soporte a una gran variedad de formatos de archivo optimizados | • Excesivo acoplamiento del almacenamiento y el cómputo |
| • Concebido para explotar la localidad del dato | • Elevada latencia de acceso, no adecuada para procesos en tiempo real |
| • Soporte a distintos modelos de cómputo y aplicaciones | • Entorno complejo de gestionar y muy difuso en cuanto a herramientas y proyectos relacionados |
| • *Hardware* convencional | |

**Tabla 3-5.** Ventajas e inconvenientes de HDFS para *Big Data*.

### 3.2.4 *Software* y soluciones para Apache Hadoop

Como plataforma de código abierto que es, Apache Hadoop puede ser descargado e instalado de forma gratuita, estando disponible para sistemas operativos GNU/Linux y Windows[75]. Desde un punto de vista comercial, existen distribuciones de pago que, siguiendo un modelo habitual con el *software* de código abierto, ofrecen soporte alrededor de la plataforma, así como una serie de herramientas y utilidades enfocadas a simplificar su gestión. Este era el caso de compañías como **Cloudera** y **Hortonworks**, pioneras en el desarrollo y mantenimiento de Hadoop, que se fusionaron en 2018 unificando sus plataformas. Actualmente, Cloudera Data Platform (CDP) Private Cloud es de las pocas distribuciones comerciales de Hadoop que pueden emplearse para desplegar un clúster localmente.

---

75 *https://hadoop.apache.org/releases.html*

Como en el resto de las soluciones de *Big Data*, la principal oferta comercial de Hadoop gira alrededor de los servicios gestionados en la nube, con modelos de pago por uso. Los principales proveedores proporcionan servicios de Hadoop y Spark combinados, junto a otras soluciones del ecosistema de Apache. **Amazon EMR, Azure HDInsight** y **Google Dataproc** son algunos ejemplos. De forma similar a las soluciones de *data warehouse*, estos servicios facilitan el autoescalado de la plataforma, permitiendo incluso prescindir temporalmente de HDFS para la persistencia. Esto lo consiguen integrándose con sistemas de almacenamiento de objetos, que veremos en el siguiente apartado. De esta manera, es factible separar el cómputo del almacenamiento, siendo posible eliminar el clúster de Hadoop cuando no se está usando, manteniendo los datos para un uso posterior.

Volveremos a hablar de Hadoop de una forma más integral en el siguiente capítulo, al abordar MapReduce y otras aplicaciones de su ecosistema para el procesamiento de los datos.

## 3.3 ALMACENES DE OBJETOS

Una de las características fundamentales de HDFS es su modelo sin compartición, especialmente en lo referente al almacenamiento de datos: cada DataNode del clúster tiene sus propios **discos conectados directamente** (**DAS**, *Direct-Attached Storage*), estando los datos divididos en bloques y replicados entre los nodos. De esta manera, un DataNode no tiene conocimiento de lo que es un archivo, almacenando sólo un bloque en su sistema local como si fuera un fichero más. Es el NameNode el que proporciona sentido a todos los bloques y réplicas, dando la consistencia de un sistema de archivos unificado.

Entre otras muchas cosas, HDFS vino a suponer una alternativa a los **sistemas de archivos en red** (**NFS**, *Network File System*) convencionales (Figura 3-6). Aunque en HDFS los nodos del clúster están conectados en red, el almacenamiento es local en cada uno. Por el contrario, en un NFS existe un almacenamiento compartido en forma de un **servidor de ficheros conectado en red** (**NAS**, *Network-Attached Storage*) con sus propios discos virtualizados (RAID), interfaz de red, sistema operativo y *software* de gestión. NFS implica un patrón opuesto a la localidad del dato, ya que implica su compartición y desplazamiento hacia los puntos de proceso a los que da servicio[76]. Los servidores NAS se utilizan típicamente como servidores de ficheros.

Otra de las aproximaciones para la compartición de datos es a través de una **red de dispositivos de almacenamiento** (**SAN**, *Storage Area Network*), dedicada y separada de la red de servidores a los que da servicio. Estas redes no comparten un sistema de

---

76 Las tasas de transferencia de red actuales hacen que esto no sea necesariamente un problema. Incluso existen soluciones que permiten combinar la tecnología NAS con los protocolos de HDFS, evitando la replicación de bloques.

archivos, sino que exponen directamente discos para el almacenamiento de bloques, empleando distintos protocolos (Fibre Channel). Ahora bien, un servidor puede montar estos discos y formatearlos con un sistema de archivos[77]. Este almacenamiento de bloques permite una transferencia muy rápida de grandes cantidades de datos con un rendimiento muy consistente. Se acostumbra a utilizar para la persistencia de contenedores, máquinas virtuales y espacios de tablas para bases de datos relacionales, donde el acceso directo a disco (*raw I/O*) proporciona un mejor resultado.

| Almacenamiento de archivos | Almacenamiento de bloques | Almacenamiento de objetos |
|---|---|---|
|  |  |  |
| **Organización jerárquica de datos en archivos, carpetas, subdirectorios y directorios** | **División de datos en bloques y su almacenamiento como piezas separadas** | **Gestión de los datos como un objeto autocontenido bajo una estructura plana** |
| • Efectivo con un número reducido de archivos estructurados | • Los bloques se guardan de forma eficiente con un identificador único | • Permite una localización rápida del dato |
| • Los archivos se pueden compartir fácilmente con protocolos comunes | • El dato se ensamblan y recuperan muy rápido | • Guarda metadatos sobre la estructura, permisos, políticas, etc. |
| • Guardan metadatos | • Puede ser integrado con diferentes sistemas operativos | • Ideal para datos estáticos no estructurados |
| • Escalabilidad limitada y navegación compleja | • No guardan metadatos | • Acceso sin sistema operativo (HTTP, API REST) |
| • Tecnología NAS o en la nube | • Tecnología SAN o en la nube | • Tecnología en la nube |
| **Colaboración, archivado, copias de seguridad** | **Contenedores, máquinas virtuales, bases de datos** | ***Big Data*, IoT, contenido multimedia** |

**Figura 3-6**. Tecnologías de almacenamiento compartido en red.

El tercer mecanismo de compartición es el **almacenamiento de objectos** (*object storage*). En este caso, el elemento de gestión es un objeto, conformado por los datos en sí, un identificador único y un conjunto de metadatos que lo caracterizan. Los objetos son persistidos de forma plana, sin ningún tipo de organización jerárquica en directorios. Esta simplificación permite el crecimiento de los recursos de almacenamiento según necesidades, sin limitar el tamaño que pueden llegar a alcanzar los objetos, y facilitando y agilizando su acceso al poderse referenciar directamente mediante su identificador único.

Dadas sus características, el almacenamiento de objetos permite la gestión de grandes volúmenes de datos, de estructuras variables y con un patrón de acceso en el que el objeto se escribe una vez (la actualización de los datos implica la rescritura de todo el objeto) y se lee de forma repetida. Otra de sus grandes ventajas es la de ofrecer un acceso

---

77  Es decir, una unidad NAS se mostraría a un servidor en forma de unidad de red, mientras que una SAN aparecería como un disco sin formato.

programático: un almacén de objetos no se monta a nivel de sistema operativo, sino que se manipula mediante distintas interfaces y protocolos (HTTP, REST, etc.), a través de las cuales los objetos son creados, accedidos, movidos, etc.

Otro rasgo que aporta mucho valor es la riqueza de metadatos que pueden acompañar al objeto. Este se puede etiquetar de múltiples maneras, facilitando su búsqueda, consulta y gestión. Estos metadatos, definidos en forma de clave-valor, se pueden clasificar como fijos, donde la clave no es editable pero sí el valor, y a medida, establecidos enteramente por el usuario. Con los primeros se puede establecer el control de acceso al objeto, el tipo de contenido o su forma de presentación.

Si bien existen soluciones de almacenamiento de objetos en local, su popularidad y uso está ligada al desarrollo de la computación en la nube, especialmente al de aplicaciones nativas en este entorno. Los modelos de facturación por tipo y volumen de almacenamiento, así como por el número de veces que se accede a los objetos son muy atractivos desde el punto de vista económico. Los servicios en la nube son, además, muy elásticos al acomodar recursos de forma dinámica y transparente para el usuario.

Aunque hemos comentado que la estructura de estos almacenes es plana, los objetos se agrupan en **contenedores** (*buckets*), que pueden ser creados y modificados a voluntad. Además de proporcionar una mínima organización[78], los contenedores permiten establecer un control de acceso a los objetos que contienen. Otra de sus características es la implementación de **clases de almacenamiento** (*storage classes*). Los proveedores de almacenes de objetos en la nube ofrecen una serie de clases predefinidas sobre las que crear los contenedores[79]. Estas clases definen como queremos que sea el almacenamiento: tamaño, redundancia a lo largo de distintas regiones geográficas, latencia de acceso, disponibilidad, etc. Esto es interesante para segregar los objetos según la frecuencia de uso y su temperatura, pagando de acuerdo a esto.

### 3.3.1 Catálogos de tablas

El tamaño máximo que puede tener un objeto en un almacén en la nube es del orden de varios *terabytes*[80]. Para trabajar con conjuntos de datos tabulares de estos tamaños o superiores, es habitual segregarlos en varios objetos organizados por columnas, Parquet u ORC, que pueden ser consultados después de forma conjunta. Sin embargo, esta división no es del todo efectiva cuando se trata de volúmenes muy grandes, dando lugar también a problemas cuando se modifican los datos. Esto último es consecuencia de la falta de características ACID de estos formatos y almacenes, lo que permite la aparición de transacciones incompletas entre particiones e inconsistencias en las operaciones de lectura.

Como vimos en el capítulo anterior, la idea del *data lakehouse* está enfocada a solventar estos problemas dentro del *data lake*, con independencia de que este resida en un sistema de archivos distribuido o en un almacén de objetos. Es decir, asumir el

---

78  En cualquier caso, no es posible anidar contenedores a modo de subdirectorios.

79  También suele ser posible especificar la clase directamente a nivel de objeto.

80  5 TB en el caso de Amazon S3 (*https://aws.amazon.com/s3/faqs/*).

procesamiento por lotes y en tiempo real en una única plataforma basada en formatos abiertos, con una capa de gestión de metadatos que de consistencia al acceso y a la modificación de los datos.

Existen en la actualidad tres proyectos de código abierto que van en este sentido: **Apache Iceberg** (2017), **Apache Hudi** (2017) y **Delta Lake** (2019). Iceberg nació como un proyecto interno de Netflix, mientras que Hudi lo fue de Uber. Ambos acabaron bajo el paraguas de la Apache Software Foundation. Delta Lake fue desarrollado por Databricks, y posteriormente donado a la Linux Foundation. Los tres giran alrededor de la definición de un formato de tabla que conceptualiza y unifica un conjunto de archivos comunes (ORC, Parquet, etc.) permitiendo a las aplicaciones interactuar con él como si se tratara de una base de datos: acceso SQL, características ACID, evolución del esquema, versionado de datos, etc.

En definitiva, estas capas semánticas permiten la creación de un catálogo de tablas sobre un almacén de objetos, agnóstico tanto del formato físico de los datos como del motor de consulta, exponiendo su contenido mediante API y otras interfaces y protocolos.

## 3.3.2 Escenarios e inconvenientes

El almacenamiento de objetos ha ido ganado mucha popularidad frente a los sistemas de archivos distribuidos como HDFS para la implantación de *data lakes*, especialmente debido al movimiento de cargas de trabajo a la nube. La Tabla 3-6 contiene sus principales ventajas e inconvenientes.

| Escenarios | Inconvenientes |
|---|---|
| • Necesidad de interoperabilidad, separando el almacenamiento del cómputo, dando acceso a los datos desde cualquier sistema | • Los objetos son inmutables. Cualquier alteración implica su rescritura |
| • Gran libertad de etiquetado de los objetos, permitiendo una búsqueda y localización rápida | • No hay soporte transaccional nativo mediante mecanismos de bloqueo y compartición de objetos |
| • Alta disponibilidad y resiliencia, con replicación a nivel geográfico | • Variabilidad en los tiempos de acceso, impactando en el rendimiento de las aplicaciones que usan los datos |
| • Gran elasticidad, con un modelo de costes muy económico, flexible y predecible | • Organización de objetos excesivamente plana |
| • Optimización del almacenamiento, moviendo de forma automática objetos a contenedores más económicos en función de su uso | • Mayor latencia de acceso, significativa en el caso de objetos pequeños |
| • Soporte a una variedad de formatos de archivo optimizados | • Mal rendimiento en cargas de trabajo iterativas |
| • Acceso programático a los datos a través de diferentes protocolos | • Dependencia de los servicios de procesamiento del proveedor para una explotación ágil de los datos |
| • Diversas opciones de encriptación y modelo de control de acceso integrado con el resto de los recursos en la nube | |

**Tabla 3-6.** Ventajas e inconvenientes del almacenamiento de objetos en la nube para *Big Data*.

El poder desacoplar el almacenamiento del cómputo es uno de los requerimientos más demandados, no sólo por facilitar el escalado de los sistemas, sino por aligerar los costes que supone tener ligado un recurso muy caro, como la capacidad de proceso, con el almacenamiento, mucho más barato. Ahora bien, esta separación implica la pérdida de la localidad del dato, una característica importante en un sistema como Hadoop con YARN, ya que el acceso implica una transferencia a través de la red. En cualquier caso, la combinación de ambos tipos de almacenamiento permite descargar datos poco usados de HDFS a un almacén de objetos, aligerando el clúster de Hadoop. Es más, permite no consumir y facturar por recursos de cómputo mientras el clúster no está en uso, creando una instancia de forma dinámica cuando se necesite y recuperando los datos en local para su uso.

### 3.3.3 Servicios para el almacenamiento de objetos

Cada proveedor de servicios en la nube tiene su propia oferta de almacenamiento de objetos, más o menos parecida: **Amazon S3**, **Google Cloud Storage**, **Azure Blob Storage** o **IBM Cloud Object Storage** son algunas de ellas. Amazon S3 se puede considerar el pionero de este tipo de almacenamiento en la nube, y su API de acceso es prácticamente un estándar, ya que muchos de sus competidores la implementan para acceder a su propio servicio[81].

Adicionalmente al propio almacenamiento, es habitual que los proveedores monten alguna capa de consulta sobre los objetos, en línea con la idea de virtualizar el *data warehouse* a través de un *data lake* que veíamos en el capítulo anterior[82]. Mediante estos servicios se pueden lanzar consultas empleando el lenguaje SQL sobre archivos CSV, JSON, Parquet, ORC, etc., guardando los resultados en el propio almacén de objetos o en una base de datos relacional. El esquema y el formato de los datos se puede especificar en la propia consulta (*schema-on-read*), o bien guardar la definición en un catálogo para un uso repetitivo posterior. Veremos estos motores de consulta en el siguiente capítulo. También existen soluciones que sobre el almacén de objetos implementan un sistema de archivos jerárquico, compatible con Apache Hadoop[83].

## 3.4 BASES DE DATOS NOSQL

Si bien el abanico de bases de datos NoSQL es amplio y heterogéneo, podríamos citar una serie de rasgos comunes entre todas ellas:

▸ Almacenan los datos en un formato no tabular, sin seguir un modelo de entidades al anidar las relaciones dentro de una estructura única, más fácil de consultar al eliminar la necesidad de enlaces (*joins*).

---

81  Bien directamente (IBM), parcialmente (Google), o bien a través de terceros (Microsoft), como S3Proxy (*https://github.com/gaul/s3proxy*).

82  IBM Cloud Data Engine o Amazon Athena son dos ejemplos.

83  Por ejemplo, Azure Data Lake Storage.

▶ Son muy flexibles en cuanto al esquema de los datos y su evolución, pudiendo albergar tanto datos estructurados como semiestructurados, aunque su foco está en estos últimos.

▶ El crecimiento de la base de datos es fundamentalmente horizontal, aumentando o reduciendo el número de nodos según necesidades.

▶ Salvo excepciones, no implementan transacciones ACID (tampoco es su negociado, como ahora veremos).

▶ El desarrollo de soluciones sobre ellas es más directo y próximo al programador, ya que las estructuras sobre las que se codifica coinciden con las que se almacenan[84].

Desde el momento en que las bases de datos NoSQL son muy específicas de casos de uso concretos, la elección entre estas y una base de datos relacional no siempre es fácil. El posicionamiento del modelo BASE como alternativa a las propiedades ACID y teorema CAP pueden ayudar en este sentido.

### 3.4.1 El modelo BASE y el teorema CAP

De forma simplificada, podríamos decir que el **modelo BASE** (*Basically Available, Soft state, Eventual consistency*) es a las bases de datos NoSQL lo que el modelo ACID es a las transaccionales[85]. La Tabla 3-7 describe sus características, que giran alrededor de relajar la consistencia de los datos en un sistema formado por varios nodos, en los que los datos se distribuyen y replican siguiendo un escalado horizontal. Por este motivo se plantean de forma inversa a como aparece en el acrónimo.

| Característica | Descripción |
|---|---|
| **Consistencia eventual** (*Eventual consistency*) | No se asegura una consistencia inmediata una vez finalizada una operación que modifica los datos, ya que esta debe propagarse a los diferentes nodos para asegurar la disponibilidad. Mientras esta consistencia se alcanza, el sistema reflejará un estado temporal de los datos |
| **Estado transitorio** (*Soft state*) | El estado de los datos puede variar entre accesos sin que medie una interacción que los modifique, y hasta que todos los nodos del sistema converjan. |
| **Disponibilidad** (*Basically available*) | El sistema estará siempre disponible, tolerando situaciones de fallo, aunque permitiendo situaciones de inconsistencia en los datos, como lecturas fantasma o no repetibles. |

**Tabla 3-7.** Propiedades BASE en una base de datos NoSQL.

---

84 Con las bases de datos SQL es habitual trabajar con conversores que hacen de puente entre los objetos manejados a nivel de código y las tablas relacionales (ORM, *Object Relational Mapping*).

85 Además del significado de sus siglas, el nombre del acrónimo está inspirado en la contraposición que en química existe en el comportamiento de sustancias ácidas y básicas (*https://www.dataversity. net/acid-vs-base-the-shifting-ph-of-database-transaction-processing/*).

En definitiva, en las bases de datos que siguen el modelo BASE prima la disponibilidad del sistema y su escalado horizontal, sacrificando cualquier garantía alrededor de la consistencia de los datos, cuyo aseguramiento se delega en las aplicaciones y sus programadores. No existe, por lo tanto, el aislamiento transaccional, pudiéndose dar situaciones como lecturas corruptas, no repetibles o fantasmas[86].

Para contextualizar juntos los modelos ACID y BASE y posicionar las bases de datos SQL frente a las NoSQL, es necesario simplificarlos mediante el **teorema CAP** (*Consistency, Availability, Partition tolerance*)[87]. Este establece que en un sistema de base de datos no se pueden garantizar simultáneamente la **consistencia**, la **disponibilidad** y la **distribución** efectiva de los datos en diferentes nodos, siendo estas tres características mutuamente excluyentes. En definitiva, y lo que es más importante, es necesario renunciar a una de estas en beneficio de las otras dos.

La Figura 3-7 ilustra esta idea, con las tres posibles combinaciones tras tomar las características de dos en dos. Queda claro que en ausencia de división de los datos en diferentes nodos, el sistema solo puede escalar verticalmente, pudiéndose satisfacer tanto la consistencia como la disponibilidad a la vez.

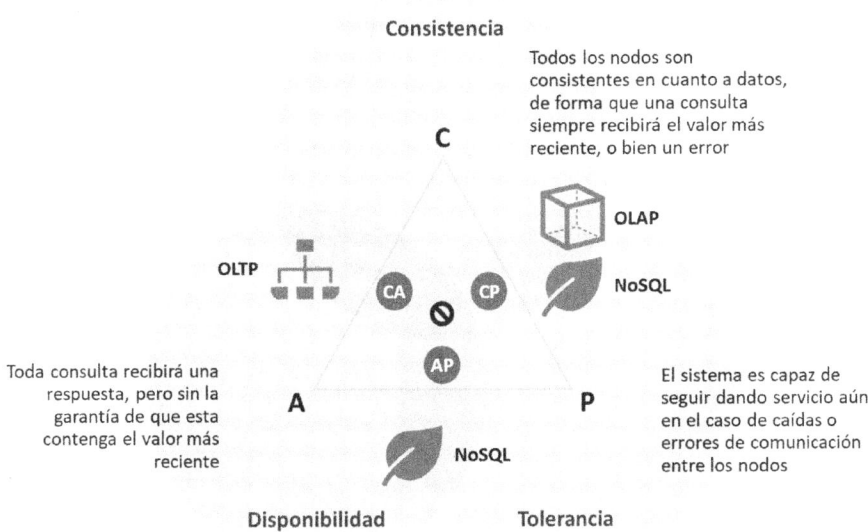

**Figura 3-7.** Las tres propiedades del Teorema CAP.

---

86  *https://es.wikipedia.org/wiki/Aislamiento_(ACID)*

87  Formulado por Eric Brewer, un científico computacional, en 1999.

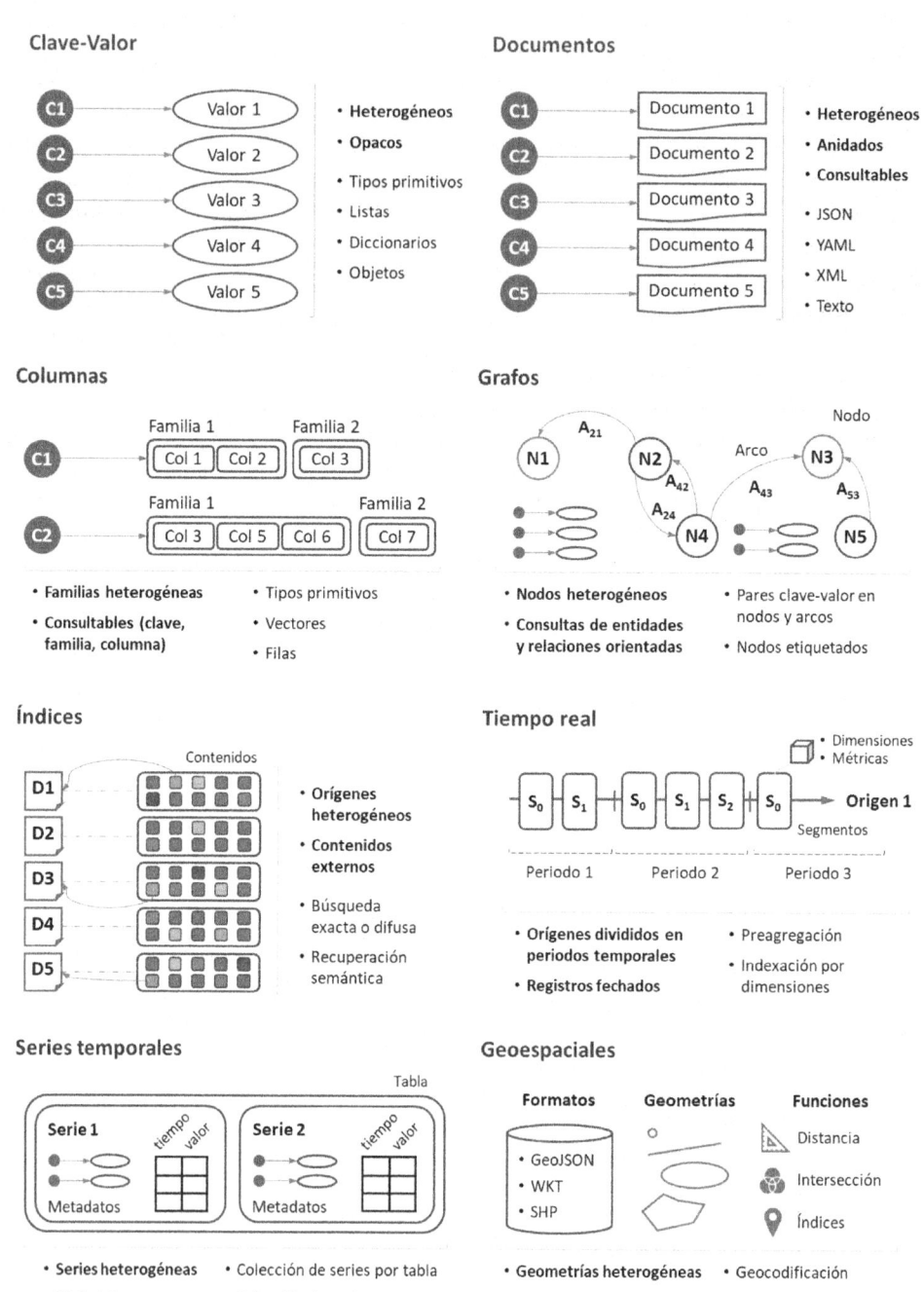

**Figura 3-8.** Categorías de bases de datos NoSQL.

En el mundo SQL, Un sistema OLTP debe ubicarse necesariamente en la intersección CA, ya que debe proporcionar siempre una respuesta, siendo esta además la más reciente. Por este motivo, la distribución de los datos entre nodos no es posible[88]. Por el contrario, un sistema de *data warehouse* (OLAP), en el que la disponibilidad pudiera no ser tan crítica, podría situarse en el lado CP, garantizando el servicio y asegurando la consistencia del dato. Esta debiera primarse siempre por encima de la disponibilidad, ya que la toma de decisiones no puede basarse en datos inconsistentes.

Las bases de datos NoSQL, siguiendo el modelo BASE y exhibiendo la facilidad de crecimiento horizontal como una de sus principales características, priorizan la disponibilidad frente a la consistencia (AP), aunque hay otras posibles combinaciones. En cualquier caso, existe el consenso generalizado de que no hay una solución única para todas las necesidades de almacenamiento (*one size fit's it all*), requiriéndose un conjunto de ellas para realizar una gestión integral del dato dentro de la organización.

Hay distintas formas de catalogar las bases de datos NoSQL, pero lo habitual es hacerlo en base al modelo de datos. Este marcará los posibles campos de aplicación, señalando también hacia un lateral u otro del teorema CAP.

## 3.4.2 Gestores NoSQL según el modelo de datos

La Figura 3-2 incluye ocho categorías de bases de datos NoSQL en las que varía la forma en que se estructura la información.

Aunque existen variaciones dentro de cada categoría, la forma en la que se gestiona el dato es común en cada una. La Figura 3-8 esquematiza el modelo para cada categoría. Es importante resaltar que una misma base de datos puede pertenecer a más de una categoría. Por ejemplo, algunas bases de datos en tiempo real dividen los datos en segmentos temporales, almacenando cada uno en forma de columnas. De la misma manera, existen solapamientos en cuanto a la funcionalidad. Este es el caso de las bases de datos de documentos y las de índices, o las de series temporales y las que están orientadas a datos en tiempo real, estas últimas muy similares en cuanto a funcionalidad

La Tabla 3-8 resume las ventajas y limitaciones de cada gestor, indicando también su posicionamiento en el triángulo CAP. Este último es orientativo, ya que en cada implementación pueden primar unas características frente a otras.

Las **bases de datos clave-valor** son las más sencillas de todas. Los datos son almacenados a modo de pares, identificados por una clave única y un contenido (valor) que puede ser cualquier cosa. Este contenido es opaco a la base de datos, por lo que no se puede indexar ni consultar. La idea es que la base de datos sea muy ágil a la hora de almacenar y recuperar estos pares, delegando en la aplicación que explota los datos la

---

88 No es posible en un sistema sin compartición (*shared nothing*), pero sí en sistemas formados por nodos (miembros) que comparten el almacenamiento y, por lo tanto, pueden asegurar la consistencia de los datos. Este es el caso de Oracle RAC o IBM Db2 pureScale, donde un clúster puede constar de decenas de miembros.

gestión e interrogación de los valores. Este modelo hace que su crecimiento horizontal sea rápido y sencillo. Existen motores que pueden almacenar los datos en memoria a modo de caché, agilizando todavía más el acceso.

| Categoría | Ventajas | Limitaciones | Lados CAP |
|---|---|---|---|
| **Clave-Valor** | • Búsquedas simples, recuperando todo el valor<br><br>• Muy escalables<br><br>• Pueden funcionar en memoria | • Opacidad de los valores<br><br>• Consultas complejas involucrando varias claves<br><br>• Actualización de datos | **AP \| CP** |
| **Documentos** | • Estructura del dato (JSON, YAML) familiar al desarrollador<br><br>• Gran rapidez de consulta y escalado<br><br>• Diferentes opciones de indexación | • Dificultad para crear relaciones complejas<br><br>• Gran consumo de memoria<br><br>• Tamaño del documento y anidación limitada | **AP \| CP** |
| **Columnas** | • Facilidad de adición de columnas de forma dinámica<br><br>• Gran rendimiento en escritura y actualización<br><br>• Recuperación muy rápida en consultas simples | • Modelado de datos complejo<br><br>• Patrones de consulta variables (*ad-hoc*), cambiantes y con agregaciones complejas<br><br>• Soporte de relaciones (*joins*) | **AP \| CP** |
| **Grafos** | • Consultas y relaciones complejas<br><br>• Fácil evolución del esquema<br><br>• Propiedades ACID (según caso) | • Dificultad de escalado horizontal<br><br>• Soporte de grandes volúmenes de datos<br><br>• Usos operacionales (no analíticos) | **CA** |
| **Índices** | • Indexación de grandes volúmenes de datos<br><br>• Búsqueda semántica y difusa (sinónimos, raíz, familia)<br><br>• Agregaciones anidadas | • Indexación lenta en ocasiones<br><br>• Actualizaciones costosas<br><br>• Soporte de relaciones complejas | **AP** |

**Tabla 3-8**. Características de las bases de datos NoSQL.

| Categoría | Ventajas | Limitaciones | Lados CAP |
|---|---|---|---|
| **Tiempo real** | • Alta velocidad de almacenamiento y proceso<br>• Soporte de análisis multidimensional<br>• Capacidad de agregación | • Coste elevado en términos de *hardware*<br>• Capacidades de consulta limitadas<br>• Almacenamiento no primario ni definitivo | **AP** |
| **Series** | • Alta capacidad de compresión por la uniformidad del dato<br>• Agregaciones rápidas<br>• Expiración y archivado automático de datos | • Posible pérdida de eventos<br>• Complejidad en la gestión<br>• Indexación costosa en términos de recursos | **CP** |
| **Geoespaciales** | • Indexación por características espaciales<br>• Consultas espaciales<br>• Representación de topologías arbitrarias | • Alto consumo de recursos en cálculos espaciales<br>• Escalado<br>• Interoperabilidad de formatos | **CA** |

**Tabla 3-8** (continuación). Características de las bases de datos NoSQL.

Las **bases de datos de documentos** parten de la misma idea que las de clave-valor, pero ahora el valor es un documento con una estructura a la que el gestor tiene acceso, como XML, JSON o YAML. Este esquema puede variar entre registros y su contenido puede ser indexado, de forma que es consultable, normalmente a través de lenguajes propietarios. El modelo de datos suele estar altamente desnormalizado, incluyendo unas estructuras anidadas dentro de otras (por ejemplo, un documento conteniendo los datos de un cliente y todo el detalle de las compras que realizó en el último mes). Esto es debido a que la relación de documentos (*joins*) es bastante compleja, por lo que se opta por incluir mucha información en un mismo documento, lo que por otro lado acelera las consultas. Al igual que las bases de datos clave-valor, estos gestores no son una buena opción para la implementación de transacciones complejas involucrando múltiples documentos.

De forma muy similar al almacenamiento en columnas en las bases de datos relacionales o en formatos de archivo como ORC y Parquet, las **bases de datos de columnas** agrupan atributos en familias y almacenan estas de forma contigua, pudiendo variar entre registros (Figura 3-9). Por ejemplo, una **familia de columnas** puede contener información sociodemográfica de un cliente (estado civil, profesión, ciudad, etc.) y otra familia de columnas agregados de operaciones (saldo medio en el último mes, número de operaciones a crédito, etc.). A la hora de almacenar en disco estos datos, las columnas que forma parten de una familia estarán juntas en un mismo archivo, siendo el número de registros variable. Si hay clientes de los que todavía no tenemos operaciones, el registro correspondiente no tiene porqué implementar esa familia. Además de reducir el espacio necesario en disco, esta segregación permite acelerar los tiempos de acceso, ya que solo se leen las columnas involucradas en cada consulta.

### Vista lógica

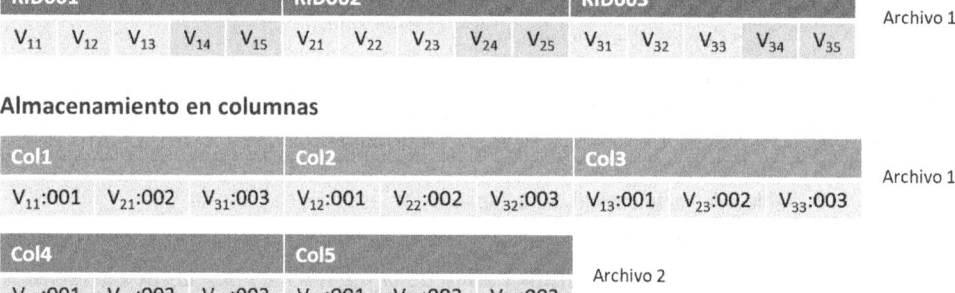

Figura 3-9. Almacenamiento en filas y en columnas.

Estas bases de datos tienden a tener un mejor rendimiento que las bases de datos clave-valor o de documentos, ya que las posibilidades de indexación son mayores al poder acceder por registro, familia o columna. Presentan además muy buenas propiedades de escalado horizontal y una alta flexibilidad en el esquema de los datos. Ahora bien, si el patrón de consulta tiende a recuperar todas las columnas para un grupo de registros, entonces su uso frente a las bases de datos relacionales es contraproducente. Como en otros gestores, la relación de registros debe ser resuelta a nivel de aplicación.

El cuarto tipo de base de datos NoSQL son los **almacenes de grafos**. Mediante estos es posible representar múltiples relaciones complejas atravesando una estructura de entidades en forma de red. Un grafo se compone de un conjunto de **nodos** conectados por **arcos**. Tanto nodos como arcos pueden presentar múltiples etiquetas y propiedades, estas últimas en forma de clave-valor. Dos nodos pueden estar relacionados por más de un arco, estando estos dirigidos. La Figura 3-10 representa un grafo donde distintas personas se compinchan para cometer fraude en el seguro del coche, simulando lesiones en accidentes de tráfico amañados. Como se puede observar, la trama se detecta al revelarse las relaciones existentes entre los diversos actores del montaje.

Estas mismas estructuras se pueden emplear para detectar grupos de influencia en redes sociales o para diseñar recomendaciones de compra. Existen lenguajes de interrogación propios para estos sistemas como **Gremlin**, parte del proyecto **Apache TinkerPop**.

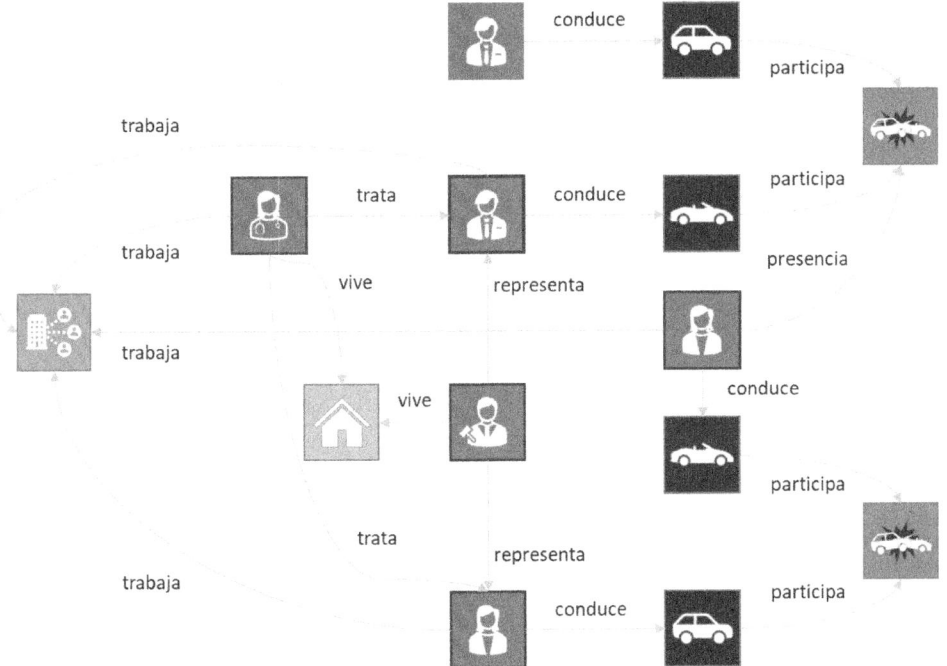

**Figura 3-10.** Grafo de un caso de fraude involucrando conductores, testigos, médicos y abogados.

| Categoría | Casos de uso | |
|---|---|---|
| **Clave-Valor** | • Gestión de sesiones<br>• Configuraciones y preferencias de usuario | • Almacenamiento de datos en memoria caché |
| **Documentos** | • Gestión de contenidos<br>• Intercambio de datos mediante JSON | • Análisis de datos de uso en la web (*clickstream analysis*)<br>• Análisis de redes sociales |
| **Columnas** | • Agregación de datos (IoT, *logs*, etc.)<br>• Registro de actividades | • Sistemas de recomendación<br>• Historial de eventos |
| **Grafos** | • Análisis de dependencia e impacto<br>• Gestión de datos maestros | • Análisis de redes sociales y clientes<br>• Detección de fraude |
| **Índices** | • Aplicaciones de consulta textual en varios idiomas<br>• Motores de búsqueda | • Análisis de registros (*logs*)<br>• Catalogación documental y asignación de relevancia |
| **Tiempo real** | • Sistemas de alerta<br>• Sincronización de datos entre aplicaciones | • Procesado en tiempo real<br>• Inferencia de modelos predictivos en tiempo real |
| **Series** | • Monitorización de eventos<br>• Control de mercados financieros | • Observancia de métricas (*observability*)<br>• Almacenamiento intermedio |
| **Geoespaciales** | • Cálculo de rutas<br>• Geolocalización | • Geosegmentación<br>• Visualización de datos espaciales |

**Tabla 3-9.** Aplicaciones de las bases de datos NoSQL.

Las **bases de datos de índices** tienen la capacidad de hacer consultas en otros almacenes, indexando su contenido. Se utilizan típicamente para realizar búsquedas textuales basadas en palabras clave, obteniéndose una relación de documentos ordenada según relevancia. Sus orígenes pueden ser sistemas de archivos o bases de datos clave-valor, expandiendo en este último caso las capacidades de consulta. Es habitual que incorporen capacidades de **procesamiento del lenguaje natural** (**NLP**, *Natural Language Processing*), permitiendo búsqueda por aproximación del término, sentimiento, conceptos, etc.

Las **bases de datos en tiempo real** y de **series temporales** comparten una serie de características comunes. Ambas trabajan con información fechada, tratando secuencias de eventos, lo que les permite crecer fácilmente de forma horizontal. En el caso de las series temporales, la ingestión suele ser a intervalos de tiempo regulares, siendo el objetivo el análisis retrospectivo y el pronóstico, aunque no necesariamente en tiempo real. Las bases de datos en tiempo real sí requieren una alta velocidad de procesamiento, incluyendo cargas más complejas en vivo, donde el foco no está necesariamente en la componente temporal. Permiten realizar análisis multidimensionales, con una alta capacidad de agregación dinámica de métricas.

Por último estarían las **bases de datos geoespaciales**. Más que constituir una tecnología diferente, suelen ser extensiones de bases de datos relacionales o de documentos, equipadas con tipos geométricos, funciones para la manipulación de estos, e índices para soportar consultas espaciales. Aplicaciones como el cálculo de rutas, o consultas que tienen en cuenta la adyacencia, el solapamiento o la distancia entre geometrías pueden ser implementadas mediante estos gestores.

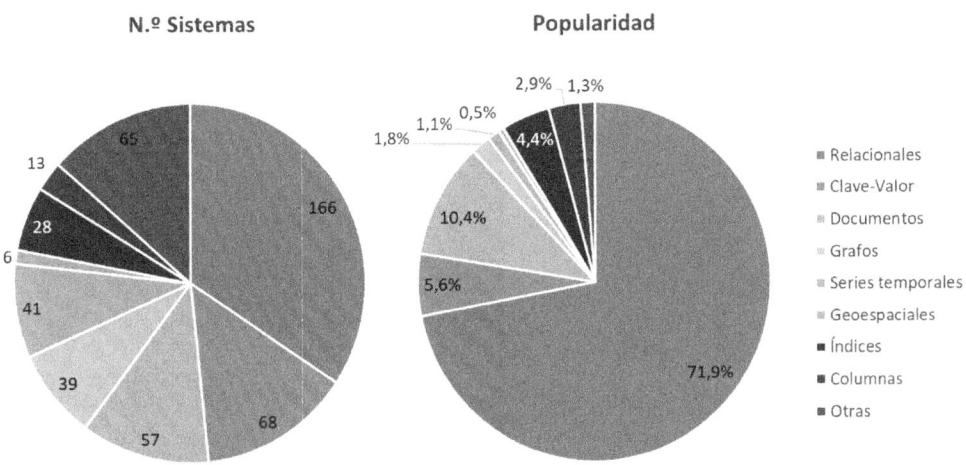

**Figura 3-11.** Distribución de bases de datos por categoría en febrero de 2023.

**Nota.** Datos extraídos de *DBMS popularity broken down by database model*, DB-Engines, 2023, Solid IT (*https://db-engines.com/en/ranking_categories*).

La Tabla 3-9 contiene los casos de uso típicos para cada categoría de base de datos. Tan solo insistir en la idea de escoger la mejor opción para cada tipo de problema, huyendo de soluciones únicas para todo.

### 3.4.3 *Software* y servicios de bases de datos NoSQL

El mercado de las bases de datos sigue dominado a día de hoy por los gestores relacionales. La Figura 3-11 muestra la distribución del número de sistemas existentes en el mercado de cada categoría, incluyendo aquellos de código libre y de licencia comercial, así como su popularidad según sus menciones, comentarios y ofertas de trabajos en redes sociales a nivel mundial para febrero de 2023. Si bien a partir de estos datos no es posible inferir el posicionamiento en cuanto a ventas o base instalada, es esperable cierta correlación.

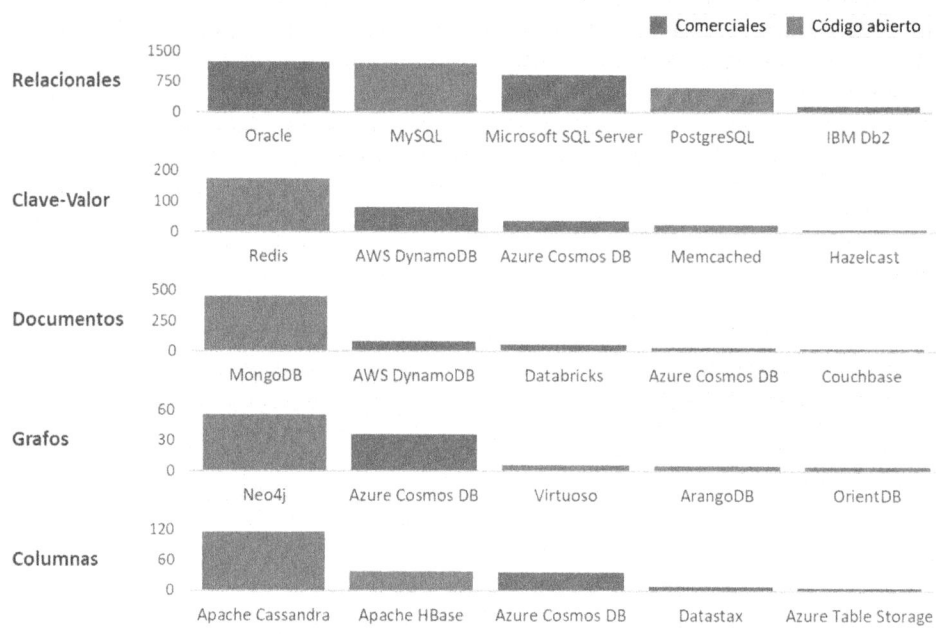

**Figura 3-12**. Popularidad de los sistemas de bases de datos por categoría en febrero de 2023.

**Nota.** Datos extraídos de *DB-Engines ranking*, DB-Engines, 2023,
Solid IT (*https://db-engines.com/en/ranking*).

La Tabla 3-10 enumera el *software* y los principales servicios en la nube de para los gestores NoSQL. En el caso de los servicios, hay que destacar que los principales proveedores tienden a ofrecer gestores que soportan diferentes modelos de almacenamiento y compatibilidad con otros gestores, como es el caso de **Google Bigtable** o **Azure Cosmos DB**.

| Tipo | Software | Servicios en la nube |
|---|---|---|
| **Clave-Valor** | • Redis<br>• etcd<br>• Apache Accumulo | • AWS DynamoDB<br>• Azure Cosmos DB<br>• Google Bigtable |
| **Documentos** | • MongoDB<br>• Apache CouchDB<br>• Couchbase | • AWS DocumentDB<br>• Azure Cosmos DB<br>• Google Firestore |
| **Columnas** | • Apache HBase<br>• Apache Cassandra<br>• ScyllaDB | • AWS Keyspaces<br>• Azure Cosmos DB<br>• Google Bigtable |
| **Grafos** | • Neo4J<br>• JanusGraph<br>• AllegroGraph | • AWS Neptune<br>• Azure Cosmos DB |
| **Índices** | • Apache Lucene<br>• Apache Solr<br>• Elasticsearch | • AWS CloudSearch<br>• Azure Cognitive Search |
| **Tiempo real** | • Apache Druid<br>• Apache Pinot<br>• RethinkDB | • AWS DynamoDB DAX<br>• Azure Cosmos DB<br>• Google Firebase Realtime |
| **Series** | • InfluxDB<br>• Prometheus<br>• Graphite | • AWS Timestream<br>• Azure Time Series Insights<br>• Google Bigtable |
| **Geoespaciales** | • PostGIS[89]<br>• MongoDB<br>• Couchbase | • AWS Aurora[37]<br>• Azure Cosmos DB<br>• Google BigQuery[37] |

**Tabla 3-10**. Software y servicios en la nube de bases de datos NoSQL.

Respecto a los sistemas de código abierto, nos encontramos con soluciones con mucha solera en el mercado. **MongoDB**, cuya primera versión es de 2009, es probablemente la referencia en cuanto a bases de datos de documentos. Lo mismo ocurre con **Redis** y **Apache Cassandra** para las de tipo clave-valor y columnas, respectivamente. Es estas últimas destaca también **Apache HBase**, un motor con capacidades en tiempo real que se ejecuta en Hadoop sobre HDFS.

La Figura 3-12 ordena los principales sistemas por popularidad para cada una de las categorías de bases de datos.

---

89  Basado en tecnología relacional

## 3.5 RESUMEN DEL CAPÍTULO

En este capítulo hemos planteado los principales mecanismos de almacenamiento que nos podemos encontrar en aplicaciones de *Big Data*, exponiendo sus diferencias en cuanto a modelo, despliegue y campos de aplicación.

- ▰ Las **bases de datos relacionales** constituyen una de las principales opciones a la hora de almacenar y gestionar información estructurada y tabular, siendo la plataforma empleada en los sistemas de *data warehouse*.

- ▰ Los **sistemas de archivos distribuidos**, como **Apache Hadoop**, permiten un gran crecimiento horizontal, empleando *hardware* convencional o servicios en la nube. Se caracterizan por llevar el procesamiento a donde reside el dato, soportando distintos formatos de archivo especializados. Aunque en declive, siguen siendo una opción a tener en cuenta para la implementación de *data lakes*.

- ▰ Los **almacenes de objetos en la nube** se han posicionado en los últimos años como la base de los sistemas de *data lake* y *data lakehouse*. Su bajo coste, resiliencia, acceso universal y nulo mantenimiento permiten almacenar todo tipo de datos. Sobre estos repositorios se están desarrollando capas de metadatos que permiten la optimización y la estandarización del acceso por parte de las aplicaciones.

- ▰ Las **bases de datos NoSQL** permiten utilizar repositorios especializados en función de la tipología del dato, tanto en lo referente a su generación y estructura como a la forma de consulta.

- ▰ Partimos de la base de que no existe una única solución para todas las necesidades de almacenamiento. Un entorno de *Big Data* moderno se compone de distintos gestores, especializados en modelos de datos y cargas concretas.

Una vez que somos capaces de almacenar la información, empleando para ello el sistema más adecuado, es hora de integrarla y procesarla. En el siguiente capítulo estudiaremos como podemos hacer esto, accediendo a los orígenes de los datos y transformándolos según nuestras necesidades.

# 4

# PROCESAMIENTO DE DATOS POR LOTES

Como ya hemos ido avanzando en capítulos anteriores, cuando nos planteamos como podemos tratar los datos en su transformación y conversión en información, tenemos la disyuntiva entre el procesamiento por lotes y en tiempo real. La Tabla 4-1 compara las características de ambos.

| Procesamiento por lotes | Procesamiento en tiempo real |
|---|---|
| • Los datos deben ser contextualizados en un marco temporal para ser tratados de forma conjunta | • Es necesario gestionar eventos de forma individual, tan pronto como se generan |
| • Durante el procesamiento, los datos pueden ser almacenados temporalmente en varias ocasiones | • Los datos asociados a los eventos son gestionados en memoria, con una persistencia mínima o nula |
| • Los procesos de tratamiento suelen estar planificados o pueden desencadenarse por algún evento | • El procesamiento de eventos se realiza de forma continua e ininterrumpida, con la mínima demora |
| • Las operaciones y análisis de negocio que dependen de los datos deben adaptarse a la ventana de ejecución de los procesos o viceversa | • La captura, transformación y análisis del dato conforman un flujo continuo desde los orígenes de los eventos hasta las aplicaciones consumidoras finales |
| • Las transformaciones sobre los datos pueden ser exhaustivas | • Un tratamiento intensivo del dato impactará en el tiempo de entrega |

Tabla 4-1. Características del procesamiento por lotes y en tiempo real

Si bien existen cada vez más tendencias y tecnologías para unificar ambas aproximaciones, vamos a tratar cada una por separado para entender mejor sus requerimientos y necesidades. En este capítulo abordaremos básicamente la gestión por lotes, mientras que en el siguiente estudiaremos el procesamiento en tiempo real y como combinar ambos de una forma efectiva.

## 4.1 EXTRACCIÓN, TRANSFORMACIÓN Y CARGA

De forma genérica, denominamos **extracción, transformación y carga (ETL**, *Extract, Transform, Load*) al conjunto de etapas de procesamiento que se encargan de obtener datos de los sistemas origen de la organización con el fin de combinarlos y tratarlos de cara a su persistencia, uso y explotación posterior, normalmente de carácter analítico. La Figura 4-1 esquematiza esta idea; entre los orígenes y los destinos de los datos disponemos de un **área intermedia**, con su propia tecnología, recursos de cómputo y almacenamiento, donde se llevan a cabo estas etapas.

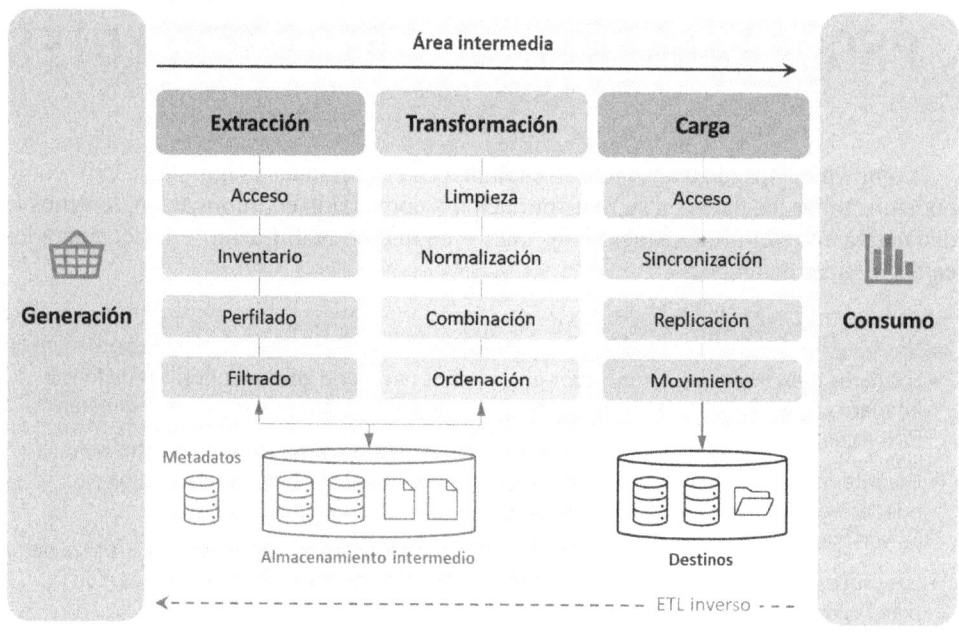

**Figura 4-1.** Procesos de extracción, transformación y carga.

Desde un punto de vista técnico y organizativo, estas etapas se podrían considerar como una parte de la **ingeniería de datos**, entendida esta como la gestión integral de la infraestructura de datos, con una visión transversal que cubre la modelización, la transformación, el gobierno y el aseguramiento de la calidad del dato, lindando ya con el consumo y el análisis de la información.

## 4.1.1 Extracción

La extracción tiene como objetivo la recopilación inicial de todos los datos de interés[90], susceptibles de ser posteriormente analizados, con el mínimo impacto en los sistemas origen que los contienen. No olvidemos que la mayoría de estos orígenes son sistemas operacionales en producción, por lo que la extracción no debería interferir en sus tareas. Como norma general se debería acceder a cada sistema, extraer los datos y almacenarlos directamente en la **zona de almacenamiento** del área intermedia. Esta persistencia temporal permite recuperar los datos extraídos en el caso en que alguna etapa posterior falle, pudiendo reiniciar todo el proceso sin necesidad de volver a incidir en los orígenes.

En términos de frecuencia de acceso, lo habitual es hacerlo por intervalos de tiempo, realizando extracciones diarias, semanales, mensuales, etc. Otra posibilidad es ligar la extracción a la acumulación de un número determinado de registros, a modo de gestión de eventos por lotes.

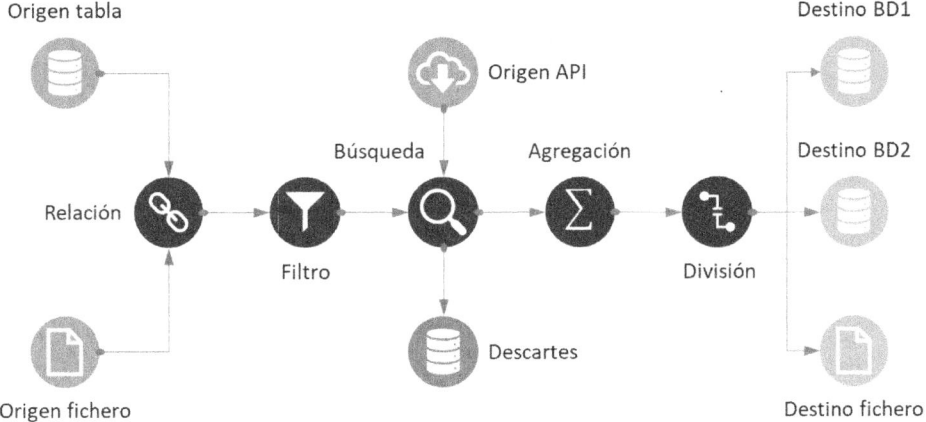

**Figura 4-2**. Ejemplo de flujo ETL. Cada círculo es un proceso, con sus entradas y, si aplican, salidas.

---

90 Aunque lo estamos obviando, es fundamental, tras un análisis de requerimientos, un inventario que establezca y catalogue los distintos orígenes de datos.

La etapa de extracción es el comienzo de lo que se denomina un **flujo ETL**[91] (*ETL pipeline*); es decir, una secuencia de procesos por el que van pasando los datos, siendo la salida de un proceso la entrada del siguiente. Estos procesos son los encargados de ir moviendo los datos desde los orígenes hasta sus destinos, con toda una serie de manipulaciones y transformaciones intermedias. La Figura 4-2 muestra un ejemplo. El número de estos flujos que puede tener una organización puede llegar al orden de cientos o miles, con complejidades variables y distintos gados de puesta en producción y planificación.

Hay una serie de consideraciones y tareas a la hora de concebir e implementar esta etapa:

- ▸ **Variedad de orígenes**. Las fuentes de datos pueden ser heterogéneas, tanto en ubicación (locales, en la nube), formato (estructurado, semiestructurado, no estructurado, comprimido), tecnología (bases de datos propietarias, ERP, CRM archivos de código abierto, API) y propiedad (internas, externas). La tecnología de ETL empleada debe proporcionar conectores que cubran una amplia gama de opciones. Cuando esto no sea posible, siempre quedará la opción de realizar una extracción del sistema origen a un fichero y luego transferir este.

- ▸ **Extracciones totales y diferenciales**. Existen básicamente dos estrategias a la hora de extraer los datos. En una extracción total, el flujo de datos lee todo el volumen de datos existente en cada origen en ese momento, mientras que en la diferencial sólo se tiene en cuenta los datos generados desde la última extracción. En este último caso, hay que llevar un control de los últimos registros. Es habitual disponer de ambas opciones para un mismo proceso: la primera es más sencilla y permite la reconstitución de todos los datos en caso de necesidad; la segunda es mucho más rápida. En el caso de la extracciones diferenciales, la mayoría de los gestores relacionales y algunos NoSQL implementan tecnología de **captura de cambios** (**CDC**, *Change Data Capture*), que permite gestionar las diferencias y la modificación de registros previamente cargados.

- ▸ **Inventariado y perfilado**. Además de inventariar y documentar los orígenes, es fundamental realizar un **perfil de los datos** (*data profiling*). Este consiste en un análisis y auditoría de la estructura y la calidad de los datos, permitiendo obtener estadísticas, identificar valores anómalos, inconsistencias en la codificación o posibles relaciones entre estructuras de orígenes distintos. Esto es fundamental de cara a implementar acciones correctoras en la etapa de transformación.

---

91 Estos flujos ETL se pueden considerar una subcategoría de lo que genéricamente se conoce como flujos de datos (***data pipelines***). Mientras los primeros tienen un alcance y un contexto muy definido, sus mayores hacen referencia a cualquier manipulación alrededor del dato, con independencia de su origen y destino, pudiendo involucrar también procesos de modelización predictiva, despliegue en producción o monitorización. Hablaremos de estos flujos de datos más adelante en el libro.

Una vez que hemos extraído los datos al área intermedia, los hemos analizado y efectuado un posible filtrado inicial, es el momento de implementar procesos de transformación en el flujo ETL.

**Figura 4-3**. Tareas en la transformación de datos.

## 4.1.2 Transformación

La amplitud de la etapa de transformación es variable, y depende de varios factores. Mientras que en un *data lake* sería inicialmente mínima o inexistente, en un *data warehouse* estaría poblada de actividades. Esto es consistente con la idea de almacenar los datos en crudo en el primero, y de hacerlo de forma conformada y estandarizada en el segundo.

Sin embargo, no perdamos de vista que en el caso del *data lake*, las necesidades de transformación empiezan precisamente una vez que los datos han aterrizado en el repositorio. Por este motivo, sería más propio hablar de **extracción, carga y transformación** (**ELT**, *Extraction*, *Loading*, *Transformation*) en este caso.

Sea donde sea, el objetivo es acondicionar los datos para su consumo, medie o no un punto de almacenamiento. La Figura 4-3 muestra las principales tareas que suelen integrar esta etapa, mientras que la Tabla 4-2 las detalla de forma orientativa a nivel de operaciones.

| Tareas | Operaciones | |
|---|---|---|
| **Limpieza** <br> Detección y corrección de problemas de calidad | • Gestión de valores erróneos <br> • Imputación de valores omitidos | • Eliminación de duplicados <br> • Estandarización de valores |
| **Relación y agregación** <br> Combinación y consolidación de observaciones | • Relación de orígenes de datos <br> • Unificación de valores | • Gestión de cambios y modificaciones <br> • Cálculo de agregados |
| **Filtrado** <br> Eliminación de valores | • Consolidación de registros | • Eliminación de campos irrelevantes |
| **Cálculo y conversión** <br> Creación y derivación de nuevos atributos | • Cálculo de métricas <br> • Codificación <br> • División de registros | • Transformación a valores categóricos <br> • División de campos |
| **Conformación** <br> Adaptación de los datos a la estructura del modelo[92] | • Construcción de dimensiones <br> • Desnormalización de relaciones | • Construcción de hechos |
| **Formateo** <br> Acondicionamiento de los datos para su consumo | • Formateo final <br> • Catalogación y documentación | • Gestión de permisos y autorizaciones |

**Tabla 4-2.** Operaciones típicas por tarea en la etapa de transformación.

De forma similar a la etapa de extracción, cada una de estas tareas tiene su propia persistencia, incluso a nivel de operación. Esto permite plantear las transformaciones como pasos aditivos, facilitando la ejecución del flujo desde cualquier punto, sin necesidad de reiniciarlas por completo.

Hemos comentado que las operaciones de transformación, como las de extracción y carga, se llevan a cabo en un área intermedia por un sistema dedicado. Estas se pueden realizar empleando distintos lenguajes de programación e interrogación de propósito general (Python, Scala, SQL, etc.), o bien tecnologías más especializadas, que veremos más adelante. En este sentido, y siguiendo la tendencia de descomposición de aplicaciones en **microservicios**, cada vez es más frecuente el ensamblado de operaciones ejecutadas en sistemas dispersos y desacoplados, gestionados por distintos proveedores en la nube y sin reserva de recursos (*serverless*).

---

92 Esta tarea está muy ligada a arquitecturas de *data marts* dependientes, siguiendo el modelo de Kimball.

## 4.1.3 Carga

La etapa final en ETL es la de publicar los datos en su destino. Esto es, mover los datos del área intermedia al repositorio donde serán consumidos. Respecto a la conectividad, esta etapa acostumbra a ser menos exigente que la de extracción, ya que los destinos de los datos están mucho más acotados, tanto en número como en variedad.

Siguiendo con el razonamiento del apartado anterior, en el caso de un *data lake* la carga consistirá prácticamente en un volcado de nuevos datos en el repositorio. En estas situaciones, donde el volumen de transformaciones iniciales es muy pequeño, la tecnología de **replicación de datos** (*data replication*) puede ser muy interesante. Mediante un modelo de publicación-subscripción, la replicación de datos permite tener en sincronía estructuras de datos que residen en repositorios diferentes y heterogéneos, de forma que se mantienen consistentes prácticamente en tiempo real. Esto se consigue además con un impacto mínimo en los sistemas origen, ya que el control de cambios se realiza en el registro de operaciones (*log*), sin necesidad de acceder a las tablas[93].

Aunque son similares, la replicación de datos y el control de cambios (CDC) tienen propósitos distintos. En este contexto, el CDC se utiliza fundamentalmente en la etapa de extracción como un mecanismo de detección, ya que nos permite identificar los cambios y acceder a ellos para después gestionarlos en la etapa de transformación. Por el contrario, la replicación la ubicamos en la etapa de carga para aplicar directamente en destino, y sin ninguna otra mediación, los cambios que se van produciendo en el origen o en el área intermedia[94]. En este sentido, es posible que convivan ambas; replicación para el movimiento constante de datos entre origen y destino, y CDC para ir auditando los cambios.

En el caso en que el destino de la carga sea un *data warehouse*, y más concretamente una serie de modelos multidimensionales, la etapa de carga será más densa en cuanto a operaciones. Como veíamos en el capítulo sobre arquitecturas, estos modelos se basan en una serie de dimensiones conformadas, que requieren un mantenimiento ante la llegada de datos nuevos, especialmente en lo referente a la gestión de cambios.

Por ejemplo, si tenemos una dimensión Cliente con una colección de atributos sociodemográficos, ¿qué ocurre cuando un cliente se va a vivir a otra región en una fecha determinada? Nuestro sistema de extracción detectará el cambio que se habrá producido en un sistema operacional (CRM), la etapa de transformación habrá validado y normalizado el registro del cliente que contiene ese cambio y, por último, la etapa de carga tendrá que aplicarlo, trasladándolo a la tabla que contiene la dimensión. Este traslado, y por lo tanto la gestión del cambio, debería ser siempre una decisión de negocio: ¿queremos ver a ese cliente como si siempre hubiese vivido en la nueva región?, o bien, ¿nos interesa diferenciar el antes y el después? Sea cual sea la respuesta, esta tendrá un

---

93  Aunque típica de las bases de datos relacionales, la replicación de datos es también una característica de gestores NoSQL, como MongoDB o Apache Cassandra.

94  Por la necesidad de ir aplicando los cambios con una latencia mínima, las opciones de transformación de datos en la replicación suelen ser mínimas, de forma que las tablas de destino suelen ser espejos de la de origen.

impacto a la hora de consumir los datos, afectando incluso a consultas e informes ya existentes. La forma de gestionar estos cambios es un aspecto fundamental de la etapa de carga, y la veremos en el siguiente apartado cuando hablemos de modelos de datos.

De forma paralela a la extracción, las **cargas** en un *data warehouse* pueden ser **totales** (*full refresh*) o **incrementales**. Lo habitual es hacer una carga total inicial seguida de cargas periódicas incrementales, conteniendo solo los cambios. El uso posterior de una nueva carga total vendría condicionado por la necesidad de corregir errores importantes o de reiniciar el sistema por algún motivo.

Dos apuntes finales antes de concluir este apartado sobre ETL. El primero de ellos es sobre **ETL inverso** (*reverse ETL*). Cuando en el capítulo sobre arquitecturas representábamos los flujos de datos entre el área intermedia y los distintos repositorios (Figura 2-9, por ejemplo), estas uniones eran siempre bidireccionales. Desde el momento en que en el entorno de análisis tenemos la capacidad de generar nuevos datos, normalmente a través de modelización predictiva, puede existir la necesidad de transportar estos hacía atrás, siendo el destino ahora los sistemas operacionales. Por ejemplo, este puede ser el caso de un modelo de segmentación de clientes, que nos interesa tener en un ODS de atención al público y en el CRM operacional. El ETL inverso permite recorrer este camino, existiendo una serie de tecnologías al respecto[95],[96].

El segundo es sobre la **gestión de metadatos**. Todas las etapas y actividades que hemos contemplado son generadoras de una gran cantidad de metadatos de proceso, conteniendo información sobre la tipología y número de registros extraídos, transformados, rechazados, cargados, tiempos de ejecución de cada flujo, errores, etc. Estos metadatos se unen a los metadatos operacionales y técnicos, permitiendo dibujar todo el ciclo de vida de los datos y realizar análisis de impacto de los diferentes elementos. Toda área intermedia, con independencia de lo desacoplados que puedan estar sus servicios, debería contar con un **repositorio de metadatos** dirigido a los ingenieros de datos, con el fin de soportar tareas de monitorización, análisis comparativo y auditoría. Hablaremos más de metadatos y su gestión en el último capítulo del libro.

## 4.2 MODELADO DE DATOS Y GESTIÓN DE CAMBIOS

Es difícil hablar con cierta profundidad de procesos de transformación y carga sin tener en cuenta el modelo de datos de destino. En repositorios sin esquema (*schemaless*) esto carece de sentido, ya que será la aplicación consumidora la que dicte como es la

---

95  El nombre de ETL inverso se presta a confusión, ya que se asocia fácilmente con la idea de deshacer lo ya hecho. Por el contrario, la idea es la de establecer un flujo de datos bidireccional entre sistemas.

96  Como veremos en capítulos posteriores, otra opción para este escenario es la de desplegar el modelo de segmentación en producción e invocarlo desde las aplicaciones que lo necesiten. En este caso se publica el modelo, mientras que en el ETL inverso esto se hace con los datos que genera. Cada aproximación tiene sus propios casos de uso, así como ventajas e inconvenientes.

organización de los datos y los procesos de transformación que hay que llevar a cabo. Como ya sabemos, estos escenarios los encontremos principalmente en arquitecturas de *data lakes*, apoyados en sistemas de archivos distribuidos, bases de datos clave-valor y de documentos.

## 4.2.1 Modelos multidimensionales

Sin embargo, en un entorno de *data warehouse* necesitamos un modelo, más o menos fijo, que permita tipificar su contenido y acceso, garantizando que la información que contiene es veraz y se ajusta a un esquema que es público en la organización. Con cierta independencia de la arquitectura de referencia (Inmon versus Kimball), el **modelado multidimensional**, implementado a través de *data marts*, es la forma habitual de diseñar la capa de presentación de los datos a los usuarios.

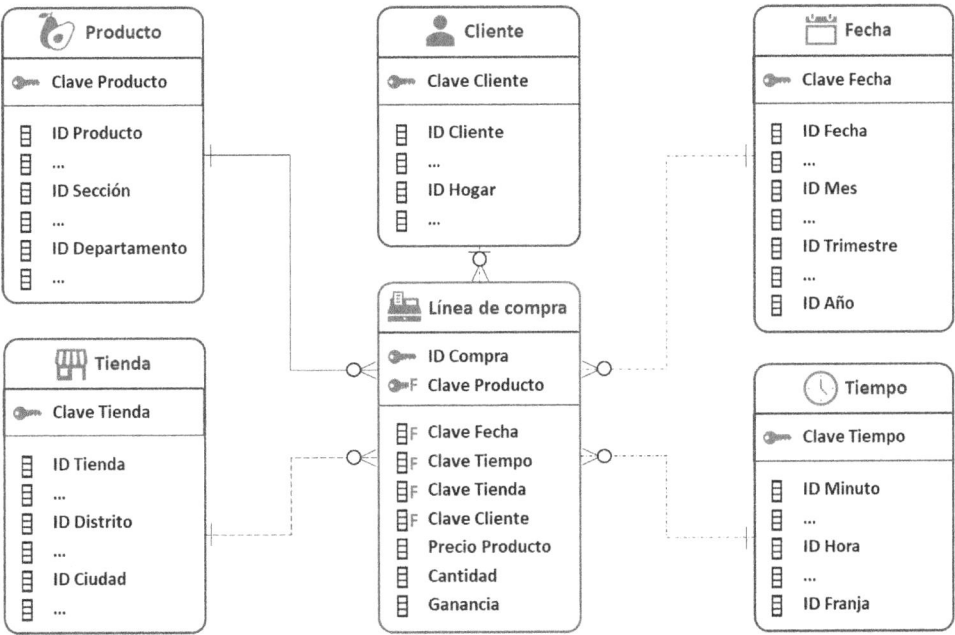

**Figura 4-4**. Modelo multidimensional en estrella.

La Figura 4-4 muestra un ejemplo de modelo multidimensional que representa el proceso de venta en un comercio minorista. En él se puede apreciar una **tabla de hechos** central, donde tenemos métricas sobre cada producto existente en una cesta de la compra, rodeada de cinco **tablas de dimensión**: fecha de la compra, hora, producto al que corresponde la línea de compra, tienda en la que tuvo lugar la adquisición y cliente que la realizó. El proceso de compra que queremos analizar podría contener más dimensiones, como empleado que realizó la venta o promoción asociada al producto vendido, si existiera. La Tabla 4-3 muestra las características de los dos tipos de tablas involucradas en el modelo[97].

| Tablas de hechos | Tablas de dimensiones |
|---|---|
| • Un registro se corresponde con un evento que define el nivel de detalle con el que se mide el proceso (producto individual en una cesta de la compra) <br> • Cada registro se compone de un conjunto de campos numéricos con las medidas del evento (unidades vendidas, precio de venta, coste, descuento, etc.) y de una serie de campos que caracterizan al evento (fecha, tiempo, producto, tienda, etc.). Estos últimos son claves externas que conectan a las tablas de dimensiones <br> • Como tales, las medidas deben ser aditivas o semiaditivas, permitiendo la agregación de sus valores a lo largo de las diferentes dimensiones <br> • El número de columnas es típicamente menor que en las tablas de dimensiones, pero contienen muchos más registros <br> • Suelen representar entre el 80% y el 90% de los datos del modelo | • Proporcionan el contexto de cada evento en la tabla de hechos <br> • Cada tabla se compone de una clave primaria, que se enlaza a la tabla de hechos con el mismo nivel de detalle, y de un conjunto de atributos que describen las medidas (nombre del producto, formato, fabricante, sección a la que pertenece, etc.) <br> • Los atributos acostumbran a agruparse en jerarquías con diferentes niveles (producto, sección, departamento, etc.), lo que permite realizar distintas agregaciones de las medidas <br> • Los datos están desnormalizados, de forma que los atributos de un nivel se repiten para todos sus hijos (todos los productos de una misma sección contienen todos los atributos de esta) <br> • El número de columnas es normalmente mayor que en las tablas de hechos, conteniendo entre el 10% y el 20% de los datos |

**Tabla 4-3.** Características de las tablas de hechos y de dimensiones

Este modelo en forma de **esquema en estrella** (*star schema*) presenta dos beneficios principales: conceptualmente es sencillo y fácil de entender, ya que nos permite identificar rápidamente el proceso de negocio que se quiere representar y su contexto. Al mismo tiempo, proporciona un gran rendimiento en cuanto a consultas. Esto último es debido a la desnormalización del modelo, que hace que el número de tablas sea mínimo, reduciendo la necesidad de relaciones (*joins*) entre estas para satisfacer una consulta, una operación siempre costosa[98].

---

97  Hay procesos de negocio en los que es necesario utilizar más de una tabla de hechos para representar las métricas de interés, por lo que esta no es siempre única.

98  Una alternativa al modelo en estrella es el llamado **modelo en copo de nieve** (*snowflake schema*). En este caso, las tablas de dimensiones no están desnormalizadas, separándose los atributos de baja cardinalidad a su propia tabla. Por ejemplo, la dimensión Producto se expandiría con una tabla para el nivel Sección, otra para el nivel Departamento, etc. Esto provoca un aumento del número de enlaces entre tablas que se necesitan para satisfacer una consulta, impactando en el rendimiento. Sin embargo, hay situaciones en las que es recomendable este tipo de modelado.

**Hechos**

| ID Compra | Clave Producto | Clave Fecha | Clave Tiempo | Clave Tienda | Clave Cliente | Precio | Cantidad | Margen |
|---|---|---|---|---|---|---|---|---|
| TR02672 | 4435623 | 230701 | 1423 | 654687 | 8876744 | 0,50€ | 5 | 1,73€ |
| TR02672 | 7776454 | 230701 | 1423 | 654687 | 8876744 | 22,3€ | 11 | 237,7€ |
| TR07453 | 6456575 | 230702 | 1401 | 653545 | 1111111 | 2,34€ | 2 | 3,01€ |

**Producto**

| Clave Producto | ID Producto | Nombre Producto | Nombre Marca | ID Sección | Nombre Sección | ID Dpto. | Nombre Dpto. |
|---|---|---|---|---|---|---|---|
| 4435623 | SKU085558 | Yogur Frutas A | Granja H | 234 | Yogures | 2 | Lácteos |
| 7776454 | SKU097568 | Vino Blanco B | Bodegas C | 476 | Bodega | 3 | Bebidas |

**Fecha**

| Clave Fecha | ID Fecha | Día Semana | ID Mes | Nombre Mes | ID Trimestre | Nombre Trimestre | ID Año |
|---|---|---|---|---|---|---|---|
| 230701 | 2023-07-01 | sábado | 7 | Julio | 3 | 3er Trm. | 2023 |
| 230702 | 2023-07-02 | domingo | 7 | Julio | 3 | 3er Trm. | 2023 |

**Cliente**

| Clave Cliente | ID Cliente | Nombre Cliente | Profesión | Año Vinculación | ID Hogar | Código Postal |
|---|---|---|---|---|---|---|
| 1111111 | | Anónimo | Desconocida | Desconocido | 1100110 | 00000 |
| 8876744 | CC7899 | Xoan P. | Abogado | 1997 | 6774434 | 15003 |

**Figura 4-5.** Relaciones entre la tabla de hechos y las de dimensiones.

La Figura 4-5 muestra las relaciones entre algunas de las dimensiones del modelo y la tabla de hechos para unos datos de ejemplo. Consultas como, por ejemplo, obtener el número de unidades vendidas por sección de producto y profesión del cliente para el tercer trimestre de 2023 son, además de intuitivas de realizar, resueltas de forma muy eficiente por este tipo de modelos y tecnología. Sobre la figura podemos comentar lo siguiente:

▶ La clave primaria de la tabla de hechos está formada por el identificador de la transacción (el tique de compra) y la clave de producto. Esto nos marca el nivel atómico de la misma, es decir, el detalle con el que estamos registrando el proceso de venta[99].

▶ El identificador de compra no está enlazado a ninguna tabla, tratándose de una **dimensión degenerada**. Su única función es registrar la integridad de la transacción y permitirnos realizar consultas que la involucren, como conteos y ratios.

---

99 El nivel atómico o de detalle de la tabla de hechos es una decisión de negocio, habida cuenta de que los datos existen en origen a ese nivel. Su elección es importante, ya que una vez establecido, su cambio exigiría la reelaboración del modelo y de los procesos ETL asociados. Si elegimos un nivel demasiado agregado, por ejemplo ventas mensuales de un producto por tienda, perderemos las dimensiones Tiempo y Cliente, viéndose también afectada la dimensión Fecha al perder sus atributos de mayor detalle. Es decir perdemos matiz en el análisis. Como regla general, siempre es recomendable registrar el mayor nivel de detalle disponible.

▸ La clave primaria de cada tabla de dimensión (y la correspondiente clave externa en la tabla de hechos) es un valor entero artificial, denominado **clave subrogada**, sin ningún sentido de negocio, generado y mantenido por los procesos ETL que transforman y cargan los datos. Hay varios motivos que justifican su existencia. El primero es poder lidiar con situaciones en las que no existe una clave natural del registro. Este es el caso de las transacciones anónimas, en las que no conocemos al cliente, ya sea por qué no la presenta o no dispone de tarjeta de fidelización. En este caso no existe un identificador, pero necesitamos poder relacionar estas compras de alguna manera con la tabla de hechos. Una situación parecida la podemos encontrar, quizá no en este tipo de modelo, cuando hay fechas que todavía no se han concretado, por ejemplo en la recepción o entrega de pedidos («por entregar», «pendiente de recibir», etc.). Otro motivo, aunque menos importante hoy en día, es el de hacer que las relaciones entre tablas se realicen mediante números enteros, ya que ocupan menos y son más eficientes en la indexación y los enlaces. Un tercer motivo es la gestión de los cambios, y lo veremos en el siguiente apartado.

▸ Las tablas de dimensiones contienen **niveles jerárquicos** que se van agregando de izquierda a derecha. Cada nivel consta de un identificador de nivel (ID fecha) y un número variable de columnas representando atributos (día de la semana, día del mes, indicador de festivo, indicador de fin de semana, etc.). De esta forma es muy sencillo y eficiente navegar por estas jerarquías a la hora de hacer consultas, pudiendo agregar y desagregar las métricas entre niveles.

▸ Los datos en las dimensiones están desnormalizados. Por ejemplo, las fechas 2023-07-01 y 2023-07-02 comparten los mismos valores para las columnas a partir del identificador de mes.

▸ En la tabla de hechos hay tres medidas. Mientras cantidad y margen son **medidas aditivas** para todas las dimensiones, ya que tiene sentido sumarlas a lo largo de cualquier eje, el precio unitario es una **medida no aditiva**, ya que su suma no produce un valor con sentido en ninguna dimensión. Por el contrario, si tiene sentido otro tipo de agregación, como el valor mínimo, el máximo o el promedio. Medidas no aditivas acostumbran a ser los porcentajes, ratios y valores promedios. También nos podemos encontrar **medidas semiaditivas**, que son aquellas que se pueden sumar a través de unas dimensiones pero no de otras. Por ejemplo, el número de unidades de un producto en un almacén es algo que podemos sumar a lo largo de una dimensión Almacén o Producto, pero no a través de una dimensión temporal.

Un aspecto importante en el mantenimiento de este tipo de modelos es como gestionar los cambios. Estos pueden ser **estructurales**, consecuencia de la adición de nuevas dimensiones, nuevos atributos a las dimensiones existentes o nuevas medidas a la tabla de hechos, debidos a **requerimientos de negocio**, como un cambio en el nivel de detalle que debe reflejar en el modelo, o **cambios en los datos**, consecuencia de la evolución natural del negocio y su entorno. Vamos a ver cómo podemos manejar estos últimos y el papel que el sistema de ETL tiene en ello.

## 4.2.2 Cambios en los datos y gestión de la historia

Cuando en el Apartado 4.1.3 hablábamos sobre carga de datos en el *data warehouse*, mencionábamos la necesidad de tener que gestionar cambios en los atributos de las dimensiones: un cliente cambia de lugar de residencia, un producto es reasignado a un nuevo departamento, o una tienda es renombrada como parte de una nueva estrategia de marca. Toda dimensión, exceptuando las temporales, que son prácticamente estáticas, son susceptibles de cambiar.

El principal problema con esto es la frecuencia con la que se pueden producir estos cambios. Si los atributos de una dimensión cambian de forma esporádica, no recurrente, entonces decimos que es una **dimensión que varía lentamente en el tiempo** (**SCD**, *Slowly Changing Dimension*), y las distintas estrategias de gestión se numeran a modo de tipos (SCD-1, SCD-2, etc.). Es importante resaltar que estas estrategias son a nivel de atributo, de forma que en una misma dimensión podemos tener atributos gestionados de forma diferente.

| Tipo | Ejemplo | | | | | | |
|---|---|---|---|---|---|---|---|
| **SCD-1** Actualización del registro | Clave Cliente | ID Cliente | Nombre Cliente | Profesión | Año Vinculación | ID Hogar | Código Postal |
| | 8876744 | CC7899 | Juan P. | Abogado | 1997 | 6774434 | 15003 |
| | Clave Cliente | ID Cliente | Nombre Cliente | Profesión | Año Vinculación | ID Hogar | Código Postal |
| | 8876744 | CC7899 | Xoan P. | Abogado | 1997 | 6774434 | 15003 |
| **SCD-2** Inserción de un nuevo registro | Clave Cliente | ID Cliente | Nombre Cliente | Profesión | Año Vinculación | ID Hogar | Código Postal |
| | 8876744 | CC7899 | Juan P. | Abogado | 1997 | 6774434 | 15003 |
| | Clave Cliente | ID Cliente | Nombre Cliente | Profesión | Año Vinculación | ID Hogar | Código Postal |
| | 8876744 | CC7899 | Xoan P. | Abogado | 1997 | 6774434 | 15003 |
| | 8892313 | CC7899 | Xoan P. | Abogado | 1997 | 6774434 | 28034 |
| **SCD-3** Adición de un nuevo atributo | Clave Cliente | ID Cliente | Nombre Cliente | Profesión | Año Vinculación | ID Hogar | Código Postal |
| | 8876744 | CC7899 | Xoan P. | Abogado | 1997 | 6774434 | 15003 |
| | Clave Cliente | ID Cliente | Nombre Cliente | Profesión | ... | CP Inicial | CP Actual |
| | 8876744 | CC7899 | Xoan P. | Abogado | ... | 15003 | 28034 |

**Tabla 4-4.** Estrategias SCD para la gestión de cambios.

La Tabla 4-4 muestra un ejemplo de cada una de estas estrategias. El punto de partida es un registro, un cliente en este caso, con una serie de atributos. La primera vez que el cliente aparece en la dimensión se le asigna una clave subrogada. Es decir, tiene su ID de cliente, que es la clave natural y perpetua, pero el sistema de ETL le asigna esta clave primaria artificial. A partir de ese momento, todas las compras que realice quedarán reflejadas en la tabla de hechos con esa clave. Con el paso del tiempo los atributos del cliente cambiaran, pudiéndose dar los siguientes escenarios:

- **SCD-1: actualización**. El primer ejemplo es cuando no nos interesa preservar la historia. El cliente normaliza su nombre, y distinguir en las consultas e informes entre el antes y el después no nos aporta nada. En esta estrategia simplemente sobrescribimos el valor del atributo, y es típica cuando se trata de corregir errores en la introducción de los datos. Ahora bien, si hubiera algún informe que agregara la información por nombre del cliente (cosa extraña), habría que rehacerlo.

- **SCD-2: nuevo registro**. En este caso sí nos interesa mantener el antes y el después. El cliente cambia de código postal en un momento del tiempo y queremos diferenciar este hecho en las consultas. La manera de hacerlo es insertar un nuevo registro en la tabla de dimensión donde al cliente se le asigna una nueva clave subrogada. El resto de sus atributos son los mismos, excepto el código postal, que tiene el nuevo valor. A partir de ese momento, todas su compras aparecerán en la tabla de hechos con esa nueva clave artificial. De esta manera, no es necesario rehacer ningún informe existente y siempre podremos recuperar todo el historial del cliente accediendo por la clave natural[100]. En esta estrategia, el sistema de ETL tiene que encargarse del mantenimiento y generación de las nuevas claves, llevando un control también de las fechas de efectividad y expiración de cada una[101]. El principal inconveniente es que la tabla de dimensión, pese a no modificar su estructura, irá aumentando en tamaño.

- **SCD-3: nuevo atributo**. Hay situaciones en las que nos puede interesar mantener en el mismo registro tanto el valor actual del atributo como el anterior. En el tipo SCD-2 es difícil relacionar el antes y el después. Por ejemplo, nos puede interesar analizar como habrían sido las ventas por código postal si el cliente no se hubiese cambiado de domicilio (asumimos que se trata de un cliente muy importante). Esta estrategia nos permite hacerlo, aunque implica modificar la estructura de la tabla. Además, no es viable almacenar todo el histórico de posibles cambios, siendo razonable limitarnos al valor actual y al inmediatamente anterior. En este caso también será necesario reconstruir cualquier agregado o informe que contenga esos atributos que han cambiado.

---

100　No hay que perder de vista que el propósito de las claves subrogadas nunca es el acceso a los datos (de hecho nunca se presentan al usuario final). El punto de entrada en las consultas es, entre otros atributos, las claves naturales.

101　Esto es debido a que podemos tener la necesidad de cargar registros antiguos en la tabla de hechos, por lo que tenemos que saber que clave subrogadas les corresponde.

Existen documentados hasta ocho tipos de estrategias SCD (incluyendo el tipo SCD-0)[102]. La elección de una u otra para cada tipo de atributo en una dimensión debe estar siempre marcada por los requerimientos de negocio. Como decíamos al inicio de este apartado, los tipos SCD son válidos mientras el cambio en los atributos sea ocasional. En caso contrario tendríamos que emplear otro tipo de estrategias, como la segregación de atributos o las **minidimensiones**[103].

La modelización multidimensional, así como los patrones de consulta que soporta, no es sencilla en **gestores NoSQL**[104]. Entre todos ellos, el basado en columnas sería el más próximo, ya que consiste también en tablas. Además, el almacenamiento conjunto de columnas es muy beneficioso para las operaciones de agregación. Sin embargo, estas bases de datos resuelven las relaciones entre tablas a nivel de aplicación, por lo que no queda más remedio que desnormalizar todavía más el modelo, consolidando todos los datos del esquema en estrella en una única tabla. La idea sería poner todas las métricas de la tabla de hechos en una familia de columnas, y cada dimensión en su propia familia, de forma que cada atributo tendría su propia columna. Las capacidades de crecimiento de estos gestores, mediante una división horizontal de los datos, permitirían manejar grandes volúmenes, si bien el tamaño de la tabla aumentaría enormemente al llevar la desnormalización al extremo. Además, la gestión de SCD sería, a su vez, complicada con una única tabla. Por otro lado, la segregación en familias de columnas resultaría realmente efectiva cuando las consultas involucrasen más de un atributo de una dimensión, cuando la tendencia es a incluir solo uno. Por último, la comparación de los rendimientos alcanzados en las pruebas no indica una superioridad de estos gestores frente a los relacionales para estas cargas de trabajo[105].

## 4.3 TECNOLOGÍAS PARA EL TRATAMIENTO DE DATOS

Vamos a ver las tecnologías de las que disponemos para el tratamiento de los datos. Estas no se limitarán al aprovisionamiento de nuestros sistemas de información, sino que serán empleadas siempre que exista el requerimiento de procesar datos en bloque.

---

102  *https://en.wikipedia.org/wiki/Slowly_changing_dimension*

103  *https://dwbi.org/pages/22*

104  La excepción serían las **bases de datos MOLAP** (*Multidimensional OLAP*) que, con un almacenamiento matricial, están especializadas precisamente en representar este tipo de estructuras. Se utilizan principalmente en tareas de simulación, planificación y presupuestación. Sin embargo, no se caracterizan ni por su capacidad de crecimiento ni por el volumen de datos o el nivel de concurrencia de usuarios soportado, por lo que no son habituales en entornos de *Big Data*. Oracle Essbase o IBM TM1 son dos ejemplos.

105  *https://www.diva-portal.org/smash/get/diva2:1222829/FULLTEXT01.pdf*

### 4.3.1 Apache Hadoop

En el Apartado 3.2.1 hablamos del sistema de archivos distribuido de Apache Hadoop, HDFS, e introdujimos sus otros dos componentes, enfocados estos al procesamiento de datos que residen en el clúster. La pieza central (Figura 3-4) es **YARN** (*Yet Another Resource Negotiator*), un marco de trabajo para la gestión de recursos y planificación de tareas en el clúster. Es decir, Hadoop nos proporciona un sistema de archivos distribuido en nodos de datos, y un entorno para ejecutar aplicaciones en nodos de cómputo. La idea es que ambos nodos coincidan y así aprovechar la localidad del dato.

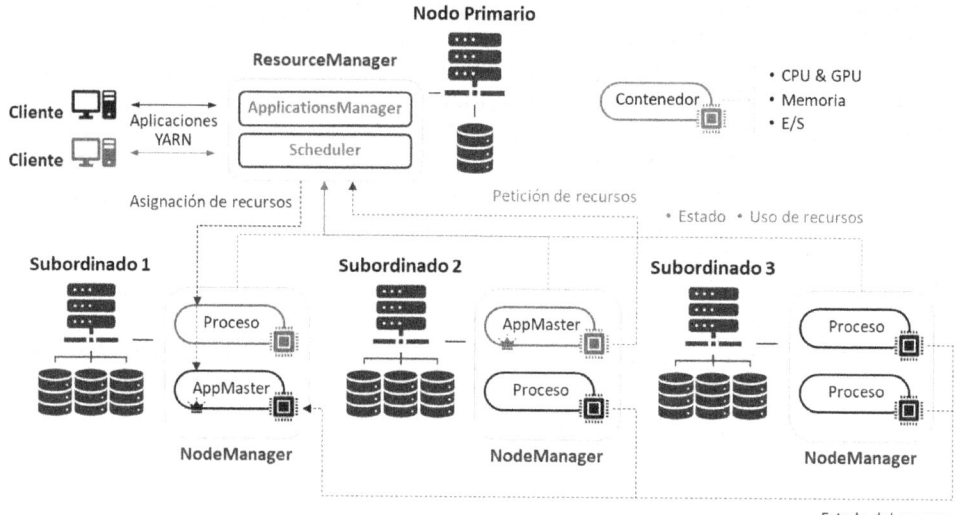

**Figura 4-6.** Arquitectura de YARN

YARN expone los recursos del clúster para su manipulación, y estos pueden ser utilizados mediante algún sistema de procesamiento que implemente un modelo de programación compatible. Dentro del propio Hadoop, **MapReduce** es el componente con el que generar aplicaciones YARN, pero puede ser reemplazado por otros sistemas externos, como **Apache Tez** o **Apache Spark**. MapReduce está más orientado a aplicaciones por lotes, mientras que Tez y Spark lo están a aplicaciones interactivas y en memoria, respectivamente. De la misma forma que podemos trabajar en Hadoop con otros sistemas de almacenamiento diferentes a HDFS, podemos utilizar otras alternativas a MapReduce para el cómputo.

La Figura 4-6 esquematiza los componentes y la forma en la que se despliega una aplicación YARN. Podemos comentar los siguiente:

▸ Existen dos tipos de nodos en un cluster de YARN: el **nodo primario**, encargado de gestionar de forma global los recursos, y donde se ejecuta el **ResourceManager** como proceso, y una serie de **nodos subordinados**, ejecutándose en cada uno un proceso denominado **NodeManager**.

▶ El ResourceManager tiene a su vez dos componentes: el **Scheduler**, que gestiona y asigna los recursos de cómputo del clúster en función de su estado y del requerimiento de las aplicaciones, y el **ApplicationsManager**, encargado de recibir las peticiones de ejecución de aplicaciones, iniciarlas y controlar su estado y desenlace.

▶ Las aplicaciones YARN pueden ser sencillas, de una sola tarea, o bien de naturaleza distribuida, constituidas por un conjunto de ellas. En cualquier caso, toda tarea en YARN se ejecuta de forma aislada dentro de un **contenedor**, que tiene sus propios recursos de CPU, memoria, disco, etc.

▶ Cuando un cliente, a través del API de YARN, envía al nodo primario una aplicación para su ejecución, el ResourceManager ubica y lanza en un nodo subordinado un primer contenedor, denominado **ApplicationMaster**. Si la aplicación es multitarea, entonces el ApplicationMaster solicita al ResourceManager la creación de contenedores adicionales para la ejecución de los procesos. De lo contrario, la aplicación se ejecutará en el propio ApplicationMaster, devolviendo el resultado al cliente. Es responsabilidad del ApplicationsManager la monitorización de cada ApplicationMaster ejecutándose en el clúster, reiniciándolo en caso de fallo del contenedor.

▶ Los contenedores de procesos de la aplicación son distribuidos por los nodos subordinados del clúster de acuerdo a las especificaciones de la aplicación y a la disponibilidad de recursos. La aplicación puede requerir que ciertas tareas se ejecuten en nodos con ciertas características, como la disponibilidad de GPU, o que pertenezcan a un mismo bastidor del clúster.

▶ El ApplicationMaster se encarga de comunicarse con el resto de los contenedores de la aplicación, coordinando su progreso, reiniciándolos en casos de fallo, y actuando como intermediario con el ResourceManager para la solicitud y liberación de recursos.

En un clúster pequeño, no superior a 10 nodos, lo habitual es que el nodo primario de YARN conviva en el mismo nodo con el NameNode de HDFS, habida cuenta que existe un NameNode secundario. En un clúster de tamaño mayor es recomendable separarlos. Respecto a los nodos subordinados de YARN, lo recomendable es instalar un NodeManager en cada DataNode de HDFS, para así aprovechar mejor los recursos de estos servidores y poder planificar las tareas en los nodos donde los datos ya están presentes[106], aunque hay excepciones a esta regla.

---

106  Cada contenedor se encarga de obtener los datos que necesita comunicándose con el cliente HDFS del nodo en el que se está ejecutando.

## 4.3.2 Aplicaciones MapReduce

**MapReduce** es un modelo genérico de programación distribuida y en paralelo, siendo su implementación en Hadoop una de las más populares. Si bien su utilización ha ido decayendo en los últimos años en favor de otras opciones, como Tez o Spark, es conveniente conocer sus características y ver sus posibles aplicaciones.

Una tarea MapReduce (*job*) está enfocada al procesamiento por lotes, y se compone de unos datos de entrada que queremos procesar, una función de transformación (*map*), otra de agregación (*reduce*)[107] y unos parámetros de configuración de la tarea.

La Figura 4-7 muestra el flujo de datos de una consulta que podemos plantear en términos de una aplicación MapReduce. Disponemos de valores diarios de calidad del aire (concentración de $SO_2$ en µg/m³) medidos por múltiples sensores esparcidos por una determinada área, y recogidos a lo largo de varias décadas. El objetivo es obtener el valor promedio de calidad para cada día durante todo ese periodo. Para ello, la aplicación se compone de las siguientes etapas:

▶ **Entrada**. Los datos se presentan como un conjunto de archivos CSV residentes en HDFS, con un archivo por cada año de mediciones. Cada registro en un archivo consta de la fecha, el identificador del sensor y el valor de la calidad del aire.

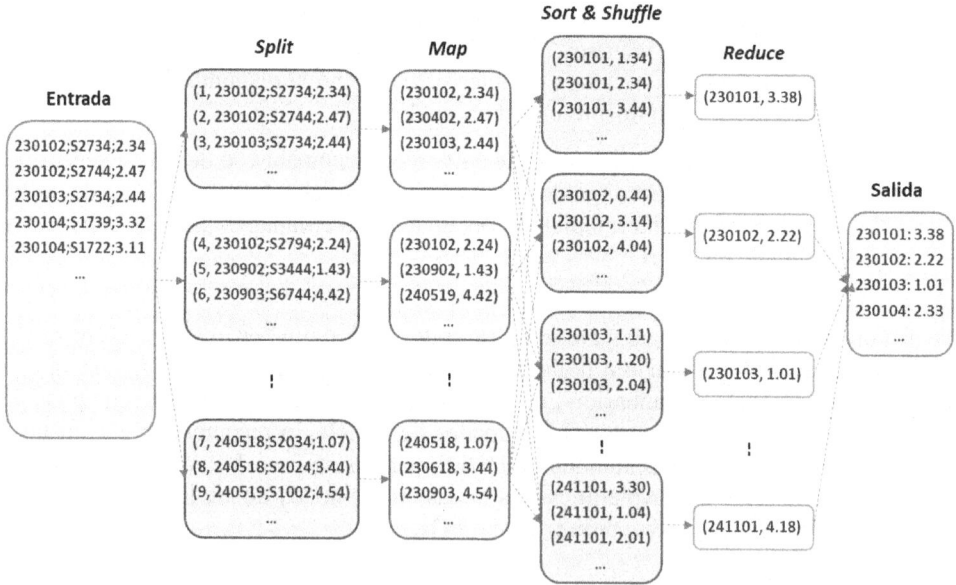

**Figura 4-7**. Etapas conceptuales de una aplicación MapReduce.

---

107  Las funciones de cálculo y agregación pueden escribirse en distintos lenguajes de programación, como Java, Python o C++, entre otros.

▸ **División** (*split*). Con el fin de paralelizar la ejecución de la tarea y diseminarla por los distintos nodos del clúster, los datos de entrada son fraccionados en divisiones, cuyo tamaño se suele hacer coincidir con el tamaño del bloque en HDFS. Cada etapa en MapReduce recibe y produce datos en forma de clave-valor, por lo que cada división contiene pares de este tipo, siendo la clave el número de registro y el valor el propio registro. En términos de YARN, el despliegue de la aplicación implica el de un contenedor con el ApplicationMaster, que se encarga de su gestión.

▸ **Transformación** (*map*). El ApplicationMaster se encarga de crear una tarea de transformación independiente para cada división de datos, creando contenedores que ejecutan la función en los diferentes nodos, de acuerdo con el planificador de YARN. Si el tamaño de cada división coincide con el del bloque en HDFS, entonces es posible la localidad del dato; es decir, es factible ubicar y ejecutar un contenedor en el mismo nodo que contiene una división[108]. En el ejemplo, la función de transformación proporcionada se encarga de extraer la fecha y la calidad de cada registro, descartando el resto del contenido[109]. Esta etapa de transformación producirá una serie de resultados intermedios, que se almacenan localmente en el nodo[110].

▸ **Ordenación** (*sort*). El resultado de aplicar la función de transformación sobre cada división tiene que ser ordenado por clave antes de ser enviado a la etapa de agregación. Esta etapa es realizada de forma automática por MapReduce. En nuestro caso, podemos garantizar que la salida de cada contenedor de transformación está ordenada por la fecha de la medición.

▸ **Agregación** (*reduce*). Las salidas ordenadas de cada nodo son enviadas a un último nodo del clúster (aquí no hay posibilidad de localidad) donde se fusionan (*shuffle*) y aplica la función de agregación en su propio contenedor YARN[111]. Es decir, para cada fecha se combinan los distintos valores de calidad del aire y se calcula sobre ellos el valor promedio. Este resultado final sí es escrito en HDFS, con la consiguiente replicación entre nodos.

---

108 Es posible pero no está asegurado, ya que todos los nodos que contienen réplicas de la división podrían estar, de acuerdo con el planificador, ejecutando otras tareas. En cualquier caso, la intención sería crear el contenedor lo más cerca posible, en el mismo bastidor, por ejemplo.

109 La función de transformación puede contener mucha más lógica, como filtros, cálculos, conversiones, etc.

110 Estos resultados intermedios no se almacenan en HDFS ya que la replicación automática es innecesaria y ralentizaría la ejecución: si una tarea de transformación falla el ApplicationMaster se encargará de volver a ejecutarla con otro contenedor.

111 Hay aplicaciones en las que puede haber más de una tarea de agregación, o incluso ninguna, de forma que la ejecución terminaría al escribirse la salida de cada tarea de transformación a HDFS, desarrollándose todo el proceso en paralelo.

Un procesamiento en paralelo e independiente como el descrito se adapta muy bien a muchos tipos de aplicaciones donde hay que gestionar grandes volúmenes de datos de forma escalable, como el análisis de registros web, el comportamiento en redes sociales o el procesamiento de imágenes y textos.

### 4.3.3 Apache Spark

En la página web del proyecto, **Apache Spark**[112] es definido como un motor analítico unificado para el procesamiento de datos a gran escala. Puede ser instalado en un único nodo o en un clúster de servidores. En este último caso, el despliegue puede hacerse de forma autogestionada (*standalone mode*), o bien sobre un gestor de clústeres existentes, como **Hadoop YARN** o **Kubernetes**. La Figura 4-8 muestra los principales módulos de Spark.

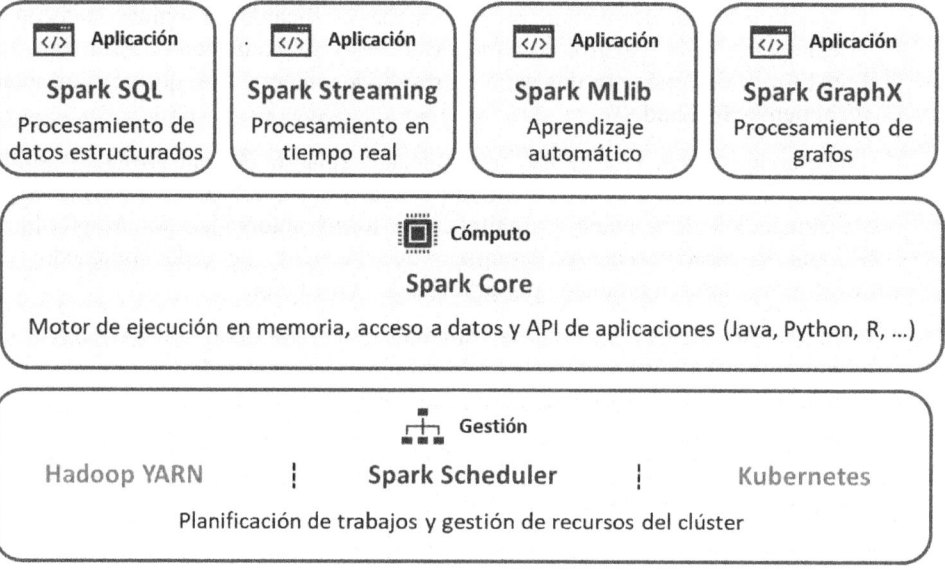

**Figura 4-8.** Módulos de Apache Spark.

Lo que diferencia principalmente a Spark son sus características de ejecución en memoria, concretamente su capacidad para almacenar en RAM los resultados intermedios, minimizando el acceso a disco durante todo el procesamiento. Esto lo hace extremadamente rápido, especialmente cuando se compara con Hadoop. Esta ejecución gira alrededor de la abstracción inicial de los datos en unas **estructuras resilientes y distribuidas** (**RDD**, *Resilient Distributed Dataset*), que se reparten a lo largo de los nodos del clúster y pueden ser operadas en paralelo y restituidas en caso de fallo. Los programas de Spark manipulan estas estructuras en memoria mediante **operaciones**, que

---

112 *https://spark.apache.org/*

se pueden dividir en **transformaciones** y **acciones**, ya sea directamente o a través de otras abstracciones de conveniencia, como los **DataFrames** y los **Datasets**. Spark es un motor totalmente desacoplado del almacenamiento, del que no proporciona mecanismo alguno. Por el contrario, exhibe una gran conectividad a todo tipo de bases de datos, sistemas de archivos y almacenes de objetos, de donde obtiene los datos para cargar sus estructuras en memoria y operar sobre ellas.

La Tabla 4-5 enumera y describe las funciones de cada uno de los módulos de Spark. **Spark GraphX** es un módulo que puede utilizarse de forma combinada con bases de datos de grafos, como Neo4J, en aquellas situaciones en las que más allá de la persistencia se requiere procesar de forma rápida grandes conjuntos de datos. **Spark SQL** lo comentaremos más adelante en el capítulo cuando abordemos los motores de consulta; **Spark Streaming** es un módulo para el procesamiento de eventos en tiempo real, mientras que **Spark MLlib** se utiliza en análisis predictivo.

| Módulo | Funciones |
| --- | --- |
| **Spark Core** | Proporciona el motor de ejecución en memoria común al resto de módulos, encargándose de la gestión y manipulación de los RDD, así como del acceso y la persistencia de los datos en repositorios externos, la monitorización, planificación, etc. |
| **Spark SQL** | Se encarga de procesar datos estructurados, apoyándose en dos abstracciones sobre el RDD, que son el Dataset y el DataFrame, equivalente este último a una tabla relacional. Permite manipular estas estructuras a través de un API específico o de SQL, soportando conexiones a través de JDBC/ODBC |
| **Spark Streaming** | Motor de procesamiento de flujos de datos basado en Spark SQL que trabaja con bajas latencias manipulando lotes (*microbatch*) o en continuo. Proporciona funciones de agregación temporal y manipulación de eventos sobre Datasets y DataFrames |
| **Spark MLlib** | Conjunto de librerías para aprendizaje automático (*machine learning*) que trabajan sobre el DataFrame como estructura de datos, proporcionando múltiples algoritmos para tareas de predicción, clasificación o segmentación de datos |
| **Spark GraphX** | Módulo para el procesamiento en paralelo de grafos que extiende el RDD para representar estructuras de nodos y arcos (RDG, *Resilient Distributed Graph*), añadiendo operadores y funciones para su interrogación y transformación |

**Tabla 4-5**. Funciones de los módulos de Apache Spark.

Aunque hemos indicado que Spark se puede desplegar de forma autogestionada, son todavía muy frecuentes las instalaciones donde se ejecuta sobre YARN, aprovechando sinergias con HDFS para la persistencia de los datos. La Figura 4-9 muestra este despliegue, siendo equivalente sobre otros gestores.

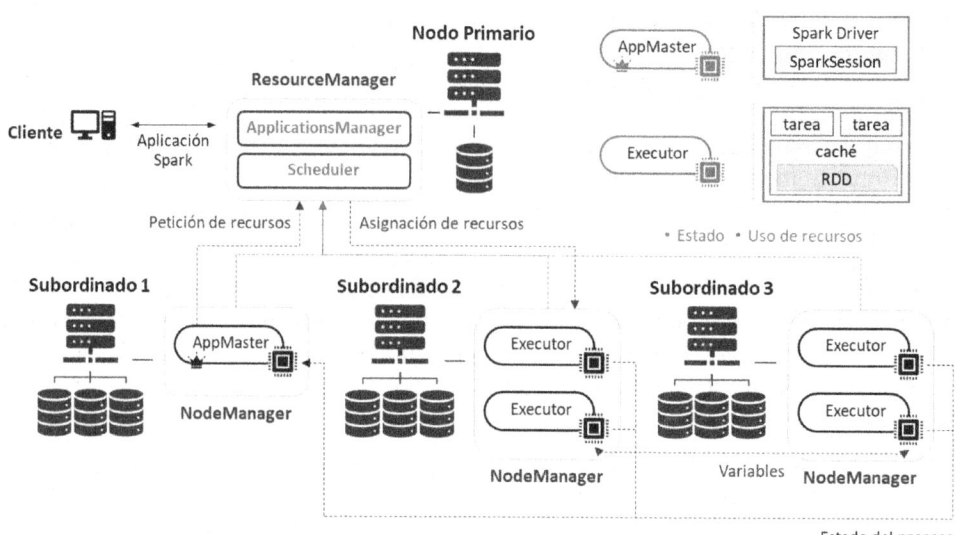

Figura 4-9. Despliegue de una aplicación Spark sobre YARN.

En este caso, el ApplicationMaster de YARN se compone de un programa, denominado **Spark Driver**, que se encarga de orquestar las operaciones en el clúster[113]. Entre otras tareas, este programa crea una instancia de **SparkSession**, que es el elemento que canaliza las peticiones de acceso y creación de estructuras de datos, incluyendo las operaciones con los distintos módulos. En cada nodo se generan, en forma de contenedor YARN, uno o varios **Spark Executor**, que se encargan de ejecutar tareas de Spark Core, manipulando las estructuras de datos en memoria en forma de RDD. Otra característica de Spark es el intercambio de variables entre tareas, incluso entre contenedores en diferentes nodos. De esta manera es posible compartir valores en memoria, como contadores o agregados, resultado de la aplicación de funciones que se ejecutan en paralelo.

Una de las características más relevantes de Spark es la forma en la que opera sobre los RDD. La Figura 4-10 esquematiza esta idea. Los datos son leídos desde HDFS[114], aprovechando la localidad de los bloques en cada nodo, y cargados en la memoria caché de cada Spark Executor. A partir de ahí, y de acuerdo con la finalidad de la aplicación (por ejemplo, una consulta), cada partición del RDD es sometida a una serie de **transformaciones**, operando el conjunto en paralelo. Toda partición es **inmutable**, lo que quiere decir que una transformación resulta siempre en una nueva partición. Esta inmutabilidad permite que las transformaciones se ejecuten en paralelo, optimizando el

---

113  Existe otra opción de despliegue en YARN en la que el Spark Driver no se crea en el clúster, sino que reside con la aplicación cliente. Este modo permite aplicaciones interactivas (*shell*), mientras que cuando es en el clúster solo se soportan procesos por lotes. El despliegue en el clúster es tolerante a fallos, ya que el ApplicationMaster será regenerado en caso de incidencia, por lo que es el modo preferido para aplicaciones en producción.

114  La idea es similar cuando los orígenes residen en otro tipo de repositorio.

uso de la memoria y facilitando la recuperación ante fallos, ya que es posible reconstruir todo el linaje en un nodo alternativo del clúster.

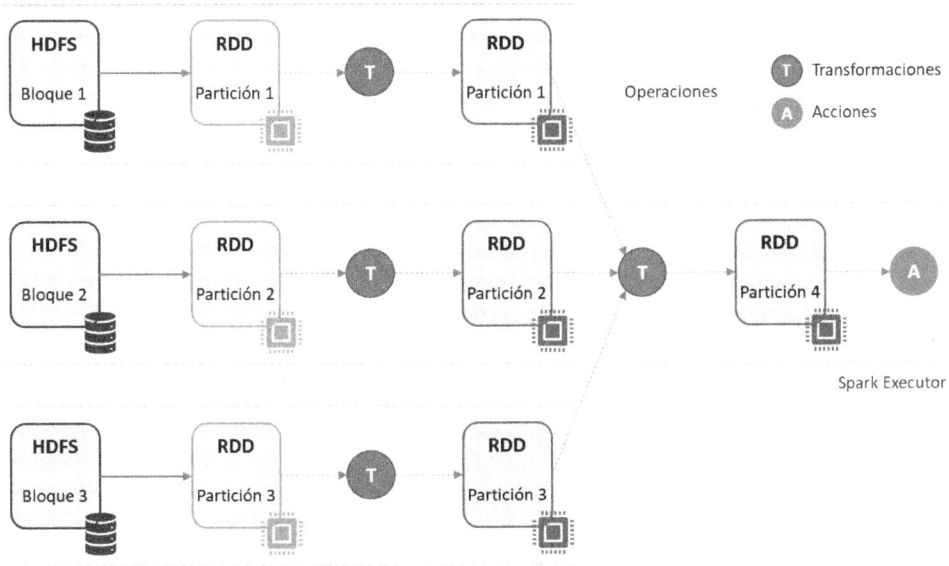

**Figura 4-10.** Ejecución de operaciones en paralelo sobre particiones RDD en Spark.

La librería de transformaciones que facilita Spark Core para RDD es muy amplia: aplicación de funciones, divisiones, filtros, muestreo, unión, intersección, agrupación, ordenación, etc. Spark aplica una **evaluación diferida** (*lazy evaluation*) en todas las transformaciones. Esto es, las trasformaciones se encadenan y solo se ejecutan cuando se invoca una acción, emitiendo esta un resultado. Esto permite combinar, en la medida de lo posible, distintas operaciones, optimizando el uso de memoria y reduciendo la cantidad de datos que se transfieren entre Spark Executors. Las **acciones** de Spark, por lo tanto, desencadenan un conjunto de transformaciones, devolviendo un resultado. Este puede ser un valor (conteo, valor máximo, mínimo, etc.) o una instrucción de persistencia del resultado en disco.

La ejecución de una acción genera lo que se denomina un **grafo acíclico dirigido** (**DAG**, *Directed Acyclic Graph*), un concepto que se usa también en MapReduce y Tez. Un DAG viene a representar un plan de ejecución de las distintas transformaciones, siendo el Spark Driver el encargado de materializarlo entre los distintos nodos del clúster. Como su nombre indica, en este plan no existen transformaciones que generen ciclos, moviéndose los datos siempre del principio hacia el fin, marcado este por la acción desencadenante (Figura 4-10). Esta forma de procesamiento hace que Spark sea muy eficiente para distintos tipos de tareas, como la programación e implementación de flujos ETL, tanto por lotes como en tiempo real, el análisis y la exploración de datos mediante consultas interactivas, o el entrenamiento y el despliegue de modelos de minería de datos. Las opciones para abstraer el RDD mediante Datasets y DataFrames, más fáciles de manipular con lenguajes como Python o R, explican también la popularidad de este sistema.

Como comentamos en su momento, los servicios en la nube alrededor de Hadoop suelen llevar Spark integrado dentro del clúster. Además, muchas otras soluciones de ETL o aprendizaje automático basan su funcionalidad en alguno de sus módulos. Cabe desatacar aquí las soluciones de **Databricks**, una compañía fundada por los creadores de Spark, cuyos desarrollos están basados en este sistema y disponibles en las principales plataformas en la nube.

## 4.3.4 Tecnologías para flujos ETL

Además de las capacidades que proporcionan entornos como Hadoop, Spark o los propios repositorios de destino para el movimiento y transformación de datos, existen numerosas soluciones específicas para la implementación de flujos de datos. Estas pueden estar basadas en la escritura de código, permitir un diseño gráfico de los flujos (*no-code*), o bien una combinación de ambas.

En el ecosistema de Hadoop, **Apache Pig** fue uno de los primeros sistemas en proporcionar un lenguaje de alto nivel (Pig Latin) para elaborar tareas de análisis y transformación de datos. Pig simplificaba la escritura de programas MapReduce, proporcionando estructuras de control, operadores y la posibilidad de escribir funciones definidas por el usuario. Si bien sus versiones recientes podían generar también código Spark en forma de DAG, desde 2017 no ha habido ningún nuevo lanzamiento. También en la órbita de Hadoop cabe destacar **Apache Oozie**, si bien su función no es la transformación de datos como tal, sino la definición y gestión de flujos de trabajo que incluyen programas MapReduce, Spark, operaciones en HDFS, transformaciones Pig, programas externos, etc. Oozie proporciona elementos y estructuras de control de flujos y rutas alternativas en caso de fallos.

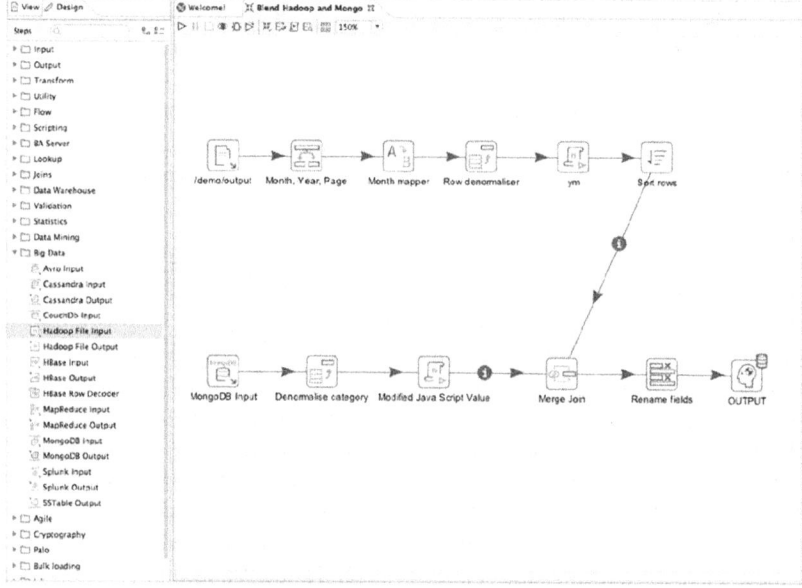

**Figura 4-11.** Flujo ETL en Pentaho Data Integration.

Dentro de los proyectos de código abierto hay dos soluciones a destacar. **Apache Airflow** es un sistema genérico para la construcción y ejecución de flujos de trabajo en forma de DAG, orquestando distintas tareas y dependencias entre ellas. Dispone de una amplia librería de operadores para definir las tareas, siendo posible la extensión de esta con funciones propias desarrolladas en Python. Airflow se encarga de toda la planificación y monitorización de los flujos, proporcionando un entorno gráfico para la gestión. Mientras que Airflow se centra en el procesamiento por lotes, y es agnóstico en cuanto a las tareas que ejecuta, **Apache Beam** permite también el trabajo en tiempo real. Beam está más especializado en el procesamiento de datos, con un modelo de programación propio y funciones específicas para tareas de ETL. Airflow es independiente del motor de procesamiento donde se ejecutan las tareas, pudiendo integrar y monitorizar un proceso que se lleva a cabo en un entorno de Spark separado, por ejemplo. Por el contrario, Beam genera flujos que deben desplegarse y ejecutarse en alguno de los motores soportados, como Spark, Hadoop o Google Cloud Dataflow, entre otros. Es decir, Beam proporciona una nivel de abstracción sobre estas plataformas.

En el ámbito de soluciones comerciales, productos como **Informatica PowerCenter**, **Oracle Data Integrator**, **IBM DataStage** o **Pentaho Data Integration**, este último con una versión de código abierto (Figura 4-11), llevan años dominando los mercados corporativos, si bien la tendencia es, nuevamente, la nube y los sistema de integración de datos como servicio. Amazon dispone de dos soluciones para este fin, **AWS Glue** y **AWS Data Pipeline**. La primera es autogestionada (*serverless*) y se apoya en Spark para la ejecución, mientras que en la segunda se tiene una mayor control sobre la infraestructura, basada en servidores virtuales e instancias de AWS EMR, siendo más flexible y con más opciones. Google por su parte ofrece **GCP Dataflow** y **GCP Composer**. Este último es un servicio gestionado de Apache Airflow, mientras que el primero lo es de Apache Beam[115]. Finalmente, Microsoft basa su oferta en **Azure Data Factory**, que destaca por su amplia librería de conectores a fuentes de datos propias y externas, y sus funciones de transformación y control de flujos.

## 4.4 MOTORES DE CONSULTA DISTRIBUIDOS

Los lenguajes de interrogación a bases de datos son de naturaleza **declarativa**. Como contraposición a los lenguajes **imperativos**, como Java, C o Python, donde el código indica paso a paso las etapas que hay que seguir para obtener el resultado deseado, en un lenguaje declarativo se define el objetivo a conseguir, delegando la implementación y ejecución de los pasos concretos en un compilador. Como se suele decir, en un lenguaje declarativo se define el qué, pero no el cómo. Sin ser un lenguaje de programación, MapReduce se aproximaría a un modelo imperativo, ya que empleamos lenguajes como Java para desarrollar las funciones de transformación y agregación. En el caso de Spark, aunque también utilizamos este tipo de lenguajes, la capa que se encarga de procesar

---

115  De hecho, Apache Beam es el resultado de la donación del código de GCP Dataflow.

los RDD y generar el DAG es declarativa: nosotros no indicamos como debe ser el DAG, sino que este se crea como parte de un plan de acceso, optimizado de acuerdo a la estructura de los datos en ese momento, la complejidad del problema y los recursos disponibles en el clúster.

**SQL** es el gran ejemplo de los lenguajes declarativos. De forma equivalente a como lo hace Spark, cuando lanzamos una consulta, el compilador de la base de datos relacional se encarga de establecer el plan de acceso, teniendo en cuenta la posible existencia de índices que aceleren la consulta, las estadísticas de las tablas involucradas y la colocación de los datos, si el sistema está distribuido. Además, este plan de acceso es almacenado en memoria con el fin de poder ser reutilizado en futuras consultas de características similares. Los **motores de consulta distribuidos** siguen esta aproximación, pero desacoplando el almacenamiento: en lugar de reunir los datos bajo un único gestor, estos sistemas son capaces de interpretar comandos SQL y acceder a una variedad de orígenes y formatos, resolviendo distintas operaciones de manipulación y consulta. La diferencia con una base de datos SQL es, en ocasiones, sutil, ya que muchas de estas permiten trabajar también con tablas basadas en archivos que referencia datos en sistemas externos.

La existencia o no de un almacenamiento propio y dedicado, más allá de metadatos o de ciertas estructuras de agregación para optimizar las consultas, es lo que marca la diferencia y, al mismo tiempo, la aportación de los motores de consulta. En este sentido, una característica a remarcar es el soporte de **consultas federadas**, base de la **virtualización de datos**. Es decir, la posibilidad de crear una base de datos con tablas internas o externas que apuntan a distintos orígenes, permite realizar consultas que combinan datos de fuentes heterogéneas.

### 4.4.1 Apache Hive

En base a estas características, la referencia en cuanto a motores de consulta es **Apache Hive**[116]. En su página web, Hive se presenta como un sistema de *data warehouse* basado en Hadoop[117], que permite la consulta y el análisis de grandes volúmenes de datos utilizando un dialecto de SQL, denominado **HiveQL**, y un lenguaje procedimental, **Hive HPL/SQL**, para la creación de procedimientos almacenados, funciones o procesos ETL. Hive puede convertir la ejecución de sentencias SQL a tareas MapReduce, Tez o Spark, accediendo a datos ubicados en HDFS y otros repositorios, y soportando distintos formatos de archivo.

---

116 *https://hive.apache.org/*

117 Aunque requiere una serie de librerías, es posible llegar prescindir de Hadoop para la ejecución de Hive, desplegándose sobre Spark de forma autogestionada.

En producción es recomendable instalar los servicios de Hive en uno o varios nodos dedicados. El número de estos dependerá de la carga de trabajo esperada, pero su multiplicación permitirá segregar diferentes aplicaciones en función de sus necesidades (separando cargas ETL de consultas analíticas, por ejemplo) o implementar balanceo de carga y alta disponibilidad[118].

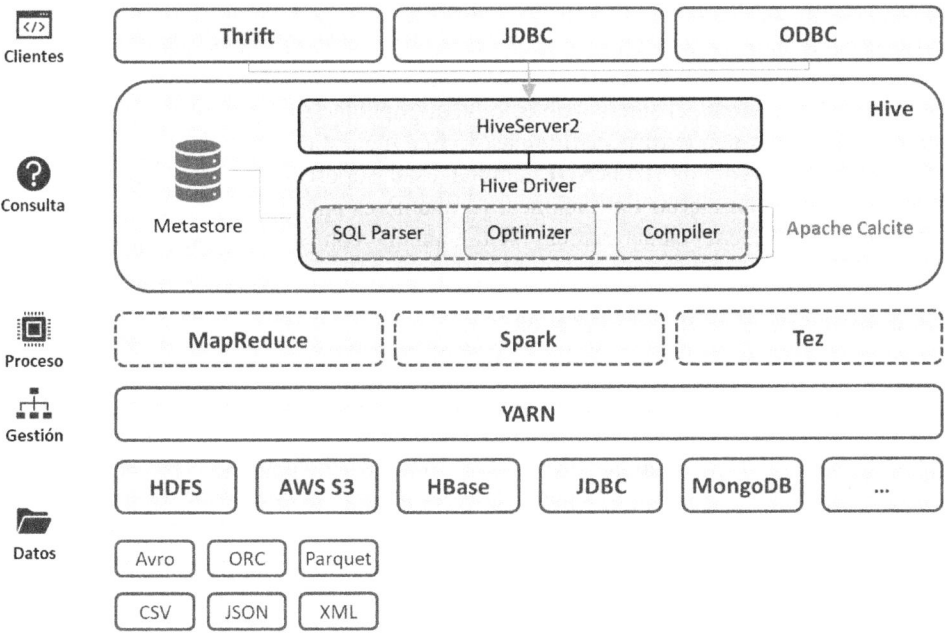

**Figura 4-12.** Arquitectura de Apache Hive.

En este escenario, Hive se componen de una parte servidora, **HiveServer2**, que se encarga de recibir y gestionar peticiones concurrentes de diversos clientes, gestionando a su vez la autentificación y la autorización de los accesos. HiveServer2 se comunica a su vez con un controlador, **Hive Driver**, cuya tarea es coordinar la elaboración del plan de acceso y su ejecución en forma de tarea MapReduce, Tez o Spark en el clúster de Hadoop. Un componente esencial de esta arquitectura (Figura 4-12) es el **Metastore**, una base de datos relacional que funciona como catálogo de las tablas, columnas, tipos de datos y otros metadatos del entorno.

---

118 Apache ZooKeper (*https://zookeeper.apache.org/*) es un sistema para la coordinación y sincronización de nodos en aplicaciones distribuidas. Es empleado por muchos otros proyectos de Apache, incluido Hadoop, Spark o Kafka para implementar alta disponibilidad, control de concurrencia o balanceo de carga, entre otras funcionalidades.

Como en otros gestores, Hive organiza los datos entorno al concepto de **base de datos**, entendido este como un espacio de nombres donde definir objetos. De igual manera, el concepto de tabla es central en el sistema. Hablamos de **tablas gestionadas** cuando estas son creadas y cargadas a través del propio Hive, como en un gestor relacional. Internamente estas tablas residirán en el origen de datos especificado (por defecto, en una serie de archivos ORC en un directorio reservado de HDFS), de forma que cuando la tabla es eliminada en Hive es también eliminada en el origen. Por el contrario, las **tablas externas** son aquellas que apuntan a una estructura de datos ya existente, y que tiene sentido y uso fuera de Hive. Si se borra una tabla externa tan solo se elimina la referencia en el Metastore, pero no el objeto u objetos al que apunta. Ambos tipos de tablas admiten **particiones** según una o varias columnas, lo que mejora el rendimiento al permitir un acceso más selectivo. Las **vistas SQL** también están soportadas, así como la creación de **índices**, aunque con ciertas limitaciones, ya que no es posible crear claves primarias o externas. Hive presenta características ACID, aunque con algunas limitaciones[119].

## 4.4.2 Otros motores especializados

Hive está principalmente orientada al procesamiento por lotes de grandes volúmenes de datos, pero su rendimiento no es tan bueno para consultas interactivas, donde el tiempo de respuesta es más crítico. Como alternativa para estos escenarios, y también sobre Hadoop, surgió **Apache Impala**. En Impala, sin embargo, las consultas no son convertidas a MapReduce, sino que proporciona su propio motor para acceder directamente a los datos en HDFS u otros repositorios soportados. Adicionalmente, puede usar el mismo Metastore que Hive, de forma que es posible compartir metadatos sobre tablas, vistas o particiones, soportando también HiveQL, además de su propio dialecto de SQL. Podríamos decir que Hive está más orientado a procesos ETL, mientras que Impala es más adecuado para análisis OLAP, donde la alta concurrencia y la baja latencia en los tiempos de respuesta son más importantes.

Aunque no es el caso de Impala, muchos motores de consulta están basados en **Apache Calcite**. Calcite no es un motor en sí, sino un marco de desarrollo (*framework*) para la construcción de sistemas de gestión de datos. Es totalmente agnóstico al almacenamiento y al procesado de los datos, situándose en medio de ambos, y permitiendo al desarrollador concretar el mecanismo de persistencia (RAM, JDBC, archivos, etc.), la definición de tabla o la implementación concreta de operadores de SQL (JOIN, GROUP BY, etc.). Por su parte, Calcite proporciona un intérprete de SQL (*parser*), un optimizador de consultas y generador de planes de acceso, que puede ser modificado mediante reglas, un conjunto de operadores, que también puede ser extendido, y un API y un controlador JDBC para la conexión. En definitiva, Calcite puede ser empleado para construir una base de datos SQL o un motor de consulta.

---

119  *https://cwiki.apache.org/confluence/display/Hive/Hive+Transactions*

Hive reemplazó a partir de la versión 0.14.0[120] el núcleo de su controlador con Calcite. Otro motor de consulta en el ámbito de Hadoop que está basado en Calcite es **Apache Phoenix**. Phoenix tiene un foco más operacional y está orientado a cargas OLTP, soportando transacciones ACID. Funciona añadiendo un capa SQL a HBase, en la que se apoya para el almacenamiento, no soportando la definición de tablas externas. **Apache Drill** es otro ejemplo de motor basado en Calcite, con una orientación más analítica y distribuida. El punto a destacar de Drill es su gran capacidad de federación de orígenes NoSQL, representando los datos mediante un modelo basado en JSON, lo que le proporciona una gran flexibilidad a la hora de interrogar datos sin esquema o con un esquema variable.

Como veíamos anteriormente en el capítulo, **Spark SQL** es el módulo de Spark para el procesamiento de datos estructurados. La principal estructura empleada para ello es el **DataFrame**, que viene a ser equivalente a una tabla en una base de datos relacional. Un DataFrame puede ser construido de forma programática, o bien se puede crear a partir de archivos, tablas en bases de datos externas, o directamente consultando el Metastore de Hive. Una vez definido, un DataFrame puede ser consultado empleando SQL o un API específico. Además de poder ejecutar sentencias SQL directamente sobre ficheros, sin necesidad de pasar por un DataFrame, Spark SQL permite también la creación de vistas temporales, ligadas a la duración de una sesión.

Como motor de consulta distribuido, Spark SQL proporciona un servidor Thrift[121] equivalente a HiveServer2, lo que permite consultas SQL directas a través de JDBC/ODBC, sin necesidad de escribir código. Para la persistencia de los metadatos, es posible compartir el Metastore de Hive, o bien utilizar uno propio, con las mismas características del primero. No perdamos de vista que Spark es un motor de procesamiento en memoria, por lo que los DataFrames deben ser persistidos explícitamente para ser materializados.

Por último, fuera de la Fundación Apache, otros motores de consulta de código abierto relevantes son **Trino** y **Presto**. Ambos comparten arquitecturas y conceptos similares a los que hemos visto, soportando un gran número de orígenes de datos heterogéneos y orientados a consultas OLAP. En los servicios en la nube podemos encontrar soluciones como **AWS Athena** o **IBM Cloud Data Engine**.

## 4.4.3 Apache Arrow

Cuando hablamos del acceso distribuido a los datos, especialmente cuando participan diferentes sistemas y se emplean distintos modelos y lenguajes de programación, un elemento importante a tener en cuenta es la gestión y el intercambio de datos en memoria.

---

120  2014 (la primera versión de Hive es de 2010).

121  Apache Thrift es un lenguaje y un protocolo para el desarrollo de servicios e interfaces con el fin de conectar aplicaciones.

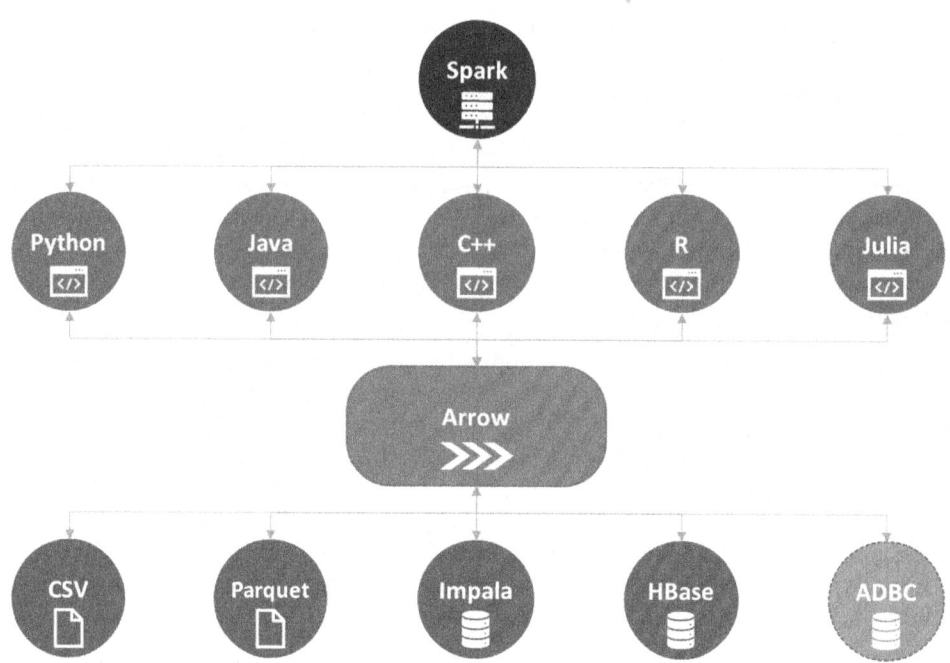

**Figura 4-13.** Intercambio de datos a través de Apache Arrow.

**Apache Arrow**[122] es un formato de representación en columnas de datos tabulares optimizado para operaciones analíticas, y que puede ser programado en distintos lenguajes. El objetivo de Arrow es estandarizar el movimiento, la manipulación y la transferencia de datos entre sistemas, sin necesidad de copias y conversiones entre los formatos internos de cada aplicación. Nuevamente, lo que perseguimos es desacoplar el procesamiento del formato, en este caso de la representación en memoria de los datos. Esto no solo significa un incremento de velocidad muy grande en operaciones de acceso debido a la optimización en columnas del formato, sino que permite la portabilidad directa de algoritmos entre lenguajes (Figura 4-13).

La web del proyecto Arrow resume las ventajas en el empleo de este formato alrededor de cuatro casos de uso[123]:

▶ **Lectura y escritura de archivos**, especialmente cuando la representación del dato es también en columnas, como Parquet[124]. En este caso, la identificación y conversión de metadatos es además directa, por lo que no es necesario volver a especificar el esquema.

---

122  *https://arrow.apache.org/*

123  *https://arrow.apache.org/use_cases/*

124  Arrow dispone también de un formato de archivo, denominado Feather, para el almacenamiento directo de tablas.

▶ **Compartición de la memoria local**, lo que permite una manipulación eficiente de grandes volúmenes de datos a través de diferentes lenguajes.

▶ **Movimiento de datos en red**, con unos mecanismos de seriación y deseriación muy efectivos para grandes volúmenes de datos.

▶ **Estructura de datos en memoria para el análisis**, implementando motores de consulta distribuidos basados en el formato.

Aunque en fase de desarrollo, existe una especificación denominada **ADBC**, (*Arrow DataBase Connectivity*) enfocada a proporcionar un acceso estándar a distintas bases de datos, de forma equivalente a JDBC/ODBC.

## 4.5 RESUMEN DEL CAPÍTULO

En este capítulo nos hemos centrado en el procesamiento por lotes, contemplando como diseñar un modelo de datos que puede representar cambios, su aprovisionamiento y las opciones disponibles a la hora de consultarlo.

▶ Los **procesos ETL** son los encargados de obtener los datos de los sistemas origen, reconciliarlos, transformarlos y, finalmente, cargarlos en los repositorios de destino, donde se llevarán a cabo las tareas analíticas.

▶ El **modelado multidimensional** permite tanto una organización eficiente de los datos de cara a su consulta como la gestión de los cambios, soportando distintas estrategias para el mantenimiento de versiones.

▶ **Apache Hadoop** y **Apache Spark** son dos proyectos de código abierto para el tratamiento distribuido de grandes volúmenes de datos. Mientras el primero está más enfocado a tareas por lotes, el segundo es más efectivo para procesos interactivos, dadas sus capacidades de procesado en memoria sobre formatos de datos optimizados, como **Apache Arrow**.

▶ Los **sistemas de consulta distribuidos** se basan en desacoplar el almacenamiento del motor de acceso, permitiendo la manipulación mediante lenguaje SQL de estructuras de datos que residen en gestores dispersos y heterogéneos, sin necesidad de consolidarlos físicamente.

En el siguiente capítulo nos centraremos en el procesamiento en tiempo real, pero planteando también como podemos unificar ambos tipos de integración bajo un mismo sistema.

# 5

# GESTIÓN DE EVENTOS
# EN TIEMPO REAL

El análisis de datos en tiempo real se fundamenta en la gestión de eventos, entendiendo por **evento** algo que tiene lugar, que sucede. Un evento significa un cambio de estado en una cosa, y nuestro interés desde un punto de vista analítico está en percibir ese cambio y actuar en consecuencia. El factor diferenciador respecto al procesamiento por lotes está en que tanto la detección del cambio como su posterior gestión debe realizarse con la mínima latencia posible.

Por lo general, los eventos en el negocio no se producen de forma aislada y con un único origen, sino en forma de series generadas a partir de múltiples fuentes. Nos referimos entonces a un **flujo de eventos** (*event stream*) como a una ordenación temporal de eventos que provienen de uno o varios emisores, y que son requeridos por uno o varios consumidores con el mínimo lapso. Como concepto, la **transmisión de eventos** (*event streaming*) se encarga, a través de sistemas especializados, de conectar y coordinar aplicaciones emisoras y consumidoras con el fin de que la captura, almacenamiento y entrega de eventos se realice de forma continua, fiable y escalable.

La gestión de eventos es una necesidad en prácticamente cualquier sector y departamento, existiendo múltiples aplicaciones. Por ejemplo:

- Captura continua de datos de sensores de dispositivos IoT y su conexión con sistemas SCADA.

- Monitorización continua de maquinaria y analíticas en tiempo real para mantenimiento predictivo.

- Control y reposición de existencias en supermercados.

▶ Análisis de la actividad de los usuarios en páginas web y gestión de contenidos en tiempo real.

▶ Control de flotas y envíos en la industria logística.

▶ Motores de personalización de ofertas y recomendaciones en tiendas en línea en base a la actividad reciente del usuario.

▶ Monitorización de pacientes y generación de alertas en unidades de cuidados intensivos en hospitales.

▶ Procesamiento de transacciones bancarias y detección de fraude.

▶ Análisis de archivos de registros generados por aplicaciones, incluyendo herramientas de monitorización y observancia.

▶ Procesamiento de imágenes para la aplicación de modelos de reconocimiento y clasificación.

A la vista de estas aplicaciones, un sistema de transmisión de eventos debe poder gestionar grandes volúmenes de datos, con variedad de formatos y a gran velocidad.

## 5.1 TRANSMISIÓN DE EVENTOS

La idea fundamental es que el sistema actúe como **mediador de eventos** (*event broker*), desacoplando emisores de consumidores de forma que sean agnósticos uno del otro.

Antes de la aparición de este tipo de sistemas, la comunicación de eventos entre aplicaciones era muy problemática, altamente redundante y con un mantenimiento muy costoso. La Figura 5-1 muestra un escenario de **conexión punto a punto** de este tipo. En él, la trasmisión de eventos está totalmente acoplada entre un emisor y cualquier aplicación que quiera consumir esos datos. Esto no solo significa que hay que desarrollar conectores específicos individuales, teniendo en cuenta cada protocolo de transporte y formato de los datos: la comunicación punto a punto implica también duplicidad en cuanto a la persistencia de los eventos, los mecanismos de recuperación en cuanto a fallos y alta disponibilidad, así como los esquemas de seguridad y autentificación. La adición de un nuevo emisor o consumidor provoca que esta malla vaya creciendo, haciéndose su gestión cada vez más complicada. Además, no hay que perder de vista los requerimientos de operación en tiempo real y, habitualmente, en entornos distribuidos geográficamente.

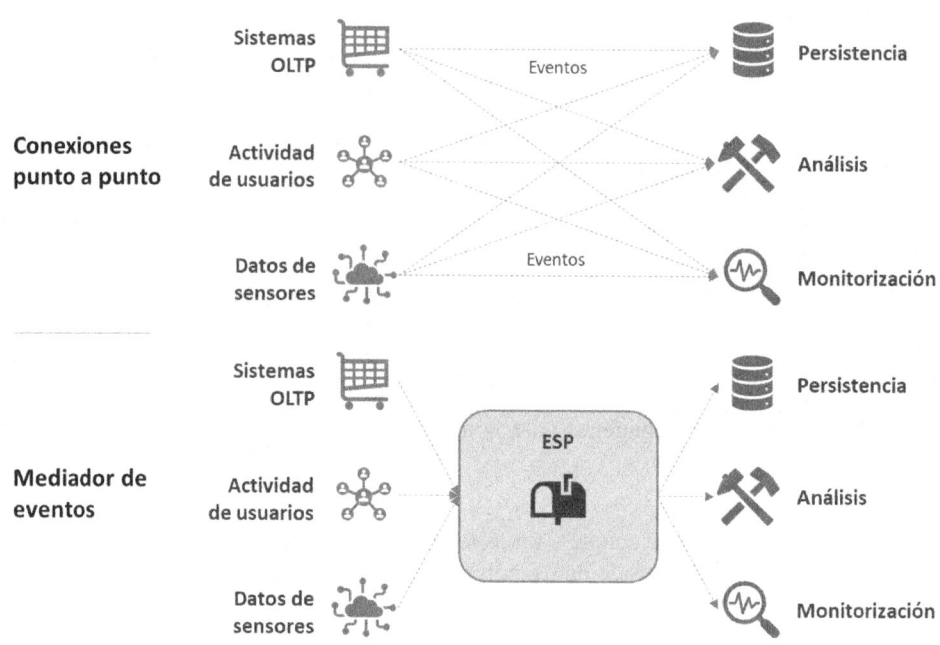

**Figura 5-1.** Opciones para la integración de eventos entre sistemas.

Por el contrario, la integración de datos a través de un mediador consiste en implementar una **plataforma centralizada de transmisión de eventos** (**ESP**, *Event Streaming Platform*), la cual proporciona una serie de servicios centrales:

- ▶ Los conectores ya no son específicos entre aplicaciones, sino de cada aplicación con la ESP.

- ▶ La adición de nuevos actores, ya sean emisores o consumidores, es mucho más fácil y genérica, sobre todo teniendo en cuenta la existencia de conectores con los principales sistemas empresariales e interfaces de programación a nivel de ESP. Es decir, se implementa un **modelo estandarizado de publicación-subscripción de eventos**.

- ▶ Una ESP proporciona un medio centralizado de almacenamiento de eventos escalable y tolerante a fallos. Mediante mecanismos de división y réplica es posible soportar la ingestión y distribución de millones de eventos por segundo, ofreciendo una alta resiliencia.

- ▶ En el caso en que las ratios de emisión y consumo de eventos difieran, la ESP actúa como amortiguador (*buffer*), lo que permite absorber y adaptar el consumo de los eventos a la velocidad que necesita cada aplicación, sin pérdidas de información. Es decir, **la transmisión es asíncrona**.

▶ Los eventos no son eliminados una vez consumidos, siendo configurable el periodo de retención. De esta manera, es posible acceder a datos históricos en cualquier momento.

▶ La monitorización del sistema se realiza de forma centralizada, con registros comunes para todas las transmisiones de eventos.

Es importante recalcar que la función principal de una ESP es la recepción y entrega de eventos de forma fiable y con la latencia requerida por las aplicaciones que la rodean. En este sentido, y aunque la capa de persistencia de eventos es un componente fundamental, una ESP no es un gestor de bases de datos; su objetivo no es soportar transacciones ACID (aunque pueden llegar a hacerlo), ni consultas complejas. Estas últimas se delegan en las aplicaciones consumidoras de eventos, como las bases de datos en tiempo real, que soportan múltiples cargas analíticas concurrentes manteniendo una visibilidad instantánea sobre los eventos.

Tampoco están, en principio, orientadas a la transformación de los datos al vuelo. Como veremos posteriormente, existen plataformas dedicadas al procesamiento de eventos que convierten un flujo en otro mediante la aplicación de operadores. De esa manera, la transformación la realiza una aplicación externa que puede volver a reintroducir el flujo en la ESP para su posterior consumo.

## 5.1.1 Transmisión de eventos y colas de mensajes

Las ESP comparten ciertas características con las **plataformas de colas de mensajes** (**MQP**, *Message Queues Platform*). Estas últimos son anteriores, y es conveniente conocer las diferencias entre ambas y cuando es más adecuado apoyarse en una u otra.

Aunque los conceptos de evento y mensaje están correlacionados, en este contexto es importante diferenciar ciertos matices:

▶ **Mensaje**: al igual que un evento, un mensaje transporta un contenido fechado e identificable (*payload*). Sin embargo, en una MQP el mensaje solo persiste hasta que es consumido. Adicionalmente, los mensajes tienen significado de forma discreta, y están destinados a un consumidor concreto que los entiende en el contexto emisor-consumidor, actuando individualmente sobre cada uno de ellos.

▶ **Evento**: los eventos persisten de forma inmutable en forma de serie. El evento no tiene valor de forma aislada si no es como parte de una secuencia histórica. Los eventos son emitidos de forma agnóstica respecto a cómo serán usados por los consumidores.

Por ejemplo, una orden de pago a un proveedor se debería implementar como un mensaje, ya que constituye una acción individual dirigida a un consumidor concreto (el sistema de pagos), que deberá ejecutarse de forma explícita y ser confirmada. Por el contrario, un cuadro de mandos en tiempo real que representa las órdenes de pago realizadas bajo otras dimensiones de negocio, estaría mejor servido por un gestor de eventos. En este último caso, cada valor individual carece de importancia y el interés está en analizar tendencias y agregaciones.

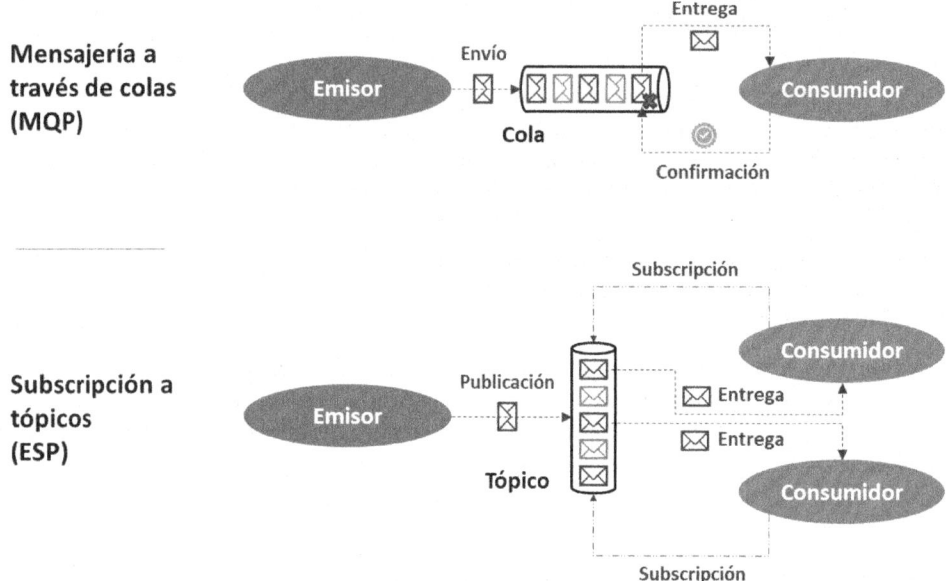

**Figura 5-2**. Comparación entre colas de mensajes y subscripción a tópico.

La Figura 5-2 muestra ambos tipos de gestión. Las colas de mensajes implementan comunicaciones punto a punto entre las aplicaciones; si bien existe acoplamiento entre estas, el gestor implementa mecanismos de persistencia hasta la entrega y verificación de la misma, lo cual hace que el proceso sea mucho más fiable y consistente que en una mera conexión entre sistemas. Por otro lado, la transmisión de eventos emplea un modelo de publicación/subscripción basado en **tópicos**, lo que permite dividir los eventos según su temática y segmentar su consumo por parte de las aplicaciones.

Una diferencia importante entre ambas aproximaciones está en los **modos de verificación de entrega** (*acknowledgement modes*). Las MQP suelen admitir dos modos de confirmación:

▶ **Automática**. No hay confirmación como tal; un mensaje se considera entregado una vez que ha sido enviado. Sin embargo, no se puede garantizar que haya llegado al consumidor, ya que puede perderse debido a un fallo en las conexiones. En este modo se prima una mayor velocidad de transmisión frente a una menor seguridad.

▶ **Manual**. Un mensaje se considera entregado en cuanto el sistema de colas recibe una confirmación por parte del consumidor. Dicha confirmación implica que el mensaje puede ser borrado. Este modo se considera seguro a costa de una mayor sobrecarga debida a la gestión de la confirmación.

Dependiendo del tipo de aplicación interesará más un modo u otro; si se trata de asegurar que cada mensaje sea entregado a su destinatario evitando duplicados (*exactly-once*), entonces será necesaria una confirmación manual.

Mediante técnicas de replicación, las ESP evitan siempre la pérdida de registros, aunque no garantizan la ausencia de duplicados. Es decir, un evento puede ser entregado más de una vez (*at-least-once*). Es responsabilidad de la aplicación consumidora detectar y gestionar estas duplicidades de la forma más adecuada. Aunque este es el modo más habitual, las ESP pueden operar también asegurando una entrega única sin duplicados[125]. La elección dependerá del balance requerido entre la velocidad y la fiabilidad en la entrega.

En base a estas características, podemos asociar el empleo de sistemas de mensajería a la gestión de operaciones de negocio, mientras que la transmisión de eventos está más ligada a representar cambios de estado. Siguiendo esta línea, los primeros estarían más orientados a soportar cargas transaccionales, mientras que los segundos lo harían hacia labores de integración y cargas analíticas.

| Características | Colas de mensajes (MQP) | Transmisión de eventos (ESP) |
|---|---|---|
| **Implementación** | Cola | Registro temático (tópico) |
| **Tipo de gestión** | Operaciones | Cambios de estado |
| **Persistencia** | Datos transitorios (hasta el consumo) | Datos persistentes, histórico de eventos |
| **Contexto** | Emisor-Consumidor | Sin contexto, desacoplado |
| **Unidad de consumo** | Mensajes discretos | Secuencias continuas de eventos |
| **Orden de consumo** | FIFO[126] | Sincronización en cualquier punto del registro |
| **Topología** | Punto a punto Publicación/subscripción[127] | Publicación/subscripción |
| **Iniciador** | Cola (*push*) | Consumidor (*pull*) |
| **Fiabilidad en la entrega** | Prioritaria | Secundaria |
| **Rendimiento** | Decenas de miles de mensajes por segundo | Millones de mensajes por segundo |

**Tabla 5-1.** Principales diferencias entre gestión de mensajes y gestión de eventos.

---

125 Esto es lo que se conoce como **escritura idempotente**: un reintento en el envío de un evento no altera el registro, que sigue manteniendo una única copia.

126 FIFO (*First In First Out*): el mensaje más antiguo es el primero en ser consumido.

127 Aunque el modelo principal de comunicación es punto a punto, hay sistemas de colas que admiten topologías donde varios consumidores reciben copias de mensajes de un mismo emisor.

La Tabla 5-1 presenta un resumen de las principales características y diferencias entre ambas aproximaciones. Como entre otros casos, estas diferencias son genéricas y existen variaciones de una implementación a otra.

Desde el punto de vista de soluciones de código abierto para colas de mensajes, podemos destacar **RabbitMQ**, **Apache ActiveMQ** o **Apache Pulsar**, si bien esta última se puede considerar multimodelo. En cuanto a soluciones propietarias, cabe citar **IBM MQ**, **AWS SQS** o **Azure Service Bus**, presentando igualmente modelos duales.

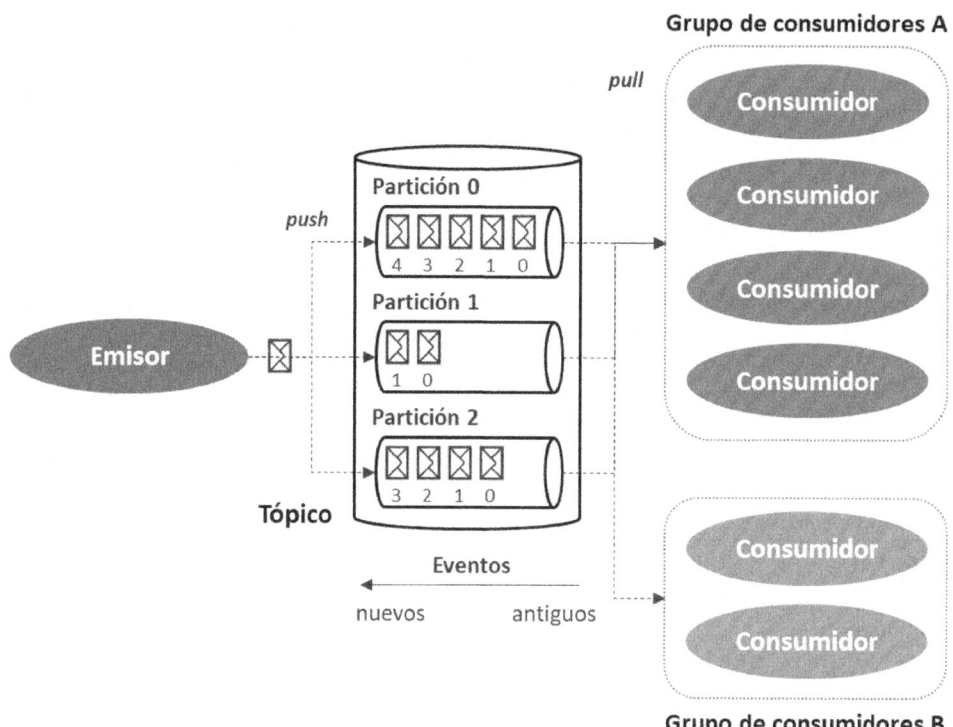

**Figura 5-3.** Particiones de tópicos y agrupaciones de consumidores en Apache Kafka.

## 5.1.2 Apache Kafka

Desarrollado originalmente por LinkedIn, y posteriormente liberado su código en 2011, **Apache Kafka**[128,129] se puede considerar la referencia dentro de las plataformas de

_____

128  *https://kafka.apache.org/*                                                    .

129  Jay Kreps, uno de sus creadores, eligió el apellido del escritor Franz Kafka pensando en que era un nombre adecuado para un sistema optimizado para la escritura (*https://www.quora.com/What-is-the-relation-between-Kafka-the-writer-and-Apache-Kafka-the-distributed-messaging-system/answer/Jay-Kreps*).

transmisión de eventos. Mediante una topología distribuida de publicación/subscripción de eventos, escalable y con tolerancia a fallos, Kafka puede ser desplegado localmente o en la nube, empleando servidores físicos, virtuales o contenedores. También está disponible como servicio gestionado en el catálogo de distintos proveedores de PaaS.

Una de las principales características de Kafka es que emplea un **registro temático** para la persistencia de los eventos. Es decir, los eventos se almacenan en categorías, denominadas **tópicos**; los emisores publican sus eventos en un tópico al que se subscriben los consumidores interesados. Un emisor puede publicar en más de un tópico y un consumidor puede estar también subscrito a más de uno. Con el fin de que el modelo sea más escalable y rápido, Kafka paraleliza la ingestión de eventos en los tópicos mediante **particiones**. Es decir, un tópico se compone de una o más particiones, de forma que una partición viene a ser una lista ordenada de eventos. La Figura 5-3 viene a representar esta idea.

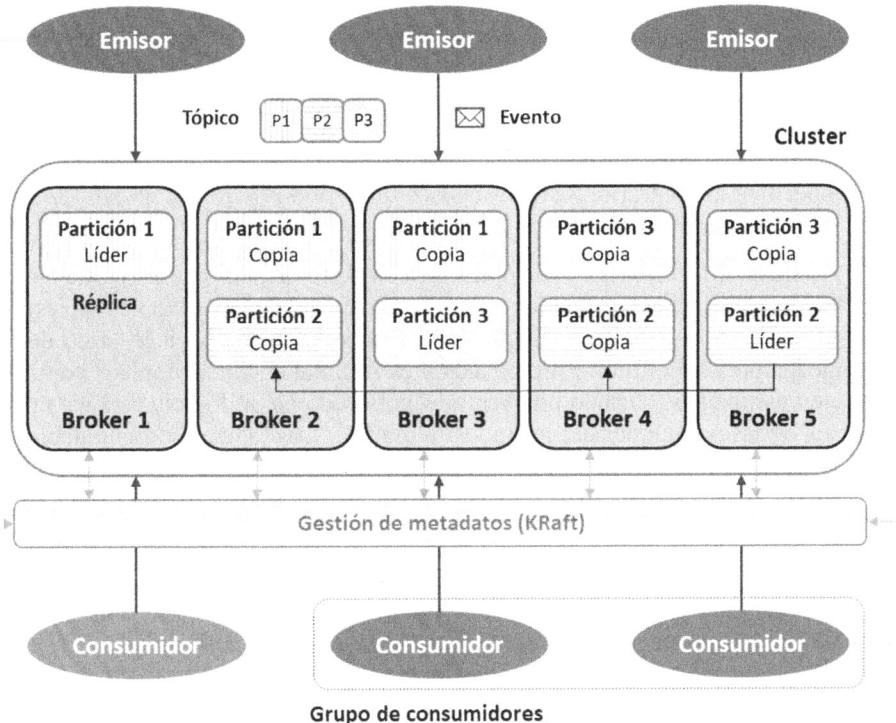

**Figura 5-4.** Clúster de Kafka con 5 *brokers*, representando un tópico con 3 particiones y 3 réplicas.

Como entre otros sistemas, una instalación de Kafka consiste en un cluster de uno o más nodos. La carga es balanceada dentro del cluster mediante su distribución en los distintos nodos. A través de mecanismos de replicación de datos, esta distribución permite una alta resiliencia ante fallos. La Figura 5-4 representa un clúster de Kafka. En el podemos identificar distintos componentes.

▾ **Mediador** (*broker*). Son los nodos del clúster. Un mediador es un servicio que se ejecuta en una máquina virtual Java. Por ello, un único servidor podría ejecutar varios mediadores de forma simultánea. Sin embargo, y entre otras cosas, el clúster perdería la tolerancia a fallos. Por ello, lo normal es desplegar un mediador por servidor, estando este dedicado. En entornos de producción, y con el fin de proporcionar alta disponibilidad, un clúster de Kafka debe contener al menos tres mediadores. Clústeres de cientos o miles de mediadores son habituales a nivel empresarial.

▾ **Evento** (*event*). Es la unidad básica de transmisión. Está compuesta por dos partes principales (además de otros metadatos): **clave** (*key*) y **valor**[130] (*value*). El valor representa el contenido del evento y la clave un rasgo identificativo del mismo. Ambos pueden ser nulos.

▾ **Tópico** (*topic*). Una categoría de eventos relacionados, identificados por un nombre. Sería lo equivalente a un directorio en un sistema de archivos o a una tabla en un gestor relacional. Ejemplos de tópicos pueden ser órdenes de envío, geolocalización de camiones, tuits, etc. Un tópico puede tener cero o más emisores que publican eventos en él, así como cero o más consumidores subscritos. Cada tópico define el periodo de retención de sus eventos; transcurrido este, los eventos son borrados con independencia de que hayan sido consumidos o no. Si no se especifica lo contrario, Kafka establece un periodo de retención por defecto de 168 horas (una semana).

▾ **Partición** (*partition*). Cada tópico se compone de una o más particiones. Su número queda fijado en el momento de creación del tópico. El tópico representado en la Figura 5-4 se compone de 3 particiones distribuidas a lo largo de los 5 mediadores del clúster. En producción es habitual encontrar tópicos con más de cien particiones. Cuando un evento es publicado en un tópico, este va a parar a una de las particiones del mismo y solo a una. Los tópicos son inmutables; una vez que un evento es insertado en una partición no puede ser alterado (si puede ser eliminado una vez transcurrido el periodo de retención del tópico).

La Figura 5-3 muestra un tópico con tres particiones. A medida que los eventos van llegando a una partición se añaden al final de la misma. Kafka etiqueta cada evento con un número entero secuencial (*offset*), que es único en cada partición y no se reutiliza aunque el evento sea eliminado posteriormente. Es decir, los eventos dentro de una partición están ordenados según su llegada a la misma, si bien no es posible garantizar dicha ordenación en todo el tópico.

Kafka distribuye las distintas particiones de un tópico a lo largo de los mediadores del clúster. Esta división permite al sistema escalar horizontalmente; un único tópico puede ser accedido por múltiples consumidores en paralelo, repartiéndose estos entre las distintas particiones.

---

130 En el contexto de Kafka, los términos evento, mensaje y registro se usan de forma intercambiable.

▶ **Réplica** (*replica*). Para alta disponibilidad, cada partición de un tópico puede ser replicada a lo largo de diferentes mediadores. El número de réplicas se establece cuando se crear el tópico, pero puede modificarse posteriormente. En cualquier caso, no puede ser superior al número de mediadores en el cluster. Hay que tener en cuenta que la replicación protege contra fallos, pero introduce una sobrecarga; un **factor de replicación** de tres se considera equilibrado, permitiendo que ante el fallo de dos mediadores el tópico siga siendo accesible. En el caso en que el factor de replicación sea superior a uno, cada partición tendrá una **réplica líder** (*leader*) y una o varias **réplicas copia** (*followers*). El líder registra los eventos de los emisores que van a la partición (los emisores sólo escriben en el líder), y las copias reproducen su contenido. Hasta la versión 2.3 de Kafka los consumidores solo podían leer del líder, estando la replicación dedicada sólo a proporcionar tolerancia a fallos. A partir de la versión 2.4 los consumidores pueden también leer de las copias, lo que permite el acceso al mediador más cercano, disminuyendo el tráfico de red[131].

En la Figura 5-4 el tópico mostrado tiene 3 particiones y un factor de replicación de 3. Como hay 5 brokers en el clúster, entonces uno de ellos albergará sólo una réplica. Una copia que está actualizada con la réplica líder de la partición se dice que es una **copia en sincronía**[132] (**ISR**, *In-Sync Replica*). En el caso en que el líder de la partición falle, entonces una de sus ISR se constituirá en el nuevo líder mediante un proceso de elección.

▶ **Metadatos**. Un cluster de Kafka tiene una serie de metadatos relativos a su estado, como el número de mediadores, la configuración de los tópicos o la ubicación de las particiones y las réplicas, incluyendo los servicios de sincronización. Kafka utiliza actualmente **KRaft** (Kafka Raft) como protocolo para la gestión de metadatos. La principal característica de KRaft es que los metadatos se consumen como un tópico interno del clúster.

Nos queda por ver el criterio utilizado para decidir en qué partición concreta de un tópico se publica un evento, y la forma en que los consumidores acceden a estas particiones. Existen tres posibles mecanismos para la elección de la partición a la hora de escribir en un tópico:

---

131 Esto cobra especial importancia en clústeres desplegados en centros de datos en distintas geografías.

132 Una réplica puede no estar sincronizada por problemas en las comunicaciones o por estar reiniciándose después de una caída del nodo mediador.

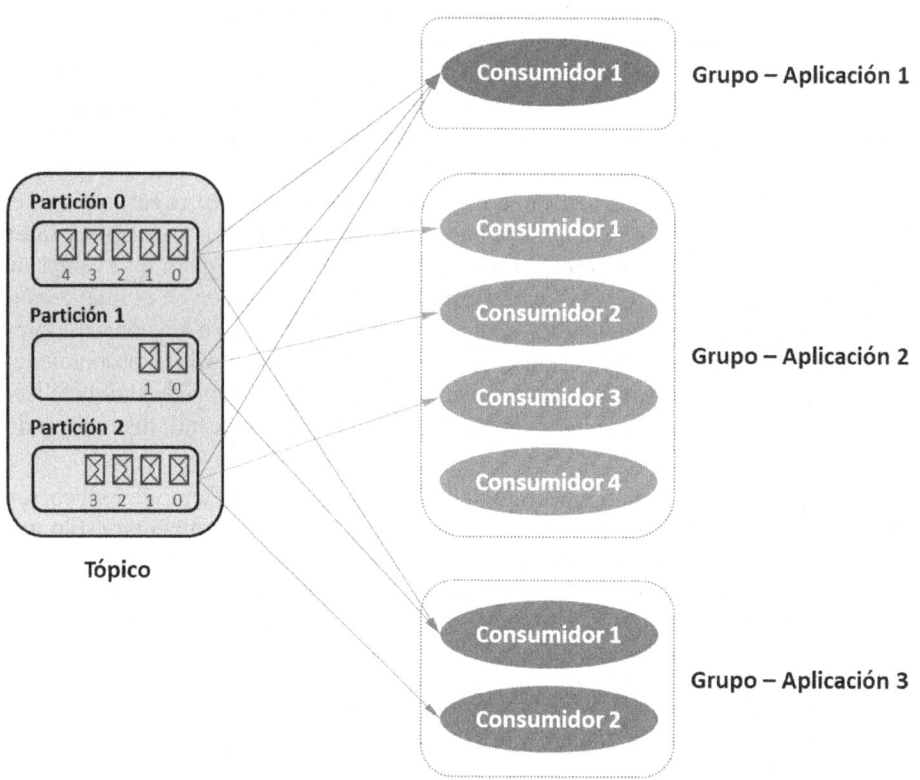

**Figura 5-5.** 3 grupos de consumidores de un tópico con 3 particiones en Kafka.

▶ **Eventos con clave de partición**. Hemos visto que los eventos se componen de una clave y un valor. Esta clave es elegida por la aplicación emisora y responderá a su contexto. Si esta clave es proporcionada, Kafka enviará todos los eventos que tengan la misma clave a la misma partición. Este mecanismo tendrá sentido cuando exista la necesidad de ordenar todos los eventos que comparten la misma clave. Por ejemplo, si queremos que todas las medidas de temperatura estén ordenadas a nivel de sensor emplearemos el identificador del sensor como clave[133].

La asignación clave-partición se efectúa mediante un proceso de reparto (*hashing*). Es importante que la clave elegida esté bien distribuida. En caso contrario, el reparto estará desbalanceado, y unas particiones tendrán más eventos que otras. Esto hará que unos mediadores soporten más carga de lectura y escritura, perjudicando el rendimiento del sistema.

---

133 Esto no implica una relación uno a uno entre partición y clave. Una partición almacenará más de un clave, pero todos los eventos con la misma clave estarán siempre en la misma partición.

▶ **Eventos sin clave de partición**. En el caso en que el emisor envíe eventos al tópico sin clave, Kafka decidirá a que partición van a parar mediante un reparto de **round-robin**[134],[135]. Sin embargo, en este caso, no es posible garantizar el orden dentro de una partición determinada.

▶ **Particionamiento a medida**. Es posible evitar el particionamiento por defecto implementando un algoritmo propio.

La Figura 5-3 muestra que la lectura de eventos puede realizarse en **grupos de consumidores** (*consumer groups*). La división de tópicos en particiones permite paralelizar las escrituras, pero también las lecturas. La forma de hacer esto es que las aplicaciones finales que leen los datos se compongan de varios consumidores que actúen de forma coordinada. En la Figura 5-5 se puede apreciar este comportamiento. Cada partición en un tópico es asignada a un único consumidor en cada grupo. Esto asegura que los mensajes en cada partición son procesados en orden. Si en un grupo hay menos consumidores que particiones (Aplicaciones 1 y 3) entonces habrá consumidores con más de una partición asignada. En el caso opuesto, habrá consumidores que permanezcan ociosos (Aplicación 2). Es decir, los consumidores dentro de un grupo se coordinan para repartir el trabajo de leer de diferentes particiones. Lo normal es tener tantos consumidores por grupo como particiones en el tópico, si bien un número mayor de los primeros permite tener consumidores de reserva en el caso en que falle alguno del grupo. Si se quiere incrementar la velocidad de proceso habrá que aumentar el número de particiones.

La asignación de un consumidor a un grupo se realiza en el momento de creación del primero. Adicionalmente, al crear el consumidor se puede especificar si se desean leer los eventos desde el principio, desde la posición actual o a partir de una posición determinada. A medida que un consumidor va leyendo datos de una partición, la posición del último evento accedido (*consumer offset*) queda confirmada en el clúster (*commit*), quedando almacenada en un tópico interno. Si el consumidor falla, se produce entonces un rebalanceo dentro del grupo, de forma que el nuevo consumidor asignado a la partición sabe desde donde debe empezar a leer los eventos. Algo parecido ocurre si se añade un nuevo consumidor al grupo para hacerse cargo de una partición del tópico. En este caso el consumidor tiene tres opciones configurables: leer todos los eventos desde el principio, hacerlo solo desde su incorporación al grupo (opción por defecto), o bien posicionarse a partir de un evento determinado y leer a partir de ese punto[136].

---

134   Primero la partición $P_0$, luego la $P_1$, después la $P_2$ y vuelta a empezar con la $P_0$.

135   En la versión 2.4 de Kafka se introdujo un nuevo mecanismo para particionar eventos, que en lugar de repartirlos individualmente lo hace en grupos.

136   Lo normal es que el consumo se haga desde el principio o desde el final de la partición, accediendo en este caso al último evento cuya lectura ha sido confirmada.

| Modo | Características | Escenario |
|------|----------------|-----------|
| **Al menos una entrega** (*at least once delivery*) | Es el comportamiento cuando la confirmación de lectura es automática. Se garantiza la entrega de todos los eventos, aunque estos pueden llegar duplicados al ser leídos de nuevo en el caso de un fallo en la aplicación. Si este se produce, la nueva posición de lectura se situará en el último evento confirmado, accediéndose a todos los eventos posteriores | • La pérdida de eventos no es admisible • No impacta la existencia de duplicados (el procesado es idempotente) |
| **Una entrega como máximo** (*at most once delivery*) | La confirmación de lectura también es automática, pero simultánea. Por este motivo, si el procesado posterior del evento falla, este es irrecuperable al haberse desplazado la posición de lectura. Este modo es el que proporciona una menor latencia de entrega | • La pérdida de eventos no es un problema • No es viable procesar duplicados |
| **Exactamente una entrega** (*exactly once delivery*) | Este es el mecanismo que proporciona una mayor garantía de entrega. Es el modo más reciente en Kafka y también el más complejo, ya que involucra tanto a la aplicación productora como consumidora a través de un API para transacciones | • La pérdida de eventos no es admisible • No es viable procesar duplicados |

**Tabla 5-2.** Modos de verificación de entrega a consumidores en Apache Kafka.

La política utilizada para la confirmación del último elemento accedido tiene que estar en consonancia con los requerimientos de la aplicación consumidora, ya que de lo contrario se podrían producir pérdidas de eventos no admisibles. Esta forma de confirmación permite distintos modos de verificación de entrega (*delivery semantics*), tal y como planteábamos al hablar de las MQP.

Por omisión, todo consumidor funciona con un mecanismo en el cual los eventos son accedidos en bloques, y la posición del último evento leído se confirma de forma automática (*auto-commit*) cuando ha transcurrido un cierto intervalo de tiempo entre lectura y lectura (5 milisegundos por defecto). De esta manera, es posible garantizar siempre la entrega de los eventos en caso de fallo por parte de la aplicación cliente[137], aunque puede darse el caso de que un mismo evento se procese más de una vez. Contando con este, que es el más frecuente, Kafka admite tres mecanismos de entrega de eventos, configurables individualmente a nivel de consumidor dentro de un grupo. La Tabla 5-2 los plantea.

Kafka tiene también unos mecanismos equivalentes de verificación de publicación para las aplicaciones productoras, con los mismos significados que figuran en la Tabla 5-2, si bien los requerimientos son diferentes. En cualquier caso, tanto si actúan como

---

137   Para esta garantía, la aplicación consumidora tiene su parte de responsabilidad: no debe leer un nuevo bloque hasta que no haya procesado correctamente el último accedido. De lo contrario, el mecanismo de confirmación automática sigue su curso, resultando en eventos irrecuperables en caso de fallo posterior.

publicadoras o subscriptoras, las aplicaciones necesitan integrar un cliente de Kafka. Existen librerías de desarrollo para los lenguajes de programación más populares, incluyendo Java, Scala, Python, C/C++, etc. De cara a las integraciones, **Kafka Connect** es un componente de Kafka que permite la integración con bases de datos y sistemas de archivos, de forma que es posible la transmisión directa de mensajes desde y hacia Kafka. Funciona a través de conectores específicos que permiten la publicación directa a tópicos de Kafka (*source connector*), y la escritura desde los tópicos hacia los destinos (*sink connector*).

En lo referente a soluciones en la nube basadas en Apache Kafka, los principales proveedores también tienen sus servicios, como **AWS MSK**, **Azure Event Hubs** o **IBM Event Streams**. En este sentido, cabe destacar también **Confluent**, que ha desarrollado una plataforma con múltiples capacidades añadidas sobre Kafka, estando disponible en AWS, Google Cloud y Microsoft Azure.

## 5.2 PROCESAMIENTO DE EVENTOS

Como acabamos de ver, las ESP centran su cometido en la distribución de eventos entre aplicaciones emisoras y consumidoras, con la mínima latencia posible, y ofreciendo distintos mecanismos a la hora de garantizar la entrega. Su función, sin embargo, no está en transformar esos eventos para producir otros a su vez. Para ello necesitamos otro tipo de sistemas que permitan implementar todo tipo de manipulaciones sobre los datos de forma distribuida, en paralelo y en el menor tiempo posible. A este tipo de sistemas se les denomina **plataformas de procesamiento en tiempo real** (**RTPP**, *Real Time Processing Platform*), situándose de forma natural como el siguiente eslabón a la transmisión de eventos dentro de una gestión global de estos (Figura 5-6).

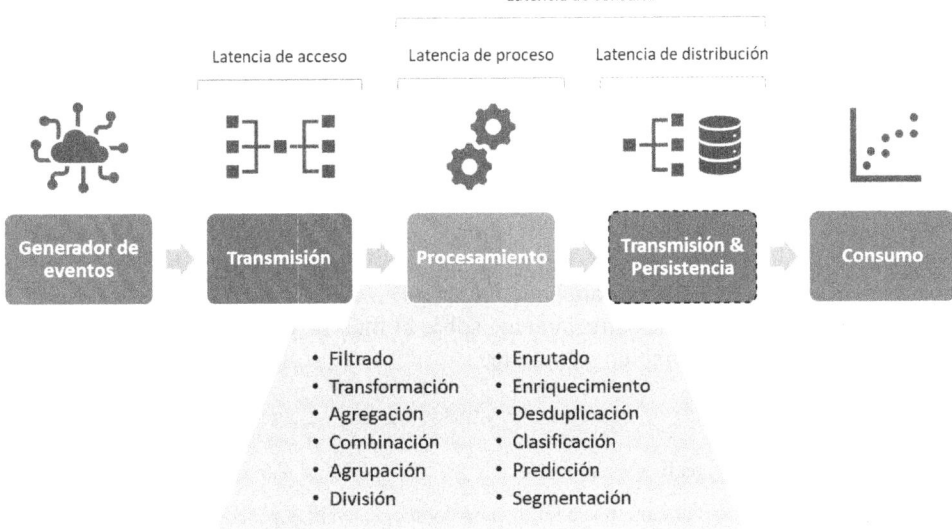

**Figura 5-6**. Gestión integral de eventos en tiempo real.

Mediante una RTPP es posible analizar millones de eventos por segundo en tiempo real, con unos tiempos de respuesta predecibles y por debajo del milisegundo, lo que permite a las aplicaciones funcionar a la misma velocidad con la que se generan los datos.

Se trata, en definitiva, de una batalla contra las latencias asociadas a cada eslabón. En el caso de las plataformas de transmisión de eventos, como Kafka, la latencia está en el acceso. En los sistemas de procesamiento la latencia asociada es de consulta, contemplando el tiempo asociado a las transformaciones, pero también a la posible persistencia antes de la distribución y consumo.

Pasar de un escenario donde la latencia no es importante (hasta cierto punto), como en el procesamiento por lotes, hasta uno donde sí lo es implica una aproximación tecnológica diferente. Kafka sería la alternativa a los procesos de extracción que se dan en el procesamiento por lotes, aunque también cubriría la parte de carga, ya que la información una vez elaborada tiene que ser distribuida a los consumidores. Los RTPP son, por tanto, los sistemas que se encargan de la transformación central[138].

## 5.2.1 Consideraciones sobre el análisis de datos en tiempo real

Uno de los objetivos principales del procesamiento en tiempo real es el análisis de los datos a medida que son generados. Esto es, realizar consultas, efectuar predicciones, detectar patrones, tendencias, relaciones, etc., todo ello de la forma más rápida y automatizada posible. Este tipo de análisis y transformaciones reciben también el nombre de **procesamiento de eventos complejos** (**CEP**, *Complex Event Processing*)[139].

En lo que respecta a las consultas sobre los datos, el acceso en tiempo real viene a ser la culminación de las capacidades que las tecnologías de análisis han ido soportando a medida que evolucionaban. La Figura 5-7 representan esta evolución. Hemos pasado de la simple realización de informes estáticos sobre sistemas transaccionales, representando el estado actual del negocio, a un entorno analítico dedicado, que soporta análisis interactivo, simulaciones y predicciones, llegando finalmente a un escenario donde el dato se procesa de forma continua, tomándose decisiones en base a inferencia en tiempo real, todo ello de forma automática. Es decir, se añade un nuevo acrónimo a los patrones de acceso para hacer referencia al **procesamiento analítico en tiempo real** (**RTAP**, *Real Time Analytical Processing*). Un diferenciador claro del análisis RTAP frente a las otras aproximaciones es que la persistencia ya no es un factor necesario, al menos como un eslabón anterior al consumo del dato. Los requerimientos de velocidad que impone el procesamiento en tiempo real son, hasta cierto punto, incompatibles con la mecánica de procesar, guardar y leer el dato para poder consumirlo. Por lo tanto, no solo es necesario efectuar las transformaciones directamente sobre el flujo de eventos, sino que el acceso posterior puede hacerse también sobre este.

---

138   Kafka puede también realizar esta función.

139   En este caso, el procesamiento no se limita a un conteo de eventos generados por un emisor, sino que involucra múltiples flujos de datos, con transformaciones y agregaciones complejas, detección de correlaciones y aplicación de modelos predictivos.

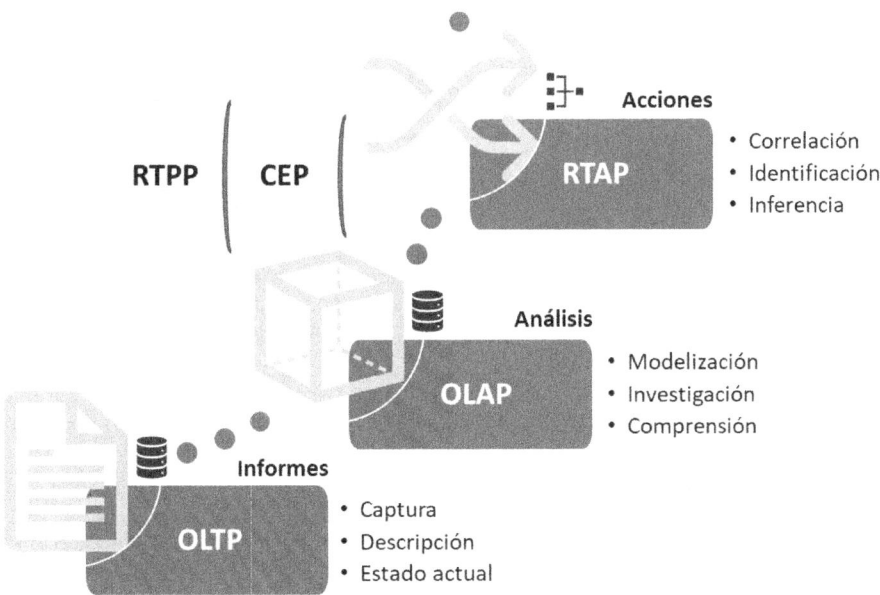

**Figura 5-7**. Evolución de las consultas analíticas.

De forma conceptualmente similar a como funcionan los sistemas de ETL, las plataformas de procesamiento en tiempo real se basan en la aplicación de distintos operadores al flujo de eventos. Las diferencias entre ambos están en la arquitectura, pero también en el nivel de servicio esperado. En el procesamiento por lotes los datos se recopilan y almacenan para su procesamiento posterior, de manera que es posible tratar grandes volúmenes en intervalos de tiempo aceptables. Por este motivo, las transformaciones que pueden implementar son más eficientes, más complejas y de mayor calidad. Por el contrario, para procesar datos en tiempo real se requieren arquitecturas distribuidas que puedan operar en paralelo de forma constante, con una tolerancia a fallos que variará en función de los requerimientos. Existen, además, otras implicaciones importantes:

▶ La riqueza en las transformaciones nunca será tan grande como en un sistema por lotes, ya que esta va en contra de proporcionar bajas latencias.

▶ Para poder poner en contexto los datos y realizar agregaciones y transformaciones complejas, como correlaciones o asociaciones, las plataformas en tiempo real necesitan mantener el histórico de eventos. Por ejemplo, para detectar patrones de repetición en series temporales es necesario tener acceso a toda la secuencia. Esta capacidad es lo que se denomina **mantenimiento del estado** (*stateful*), y no todos los sistemas la implementan.

| Proyecto | Características | Orientación |
|---|---|---|
| **Apache Flume** | Recopilación, agregación y movimiento de datos de registros (*log data*) | Enfocado a la ingestión de datos en tiempo real y su transporte a sistemas de almacenamiento centralizados |
| **Apache Kafka** | Kafka Streams permite generar nuevos tópicos transformando otros existentes | Es una buena opción si ya se está utilizando Kafka para la transmisión, y las transformaciones no son muy complejas |
| **Apache Spark** | Spark Structured Streaming puede procesar eventos en tiempo real de forma continua o discreta (*micro-batching*) | Unifica el procesamiento por lotes y en tiempo real sobre el mismo API de DataFrames y utilizando Spark SQL |
| **Apache Nifi** | Automatización y gestión del flujo de datos entre sistemas basada en la programación orientada a flujos (FBP, *Flow-Based Programming*) | Permite el diseño, control y monitorización de flujos de eventos de forma gráfica, con especial foco en datos heterogéneos y no estructurados |
| **Apache Storm** | Procesamiento continuo de eventos complejos con mantenimiento de estado (*stateful*) | Proporciona una alta integración con múltiples fuentes de datos y una gran velocidad de proceso. Sólo opera en tiempo real |
| **Apache Flink** | Procesamiento continuo y por lotes de eventos complejos con mantenimiento de estado (*stateful*) | Soporta la realización de cálculos y consultas complejas que implican ventanas temporales, trabajando por lotes y en tiempo real |
| **Apache Samza** | Procesamiento continuo de eventos complejos con mantenimiento de estado (*stateful*) | Se basa en Kafka para proporcionar ciertos servicios, por lo que es una buena opción allí donde no llegue Kafka Streams. Sólo opera en tiempo real |

**Tabla 5-3**. Proyectos de la Fundación Apache para el procesamiento de datos en tiempo real.

▶ El procesamiento en tiempo real depende de los modos de verificación de entrega de los sistemas de transmisión de eventos de los que se alimentan, con las misma características que veíamos en apartados anteriores. Sin embargo, estos pueden verse modificados por la propia plataforma de transformación, dependiendo de sus características.

▶ Debido a la posibilidad de perder o duplicar eventos durante el procesamiento y de las limitaciones en cuanto a la riqueza de las transformaciones, la fiabilidad y exactitud de los datos en los flujos de eventos puede verse comprometida.

Esta última consideración hace necesaria en muchos casos una coexistencia de los procesamientos por lotes y en tiempo real. La idea es asegurar tanto una entrega rápida de los datos, aunque sujeta a posibles errores, como un conjunto histórico íntegro, aunque sea más tarde. Esta es la idea de las rutas fría y caliente en la arquitectura Lambda que veíamos en capítulos anteriores y que retomaremos más adelante.

## 5.2.2 Soluciones para el procesamiento de eventos

Existen múltiples soluciones, tanto de código abierto como propietarias, para el procesamiento de eventos. La propia Fundación Apache mantiene siete proyectos activos al respecto, enumerados en La Tabla 5-3. Exceptuando Apache Flume, con una orientación más específica hacia el análisis de archivos de registro, las diferencias entre el resto de los proyectos son muchas veces sutiles.

Como comentábamos en el apartado anterior, la mayoría de estas soluciones manipulan el flujo de eventos mediante una serie de operadores. Cada uno de estos recibe cero o varias entradas, realiza una función más o menos compleja, que puede requerir el contexto (estado) de los eventos, y produce también cero o varias salidas. La lógica de enlace y control de estos operadores se suele realizar mediante **lenguajes para la manipulación de flujos**, de forma que las aplicaciones se convierten en grafos dirigidos (DAG) que realizan tareas en paralelo sobre los datos. Estas aplicaciones acaban siendo desplegadas en un clúster de servidores[140] a modo de tarea continua[141] que se controla y monitoriza. Muchas de esas soluciones, como **Apache Nifi**, proporcionan entornos gráficos para el diseño y la gestión de estas aplicaciones.

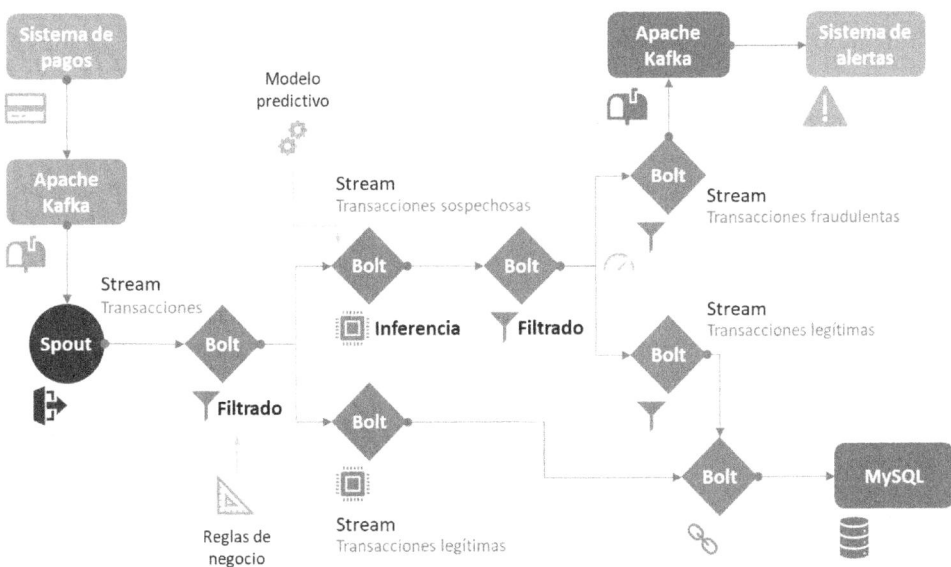

**Figura 5-8.** Aplicación para la detección de fraude con Apache Storm.

---

140  De forma similar a como hemos visto ya en otros sistemas, con nodos primarios y subordinados donde se reparten las tareas en función de la carga de trabajo.

141  Si el flujo de datos también lo es. Si la secuencia de eventos que hay que procesar es finita (por ejemplo, proviene del contenido de un fichero), entonces la aplicación acabará terminando.

**Apache Storm** es uno de los sistemas de procesamiento en tiempo real que más tiempo lleva en el mercado. Una aplicación en Storm se configura entorno al concepto de **topología**, que se compone a su vez de conectores con orígenes de eventos, denominados **Spouts**[142], y de elementos de procesamiento, denominados **Bolts**[143]. Los Bolts se encargan también de conectar los eventos resultado del procesamiento con el exterior de la topología, incluyendo bases de datos, sistemas de transmisión de eventos o aplicaciones de monitorización en tiempo real. Las topologías manipulan los eventos como secuencias ilimitadas y desordenadas de tuplas[144], denominadas **Streams**. Cada Stream está caracterizado por un esquema que define el contenido de sus tuplas. Por lo tanto, los Spouts se encargan de ingresar Streams dentro de la topología, y los Bolts generan nuevos Streams a partir de los existentes.

Storm dispone de un amplio número de Spouts especializados para conectarse a distintos orígenes, incluyendo sistemas de transmisión de eventos, colas de mensajes, sistemas de archivos o API REST. Desde el punto de vista de los Bolts, estos elementos permiten la transformación, filtrado, agregación y transformación de tuplas, incluyendo la escritura de los Streams en sistemas de persistencia, como acabamos de comentar. Existen también Bolts especializados que permiten, por ejemplo, la aplicación de modelos predictivos sobre los flujos de tuplas. En cualquier caso, es posible el desarrollo y la combinación de nuevos elementos a través de distintos lenguajes de programación.

La Figura 5-8 muestra una aplicación de ejemplo para la detección de fraude en tiempo real en transacciones con tarjeta de crédito. En este caso, las transacciones se alimentan desde el sistema de pagos a través de Apache Kafka como sistema de transmisión de eventos. Un Spout de Apache Storm se encarga de generas los Streams, que en este caso serán tuplas conteniendo la fecha y hora de la transacción, el importe, la ubicación de la compra y el identificador de la tarjeta bancaria. Un primer Bolt se encarga de filtrar las tuplas que, según unas reglas de negocio prefijadas, son obviamente legítimas. Sobre las transacciones sospechosas se aplica un modelo predictivo desarrollado mediante técnicas de aprendizaje automático, que calcula si la probabilidad de fraude es mayor que un determinado umbral prefijado. En caso afirmativo, las tuplas son enviadas a un tópico de Kafka y de ahí a un sistema de alertas, que se encarga de detener la transacción. Por último, todas las transacciones legítimas son confirmadas en una base de datos OLTP.

Finalmente, y respecto a las soluciones propietarias para el procesamiento de eventos, podemos destacar **AWS Kinesis**, **Google Dataflow**, **Azure Stream Analytics** o **IBM Streams**.

---

142  La traducción sería tubo.

143  La traducción sería perno.

144  Una tupla es un lista ordenada de elementos, generalmente inmutable. Es decir, la tupla contiene los elementos del evento (identificador, fecha, contenido, etc.).

## 5.3 UNIFICACIÓN DE PROCESOS

Hablando de arquitecturas y patrones de *Big Data* en capítulos anteriores, ya introdujimos la necesidad de unificar los procesos por lotes y en tiempo real sobre los datos. Concretamente, introdujimos la **arquitectura Lambda** como un modelo de procesamiento distribuido de dos rutas: una por lotes (ruta fría), que puede implementarse mediante Apache Hadoop, y otra en tiempo real (ruta caliente), gestionada por Apache Storm, por ejemplo. Ambas rutas partían desde un sistema de distribución de eventos, como Apache Kafka, unificándose posteriormente en una capa de acceso sobre la que se consumía la información.

### 5.3.1 El modelo Lambda

Ahora que ya conocemos el **teorema CAP**, una de las promesas de la arquitectura Lambda era romper las limitaciones que de él se derivan. La ruta fría se encarga de dar una visión consistente e inmediata sobre los datos históricos (inmediata en la medida en que todos los nodos disponen de los mismos datos al mismo tiempo), mientras que la misión de la ruta caliente es proporcionar alta disponibilidad y baja latencia sobre los datos más recientes. Para dar estas dos características, los datos deben ser divididos y replicados, distribuyéndose la operativa entre los nodos del sistema de procesamiento en tiempo real. Todo esto puede introducir ciertas inconsistencias puntuales y temporales entre los datos de cada nodo, por lo que aunque esta ruta ofrece consistencia, esta es eventual.

En definitiva, estamos hablando de un sistema distribuido, eventualmente consistente en su conjunto, y que ofrece alta disponibilidad con acceso a la información más reciente. En cualquier caso, no hay que perder de vista que ante un error en un nodo habrá cierto sacrificio en la consistencia o en la disponibilidad de los datos, si bien la existencia de las dos rutas permite minimizar ese impacto. El principio de inmutabilidad de los datos en la ruta fría del modelo Lambda, donde estos no se actualizan sino que se recalculan, permite además simplificar los procesos ante cambios en el código y garantizar la consistencia de los datos en los diferentes nodos. No hay que perder de vista, sin embargo, que desde el momento en que el procesamiento en su conjunto es asíncrono, es inevitable que existan desfases entre los datos que entran en el sistema y los resultados que se están ofreciendo a las aplicaciones para su consumo. Por lo tanto, la consistencia total como tal sigue siendo una quimera.

La Figura 5-9 muestra un ejemplo de la aplicación del modelo Lambda para el análisis de compra en una tienda virtual, en el que se procesan también las opiniones que los clientes hacen de los productos a través de la página web o la aplicación móvil. Ahora que hemos visto ya distintas soluciones para el almacenamiento y tratamiento de los datos podemos sugerir algunos nombres para los distintos componentes.

El flujo de datos sería como sigue:

▸ Los datos de los pedidos se registran en una base de datos transaccional **MySQL**, mientras que las opiniones de los clientes quedan almacenadas en una base de datos de documentos, como **MongoDB**.

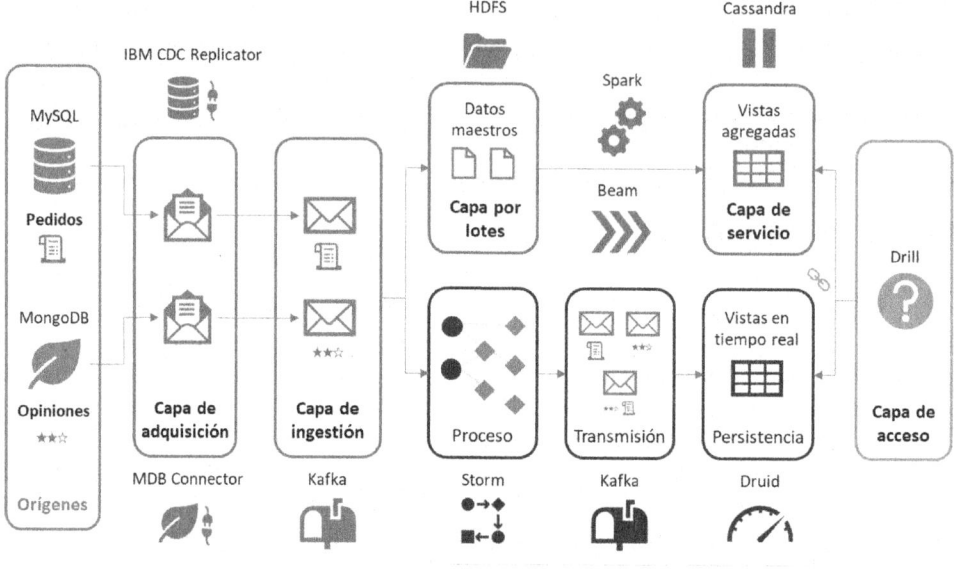

**Figura 5-9**. Unificación de procesos en el modelo Lambda.

▸ La capa de adquisición convierte los datos de los pedidos y los de las opiniones a mensajes, de forma que pueden ser alimentados a la capa de ingestión, basada en **Apache Kafka**. La premisa es analizar los datos en tiempo real, por lo que tan pronto se produce un pedido o una opinión estos deben ser transmitidos como eventos[145]. Para ello se utiliza un solución de captura y replicación de datos en tiempo real para los pedidos (**IBM CDC Replicator**), que convierte directamente cada registro de la base de datos en un mensaje de Kafka, y un conector de **Kafka Connect** específico para MongoDB para las opiniones. En Kafka se publican los mensajes en dos tópicos, uno para pedidos y otro para opiniones, aunque se podrían segregar los pedidos por tipo de compra o banda de importe.

▸ A partir de este punto, el procesamiento se bifurca. En la ruta fría los mensajes son escritos directamente en **HDFS** (podríamos utilizar S3), en formato **Avro** o similar, mediante Kafka Connect. Estos datos constituyen el conjunto de datos maestros, sobre los que se rehacen las vistas agregadas de la capa de servicio en cada lote de proceso. Estas vistas residirían en una base de datos NoSQL orientada

---

145  Una alternativa sería efectuar la conversión y publicación de los mensajes cada cierto tiempo.

a columnas, como **Apache Cassandra** o **HBase**, proporcionando información agregada sobre el proceso de compra. Por ejemplo, pueden tener ya calculados los subtotales de venta por producto, día de la semana y canal de compra, con lo que las aplicaciones no necesitan acceder a los datos en bruto para este tipo de consultas[146].

▶ Para construir estas vistas agregadas podemos utilizar **Apache Spark** o **Beam** como solución ETL. Volver a resaltar que cada lote procesado implica recalcular todas las vistas en la capa de servicio desde el principio, sin efectuar actualizaciones sobre datos ya existentes, que son previamente borrados[147]. Esto permite simplificar el proceso de transformación, especialmente si ha habido cambios en el código que gestiona los datos o se ha modificado el esquema en destino. Esto quiere decir que a medida que pase el tiempo, los procesos ETL en esta ruta serán más pesados, por lo que es fundamental el paralelismo y una correcta división de los datos en el clúster que se encarga del proceso.

▶ En la ruta caliente, **Apache Storm** se encarga de recibir los datos de los dos tópicos y procesarlos. El tipo de transformaciones serán, en principio, análogas a las de la ruta fría. El resultado se alimenta de nuevo en Kafka, posiblemente en tres tópicos, siendo el tercero el resultado de combinar los pedidos con las opiniones. Por ejemplo, aquí tendremos las valoraciones asociadas a cada producto. En este punto, los tópicos con la información en tiempo real ya son consumibles directamente sobre Kafka a través de un cliente desarrollado o un API.

▶ Finalmente, los tópicos son volcados a una base de datos en tiempo real, como **Apache Druid** o **Pinot**, formando a su vez vistas con agregados a corto plazo. La diferencia de estas vistas respecto a las de la ruta fría es que son actualizadas de forma incremental, a medida que nuevos datos van llegando. De cara al consumo, y actuando como reunificador de ambas rutas, la capa de acceso se compone de un motor de consultas, como **Apache Drill**, que permite realizar de forma transparente consultas federadas sobre Cassandra y Druid. Será Drill donde se conecten las aplicaciones de generación de informes, cuadros de mando y análisis predictivo.

Es importante entender que la capa de acceso no tiene ningún conocimiento sobre el **reparto de datos entre las dos rutas**, por lo que este debe ser consistente. Si el proceso por lotes se efectúa una vez terminado el día, eso quiere decir que hasta las doce de la noche todos los datos de ese día que termina estarán en la ruta caliente, mientras que la ruta fría dispone de todo el histórico anterior. Cuando finaliza el proceso ETL diario, toda la información de la ruta caliente es borrada, ya que ahora se encuentra en la ruta fría, que ha reconstruido sus vistas agregadas incorporando los datos del día que acaba

---

146 En cualquier caso, los datos en bruto en HDFS pueden ser consultados y modelizados en cualquier momento.

147 En algunas situaciones llega a ser recomendable realizar cargas incrementales, especialmente si el histórico de los datos es muy grande.

de terminar. Es fundamental que no existan solapamientos ni duplicidades de datos entre las dos rutas, ya que de lo contrario las consultas darían resultados erróneos. Si ahora, a las cuatro de la madrugada, preguntamos desde Drill por el número de unidades vendidas hasta la fecha de bolígrafos y sus correspondientes valoraciones por país del comprador, este lanzará la consulta a Cassandra y Druid, respondiendo cada uno con su parte de los datos que es finalmente consolidada y presentada.

## 5.3.2 El modelo Kappa

Con independencia de las conclusiones respecto al teorema CAP, y como ya avanzábamos en su momento, la principal crítica al modelo Lambda viene por la necesidad de mantener dos sistemas distribuidos complejos para acabar produciendo el mismo resultado. Como respuesta, el **modelo Kappa**[148] propone que el sistema de procesamiento en tiempo real se haga cargo de todo el cómputo, planteando el aprovisionamiento por lotes como un caso especial de este.

La Figura 5-10 muestra el mismo ejemplo del caso anterior implementado mediante un modelo Kappa. Como acabamos de comentar, la ruta fría desaparece, de forma que existe un único flujo de eventos que sale de la capa de ingestión hacía la de procesamiento. Para este sistema hemos sustituido Storm por **Apache Samza**, ya que un factor clave ahora es el mantenimiento del estado de los eventos (*stateful*), y Samza ofrece mejores características en este sentido.

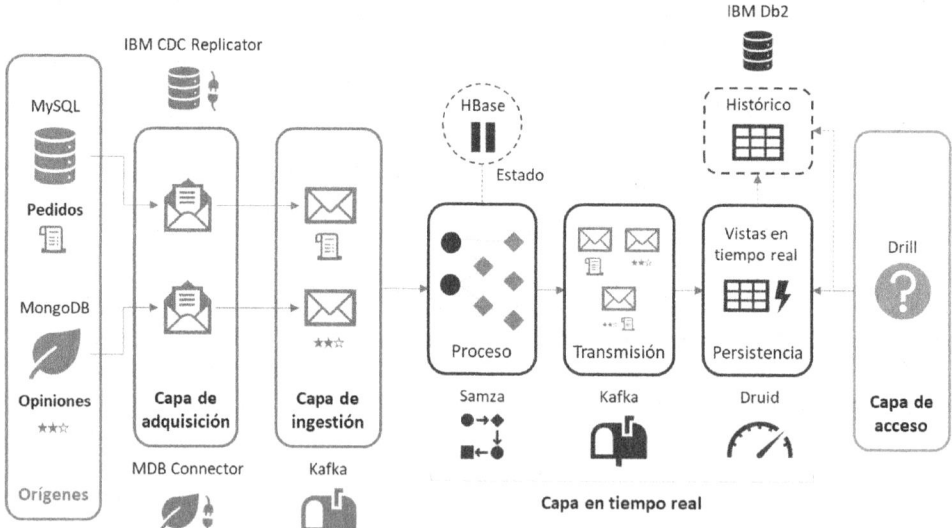

**Figura 5-10.** Unificación de procesos en el modelo Kappa.

---

148 Planteado por Jay Kreps en 2014 como respuesta al artículo original de Nathan Marz sobre el modelo Lambda (*https://www.oreilly.com/radar/questioning-the-lambda-architecture/*)

Mantener el estado de los eventos quiere decir guardar el contexto en el que se producen, lo que se traduce en gestionar una ventana temporal lo suficientemente amplia como para poder generar vistas agregadas históricas al vuelo. Esto es, a medida que llegan nuevos eventos al sistema, estas vistas se actualizan de forma incremental. Desde el momento en que no tenemos los agregados precalculados de la ruta fría, las consolidaciones temporales deben hacerse de esta manera. Por ejemplo, si queremos calcular las unidades vendidas por producto en la última hora tendremos que mantener una ventana móvil horaria de ventas en el sistema de procesamiento[149]. A medida que van entrando nuevas ventas, la suma móvil de unidades se va actualizando, de manera que tendremos ya calculada esa métrica para ese periodo temporal para las consultas que la requieran. Por el contrario, en el modelo Lambda tendríamos vistas agregadas en la capa de servicio para cada hora del histórico de datos.

El ejemplo anterior ilustra bien los casos de uso donde la arquitectura Kappa es preferible a la Lambda: cuando el histórico no es muy grande, el foco del análisis está en el tiempo real y las agregaciones no son muy complejas, entonces Kappa sería la mejor opción, ya que es un modelo más sencillo de mantener y operar. En el caso en que el volumen de datos histórico sea muy grande y los cálculos complejos[150], Lambda proporcionará un mejor rendimiento, ya que se beneficiará de la materialización de las consultas. Como alternativa, en el modelo Kappa los resultados del procesamiento en tiempo real se pueden almacenar en un *data warehouse* para su consulta posterior.

Cuando el código que procesa los eventos debe ser actualizado en Kappa, se puede arrancar una segunda instancia del flujo de transformación que aplique la nueva versión sobre los eventos disponibles en Kafka desde el principio, de forma que cuando este acabe, el flujo original y sus resultados pueden ser eliminados.

### 5.3.3 Revisitando los catálogos de tablas

Cuando en capítulos anteriores hablamos sobre patrones arquitecturales, vimos que uno de los retos del *data lakehouse* era precisamente la unificación de la gestión por lotes y en tiempo real. El planteamiento partía de la definición de un formato de tabla, basado en estándares abiertos, que permitiera el manejo de grandes volúmenes de datos, soportando distintas frecuencias de refresco. Sobre este formato se establecía una capa de metadatos enfocada a la gestión y a la comunicación con las aplicaciones finales.

La primera aproximación a este formato de tabla unificado vino de la mano de Apache Hive. Como vimos en el capítulo anterior, Hive proporciona un catálogo (Hive Metastore) que contiene la definición de tablas, entendidas estas como una colección de

---

149 El mantenimiento del contexto en el propio sistema de procesamiento es una opción mientras no implique almacenar un gran número de eventos. Adicionalmente, el estado se puede ir guardando en una base de datos externa, de forma que sea fácil de acceder desde el sistema de procesamiento.

150 Por ejemplo, las agregaciones no aditivas (como los promedios) no se pueden realizar en forma de actualización incremental, por lo que es necesario recalcular sobre todo el histórico. Si el volumen de datos es muy grande, la realización de estos cálculos al vuelo puede no ser viable.

archivos que residen en uno (tablas no particionadas) o más directorios (cada directorio es una partición). Esta capa de abstracción sobre una colección de archivos permite su consulta unificada, el empleo de distintos formatos (Parquet, ORC, etc.) y ciertas propiedades ACID, dependiendo del formato de archivo empleado. Hive proporciona, además, un motor de consulta sobre los datos apoyado sobre ese catálogo, algo de lo que se apartan proyectos similares en este sentido, como **Apache Iceberg**, **Apache Hudi** o **Delta Lake**, que también comentamos en su momento.

Estos últimos sistemas son agnósticos respecto al mecanismo de consulta, centrándose en la catalogación y la optimización del acceso a los datos. Además de soportar transacciones ACID sobre una variedad de formatos, son capaces de gestionar la evolución del esquema y el versionado de los datos, lo que quiere decir que es posible rebobinar el estado de las tablas a distintos puntos del tiempo. La separación del formato y el motor de consulta significa que se pueden emplear otras tecnologías como Spark o Flink para la manipulación de los datos, esta última especializada en el procesamiento en tiempo real. Esto supone una alternativa a las aproximaciones que acabamos de ver para unificar los distintos tipos de procesamiento por varios motivos. Por ejemplo:

- **Gestión del almacenamiento**. Estas soluciones se caracterizan por proporcionar una gestión muy eficiente en el almacenamiento, especialmente en los casos en que los datos se generan constantemente y hay que incorporarlos bajo un esquema de tabla ya definido y catalogado.

- **Características ACID**. Las escrituras en estos sistemas son transaccionales, lo que implica que se puede garantizar la consistencia de los datos incluso en escenarios donde la carga de proceso es muy alta.

- **Modificaciones incrementales**. Desde el momento en que estos catálogos soportan el versionado de la información, es posible plantear la ingestión de los datos en términos de variaciones sobre un estado anterior, lo que agiliza tremendamente los procesos de carga.

- **Accesos nativos**. Como acabamos de comentar, motores de procesamiento como Spark o Flink se conectan de forma nativa a estas tablas, sin necesidad de trabajar directamente con archivos o definir tablas externas.

Estas y otras características hacen que este tipo de catálogos y sistemas de gestión de metadatos se esté empleando mucho hoy en día, ya que permiten unificar procesos y mecanismos de acceso, simplificando enormemente la gestión.

## 5.4 RESUMEN DEL CAPÍTULO

En este capítulo hemos planteado las distintas necesidades y soluciones a la hora de gestionar y transformar datos en tiempo real. Hemos visto también las opciones de cara a unificar estos flujos con los procesos por lotes sobre una plataforma común.

▶ La gestión y el procesamiento de datos en tiempo real es una necesidad en múltiples sectores y aplicaciones de cara a responder de forma efectiva y rápida a **flujos continuos de eventos**.

▶ Las **soluciones de mediación de eventos** se encargan de gestionar la transmisión de estos entre aplicaciones, proporcionando tanto mecanismos de publicación-subscripción como de mensajería directa. Estos sistemas se encargan tanto de la optimización de la comunicación como de garantizar el envío y la entrega, soportando distintos modelos.

▶ **Apache Kafka** es el sistema de referencia para la transmisión de eventos. Su funcionamiento se basa en la segregación de eventos en tópicos, que son a su vez separados en particiones y réplicas dentro de un clúster de nodos, proporcionando un alto rendimiento.

▶ Mientras soluciones como Kafka están orientadas a la distribución, las **plataformas de procesamiento de eventos**, como **Apache Flink**, **Storm** o **Samza** están centradas en la transformación, generando nuevos flujos a partir de aquellos que entran en el sistema.

▶ Las **arquitecturas Lambda y Kappa** son dos aproximaciones a la hora de unificar el procesamiento por lotes y en tiempo real. La primera es más adecuada cuando domina la información histórica, mientras que en la segunda es al revés. En este sentido, los formatos de tabla estandarizados, como **Delta Lake** o **Apache Hudi**, facilitan también tanto la escritura como la lectura de datos con distintos niveles de latencia.

Con este capítulo concluimos la primera parte del libro, centrada en la organización y el acondicionamiento de los datos. En los próximos capítulos abordaremos como podemos explotar estos datos para derivar información relevante para el negocio y soportar la toma de decisiones.

# 6

# ANÁLISIS DESCRIPTIVO: EXPLORACIÓN DE LOS DATOS

Comenzamos con este capítulo la segunda parte el libro, dedicada a la explotación del dato para convertirlo en información. La Figura 6-1 nos permite volver a posicionar las formas de análisis de los datos que ya introdujimos en el primer capítulo del libro. Nos vamos a centrar inicialmente en el análisis descriptivo, que supone, en la gran mayoría de los casos, el primer punto de contacto de los usuarios con los datos.

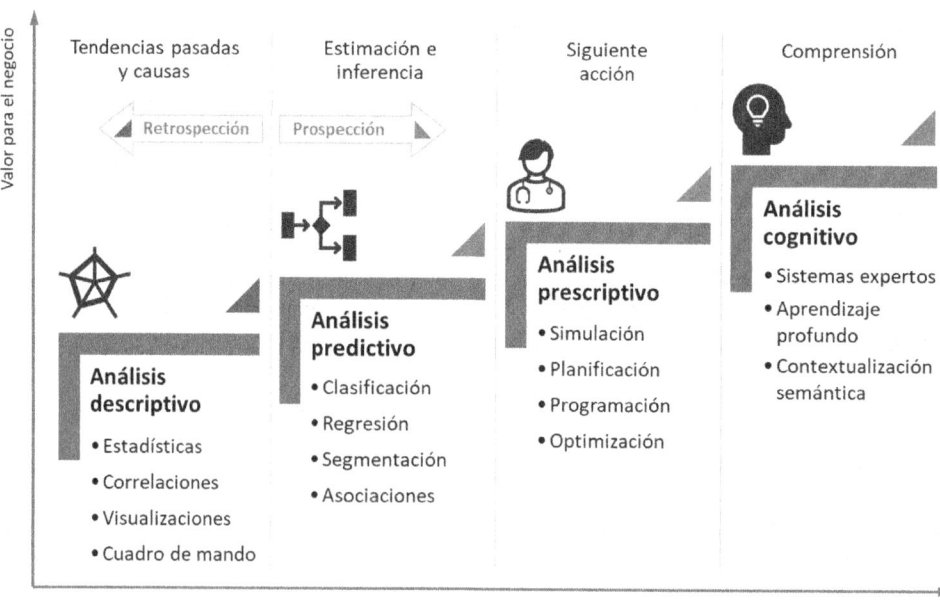

**Figura 6-1.** Analíticas en el negocio según su valor y complejidad.

Partimos de la base de que disponemos ya de un conjunto de datos susceptible de ser explotado. El grado de acondicionamiento y modelado de estos dependerá de la arquitectura elegida para el entorno de información. Esto es, podemos disponer de datos en bruto, donde el grado de transformación ha sido nulo o mínimo y el esquema se establece en el momento de lectura, como en un *data lake*, o de datos procesados, con un mayor o menor grado de estructura de cara a la optimización del acceso, como en un *data warehouse* o *lakehouse*. Simultáneamente, estos datos podrán ser estáticos, hasta la próxima carga ETL, o formarán parte de un flujo continuo de eventos, que hay que consumir al vuelo. En principio, cualquier combinación de estos escenarios es posible, estando nuestro objetivo en la explotación efectiva de toda esa información, empleando para ello tanto recursos locales como servicios en la nube.

## 6.1 MOTIVACIÓN Y OBJETIVOS

El objetivo del **análisis descriptivo** es estudiar de forma retrospectiva los datos con el fin de entender qué ha sucedido y las causas que hay detrás[151]. Para ello se vale de la **estadística descriptiva**, que le proporciona técnicas y medidas para resumir y explicar cómo se distribuyen y relacionan los datos entre sí, y de las **técnicas de representación gráfica**, que permiten una visualización efectiva de la información con el fin de entenderla y, todavía más importante, transmitirla de forma adecuada.

Aunque uno de los objetivos del análisis descriptivo es la identificación de tendencias, patrones y asociaciones existentes entre los datos, este estudio acostumbra a ser más bien cualitativo, de ahí la importancia de las técnicas de visualización. La cuantificación de estos descubrimientos queda normalmente en manos del **análisis predictivo**, más concretamente de la minería de datos[152], aunque las fronteras siempre son difusas. No hay que perder de vista que la separación entre los distintos tipos de analíticas es básicamente conceptual. En la práctica, un analista de datos puede utilizar una combinación de ellas a lo largo de las diferentes etapas de su estudio.

---

151 Hay autores que diferencian a su vez entre **análisis descriptivo** y **diagnóstico**. El primero se centraría en identificar lo que ha pasado y el segundo en las causas.

152 La nomenclatura induce a la confusión en este punto. Aunque el análisis predictivo se centra en realizar estimaciones de lo que pasará en base a lo que ya ha pasado, convive a su vez, como disciplina, con una serie de métodos de naturaleza descriptiva de cara a la detección de comportamientos y correlaciones, como la segmentación de datos (*clustering*), el análisis de reglas de asociación o los patrones secuenciales. Todas estas técnicas, junto con los modelos predictivos, se engloban dentro de la minería de datos, que estudiaremos en el siguiente capítulo.

En definitiva, el análisis descriptivo trata de obtener un resumen y una representación adecuada de los datos que permita establecer un conocimiento claro y contextualizado del estado del negocio y de su evolución temporal. Para esta última podemos tener en cuenta tanto una alta profundidad histórica, como eventos relevantes que se están produciendo en tiempo real.

Vamos a empezar por entender cuál es el foco de nuestro análisis y las formas en las que podemos describir los datos, tanto numérica como gráficamente.

## 6.2 CARACTERIZACIÓN DE LOS DATOS

Desde un punto de vista estadístico, muchos de los análisis que hacen las organizaciones empresariales son **estudios observacionales**. Esto quiere decir que los datos analizados no son el resultado de un experimento que se puede diseñar y repetir de forma controlada, estando hasta cierto punto indefinido el conjunto de sus posibles resultados. Por el contrario, son consecuencia de fenómenos aleatorios[153] que son autónomos, no se pueden reproducir a voluntad, ni tampoco es posible controlar unos factores para calibrar la influencia que tienen sobre otros. El análisis del comportamiento del cliente en cuanto a sus preferencias, hábitos y percepciones, o la evolución de las ventas en función de la geografía y la época del año, son ejemplos de estudios observacionales. Por el contrario, encuestas de opinión para conocer la percepción que tienen los clientes sobre un nuevo producto, o pruebas A/B para determinar que interfaz de aplicación web favorece más la compra en línea, son **experimentos** donde existe un control sobre la reproducibilidad de los resultados.

Con independencia de si el fenómeno a estudiar es de carácter observacional o experimental, el objetivo del **análisis exploratorio de los datos** (**EDA**, *Exploratory Data Analysis*) es investigar los datos recopilados con el fin de resumir y presentar sus principales características, identificando posibles relaciones y tendencias dentro de ellos. Es importante partir de la base que el EDA no tiene una vocación formal. Como comentábamos al principio del capítulo, la cuantificación y confirmación de posibles patrones y asociaciones dentro de los datos requiere el desarrollo y la validación de un modelo de base estadística, algo que cubriremos en el siguiente capítulo.

---

153  Aleatorio en el sentido estadístico, es decir, no determinista, existiendo un grado de incertidumbre en el resultado.

| Familia | Tipo | Descripción y operación | Ejemplos |
|---|---|---|---|
| Cualitativos | Nominal | Los valores son símbolos diferentes, proporcionando la información necesaria para distinguir entre observaciones<br><br>Distinción (=, ≠) | • Código postal<br>• Identificador de empleado<br>• Color de los ojos |
|  | Ordinal | Los valores proporcionan suficiente información para ordenar las observaciones<br><br>Ordenación (<, ≤, ≥, >) | • Dureza en un mineral ({*baja, media, alta*})<br>• Calificaciones<br>• Número de vivienda |
| Cuantitativos | Intervalo | Las diferencias entre valores tienen sentido, existiendo una unidad de medida. El valor cero es arbitrario<br><br>Adición (+, -) | • Fechas y horas<br>• Temperatura en grados Celsius<br>• pH |
|  | Ratio | Tanto las diferencias como los ratios tienen sentido. El valor cero es absoluto; no existen valores negativos<br><br>Multiplicación (×, ÷) | • Número de aviones<br>• Importe monetario<br>• Temperatura en grados Kelvin |

**Tabla 6-1.** Clasificación de atributos según el tipo de operaciones que soportan.

## 6.2.1 Observaciones y atributos

El resultado de un fenómeno objeto de estudio es, por lo tanto, uno o varios **conjuntos de datos**. Cada uno de ellos está organizado como una colección de **observaciones**, descritas a su vez por una serie de **atributos**, cada uno de los cuales captura una característica o medida de estas. Los atributos acostumbran a ser consistentes a lo largo de las distintas observaciones, tanto en significado, tipología y número. Conceptualmente, un conjunto de datos lo representamos como un arreglo tabular[154], donde cada columna contiene un atributo particular, cada fila se corresponde con una observación, y la intersección entre ambas es el valor que toma el atributo para esa observación.

---

154 Con independencia del formato físico, otros arreglos conceptuales ya vistos son posibles, como las correspondencias clave-valor, o incluso más apropiados, como los datos basados en grafos, muy convenientes para relaciones complejas entre observaciones, o los datos secuenciados para representar ordenaciones.

| Rol | Descripción |
|---|---|
| **Identificativo** | Atributo que participa en la identificación de la observación, haciéndolo de forma individual o formando parte de una clave única. Puede aportar algún tipo de significado o ser artificial |
| **Objetivo** | Atributo dependiente (típicamente solo uno) sobre el cual se desean probar los efectos de una cierta intervención en otros atributos. Los estudios puramente descriptivos no contienen atributos objetivo |
| **Explicativo** | Atributo independiente susceptible de afectar a los atributos objetivo en el análisis, con independencia de si se manipula de forma explícita o no, y que es objeto de interés |
| **Control** | Atributo que permanece constante durante la realización del análisis con el fin de minimizar su efecto sobre la misma, no siendo objeto de interés |
| **Extrínseco** | Todo atributo que no forma parte del análisis y no está bajo control, pudiendo influir en la variable objetivo y alterar la interpretación de los resultados obtenidos |

**Tabla 6-2.** Tipos de atributos según su rol en el análisis.

Las observaciones vendrán determinadas por la naturaleza de la población objeto de estudio y su contexto, pudiéndose corresponder con clientes, cestas de la compra, llamadas telefónicas, transacciones de compra, fotografías en una cadena de montaje, etc. Respecto a los atributos, estos se pueden clasificar según las operaciones que soportan (Tabla 6-1), y también según el número de distintos valores que pueden tomar. En este último caso hablamos de **atributos discretos**, cuando el número es finito o contable, **binarios**, cuando el número de posibles valores se restringe a dos, o **continuos**, cuando los valores son números reales[155]. La caracterización de un atributo según estas clasificaciones es importante, ya que no solo indica el tipo de información que recoge, sino que define también el tipo de operaciones y transformaciones que puede soportar, así como la forma más adecuada a la hora de describirlo, resumirlo y representarlo gráficamente.

Otra clasificación importante de los atributos es según el **rol** que desempeñan en el análisis, de forma que este puede variar de uno a otro. La Tabla 6-2 contiene los 5 roles principales. Hay que tener en cuenta que en estudios observacionales es difícil, por no decir imposible, tener atributos de control, de forma que los atributos extrínsecos pueden llegar a dominar el estudio, distorsionando los resultados y llevándonos a conclusiones erróneas.

---

155  Si bien no existe una relación unívoca entre la clasificación de los atributos según la tipología y según el número de distintos valores que pueden tomar, los atributos continuos se corresponden con tipos cuantitativos y los binarios con cualitativos-nominales. Respecto a los valores discretos, estos acostumbran a ser cualitativos, aunque un conteo es un atributo discreto de tipo cuantitativo-ratio.

Tomemos como ejemplo una investigación sobre el crecimiento de un conjunto de plantas. Se desea analizar si existen especies de plantas que son más tolerantes a las sales que otras, teniendo en cuenta la cantidad de estas que se añade al agua de riego, la especie de la planta, así como otros factores relacionados con la salud del ejemplar, como el crecimiento y el marchitado.

| # | Especie | Transgénica (1: sí, 0: no) | Sal añadida (mg/l) | Altura inicial (cm) | Crecimiento (cm) | Marchitado (rango 0 -5) |
|---|---------|---------------------------|--------------------|---------------------|------------------|-------------------------|
| 1 | A | 0 | 0 | 12 | 5 | 0 |
| 2 | A | 1 | 100 | 13 | 10 | 0 |
| 3 | A | 1 | 250 | 11 | 2 | 3 |
| 4 | B | 0 | 0 | 25 | 8 | 0 |
| 5 | B | 0 | 100 | 26 | 12 | 0 |
| 6 | B | 0 | 250 | 25 | 3 | 3 |
| 7 | B | 1 | 350 | 30 | 0 | 4 |

**Tabla 6-3.** Crecimiento de distintos ejemplares de plantas registrados al cabo de 1 mes.

Para ello se recogen distintas observaciones después de 1 mes de riego cada 5 días (Tabla 6-3). En este análisis, el número de planta sería un elemento identificativo: únicamente sirve para identificar la observación y no es de interés de cara el análisis. El crecimiento y el nivel de marchitado serían los atributos objetivo, ya que representan el resultado del experimento. La especie y la sal añadida son los factores que se manipulan para alterar el resultado y son, por lo tanto, atributos explicativos. La condición de planta transgénica sería aquí también un atributo explicativo: aunque no se altera de forma explícita (las distintas observaciones que participan en el experimento no han sido elegidas teniendo en cuenta esta condición), se desea estudiar si afecta de alguna manera a los resultados. La altura inicial no tiene un rol definido en el análisis, pero es necesaria para calcular el crecimiento al final de este. Por último, los atributos de control son aquellos que se mantienen constantes durante el experimento: la temperatura, la luz de la sala donde están las planas y el volumen de agua en cada riego.

Si miramos la tipología de los atributos, el identificador del ejemplar y la especie son atributos nominales y discretos. El indicador de planta transgénica también es nominal, pero en este caso es binario. La sal añadida, la altura inicial y el crecimiento son ratios continuos, mientras que el marchitado es un ordinal discreto. Respecto a los atributos de control, el nivel de luz y el volumen de agua en el riego serían ratios continuos. La temperatura de la sala también es un atributo continuo, pero en este caso es un intervalo.

## 6.2.2 Relaciones entre atributos

Parte del objetivo del EDA consiste en la caracterización de las posibles relaciones entre pares de atributos. Dos atributos son **independientes** cuando el valor de uno no proporciona ninguna información sobre el del otro: las opciones de medir un posible valor en el primero no están afectadas por el valor del segundo, y viceversa. Cuando sí existe esta afectación, se dice que los atributos son dependientes, existiendo una **asociación** entre ambos.

De forma más específica, cuando dos atributos asociados exhiben además una tendencia creciente (si uno aumenta, también lo hace el otro) o decreciente (si uno aumenta, el otro disminuye) se dice que existe una **correlación** entre ambos. Hay que resaltar, por tanto, que no toda asociación es una correlación (Figura 6-2). En cualquier caso, la existencia de una dependencia entre dos atributos no implica causalidad: la modificación de uno no es necesariamente la causa que provoca un efecto en el otro. Como hemos visto, la presencia de un atributo extrínseco puede ser la explicación a la dependencia detectada.

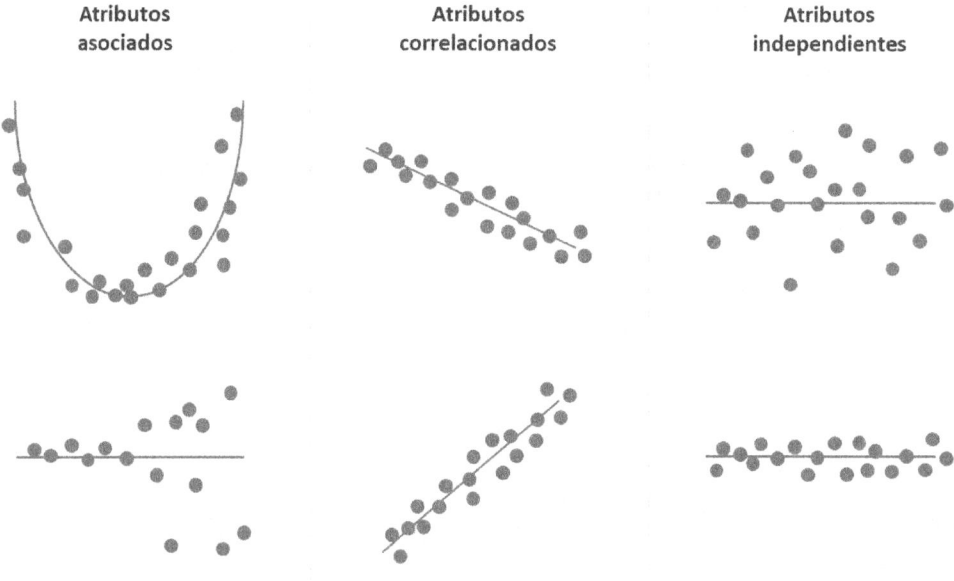

**Figura 6-2.** Atributos asociados, correlacionados e independientes.

La correlación es un tipo de asociación, pero ninguna de las dos implica la existencia de una relación causa-efecto. En sentido inverso, la causalidad siempre es el resultado de una asociación, pero no necesariamente de una correlación.

## 6.3 ANÁLISIS EXPLORATORIO

Como comentábamos en el apartado anterior, el propósito del análisis exploratorio es el entendimiento de los datos, sin entrar en tareas de modelización o predicción. Podemos enumerar sus objetivos de la forma siguiente:

▼ Entender el comportamiento de los atributos, especialmente su evolución temporal cuando son dinámicos.

▼ Cotejar las asunciones existentes con lo que muestran los datos.

▼ Detectar posibles anomalías en los datos[156].

▼ Identificar las posibles relaciones entre los diferentes atributos explicativos.

▼ Evaluar el efecto que tienen los atributos explicativos sobre los objetivos, si estos están establecidos.

▼ Documentar y presentar los hallazgos.

Hay que tener en cuenta que, para la realización de esos objetivos, en muchos casos será necesaria una manipulación de los datos, más allá de lo que nos podemos encontrar en las capas de presentación de nuestro sistema de información. Tareas como el cambio de escala, la discretización en rangos o el cálculo de nuevos indicadores son habituales dentro de un EDA.

Podemos dividir un EDA en dos tipos: uno basado en estadísticos, cuyo objetivo es el resumen de los datos en base a una serie de medidas cuantitativas, y otro gráfico, basado en una representación visual de los datos. Los dos acostumbran a ir juntos, siendo el segundo un aspecto fundamental del análisis, ya que facilita un entendimiento más claro de las distribuciones y relaciones presentes, ayudando además a aclarar ciertas confusiones a las que un resumen puramente numérico podría inducir.

### 6.3.1 Análisis univariante

Un **estadístico** (*statistic*) es cualquier cantidad calculada a partir de los valores de un conjunto de observaciones con una finalidad estadística[157]. Esta finalidad puede ser múltiple, pero nos interesa su capacidad descriptiva para cuantificar la estructura del

---

156 Aunque aquí nos centramos en anomalías desde el punto de vista estadístico, también es habitual detectar problemas relacionados con la calidad de los datos.

157 Obviamos aquí la definición más formal de estadístico como medida calculada a partir de los valores de una muestra, esta última representativa de una población objeto de estudio. En nuestro caso hablamos de un conjunto de observaciones tanto para referirnos a una muestra como a todo el censo (en el caso en que este último fuera accesible), no estando la inferencia estadística en los objetivos del capítulo.

conjunto, resumir sus características y facilitar su comprensión. Hablamos, por lo tanto, de **estadísticos descriptivos**, y estos pueden ser univariantes o multivariantes.

Un **estadístico univariante** (*univariate statistic*) se encarga de describir un único atributo. Aunque en la mayoría de los casos cada observación estará descrita por múltiples atributos, siempre es conveniente analizarlos inicialmente de forma individual, dejando el estudio de las relaciones entre ellos para un análisis multivariante posterior.

En función de las características que describen, podemos hablar de tres familias de estadísticos univariantes. La Tabla 6-4 los resume. Es importante resaltar que, con excepción de la moda, todas estas medidas solo se pueden calcular para atributos cuantitativos. En el caso de atributos cualitativos hay que utilizar otras medidas de resumen, como el conteo y las frecuencias relativas de cada categoría.

| Familia | Objetivo | Medidas |
|---------|----------|---------|
| **Centralidad** | Indican la tendencia de los datos a agruparse alrededor de un valor central | • Media<br>• Mediana<br>• Moda |
| **Dispersión** | Miden la variabilidad existente: si los datos tienden a agruparse o bien a distribuirse de forma dispersa | • Varianza<br>• Desviación estándar<br>• Rango intercuartílico (IQR) |
| **Forma** | Tienen en cuenta el grado de asimetría y achatamiento con el que se distribuyen los datos | • Coeficiente de asimetría<br>• Curtosis |

**Tabla 6-4.** Principales estadísticos univariantes por familias para atributos cuantitativos.

La Figura 6-3 contiene diversos estadísticos calculados para datos de venta de aguacates en dos tiendas para los doce últimos meses. La representación gráfica permite visualizar varias de estas medidas. Por ejemplo, el **rango intercuartílico** (IQR) nos indica entre que valores se encuentra el 50% de los valores centrales. En el caso de la tienda A, en 6 de los meses se han tenido ventas superiores a 270 unidades (**mediana**), mientas que en la tienda B este valor central sube a 320. Además, en esta última dicho valor coincide prácticamente con el **valor medio** (el promedio mensual de unidades vendidas), lo que nos sugiere una distribución simétrica de las ventas. Esto indica que el nivel de ventas de aguacates en esta tienda se ha mantenido de forma más equilibrada que en la tienda A durante todo el año, aunque con una mayor dispersión entorno al valor central (**desviación estándar**). La obtención de un **coeficiente de asimetría** menor para la tienda B confirmaría esta apreciación.

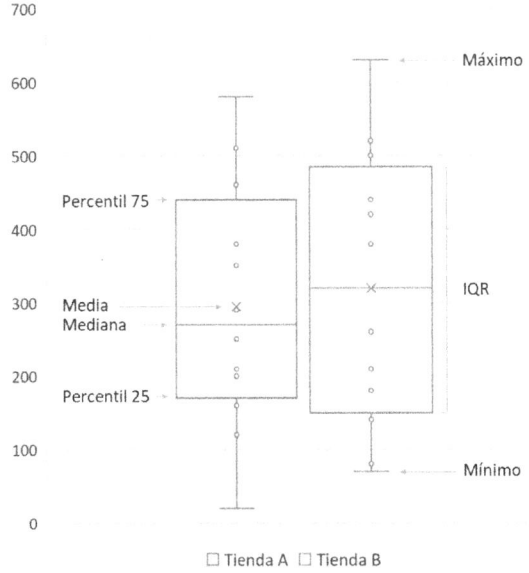

| Estadístico | Tienda A | Tienda B |
|---|---|---|
| Cuenta | 12 | 12 |
| Mínimo | 20 | 70 |
| Máximo | 580 | 630 |
| Media | 294,17 | 319,17 |
| Mediana | 270 | 320 |
| Desviación std. | 167,25 | 186,91 |
| Percentil 75 | 440 | 485 |
| Percentil 25 | 170 | 150 |
| IQR | 270 | 335 |
| Coef. asimetría | 0,21 | 0,13 |
| Curtosis | -0,67 | -1,32 |

☐ Tienda A   ☐ Tienda B

**Figura 6-3.** Estadísticos univariantes para datos de venta.
Cada círculo representa el valor de un mes.

Por lo tanto, a la vista de los números, y desde un punto de vista comparativo, se puede decir que la tienda B vende más aguacates que la tienda A de forma consistente a lo largo de todo el año. Aunque no se dan en este ejemplo, es posible identificar **puntos anómalos**[158] (*outliers*) mediante estas medidas. Una regla habitual es considerar como anómalo todo valor que se aparta 1,5 veces el IQR por encima del percentil 75 y por debajo del percentil 25.

La Figura 6-3 es ya un buen ejemplo de lo que aporta una representación gráfica frente a una pura tabulación de medidas a la hora de interpretar un conjunto de datos. Este tipo de gráfico recibe el nombre de **diagrama de caja y bigotes** (*box & whisker plot*) y se utiliza para representar atributos cuantitativos[159]. Su uso está muy extendido para presentar información relativa a la centralidad de los datos, simetría y presencia de valores anómalos. Sin embargo, antes de llegar a este tipo de gráficos lo más

---

158 Un punto anómalo no es necesariamente un punto erróneo, resultado de una inexactitud en el proceso de recogida o tratamiento del dato. Puede ser un valor perfectamente válido, pero que se aparta de forma significativa del resto de valores, pudiendo afectar y distorsionar el entendimiento de los datos y su posterior modelización.

159 Realmente la gráfica de la Figura 6-3 es bivariante, ya que está representando dos atributos: las ventas por tienda.

habitual es representar la distribución de los datos, es decir, las frecuencias con las que aparecen los distintos valores. Si se trata de un atributo cuantitativo utilizaremos un **histograma**, donde sus valores son discretizados en varios compartimentos y el número de observaciones se representa por barras de altura proporcional.

Si el atributo es cualitativo, entonces un **gráfico de barras** o **circular** serán lo más adecuado, aunque estos últimos han caído en desuso en favor de los primeros, por ser aquellos más fáciles de visualizar. La Figura 6-4 muestra 4 posibilidades a la hora de representar la tabla de frecuencias de un atributo categórico: los gráficos de columnas y barras son visualmente más discriminantes.

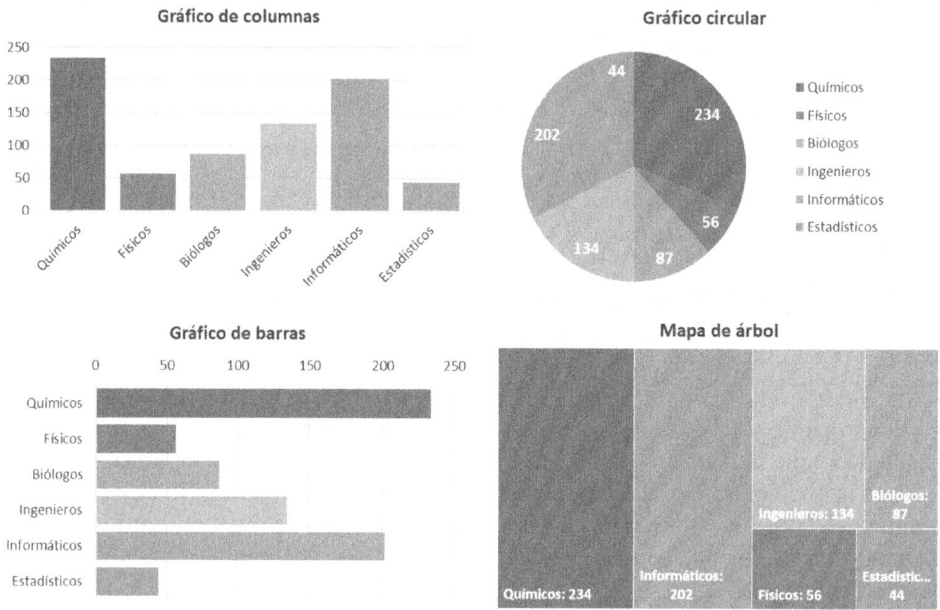

**Figura 6-4.** Distintos tipos de representaciones para un atributo cualitativo (profesión).

Para atributos continuos, la gran ventaja de los histogramas es su gran capacidad para representar como es la distribución de los datos. La Figura 6-5 muestra 6 ejemplos de distribuciones con distintos grados de asimetría y donde hay uno o varios picos de frecuencia. Por mucho que tabulemos percentiles o coeficientes de asimetría, una imagen siempre es más valiosa.

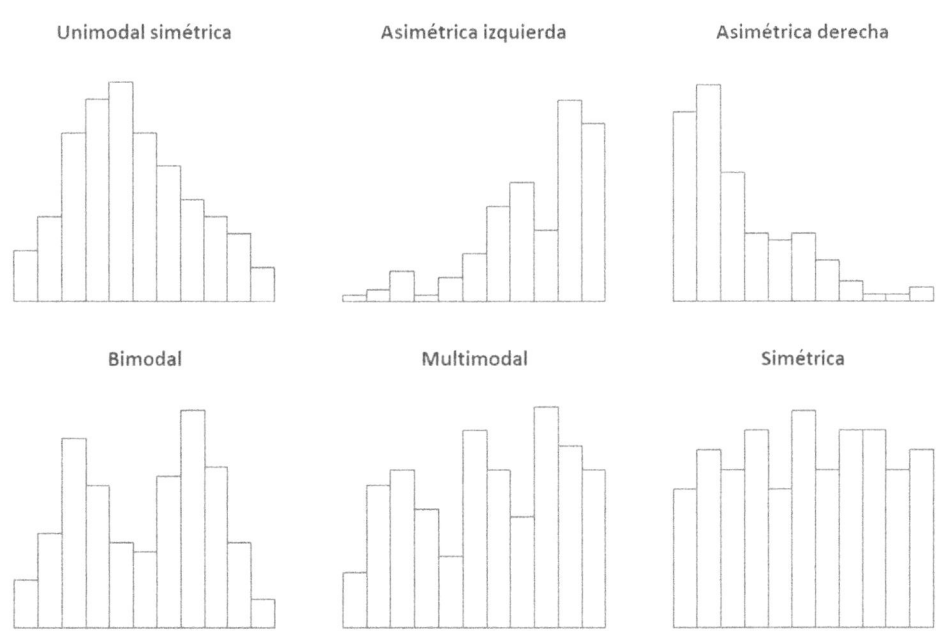

**Figura 6-5**. Histogramas para distintos tipos de distribuciones.

## 6.3.2 Análisis multivariante

El **análisis multivariante** (*multivariate analysis*) tiene como objetivo el estudio de la relaciones e interacciones entre dos o más atributos.

Desde un punto de vista descriptivo, una de las formas más habituales de explorar estas relaciones es representando la distribución de frecuencias conjuntas mediante una **tabulación cruzada** (*cross-tabulation*), también denominada tabla de contingencia. Estas tablas son viables cuando se cruzan dos atributos cualitativos, o bien cuantitativos discretos o que han pasado por un proceso de discretización en rangos, como en el caso de los histogramas. Para representar tres atributos hay que crear tantas tablas dos a dos como posibles valores puede tomar el tercer atributo. Manejar más de tres atributos no acostumbra a ser viable.

La Figura 6-6 contiene 4 tabulaciones cruzadas resultado de medir la frecuencia con que hombres y mujeres de distintos rangos de edad cancelan el carro de la compra en una tienda en línea. La última fila y columna de cada tabla contienen los **marginales totales**. El gráfico de columnas de la derecha representa las mismas frecuencias separadas por sexo y apiladas según el estado final del carro.

| < 20 años | Compra | Cancela | Total |
|-----------|--------|---------|-------|
| Hombre | 120 | 480 | 600 |
| Mujer | 200 | 200 | 400 |
| Total | 320 | 680 | 1.000 |

| 20 – 40 años | Compra | Cancela | Total |
|--------------|--------|---------|-------|
| Hombre | 30 | 150 | 180 |
| Mujer | 60 | 210 | 270 |
| Total | 90 | 360 | 450 |

| 40 – 60 años | Compra | Cancela | Total |
|--------------|--------|---------|-------|
| Hombre | 345 | 120 | 465 |
| Mujer | 430 | 190 | 620 |
| Total | 775 | 310 | 1.085 |

| > 60 años | Compra | Cancela | Total |
|-----------|--------|---------|-------|
| Hombre | 30 | 290 | 320 |
| Mujer | 20 | 70 | 90 |
| Total | 50 | 360 | 410 |

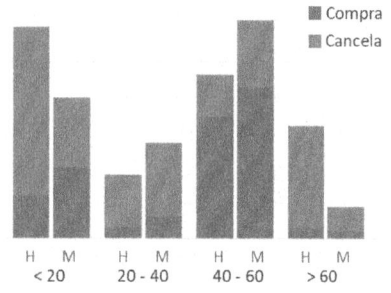

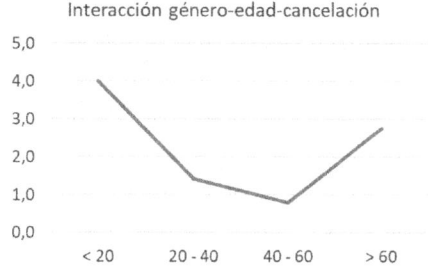

**Figura 6-6.** Tabulación cruzada y razón de posibilidades para el abandono de carros.

Sobre estas tablas de contingencia se pueden calcular distintas medidas de asociación y correlación para cuantificar las posibles interacciones existentes. Una de las más sencillas y populares es la llamada **razón de posibilidades** (*odds ratio*). En este caso, la posibilidad de cancelación se define como el cociente entre la frecuencia de cancelación y la frecuencia de compra[160]. Para la franja de edad inferior a 20 años, dichas posibilidades valen 4 para los hombres y 1 para las mujeres, por lo que la razón (el cociente) entre ambas es 4. Esto indica que, para ese rango de edad, los hombres tienen 4 veces más posibilidades de abandonar un carro que las mujeres. Podemos ver que estas posibilidades disminuyen a medida que los clientes son mayores, pero vuelven a aumentar para la franja de mayores de 60 años. Una razón igual a uno quiere decir que el sexo del cliente no tiene ninguna influencia a la hora de determinar sin un carro acaba abandonado o no.

---

160  En general, las posibilidades (*odds*) se definen como el cociente entre las frecuencias de una categoría y las de otra tomada como referencia. Calculadas para dos atributos con dos categorías cada uno, la razón entre ambas indica la posibilidad de que se dé una combinación de dichas categorías frente a otra.

Cuando se trata de estudiar la relación entre un atributo cualitativo y otro cuantitativo, es habitual realizar un análisis univariante del segundo para cada categoría del primero, comparando después los estadísticos resultantes para las distintas categorías. Desde el punto de vista gráfico la idea es la misma: representar el atributo cuantitativo para los distintos valores discretos. La Figura 6-3 contiene dos diagramas de caja, representando ventas para dos tiendas distintas.

Además de la razón de posibilidades que acabamos de ver, existen otros **estadísticos multivariantes** (*multivariate statistic*) para medir la posible correlación entre atributos cualitativos. En el caso de que estos sean cuantitativos, la **covarianza** (*covariance*) y el coeficiente de **correlación** (*correlation*) son los estadísticos de referencia. La covarianza mide en qué medida y en qué dirección cambia un atributo cuando lo hace el otro: valores positivos indican que cuando un atributo crece también lo hace el otro, valores negativos lo contrario, y valores cercanos a cero sugieren que las variaciones no están relacionadas[161]. Las unidades de la covarianza son el producto de las unidades de los dos atributos que se quieren relacionar, por lo que su interpretación no es fácil. Tampoco están acotados los posibles valores que puede tomar. Por ello, el **coeficiente de correlación** es un estadístico preferido. Se calcula normalizando la covarianza, lo que la vuelve adimensional, de forma que sus valores caen en el intervalo entre -1 y +1. Cuando se trata de analizar las relaciones entre más de dos atributos cuantitativos se calculan las **matrices de covarianza y correlación**, cuyos elementos resultan del cálculo de los respectivos estadísticos tomando los atributos de dos en dos.

Gráficamente, la forma más habitual de representar dos atributos cuantitativos es mediante un **gráfico de dispersión** (*scatter plot*), donde para cada punto de datos, el valor del primer atributo se representa en el eje horizontal y el segundo en el vertical. Si los puntos responden a una ordenación determinada, normalmente según el eje horizontal, entonces se representan conectados por segmentos rectos, dando lugar a un **gráfico de líneas** (*line chart*). Estos son muy empleados a la hora de representar series temporales.

---

161 Es decir, la covarianza, y por extensión la correlación, mide y cuantifica la existencia de una relación lineal entre ambos atributos: cuando un atributo toma valores por encima o por debajo de su media, el otro hace lo propio. Pueden existir otro tipo de relaciones (cuadráticas, exponenciales, etc.) que la covarianza no refleje.

A la hora de hablar de gráficos de dispersión y de la importancia que tienen las representaciones gráficas a la hora de explorar los datos, es obligado mencionar el **cuarteto de Anscombe**[162]. Este comprende 4 conjuntos de datos que comparten los mismos estadísticos (medias, varianzas, coeficiente de correlación, recta de regresión ajustada), pero cuyas distribuciones son completamente diferentes (Figura 6-7). Es un ejemplo más de que los estadísticos numéricos son necesarios, pero que ciertas características fundamentales de los datos solo pueden ser apreciadas mediante gráficos con el fin de no extraer conclusiones erróneas sobre los mismos.

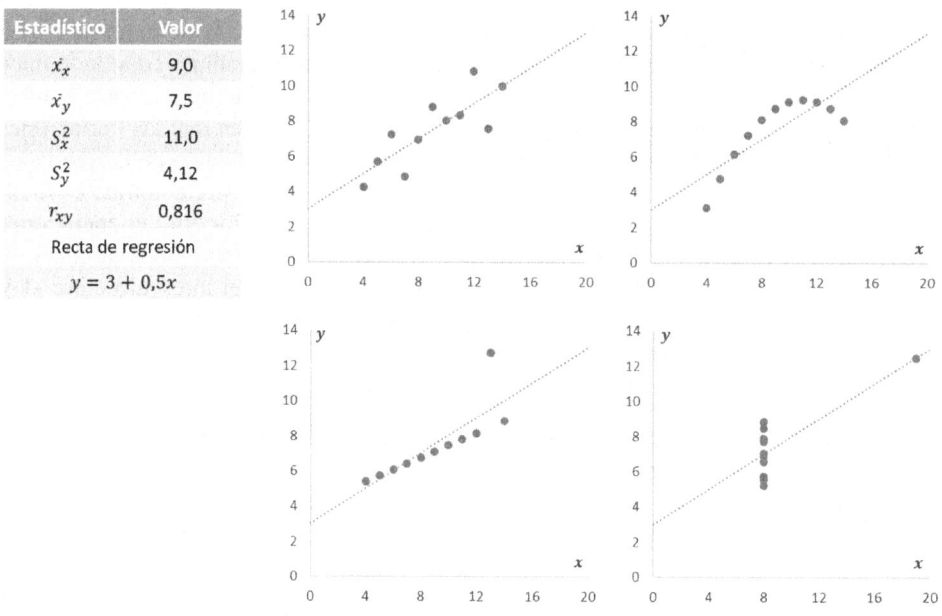

| Estadístico | Valor |
| --- | --- |
| $\bar{x}_x$ | 9,0 |
| $\bar{x}_y$ | 7,5 |
| $S_x^2$ | 11,0 |
| $S_y^2$ | 4,12 |
| $r_{xy}$ | 0,816 |
| Recta de regresión | |
| $y = 3 + 0,5x$ | |

**Figura 6-7.** El cuarteto de Anscombe.

Un aspecto muy importante a la hora de escoger la representación gráfica es la facilidad en la percepción del gráfico. Como norma general han de evitarse aquellas que, innecesariamente, utilicen la profundidad, ya que la percepción visual es más complicada. También es importante no sobrecargar el gráfico mostrando una gran cantidad de información. La Figura 6-8 refleja estas ideas. Contiene tres posibles representaciones de las precipitaciones mensuales en la ciudad de Madrid durante el periodo 2000 – 2009. El objetivo es comparar como han evolucionado estas de un año para el otro, pero también entre meses de distintos años.

---

162  Francis Anscombe, un estadístico inglés, construyó en 1973 estas distribuciones para demostrar la importancia que tiene la representación gráfica de los datos a la hora de interpretarlos (*https:// es.wikipedia.org/wiki/Cuarteto_de_Anscombe*).

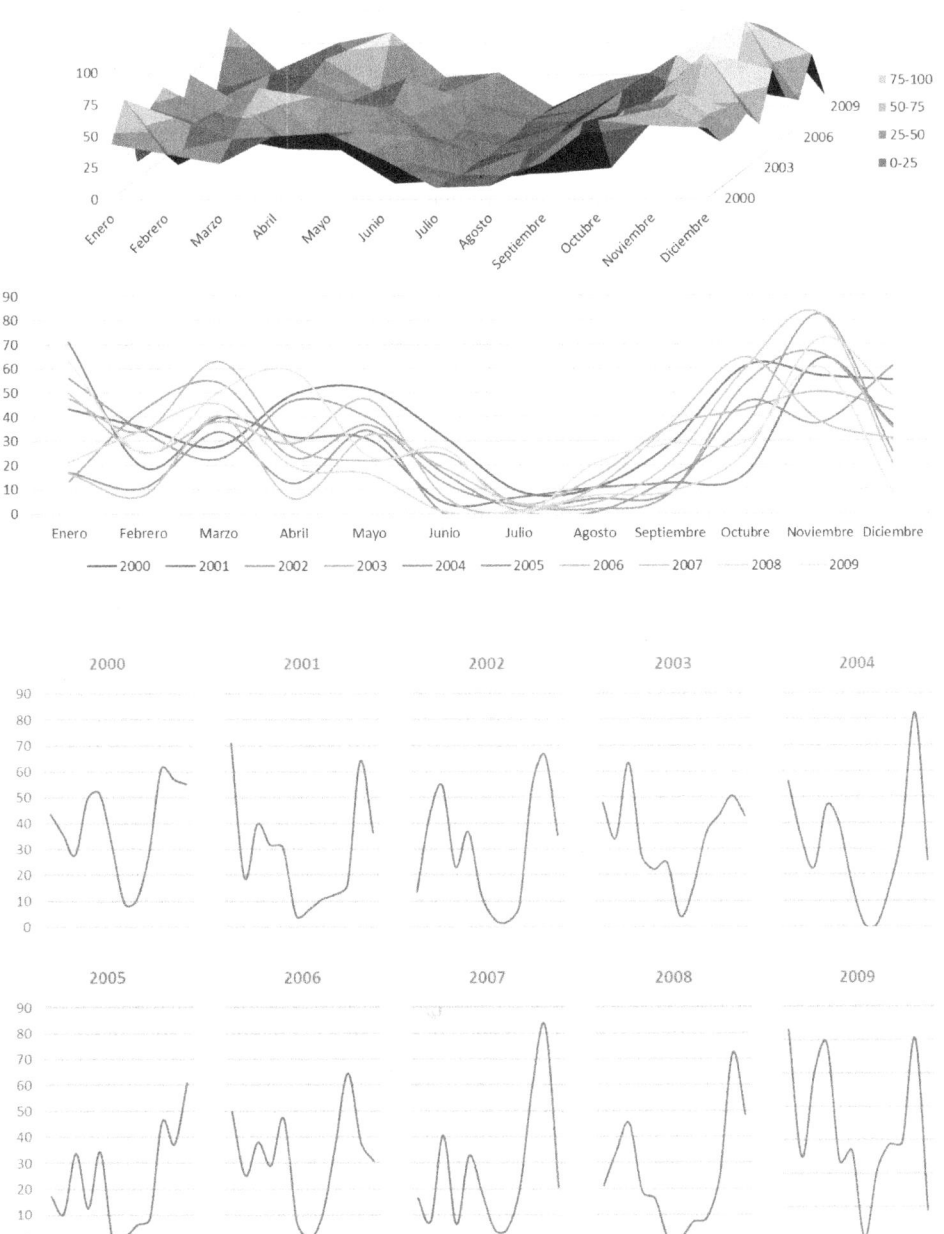

**Figura 6-8**. Tres formas de representación de las precipitaciones
mensuales en Madrid durante el periodo 2000 – 2010.

La primera representación es un gráfico en 3D que permite ver, aunque con alguna dificultad en ciertas regiones, la evolución en estos dos ejes. La segunda es un gráfico de líneas, que adolece del indeseado **efecto espagueti**; resulta complicado seguir la evolución de las precipitaciones durante un año concreto, no resultando de mucha ayuda el código de colores empleado en la leyenda. Finalmente está la separación de cada una de las 10 series anuales en su propio gráfico. Es este último caso el que proporciona una visualización más limpia, permitiendo apreciar mejor los valores mínimo y máximo de cada año, así como el comportamiento de las estaciones.

## 6.4 ANÁLISIS MULTIDIMENSIONAL

Una generalización de las tablas de contingencia que veíamos en el apartado anterior son las **tablas pivotadas** (*pivot tables*), donde los valores representados no son frecuencias relativas, sino alguna métrica, y las agregaciones marginales y totales pueden consistir en sumas, promedios, valores extremos, etc. Su uso es muy habitual en **aplicaciones OLAP**, especialmente por la capacidad que tienen diversas soluciones de *software* analítico para construirlas dinámicamente, permitiendo al usuario una navegación interactiva sobre los datos. En entornos OLAP estas tablas surgen como consecuencia de la realización de consultas sobre **modelos en estrella** o **cubos multidimensionales** que, como ya vimos en capítulos anteriores, proporcionan una representación multivariante de los datos.

En este sentido, una consulta sobre un modelo o cubo dimensional admite 5 tipos de operaciones (**operaciones OLAP**), caracterizadas por la forma en que se manejan las distintas dimensiones y se agregan o desagregan las métricas a lo largo de las jerarquías[163]:

▼ **Agregado** (*roll up*). Esta operación consiste en la reducción de una dimensión en la consulta, agregando los datos a través de una de sus jerarquías. La Figura 6-9 contiene en la parte izquierda la representación tridimensional del modelo en estrella que discutimos en el Apartado 4.2.1 (Figura 4-4). Por simplificación solo se han representado 3 dimensiones: Fecha, Producto y Tienda. Para la dimensión Fecha se muestran los 4 trimestres del año pasado; para la dimensión Producto se incluyen 4 departamentos (Lácteos, Bebidas, Galletas y Cereales); finalmente, para la dimensión Tienda se representan 4 tiendas que se agrupan en 2 zonas a través de una jerarquía geográfica. Cada celda individual de este cubo contiene las métricas del modelo; en este caso estamos representando el número de unidades vendidas. Por ejemplo, en el primer trimestre del año se vendieron 1.211 unidades de lácteos en la tienda A1. Sumando los valores de las celdas vertical y horizontalmente podemos obtener los subtotales para las distintas dimensiones. En el cubo de la derecha la consulta se ha cambiado, de forma que ya no distinguimos a nivel de tienda, sino que directamente tenemos los valores de cada zona en cada celda.

---

163   Se dan los nombres de estas cinco operaciones traducidos al castellano en la medida en que pueden ayudar a clarificar el concepto, si bien su uso es extraño y el término en inglés está completamente generalizado.

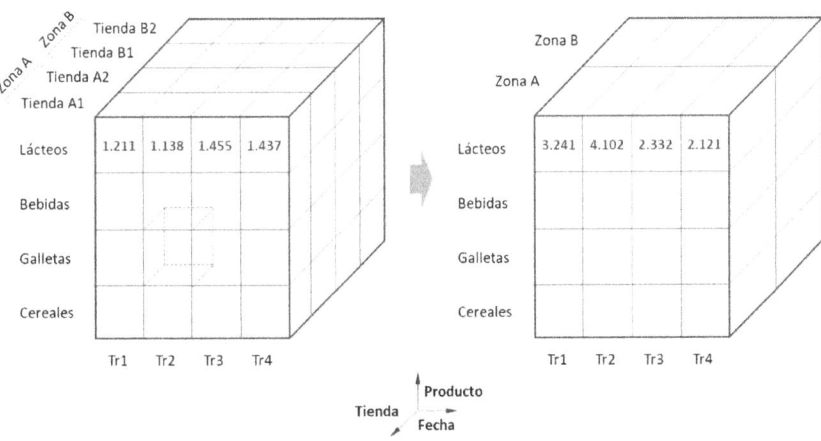

**Figura 6-9.** Operaciones OLAP: roll up.

▶ **Profundizado** (*drill down*). En este caso, la nueva consulta sobre los datos implica expandir una dimensión (o añadir una nueva), desagregando los valores dentro de una jerarquía. Es la operación contraria al *roll up*. En la Figura 6-10 se ha desagregado la jerarquía de la dimensión Producto pasando del nivel Departamento al nivel Sección, obteniendo, por tanto, mayor detalle en el número de unidades vendidas.

▶ **Rebanado** (*slice*). Esta operación consiste en la reducción de la dimensionalidad del cubo seleccionando un único miembro para una de sus dimensiones. Nos permite centrar la consulta en un subconjunto de datos determinado. En la Figura 6-11 se han filtrado los datos para la tienda A1, resultando en un cubo de solo dos dimensiones.

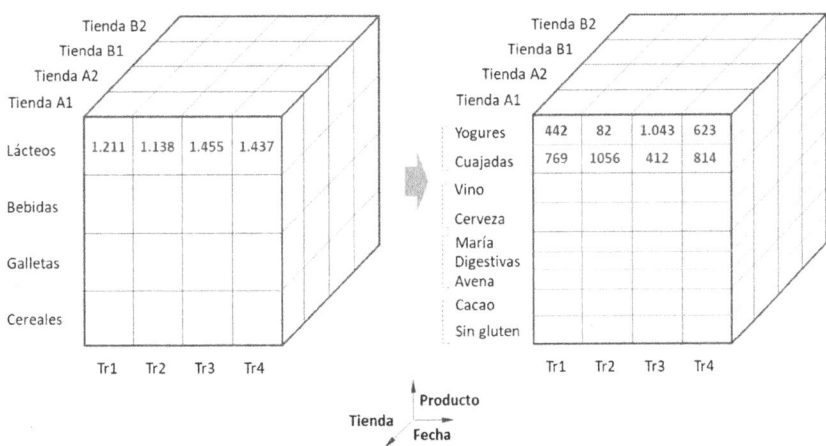

**Figura 6-10.** Operaciones OLAP: drill down.

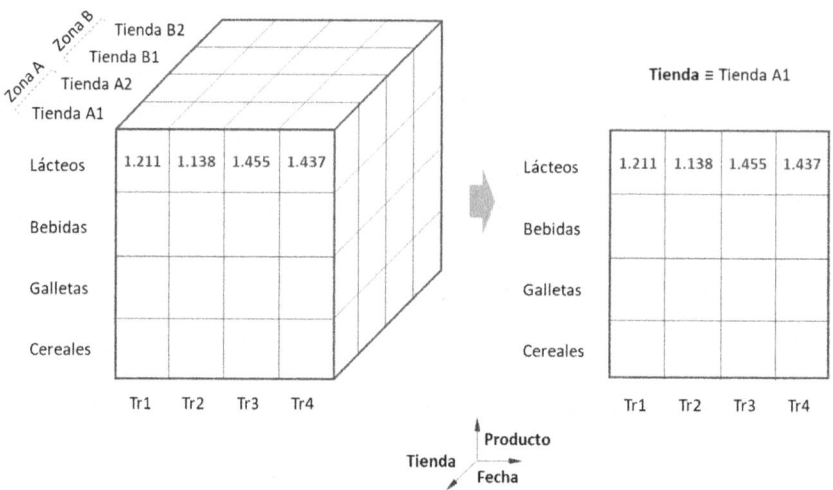

**Figura 6-11.** Operaciones OLAP: slice.

▶ **Corte** (*dice*). De forma similar, es posible generar un subcubo filtrando por valores en más de una dimensión. En la Figura 6-12 se ha cortado el cubo original seleccionando una serie de miembros en cada dimensión.

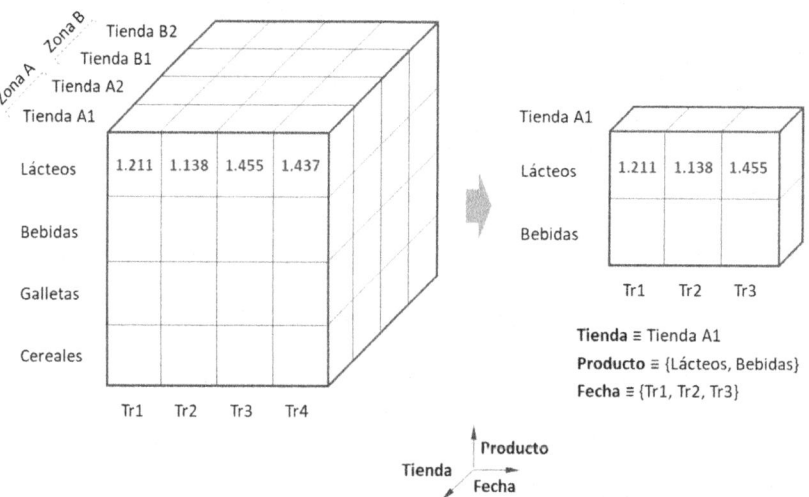

**Figura 6-12.** Operaciones OLAP: dice.

▶ **Pivotado** (*pivot*). La última operación que consideramos consiste en rotar la orientación del cubo para cambiar el punto de vista de los datos y proporcionar una perspectiva alternativa que facilite la interpretación de los resultados. La Figura 6-13 muestra esta operación.

Además de estas 5 operaciones, hay otras 2 que se utilizan con frecuencia. La primera es el **profundizado entre cubos** (*drill across*), que permite acceder de unas métricas a otras a través de tablas de hechos que están enlazadas por dimensiones conformadas. La segunda es el **profundizado a detalle** (*drill through*), donde a partir de una celda del cubo es posible acceder a más información de detalle mediante el enlace de una consulta que proporciona nuevos datos.

En definitiva, el análisis multidimensional consiste en navegar sobre los datos a base de combinar estos tipos de operaciones. Las aplicaciones de consulta OLAP permiten llevarlas a cabo de forma intuitiva a base de clics de ratón y arrastrando y soltando elementos, todo de forma gráfica y visual, sin necesidad de emplear lenguajes de interrogación sobre los datos. Comentaremos esto en el siguiente apartado.

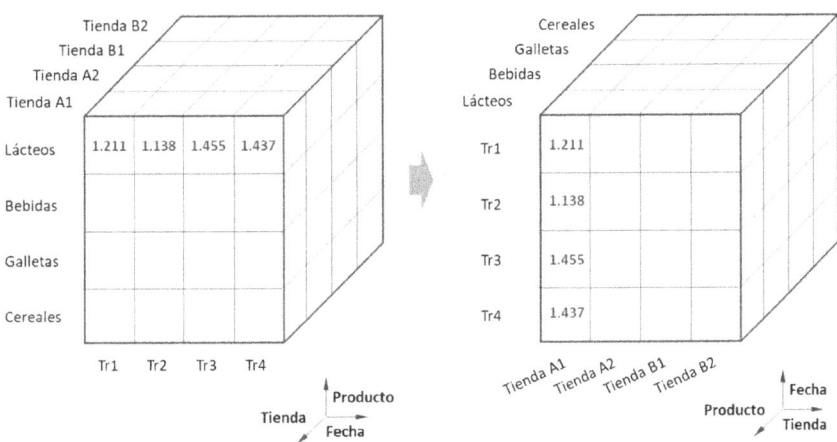

**Figura 6-13**. Operaciones OLAP: pivot.

## 6.4.1 Cuadros de mando y KPI

Como ya sabemos, los modelos multidimensionales nos permiten analizar diferentes métricas de negocio bajo un contexto definido por dimensiones, cada una de estas formada por una o varias jerarquías, que a su vez se componen de niveles. Si combinamos este modelado con las capacidades que aportan las operaciones OLAP en cuanto a la realización de consultas dinámicas e interactivas, podemos construir aplicaciones muy potentes que nos permitan analizar y monitorizar el comportamiento del negocio, midiendo su estado y su evolución. Este tipo de aplicación reciben el nombre de **cuadro de mando** (*dashboard*), y su función es representar **indicadores clave de rendimiento del negocio** (**KPI**, *Key Performance Indicator*) y otros datos y medidas relevantes.

Un cuadro de mando combina tablas, gráficos y elementos de selección y filtrado, agrupados en distintos paneles temáticos, con el fin de presentar información relevante de una forma visual e intuitiva. Podemos enumerar sus principales características:

▼ **Resumen y detalle**. Al menos en una primera impresión, un cuadro de mando debe reflejar en el mínimo espacio posible cual es el estado del negocio. El cuadro de mando ideal sería un panel con un único semáforo, cuyo color indicase ese estado. A partir de ahí, y según las necesidades del usuario, debe facilitar la consulta y la presentación de más información de detalle.

▼ **Información integrada**. Un panel con una tabla y dos gráficos puede construirse sobre una hoja de cálculo. Sin embargo, a no ser que el negocio sea muy pequeño, un cuadro de mando debe nutrirse de fuentes integradas y consolidadas. Estas pueden ser un *data mart*, si se tratar de medir un área concreta de negocio, o un conjunto de ellos, en el caso en que se necesite una medición y seguimiento a nivel corporativo.

▼ **Personalizable**. No existe un único cuadro de mando en una empresa. Podemos hablar de cuadros de mando corporativos (en plural), predefinidos y, de alguna manera, oficiales, pero también de cuadros de mando a medida, que realiza un usuario con el fin de representar una temática concreta[164].

▼ **Visuales e intuitivos**. Un cuadro de mando no solo tiene que ser muy sencillo de consultar y manipular, sino también de construir y personalizar[165]. La compartición de hallazgos es una necesidad que se debe tener en cuenta, por lo que es fundamental que facilite la adición de comentarios, incorporando a su vez documentación sobre lo que se está mostrando.

▼ **Seguros**. La seguridad es un aspecto importante, pero no solo desde el punto de vista de acceso a la aplicación, sino a los datos que deben ser mostrados en función del perfil del usuario. Por ejemplo, un cuadro de mandos que contiene la evolución mensual por franja horaria de las ventas por metro cuadrado de una cadena de supermercados, debe mostrar todos los puntos de venta cuando la consulta la está realizando el director de ventas. Sin embargo, si el que se conecta es el responsable de un supermercado concreto, este solo podrá acceder a sus propios datos. Es decir, la aplicación que sustenta el cuadro de mandos debe soportar la implementación de filtros obligatorios cuando accede a las bases de datos correspondientes.

▼ **Sincronizados**. En la medida en que el origen de datos sea dinámico en cuanto al refresco de la información, el cuadro de mandos debe reflejar esas actualizaciones.

---

164 Esta capacidad del usuario dependerá siempre de las políticas de seguridad de la organización y de los permisos concedidos. Estos últimos afectan tanto a la realización de nuevos cuadros de mando, como a la consulta y la modificación de aquellos existentes a nivel corporativo o departamental.

165 La facilidad en la construcción dependerá también del perfil del usuario y de si está dentro de sus atribuciones.

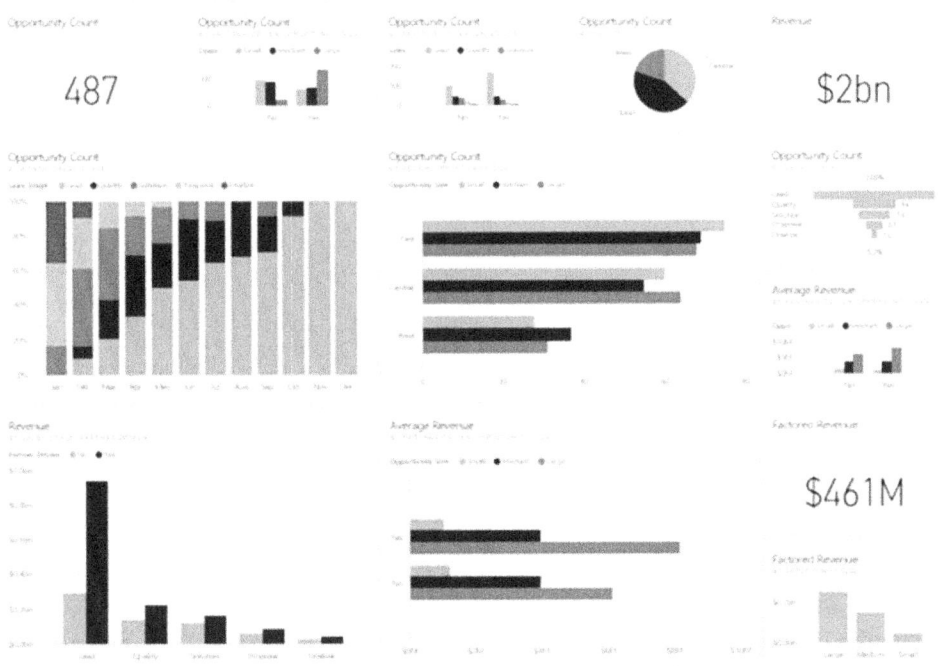

**Figura 6-14.** Ejemplo de cuadro de mando desarrollado con Microsoft Power BI.

Dependiendo de su alcance, los cuadros de mando pueden ser de naturaleza **estratégica**, **táctica** u **operacional**. Los dos primeros están orientados a medir acciones a largo y medio plazo, mientras que los últimos están enfocados al seguimiento de la operativa diaria del negocio. Los requerimientos de sincronización y actualización, por tanto, son diferentes en cada caso, siendo los cuadros de mando operacionales un buen ejemplo de análisis en tiempo real (RTAP). Dentro de los cuadros de mando estratégicos cabe citar los denominados **cuadros de mando integrales** (**BSC**, *Balanced ScoreCard*), que son la base de una metodología para el seguimiento y la monitorización de actividades a nivel corporativo, enfocadas a gestionar y medir el rendimiento del negocio.

Aunque en los últimos años la tecnología ha hecho que las diferencias sean cada vez menores, los cuadros de mando y los **informes de negocio** (*query & reporting*) continúan siendo elementos distintos. Los informes están más enfocados a la presentación recurrente de información histórica recogida durante un periodo de tiempo concreto (por ejemplo, la presentación de los resultados corporativos anuales, o las cuentas dirigidas a entidades regulatorias). Esto no quiere decir que dicha presentación sea estática, pudiendo incorporar filtros dinámicos y elementos gráficos, pero los datos que hay debajo sí acostumbran a serlo, al menos en mayor medida que en un cuadro de mando. Por este motivo, los informes se suelen poder consultar de forma desconectada de la base de datos, cosa que normalmente no es posible en un cuadro de mando, especialmente si el volumen de la información es elevado.

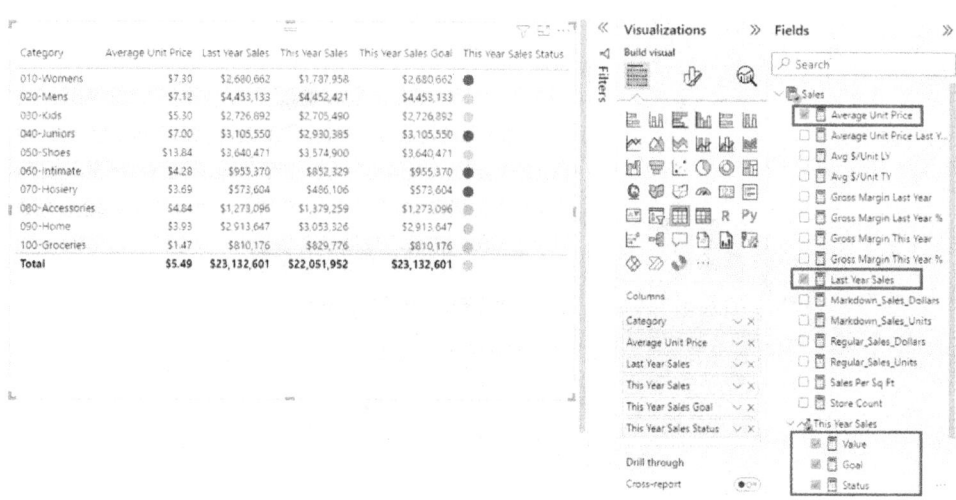

**Figura 6-15.** Selección de campos en la construcción de una tabla pivotada en Microsoft Power BI.

La Figura 6-14 muestra un ejemplo de cuadro de mando para ventas donde se muestran distintos indicadores relacionados con oportunidades e ingresos. Las visualizaciones que componen el panel pueden estar enlazadas. Esto quiere decir que si se hace, por ejemplo, una operación de *drill down* haciendo doble clic sobre una región de ventas en un gráfico circular que muestra el número de oportunidades, el resto de gráficos que contienen las mismas dimensiones se adaptarán, descendiendo al mismo nivel de detalle en la jerarquía, que podría ser ciudad. En la Figura 6-15 se puede ver el proceso de construcción de una tabla pivotada, con indicadores semafóricos en función del cumplimiento de los objetivos de venta. Los desplegables de la derecha permiten seleccionar los campos del modelo de datos que contendrá la visualización, el tipo de esta, los filtros que aplican y la disposición de la información.

Hemos comentado antes que la función de los cuadros de mando es presentar una **colección de KPI**, es decir, indicadores de rendimiento. Estos variarán tanto de un sector de negocio a otro como dentro de cada área. Para que un indicador de negocio sea útil debe estar basado en la definición de unos objetivos; solo de esta forma podremos cuantificar en qué medida nos estamos acercando o apartando de ese fin. Por ejemplo, en entornos de venta por internet, la tasa de conversión (*conversion rate*) es un KPI fundamental que mide la razón en que los visitantes de una tienda en línea acaban comprando[166]. Si marcamos un objetivo, por ejemplo alcanzar un 7% mensual promedio al final del año, un cuadro de mandos nos ayudará a hacer el seguimiento, permitiéndonos ver, por ejemplo, que departamentos de la tienda contribuyen más a ese objetivo, o en que franjas horarias se produce una mayor conversión.

---

166  Concretamente, es el número de compradores dividido por el número total de visitantes a la tienda (aunque se puede definir a nivel de sección o categoría de páginas). Se puede calcular mensualmente o con alguna otra cadencia.

## 6.5 SISTEMAS PARA ANÁLISIS DESCRIPTIVO

Los sistemas encargados de implementar el análisis descriptivo constituyen lo que tradicionalmente se ha denominado la capa de **inteligencia de negocio** o, más recientemente, **analítica de negocio**, al incluir también el análisis predictivo. Todos ellos implementan, en mayor o menor medida, el flujo de construcción representado en la Figura 6-16[167].

### 6.5.1 Flujo de construcción de un cuadro de mando

Partimos de una fuente de información que puede ser una base de datos, un sistema de archivos, una API que proporciona datos, o incluso directamente un flujo de eventos. Lo importante aquí es que el sistema de análisis descriptivo debe aislar al usuario tanto de la estructura original de los datos como de los lenguajes de consulta para acceder a ellos. No hay que perder de vista que el perfil de estos usuarios puede ser muy variado. Si queremos implementar un sistema que permita generar informes y cuadros de mando en modo autoservicio, entonces deberemos tener en mente que dicho perfil será poco técnico, más próximo a roles de negocio. Por lo tanto, no podemos enfrentar a estos usuarios a un conjunto de tablas y campos, con nombres normalmente crípticos, y esperar que empiecen a lanzar consultas SQL complejas.

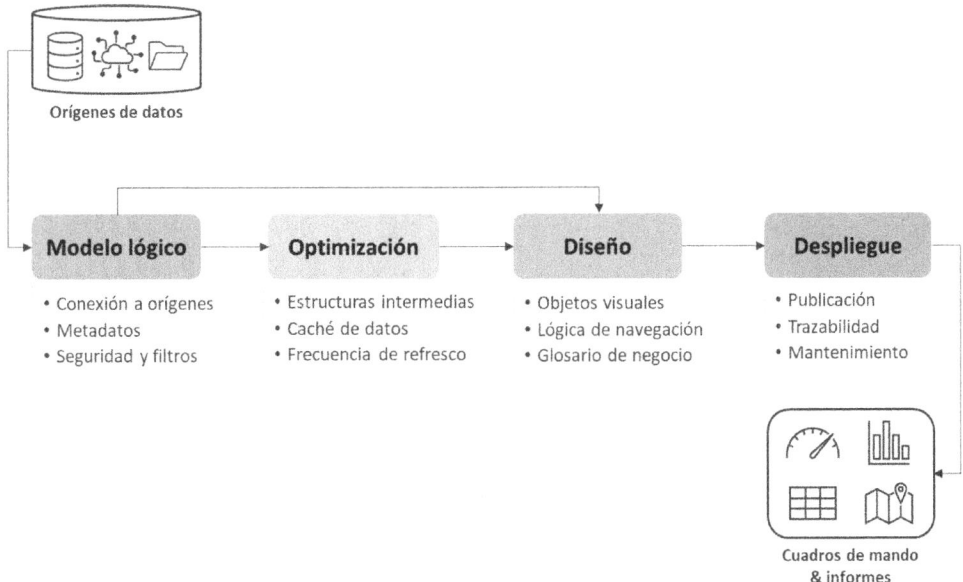

**Figura 6-16.** Flujo de construcción de un cuadro de mando.

---

167  Estamos contemplando aquí el caso general de acceso a una fuente catalogada, es decir, cuyos datos han sido verificados dentro de la organización, formando parte del flujo de datos corporativo. Una fuente no catalogada sería aquella que utiliza un usuario por su cuenta (un fichero, una hoja de cálculo, etc.) para un propósito particular.

En este sentido, la misión de las dos primera fases en la construcción de un cuadro de mando es, precisamente, desarrollar una capa lógica que permita manipular los datos como si fueran objetos de negocio, agilizando el acceso a los datos en la medida en que esto sea posible. Estas dos fases son llevadas a cabo por perfiles técnicos que conocen el modelo físico de los datos en origen, las tecnologías empleadas de cara a la optimización del acceso y, algo fundamental, los requerimientos de consumo de la información por parte de los usuarios finales.

La **capa lógica** consiste en una definición dimensional de los objetos de negocio que se quieren representar con sus correspondientes métricas. Por lo tanto, si partimos de un modelo físico en estrella o de un cubo multidimensional la equivalencia será directa, y su elaboración consistirá en trasladar y renombrar objetos físicos a objetos de negocio. Además, cuando se conectan a las bases de datos, estos sistemas son capaces de detectar e interpretar la **integridad referencial** existente, con lo que el usuario no tiene que volver a definir como están relacionadas las tablas entre sí. Si el modelo físico original es un modelo normalizado, o carece de un esquema definido (*schemaless*) por tratarse de un archivo en un *data lake*, entonces el esfuerzo en esta fase será mayor. La Figura 6-17 muestra un ejemplo de modelo lógico, con un conjunto de entidades de negocio relacionadas entre sí sobre las que se definen dimensiones, jerarquías y métricas. Respecto a estas últimas, este es el punto donde hay que definir también su forma de agregación, tal y como comentamos en el Apartado 4.2.1. Otro aspecto importante aquí es la documentación de todos los metadatos generados, constituyendo el **glosario de negocio**[168] al cual podrán acceder los usuarios finales del cuadro de mando para ver la definición de los conceptos que allí se representan.

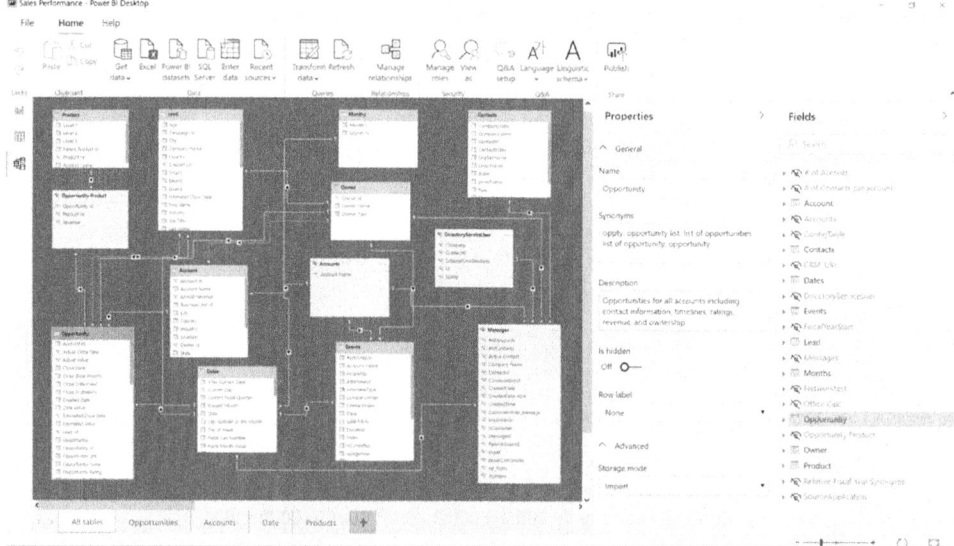

**Figura 6-17.** Construcción de la capa lógica en Microsoft Power BI.

---

168   Este glosario de negocio puede residir también en un catálogo especializado, externo al sistema de análisis descriptivo, desde donde se accede y presenta.

La **fase de optimización** persigue agilizar el acceso a la información. En gran medida, esto es responsabilidad del sistema que contiene el origen de los datos, pero el sistema de análisis, si lo soporta, puede introducir algunos elementos que ayuden a que los tiempos de respuesta en la consultas sean más cortos. Estos elementos pueden ser **tablas preagregadas**, donde se materializan consultas frecuentes, o **cachés en memoria**. No hay que perder de vista que, una vez definido el modelo lógico, el sistema se encarga de lanzar las consultas al motor correspondiente de forma transparente para el usuario cuando este aplica un filtro o construye una tabla pivotada en el cuadro de mando. Tiene, por lo tanto, la capacidad de optimizar las consultas de acuerdo a la información que maneja de los datos, incluyendo estadísticas, volumetrías, etc.

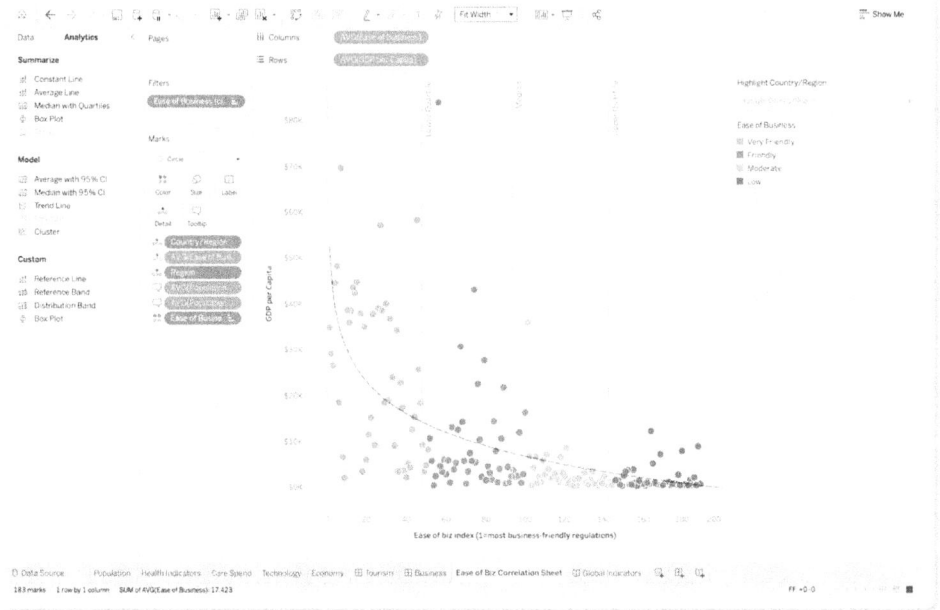

**Figura 6-18**. Diseño de un componente visual en Tableau.

¡A partir de este punto pueden entrar los usuarios de negocio para la **fase de diseño**. A estos se les da acceso a un modelo lógico, que lleva implícita una conexión a un origen de datos, a partir del cual pueden crear componentes visuales, elementos de selección y formas para relacionar e ir de un componente a otro. El proceso de creación es básicamente gráfico (Figura 6-18), aunque es habitual el uso de fórmulas y ciertos lenguajes de programación para la definición de nuevos KPI no contemplados en el modelo original, y que pueden ser derivados a partir de otros existentes. En este punto, y dependiendo de los permisos otorgados, es posible también el acceso a la base de datos original, de forma que el usuario puede lanzar sus propias consultas en el lenguaje correspondiente, si así lo necesita.

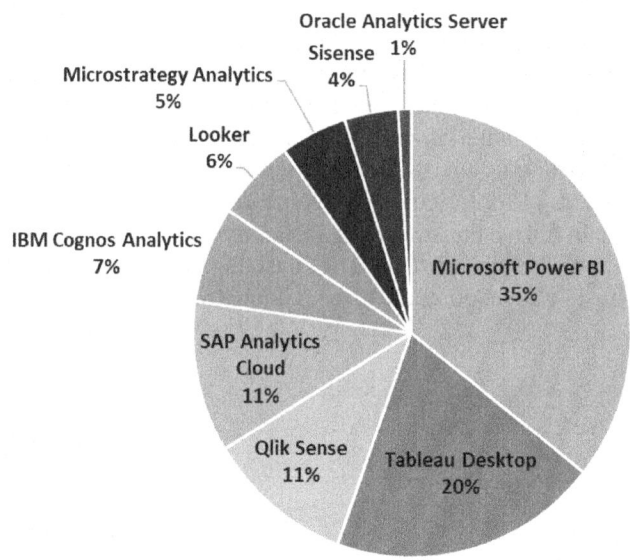

**Figura 6-19.** Cuota de mercado de herramientas de inteligencia de negocio (2021).

**Nota.** Datos extraídos de *49 Shocking Business Intelligence Statistics for 2021*, TrustRadius, 2021, (*https://www.trustradius.com/vendor-blog/business-intelligence-statistics-and-trends*).

Finalmente, la **fase de despliegue** consiste en la publicación en un catálogo del cuadro de mando desarrollado, con el fin de que otros usuarios autorizados puedan acceder y consultarlo[169].

## 6.5.2 Herramientas y soluciones

El conjunto de soluciones para el análisis descriptivo es amplio y está bien consolidado, contando con herramientas que llevan ya muchos años en el mercado y otras más recientes. A todas estas hay que sumar diversas librerías para la programación en Python o R, que se encargan de la exploración de datos en entornos de trabajo, como **JupyterLab**. También sobre un contexto de desarrollo, paquetes como **Shiny** (R, Python), **Streamlit** (Python) o **Dash** (R, Python, Julia) permiten la creación de cuadros de mando interactivos, proporcionando espacios de despliegue en la nube bajo un modelo de pago por uso. Algunos paquetes estadísticos, como **IBM SPSS Statistics** (comercial) o **JASP** (código abierto), pueden cubrir la parte de exploración, pero con un enfoque más orientado al resumen y el estudio de la distribución de los datos.

---

169 Esto dependerá de los permisos y del objetivo del cuadro de mando. Habitualmente, los cuadros de mando corporativos y departamentales son desarrollados y mantenidos por el departamento de informática. Se puede dejar al usuario que elabore aplicaciones para su propio consumo, pero limitando normalmente la posibilidad de publicación.

Respecto al *software* específico para la creación de cuadros de mando e informes, cubriendo el flujo de construcción que hemos comentado, las tres plataformas que dominan actualmente el mercado son **Microsoft Power BI**, **Tableau** y **Qlik Sense**. Otras soluciones con mucha solera, como **MicroStrategy** o **IBM Cognos Analytics**, siguen con un cierta presencia en el mercado, si bien han perdido algo de relevancia (Figura 6-19).

**Figura 6-20**. Cuadro de mando de Qlik Sense accedido desde un dispositivo móvil.

Todos estos sistemas tienen una arquitectura similar. En esencia, consisten en una aplicación de desarrollo[170] donde se realizan las etapas de construcción del modelo lógico, optimización del acceso y diseño del cuadro de mando. En este punto todos proporcionan una alta conectividad a distintos orígenes de datos. A partir de ahí, el despliegue puede hacerse en un servicio gestionado en una nube pública, o bien en una componente servidora dentro de la organización. Los usuarios finales acceden al cuadro de mando normalmente a través de un navegador, incluyendo también dispositivos móviles (Figura 6-20).

Una funcionalidad importante es la **generación y distribución automática de informes** (*report bursting*). Para ello, la plataforma se encarga de generar, de forma planificada y periódica, un mismo informe múltiples veces, variando el valor de determinados filtros, y haciéndolo disponible en distintos formatos (PDF, Excel, HTML, etc.). Una vez generado, el informe se distribuye a los distintos destinatarios por correo electrónico o algún otro sistema de notificación, recibiendo cada uno su versión. Por ejemplo, el correo electrónico del destinatario puede actuar como filtro para generar una versión del informe que solo contenga los datos que le atañen. IBM Cognos Analytics es especialmente eficiente en este sentido.

En cuanto a los sistemas de código abierto, cabe destacar **Apache Superset** como la plataforma más relevante.

---

170 Esta suele ser una aplicación cliente, aunque en algunos casos el desarrollo puede hacerse también a través de un navegador, si bien la funcionalidad acostumbra a ser más limitada.

## 6.6 RESUMEN DEL CAPÍTULO

En este capítulo hemos planteado los sistemas para el análisis descriptivo, encargados del estudio retrospectivo de los datos con el fin de resumirlos e identificar posibles tendencias y asociaciones presentes.

▶ Un **conjunto de datos** objeto de análisis está organizado en forma de **observaciones**, caracterizadas por una serie de **atributos** que las describen. Estos se pueden caracterizar por el tipo de información que contiene (continua, nominal, ordinal, etc.) y el papel que juegan en el análisis (explicativo, objetivo, etc.).

▶ El **análisis exploratorio** (EDA) persigue el entendimiento de un conjunto de datos, incluyendo su estructura y distribución. Este análisis puede ser univariante, centrándose en un único atributo, o multivariante, donde el objetivo es detectar y cuantificar relaciones entre distintos atributos.

▶ La forma en que un EDA describe un conjunto de datos es mediante una serie de **medidas** que cuantifican la **centralidad**, la **dispersión** y la **asociación** de cada uno de los atributos del conjunto y sus combinaciones. Utiliza también distintas técnicas de representación gráfica para facilitar el entendimiento de las distribuciones.

▶ El **análisis OLAP** permite la exploración dinámica e iterativa por parte de los usuarios de conjuntos de datos organizados mediante dimensiones y métricas, propios de modelos en estrella y cubos multidimensionales.

▶ Las **operaciones OLAP** define distintas formas de manipular los datos a través de consultas, permitiendo **cambiar el punto de vista del análisis** y la agregación y desagregación de las métricas a lo largo de las diferentes jerarquías.

▶ Los **cuadros de mando** son aplicaciones visuales e interactivas donde se muestran distintos **indicadores de negocio** (KPI) en un contexto dimensional. Permiten al usuario filtrar la información y manipularla mediante operaciones OLAP, personalizando la forma de presentación y consumo.

▶ Las **plataformas para el análisis descriptivo** siguen un flujo de cuatro etapas para la construcción de un cuadro de mando. Estas arrancan con la definición de un modelo lógico, que abstrae el origen de los datos y define una serie de metadatos de negocio que serán manipulados por los usuarios, continúa con una fase de optimización del acceso para agilizar las consultas y otra de diseño e implementación de la aplicación. Por último se despliega el cuadro de mando a un catálogo corporativo para su consumo por parte de los usuarios finales.

En el siguiente capítulo abordaremos el **análisis predictivo**, siendo su principal objetivo la cuantificación de las asociaciones y relaciones que hayamos podido detectar mediante técnicas descriptivas, así como la realización de inferencias.

# ANÁLISIS PREDICTIVO: MINERÍA DE DATOS

La **minería de datos** (*data mining*) puede definirse como el conjunto de metodologías, procesos y tecnologías para el descubrimiento no trivial de información relevante, normalmente subyacente en grandes volúmenes de datos, y su consiguiente aplicación e integración dentro de las operaciones del negocio con el fin de mejorar el rendimiento y soportar la toma de decisiones.

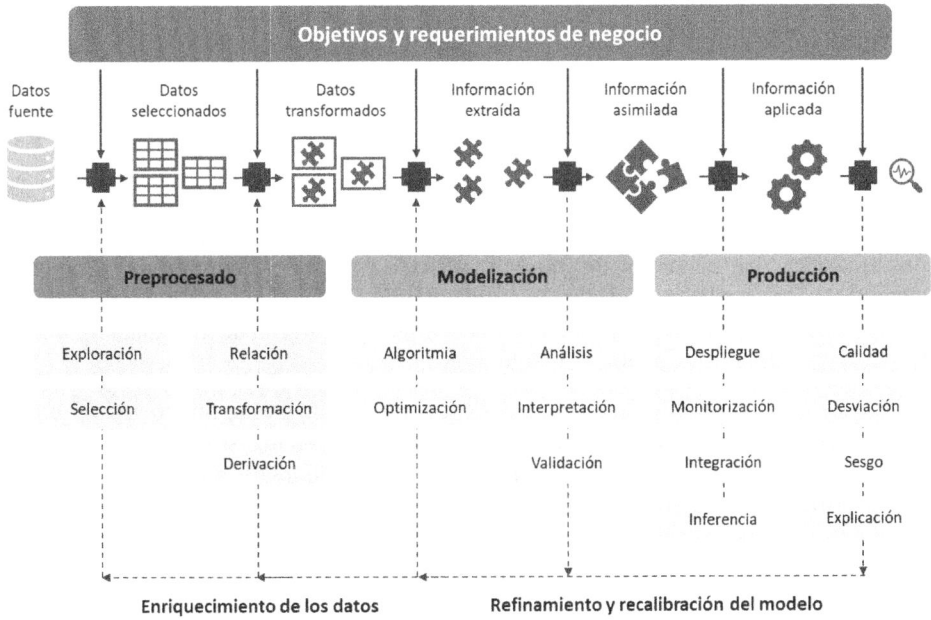

**Figura 7-1.** Visión general de un proceso de minería de datos.

Dentro de los sistemas de *Big Data*, la minería de datos comparte con el análisis multidimensional el grueso de la capa de acceso a la información por parte de los usuarios de negocio. Como vimos en el capítulo anterior, el análisis multidimensional se centra en la explotación descriptiva de la información. Aunque la minería de datos tiene también una importante capacidad de descripción, precisamente donde no llegan los métodos basados en consultas, podemos decir que donde aporta un mayor valor diferenciador es en el aspecto predictivo. Adicionalmente, mientras el análisis multidimensional proporciona básicamente un acceso de lectura[171], la minería de datos genera nueva información: no solo los modelos que produce son activos que hay que gobernar, sino que el resultado de la aplicación de estos son nuevos datos que deben ser integrados y explotados.

En este capítulo veremos los fundamentos de un proceso de minería de datos, prestando especial atención a las tareas de modelización y a los distintos paradigmas de **aprendizaje automático** (*machine learning*) en los que se basan. Veremos también distintos escenarios de puesta en producción de los modelos, dejando para más adelante la gestión de su ciclo de vida.

## 7.1 MOTIVACIÓN Y OBJETIVOS

La definición que acabamos de dar de la minería de datos consiste en tres partes que deben ser matizadas adecuadamente.

En primer lugar, el descubrimiento no trivial de información relevante implica la detección de patrones, tendencias y correlaciones que no pueden ser reveladas mediante técnicas de consulta convencionales; estas pueden ser, de hecho, inapropiadas, o altamente ineficientes debido a la complejidad del problema. Por el contrario, la minería de datos proporciona métodos provenientes de disciplinas como el aprendizaje automático y el análisis multivariante para abordar este tipo de problemas. Estos métodos, basados en **algoritmos estadísticamente robustos**, pueden modelizar relaciones complejas en grandes conjuntos de datos, con diferentes tipos de variables, altos niveles de dispersión, y sin necesidad de realizar asunciones sobre la distribución de los datos. Entre otras posibilidades, las **técnicas de modelización** de minería de datos acostumbran a clasificarse como **supervisadas** y **no supervisadas**. La Tabla 7-1 las resume, poniendo énfasis con los ejemplos en la idea de descubrimiento no trivial de información. Veremos la diferencia entre estas en los siguientes apartados.

En segundo lugar, el descubrimiento de información necesita una metodología. Esta es necesaria para definir el problema que debe ser resuelto, su contexto de negocio y el marco de análisis requerido para ello. El marco de análisis cubre las variables o características que serán incluidas en el análisis, así como la secuencia de tareas de preparación y modelización que deben realizarse hasta que una solución válida es encontrada y puede aplicarse.

---

171  El análisis multidimensional también puede generar nuevos datos como consecuencia de procesos de simulación de escenarios.

| Clase | Tipo | Ejemplos de aplicación |
|---|---|---|
| **Supervisadas** | Clasificación | • Propensión al abandono de clientes<br>• Detección de fraude en tarjetas<br>• Categorización de documentos |
| | Regresión | • Cálculo del potencial del cliente<br>• Correlación entre el clima y las ventas<br>• Estimación del volumen de fabricación |
| | Análisis de series temporales | • Estacionalidad en las ventas<br>• Previsión de la demanda<br>• Seguimiento médico |
| **No supervisadas** | Segmentación | • Identificación de grupos de clientes<br>• Detección de anomalías en llamadas<br>• *Marketing* personalizado |
| | Detección de reglas de asociación | • Venta cruzada de productos<br>• Ubicación de productos en los lineales<br>• Personalización de ofertas |
| | Descubrimiento de patrones secuenciales | • Diseño de promociones<br>• Análisis de navegación en páginas *web*<br>• Sendas de desvinculación de clientes |

**Tabla 7-1.** Clasificación de técnicas de modelización en minería de datos.

La Figura 7-1 ilustra el proceso genérico de la minería de datos. A una fase inicial de definición de los requerimientos y objetivos de negocio le sigue un ciclo de desarrollo y puesta en producción de modelos. El desarrollo se debe basar en conjuntos de datos que capturen el comportamiento que sea desea modelizar. Estos datos deben ser sometidos a una etapa previa de preprocesado, donde se acondicionan de acuerdo con el objetivo y las técnicas de modelización que se aplicaran para alcanzarlo. Una vez desarrollados y validados, los modelos se aplicarán a nuevos datos, generando inferencias que se integrarán en los procesos de negocio. En este modo productivo, los modelos deben ser monitorizados, y recalibrados en cuanto se detecten desviaciones del comportamiento inicial.

El foco en el negocio, la aproximación metodológica y la implementación basada en servicios hacen que la minería de datos sea una disciplina troncal dentro de la **analítica de negocio**, y no solo un cajón de técnicas matemáticas y algoritmos.

Vamos a ver a continuación las tres etapas en las que se basa un proceso de minería de datos: preprocesado, modelización y puesta en producción.

## 7.2 PREPROCESADO DE LOS DATOS

De forma equivalente a como lo planteábamos en el análisis descriptivo, el elemento base de cualquier tarea de modelización es un **conjunto de datos**, entendido este como una colección de **observaciones**[172]. A su vez, cada observación está descrita por una serie de **atributos**[173]. Como ya sabemos, estos atributos pueden ser de un tipo primitivo o de una índole más compleja, como imágenes, audio, texto, series, colecciones, etc.

Dependiendo de lo que queramos modelizar, las observaciones se corresponderán con clientes, cestas de la compra, llamadas telefónicas, puntos de venta, fotografías en una cadena de montaje, transcripciones de conversaciones en un centro de atención, etc. Por su parte, los atributos acostumbran a ser consistentes a lo largo de las observaciones del conjunto, especialmente en tipología, pero también en número[174]. Este último puede oscilar entre unas pocas unidades y varios cientos o miles. Por ejemplo, en el caso de querer desarrollar un sistema que sea capaz de identificar huevos rotos en una cadena de envasado, necesitaremos un conjunto representativo de fotografías que identifiquen tanto huevos enteros como partidos, en diferentes ángulos. Con este conjunto entrenaremos un modelo de clasificación que sea capaz de discernir entre ambos; una vez entrenado, lo podremos usar para caracterizar los huevos en tiempo real, retirándolos en caso de rotura. En este caso nuestra observación estará compuesta por no más de tres atributos: un identificador de la fotografía, la imagen de esta y una etiqueta que indica si el huevo está roto o no. En el otro extremo nos podemos encontrar con agregados de clientes para modelos de segmentación, donde podemos llegar a combinar multitud de datos sociodemográficos y transaccionales.

Esta **etapa de preprocesado**[175] consiste en preparar los datos para las tareas de modelización posteriores. Se compone de una serie de fases de transformación cuyo objetivo es publicar, en el formato adecuado, una selección de observaciones tratadas y cuya calidad podamos asegurar. Si los datos necesarios para ello se derivan de un entorno de información gobernado, entonces esta etapa se limitará a una serie de operaciones de acondicionamiento final; de lo contrario, habrá que implementar una serie de procesos ETL *ad hoc* para cada modelización. La Tabla 7-2 resume las operaciones más habituales en esta etapa, que coinciden en gran medida con las que planteamos en la Tabla 4-2 cuando hablamos de las transformaciones en los procesos ETL. Aunque todas estas fases tienen su importancia, la de filtrado y compresión es especialmente relevante. Su principal motivación, aunque no la única, es una reducción en el tamaño de los datos de cara a su posterior modelización. Como acabamos de comentar, los conjuntos de datos que tendremos que gestionar pueden llegar a ser enormemente grandes. Estos tamaños se pueden alcanzar tanto vertical como horizontalmente. Es decir, los conjuntos de datos pueden crecer en base al número de observaciones y también de atributos. El impacto de cada uno de estos ejes es diferente, y la forma de abordarlo también.

---

172  También denominadas objetos, registros o entidades (*entities*).

173  También denominados variables, campos o características (*features*).

174  Desde este punto de vista, podríamos decir que en minería de datos trabajamos con datos estructurados, estando la estructura en la observación.

175  En inglés esta etapa recibe muchos nombres, como *data preprocessing, data wrangling, data mungling* o, más recientemente, *feature engineering*.

Las técnicas de **muestreo** (*sampling*) permiten disminuir el número de observaciones mediante la extracción de un subconjunto representativo de estas. Es decir, pasamos de un conjunto a otro más pequeño donde, idealmente, las propiedades y la distribución de los valores de los atributos se mantiene. Para extraer una muestra tenemos que establecer su tamaño y elegir una técnica de muestreo, habitualmente de carácter aleatorio. El **muestreo estratificado** se emplea cuando es necesario asegurar que la muestra mantendrá la misma proporción de ocurrencias respecto a uno o varios atributos de interés. Por ejemplo, nos puede interesar construir un modelo que clasifique a pacientes según la variante de la enfermedad que padecen, resultando que algunas de estas son muy poco frecuentes. Con un muestreo simple, no estratificado, existiría el riesgo de dejar fuera a estos pacientes, perdiendo la representación de sus variantes.

| Fase | Operaciones | |
|---|---|---|
| **Selección**<br>Acceso a los sistemas origen y extracción de datos | • Filtrado inicial de observaciones y atributos | • Enmascaramiento de datos sensibles<br>• Formateo inicial |
| **Exploración**<br>Estudio de las características de los datos | • Análisis estadístico<br>• Representación gráfica | • Validación de hipótesis<br>• Auditoría de datos |
| **Limpieza**<br>Detección y corrección de problemas de calidad | • Gestión de valores erróneos<br>• Imputación de valores omitidos | • Eliminación de duplicados<br>• Estandarización de valores |
| **Agregación**<br>Combinación y consolidación de observaciones | • Cálculo de valores promedio, máximo y mínimo | • Consolidación de observaciones<br>• Unificación de valores |
| **Filtrado y compresión**<br>Disminución del número de observaciones y/o atributos | • Muestreo de observaciones<br>• Reducción de atributos | • Eliminación de atributos irrelevantes<br>• Ponderación de atributos |
| **Enriquecimiento**<br>Creación y derivación de nuevos atributos | • Cálculo de métricas<br>• Cambio del espacio de representación | • Extracción de características<br>• División de atributos |
| **Conversión**<br>Adaptación de atributos a valores categóricos | • Transformación a valores categóricos<br>• Reducción de valores | • Transformación a valores binarios<br>• Codificación |
| **Transformación**<br>Cambio en todos los valores de un atributo | • Aplicación de funciones<br>• Normalización | • Estandarización<br>• Cambio de escala |
| **Publicación**<br>Entrega del conjunto de datos para su modelización | • Formateo final<br>• Catalogación | • Gestión de permisos y autorizaciones |

**Tabla 7-2**. Operaciones habituales en el preprocesado de los datos.

Respecto a la reducción del número de atributos, la necesidad viene dada por un conjunto de fenómenos contraintuitivos, comúnmente denominados **maldición de la dimensión** (*curse of dimensionality*). Estos giran alrededor de la distorsión que produce el aumento del número de atributos en la modelización de una colección de observaciones. A medida que aumentamos el matiz de las observaciones añadiendo más atributos, aumentamos también el grado de dispersión de estas, dificultando la detección de patrones y tendencias. Esto acaba significando que, para construir modelos fiables, haya que aumentar a su vez el número de observaciones necesarias. Adicionalmente, cuantos más atributos mayor es el riesgo de **multicolinealidad**. Esta se da cuando dos o más variables presentan una alta relacional lineal entre sí, provocando redundancia en la información aportada. La multicolinealidad acaba sobrevalorando unos atributos frente a otros, aumentando el riesgo de sobreajuste en los modelos, algo que veremos en los siguientes apartados.

Para reducir el número de atributos tenemos dos opciones. Una de ellas consiste en seleccionar solo un subconjunto de los existentes, empleando técnicas para identificar tanto atributos redundantes como irrelevantes. La otra pasa por construir un conjunto de nuevas variables a partir de las iniciales, que sea inferior en número, pero que conserve la mayoría de la variabilidad original, eliminando al mismo tiempo la multicolinealidad. Estas nuevas variables sustituirán a las primeras en las tareas posteriores de visualización y modelización. Entre las técnicas más empleadas para la generación de estas variables derivadas destaca el **análisis de componentes principales** (PCA, *Principal Components Analysis*).

## 7.3 MODELIZACIÓN DE LOS DATOS

En el contexto de la minería de datos, cuando hablamos de **modelizar** nos estamos refiriendo a la utilización de un conjunto de datos para construir una referencia con un fin principal: la inferencia. Es decir, detectar y sistematizar un patrón que sea reproducible, y que pueda ser utilizado para sacar conclusiones. Cuando estas conclusiones pueden explicar hechos que ya han sucedido hablamos de **modelos descriptivos**; cuando pueden anticipar cosas que todavía no han ocurrido hablamos de **modelos predictivos**. Los modelos que veremos exhiben ambas capacidades, aunque unos tienen más foco en una que en la otra[176].

---

176  Este foco llega a ser todavía más acentuado cuando descendemos a nivel de algoritmo. Por ejemplo, las técnicas basadas en redes neuronales tienen fama (cada vez menos) de ser como una caja negra: pueden tener una gran capacidad predictiva pero su funcionamiento es muy opaco desde el punto de vista de la interpretación de los resultados.

Por ejemplo, si disponemos del historial clínico de una población de pacientes con un determinado tipo de cáncer, nos interesará obtener el patrón por el cual un tumor se acaba agravando en unos casos pero no en otros. Este patrón, extraído quizás en forma de reglas de asignación y condiciones que cumplen unos pacientes frente a otros, nos servirá para entender y describir las causas del agravamiento, pero también para pronosticar la evolución de los enfermos.

Así definidos, los modelos están basados en un **algoritmo**: un conjunto definido de operaciones reguladas por una serie de parámetros, que hay que seguir hasta llegar a una solución que, o bien es aceptable según un criterio predefinido, o bien no es mejorable. Podemos encontrar desde algoritmos de regresión lineal, cuyo funcionamiento está controlado por un único parámetro, hasta redes neuronales artificiales, donde la cifra es del orden de decenas o miles de millones.

Dentro del ciclo de vida de un modelo hay dos etapas fundamentales:

▸ **Aprendizaje**. Sobre el conjunto de datos transformados, como hemos visto en el apartado anterior, definimos el modelo. Partiendo de un algoritmo concreto, el aprendizaje consiste en la búsqueda y determinación de los parámetros óptimos de este, de acuerdo con una métrica de rendimiento. Esta métrica evalúa cómo de bien representa el modelo a los datos de partida, permitiendo además la comparación de distintos algoritmos con el fin de seleccionar el que proporciona el mejor resultado. Como veremos a continuación, las diferentes fases en las que se puede dividir esta etapa dan lugar a los diferentes tipos de aprendizaje. En cualquier caso, el aprendizaje es un proceso que implica sucesivas iteraciones del algoritmo sobre el conjunto de datos en las que se van afinando los distintos parámetros.

▸ **Inferencia**. Una vez que el modelo está construido, podemos aplicarlo a nuevos datos con el fin de obtener una predicción en forma de respuesta. El contenido de la respuesta dependerá del tipo de modelo y algoritmo. Mientras el aprendizaje constituye el desarrollo del modelo, la inferencia se considera la puesta en producción de este, implicando tareas de despliegue e integración con los sistemas de negocio, monitorización, mantenimiento, etc.

A continuación plantearemos los diferentes modos de aprendizaje, los tipos de modelos en cada uno de ellos, así como los algoritmos más comunes.

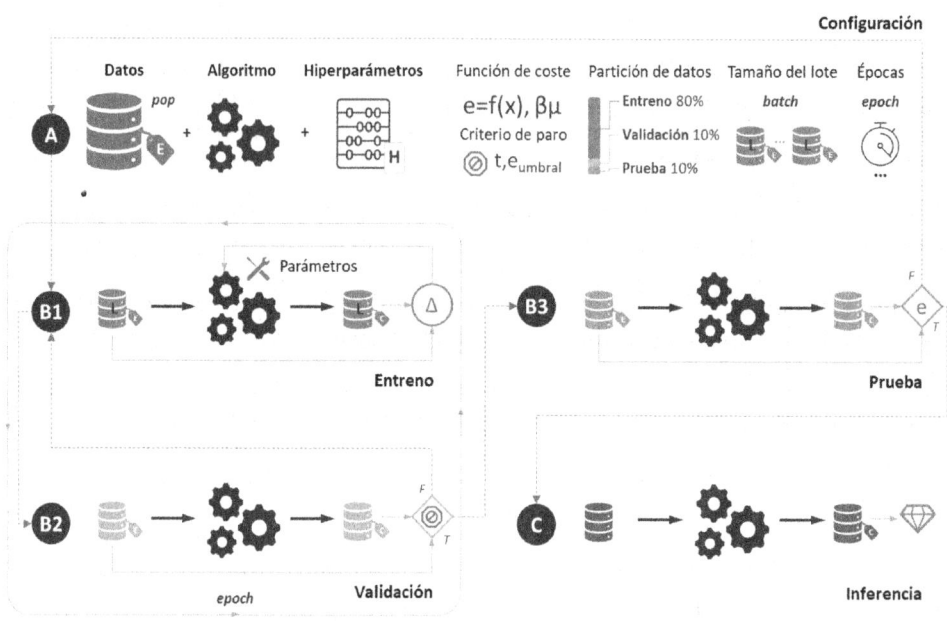

**Figura 7-2.** Fases en un proceso de aprendizaje supervisado.

## 7.3.1 Aprendizaje supervisado

En el **aprendizaje supervisado** *(supervised learning)*, el desarrollo del modelo se lleva a cabo mediante un mecanismo de inspección que permite evaluar su calidad en dos aspectos: cómo de bien detecta el patrón que subyace en los datos de partida y, sobre todo, que capacidad tiene de generalizar ese patrón sobre datos nuevos, no empleados durante el afinamiento de los parámetros. Está claro que para que se dé la segunda condición se debe dar la primera; sin embargo, podemos tener un modelo que «aprenda» excesivamente bien los datos iniciales, pero pierda esa capacidad de generalización cuando se le presentan datos nuevos. Un modelo que tiene este último comportamiento se dice que está **sobreajustado** *(overfitted)*, mientras que aquel que ni siquiera tiene la capacidad de detectar patrón alguno en los datos iniciales está **subajustado** *(underfitted)*.

Este mecanismo de inspección o supervisión será posible porqué podemos disponer de datos etiquetados con la respuesta correcta que deberá dar el modelo. Dicho en otras palabras, el conjunto de datos de partida, denominado **conjunto de aprendizaje**, contiene para cada observación un atributo que es la variable objetivo que queremos explicar en función de las otras. Siguiendo con el ejemplo anterior, el conjunto de entrenamiento sería el conjunto de historiales de pacientes de los que ya sabemos cómo cursó la enfermedad. Por lo tanto, cada historial tiene una etiqueta que indica si el tumor evolucionó favorablemente o no, o bien en que grado lo ha hecho. Desde el momento en que tenemos el valor esperado, podemos irlo comparando con el calculado por el modelo durante el proceso de aprendizaje y utilizar la discrepancia entre ambos, medida mediante una **función de coste**, para guiar dicho proceso e ir adaptando los parámetros del modelo.

La Figura 7-2 esquematiza las distintas fases que componen un proceso de aprendizaje supervisado. Son las siguientes:

▶ **Configuración** (A). Partimos de un conjunto de datos acondicionados y etiquetados con el valor de la variable objetivo que queremos estimar y un tipo de algoritmo seleccionado de acuerdo con la naturaleza del problema. Antes de comenzar el aprendizaje hay una serie de parámetros que se deben configurar, y cuyo valor no puede ser derivado a partir de los datos iniciales. Son los denominados **hiperparámetros del modelo**[177]. Algunos de estos son específicos del algoritmo empleado, mientras que otros son más genéricos. Entre los segundos están los porcentajes en los que vamos a dividir de forma aleatoria los datos de entrada en tres subconjuntos (entrenamiento, validación y prueba), la función de coste que vamos a emplear, el número de iteraciones sobre los datos (número de épocas) o cada cuantas observaciones vamos a adaptar los parámetros del modelo (tamaño del lote)[178].

▶ **Entrenamiento** (B1). Aquí da comienzo el proceso de aprendizaje como tal. Durante esta fase se van afinando los parámetros del modelo, empleando para ello uno de los subconjuntos en los que dividimos el conjunto de aprendizaje. Las observaciones de esta partición, que acostumbra a representar entre el 70% y el 80% de los datos, son procesadas en lotes por el algoritmo. Después de cada lote se calcula el error según la función de coste y se adaptan los parámetros del modelo de acuerdo con la magnitud y dirección de este, intentando minimizarlo. Cuando todas las observaciones han sido procesadas, lo que constituye una **época**, pasamos a la siguiente fase.

▶ **Validación** (B2). A una fase de entrenamiento le sigue otra de validación y así otra vez hasta que se cumple un criterio de paro prefijado a modo de hiperparámetro. Se trata ahora de coger el **subconjunto de validación**, que puede representar el 10% de los datos iniciales, y evaluarlo con la función de coste. Si el error es aceptable, estando por debajo de un valor umbral que forma parte del **criterio de paro**, el ciclo se detiene y se pasa a la fase de prueba. De lo contrario, se vuelve a la fase de entrenamiento dando comienzo una nueva época. Para evitar que este

---

177 No confundir los hiperparámetros y los parámetros del modelo. Los primeros establecen en qué condiciones se va a realizar el procesos de aprendizaje y que restricciones de partida va a tener el modelo; los segundos son consecuencia del propio aprendizaje, dependiendo, por lo tanto, de los datos de partida y de los propios hiperparámetros. Dependiendo del tipo de modelo y algoritmo, nos podemos mover entre unos pocos y varios cientos o miles de hiperparámetros en un proceso de entrenamiento.

178 La selección del algoritmo y el valor que se le da a los hiperparámetros forma parte de la experimentación en un proceso de aprendizaje. Idealmente se debería plantear algún tipo de diseño factorial para evaluar el impacto de estos.

ciclo se repita indefinidamente en el caso en que la función de coste no converja por debajo del valor umbral, el criterio de paro incluye un número máximo de épocas por encima del cual el ciclo también se detendrá.

El motivo por el cual se dividen los datos iniciales, dando lugar a una fase de entrenamiento y otra de validación, es para evitar el fenómeno del sobreajuste que mencionábamos anteriormente[179]. Al no ser empleado el subconjunto de validación para ajustar los parámetros del modelo, nos sirve como calibración de su ajuste, dándonos una buena idea de su capacidad de generalización. Ahora bien, en este ciclo que se va repitiendo entrenamos y validamos siempre con los mismos subconjuntos, lo que puede introducir un sesgo en el modelo que acabe produciendo también un sobreajuste[180]. Es este el motivo por el cual disponemos de otro subconjunto de datos y de una fase más.

▶ **Prueba** (B3). Con el subconjunto que nos queda (normalmente el 10% restante) comprobamos, ahora de forma ciega, la calidad final del entrenamiento. Para ello podemos utilizar la misma función de coste que en la validación, aunque se acostumbra a usar alguna **métrica de rendimiento** que dependerá del tipo de modelo ajustado. La ventaja de estas métricas es que permiten la comparación de modelos construidos con distintos algoritmos. Si el valor que toma la métrica no es aceptable, entonces tendremos que repetir el experimento con una nueva configuración. Si lo es, entonces daríamos por finalizado el proceso de aprendizaje, dando por bueno el modelo.

▶ **Inferencia** (C). Aunque esta fase se considera fuera del aprendizaje, forma parte de la figura por completitud de esta. Resaltar aquí que los datos entran en el modelo sin etiquetar y salen finalmente etiquetados con un valor calculado.

En los siguientes apartados vamos a estudiar las técnicas de clasificación y predicción, ambas basadas en este proceso de aprendizaje supervisado.

### 7.3.1.1 CLASIFICACIÓN

Las técnicas de clasificación se encargan de **asignar objetos a categorías predefinidas**, etiquetándolos con una marca de clase. Esta marca es la variable objetivo en el aprendizaje, siendo un atributo discreto[181] del objeto. El atributo puede ser nominal (sexo, raza de perro, color de los ojos, …) u ordinal (riesgo crediticio bajo, medio o alto,

---

179  Puede haber distintos motivos para que un modelo se sobreajuste a los datos de entrenamiento, y también diferentes mecanismos para evitarlo.

180  Una forma de minimizar esto es haciendo variar las observaciones de cada subconjunto en cada ciclo mediante un mecanismo denominado **validación cruzada** (*cross-validation*).

181  Como vimos en el capítulo anterior, un atributo discreto es aquel que puede tomar un número finito de posibles valores. En el caso de los modelos de clasificación es, además, un atributo categórico.

categoría oro, plata y bronce, …), aunque a nivel matemático las técnicas no diferencian entre ambos, tratándolos como etiquetas carentes de ordenación. Si el atributo puede tomar solo dos posibles valores (verdadero/falso, abandono/no abandono, 1/0, …) la clasificación es **binaria**.

La Tabla 7-3 resume los cuatro tipos de clasificaciones que podemos encontrar y algunos de los algoritmos más comunes. Muchos de estos disponen de adaptaciones que pueden cubrir cualquiera de los tipos de clasificación planteados, de ahí su repetición en la tabla.

Existen diferentes técnicas para la evaluación de un modelo de clasificación, pero la gran mayoría de ellas se basa en el conteo de los objetos clasificados correcta e incorrectamente, representados en forma de **matriz de confusión**. Sobre esta se definen distintas métricas de rendimiento, como la **exactitud** (*accuracy*), la **precisión** (*precision*) o la **sensibilidad** (*recall*).

| Tipo | Algoritmos | Ejemplos |
|---|---|---|
| **Binaria** Asignación de un objeto a una de dos posibles clases. | • Regresión logística • Árboles de clasificación • *Naïve* Bayes • Máquinas de vector soporte (SVM, *Support Vector Machines*) | • Predicción del abandono de clientes. • Clasificación de un SMS como deseado o no. • Calificación de una transacción como fraudulenta. |
| **Multiclase** Asignación de un objeto a una de tres o más posibles clases. | • Bosque aleatorio (*Random forest*) • Potenciador del gradiente (*Gradient boosting*) • Redes neuronales artificiales (ANN, *Artificial Neural Networks*) | • Análisis de sentimiento. • Identificación de tipos de plagas en imágenes de cultivos. • Predicción de la siguiente palabra en una traducción automática. |
| **Multietiqueta** Asignación de un objeto a varias clases, cada una con dos posibles valores. | • Árboles de clasificación • Bosque aleatorio • Potenciador del gradiente | • Identificación de la presencia de varias personas en una imagen. • Diagnosis múltiple. • Clasificación de un texto en varias categorías |
| **Multitarea** Asignación simultánea de un objeto a varias clases, cada una con tres o más valores. | | • Asignación de tipo y color a una imagen de una fruta. • Identificación de conceptos en artículos periodísticos. • Categorización de productos. |

**Tabla 7-3**. Tipos de clasificación según la variable objetivo, algoritmos y ejemplos de aplicación.

Un caso particular en los problemas de clasificación se da cuando la **variable objetivo es asimétrica**. Es decir, no todas las posibles categorías aportan la misma información o son igual de relevantes para el negocio. Esto es más habitual en el caso de las clasificaciones binarias. Por ejemplo, no es lo mismo equivocarse calificando a un paciente como no enfermo cuando realmente lo está que al revés. En un sentido parecido, si comparamos clientes en base a si adquieren o no determinados productos en el supermercado, el hecho de comprarlos es más discriminante que el de no hacerlo, especialmente si el surtido es amplio.

Aunque la clasificación es una técnica básicamente predictiva, también puede tener un componente descriptivo importante, dependiendo del método empleado para construir el clasificador. En este sentido, los **árboles de clasificación** son algoritmos capaces de extraer reglas de asignación de los objetos a las categorías, proporcionando una cierta explicación de las diferencias que existen entre estas.

Básicamente, un árbol de clasificación se compone de una estructura jerárquica en forma de grafo acíclico dirigido, conteniendo tres tipos de nodos y una serie de conexiones entre ellos:

- ⚑ **Nodo raíz**. Es único en cada árbol, siendo el punto de partida donde está toda la población de observaciones u objetos que se desea clasificar. No tiene, por lo tanto, ninguna conexión entrante y cero o más conexiones salientes[182].

- ⚑ **Nodos internos**. Dan forma al crecimiento del árbol. Cada nodo interno tiene solo una rama entrante y dos o más ramas salientes, dependiendo de si el árbol es binario o no.

- ⚑ **Nodos terminales**. También denominados hojas, tienen solo una rama entrante y ninguna rama saliente. Son los extremos finales del árbol donde los objetos acaban finalmente categorizados.

Cada nodo terminal en un árbol representa una clase, pudiendo cada clase estar representada en más de un nodo terminal. El nodo raíz y cada uno de los nodos internos contiene una conjunción lógica de un subconjunto de las variables independientes que definen los objetos. La construcción del árbol se realiza partiendo del nodo raíz y determinando la condición que mejor divide a la población en dos o más subgrupos. Para seleccionar la condición se evalúa su capacidad discriminante de acuerdo con alguna métrica de homogeneidad de la variable objetivo en cada subgrupo. Esta operación se va repitiendo de forma recursiva, creándose nodos internos que hacen crecer al árbol tanto en anchura como en altura. Este crecimiento continúa hasta que en un nodo interno se alcanza una pureza mínima respecto a la variable objetivo, pasando a ser terminal.

---

182 Cero en el extraño caso en que no existiera ningún atributo que permitiera la división de la población de una forma lo suficientemente discriminante.

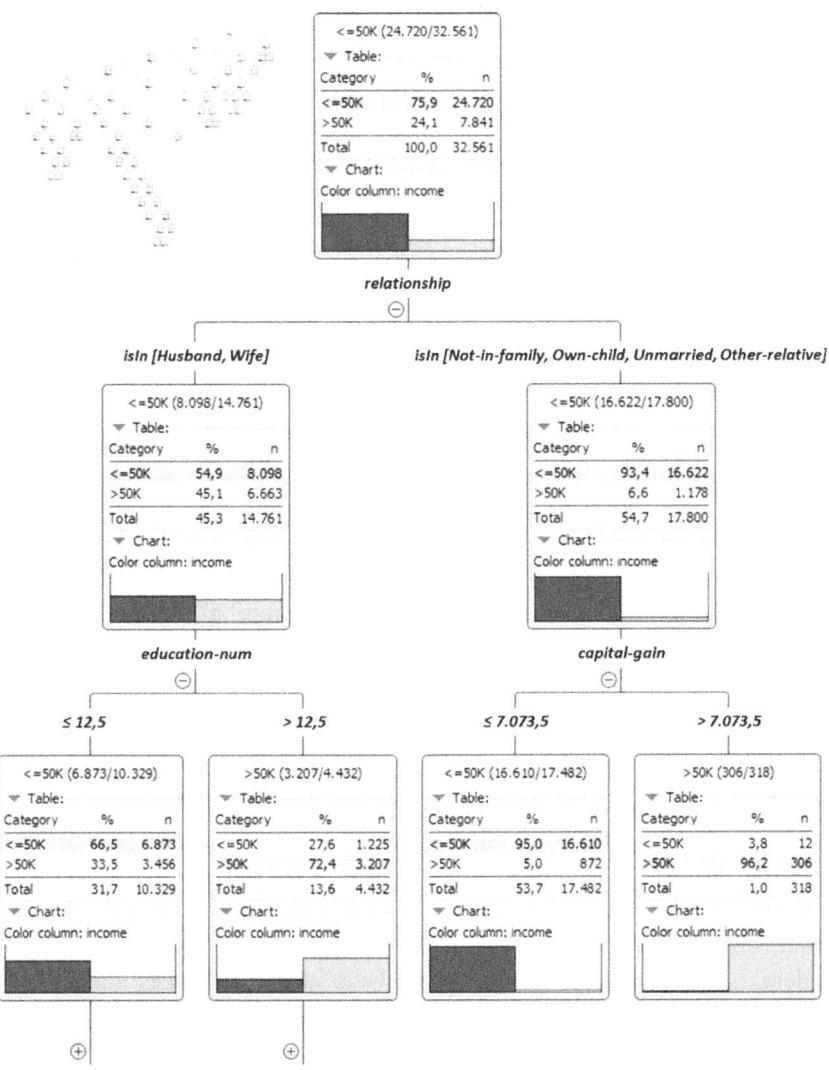

**Figura 7-3.** Ejemplo de árbol de clasificación binario construido con KNIME Analytics Platform para la categorización de los ingresos anuales, donde se pueden apreciar los tres primeros niveles. La figura enmarcada en la parte superior muestra la estructura completa del árbol.

La Figura 7-3 muestra un ejemplo de **árbol de clasificación binario**. Su objetivo es categorizar personas en bandas de ingresos anuales, teniendo en cuenta una serie de atributos (14 en total) como el país de nacimiento, la educación, el estado civil, la edad, el sexo, la plusvalía obtenida mediante la venta de activos, etc. El árbol es binario por partida doble, ya que no sólo la variable objetivo es binaria (se trata de discernir entre ingresos inferiores o iguales a 50.000€, y superiores), sino que se ha restringido su crecimiento, mediante la parametrización del algoritmo, a hacerse de forma dicotómica en cada nodo. En la parte superior de la figura se puede apreciar la estructura ramificada del árbol, compuesta por 17 niveles de profundidad desde el nodo raíz hasta la última hoja.

La parte central de Figura 7-3 muestra los tres primeros niveles del árbol[183]. El nodo raíz contiene a toda la población de personas (32.561). El 75,9% de estos tiene ingresos inferiores o iguales a 50.000€. La primera condición que evalúa el árbol es el estado familiar de la persona. Si esta está casada es enviada hacia la rama izquierda, de lo contrario a la derecha. El 93,4% de la subpoblación en esta última tiene ingresos inferiores a 50.000€, lo que implica que el estado familiar tiene una alta capacidad discriminante. Siguiendo por esta rama, la siguiente condición a medir es la plusvalía obtenida, donde un punto de corte de 7.073,5€ permite trazar dos subgrupos bien definidos: a la izquierda, un 53,7% de la población total concentra el 67,2% de las personas con ingresos inferiores a 50.000€, mientras que a la derecha identificamos al 1% de la población que contiene al 3,9% con ingresos mayores. Este último es un grupo pequeño, pero tiene una pureza del 96,2%. Además, hemos conseguido identificarlo solo con dos niveles del árbol; es decir, mediante la evaluación de dos condiciones sencillas. El árbol ya no divide más ninguno de estos nodos, por lo que son terminales.

Después de evaluar el estado familiar, la rama de la izquierda continúa con la comprobación del nivel de educación de la persona. Si esta tiene estudios universitarios o superiores[184], entonces el árbol nos vuelve a identificar un subgrupo donde se concentran los ingresos altos; este es unas catorce veces más grande, si bien su pureza es ahora del 72,4%. El árbol sigue creciendo por estos dos nodos, evaluando otras condiciones.

En definitiva, con tres niveles del árbol y evaluando tres variables, hemos identificado al 44,8% de las personas con ingresos altos en el 14,6% de la población. Si quisiéramos hacer una campaña para ofrecer, por ejemplo, un seguro de decesos a clientes con potencial, este modelo nos permitiría concentrar la selección en ese porcentaje de población. No perdamos de vista que una selección aleatoria dirigida al 14,6% de la población nos identificaría el mismo porcentaje de personas con ingresos altos, por lo que el modelo nos permite multiplicar por tres la especificidad de la selección.

Cuanto más dejemos al árbol crecer en altura, mayor es el riesgo de sobreajuste del modelo. Esto es debido a que al ir añadiendo más condiciones, los nodos se van volviendo más específicos, de forma que el árbol pierde capacidad de generalización cuando se aplica a nuevos registros[185]. Para evitar esto, dentro de la parametrización del algoritmo se establece algún criterio de paro para detener el crecimiento del árbol; por ejemplo, uno nodo se convierte en terminal cuando su pureza alcanza un determinado umbral. Adicionalmente, es frecuente colapsar determinadas ramas del árbol de forma manual, convirtiendo nodos en hojas, con el fin de evitar estas especificidades.

---

183  A la operación de colapsar uno o más nodos del árbol se le denomina poda.

184  En este conjunto de datos, el nivel de estudios se representa como un valor entero, ya que nos interesa darle carácter ordinal. El punto de corte en la condición de 12,5 no existe en los datos, pero es la forma en que el árbol diferencia entre valores menores o iguales a 12 y valores superiores (universitarios).

185  Si dejáramos crecer el árbol sin límite podríamos llegar a tener tantas hojas como personas. Es decir, el árbol sería capaz de distinguir cada caso particular a base de establecer condiciones.

En modo inferencia, la aplicación del árbol a nuevos registros es directa, aplicándose las condiciones de forma secuencial desde el nodo raíz hasta que el registro queda ubicado en una hoja. La clase mayoritaria en esta establecerá su etiqueta, siendo la pureza el grado de propensión en la asignación.

## 7.3.1.2 REGRESIÓN

Al igual que la clasificación, la regresión es una técnica predictiva, pero con la particularidad de que la variable objetivo es continua. Sus aplicaciones cubren todos los sectores, centrándose en tareas de correlación, cuantificación de la causalidad o detección de tendencias.

El método de regresión más universal es la **regresión lineal**. Esta nos permite expresar la variable dependiente que queremos explicar como una combinación lineal de m variables independientes o predictores. El problema de la regresión lineal, y en general el de los modelos lineales, es su baja flexibilidad para identificar y cuantificar las relaciones entre variables. La mayoría de los sistemas son no lineales, y esto hace necesario el empleo de otras aproximaciones[186].

| Tipo | Algoritmos | Ejemplos |
|---|---|---|
| **Lineal** <br> La variable objetivo se estima como una combinación lineal de los predictores | • Regresión lineal <br> • Regresión contraída (*Ridge regression*) <br> • Regresión LASSO (*Least Absolute Shrinkage and Selection Operator*) <br> • Red elástica (*Elastic Net*) <br> • Regresión parcial en mínimos cuadrados (PLSR, *Partial Least Square Regression*) | • Calibración de modelos en análisis químico. <br> • Análisis de la eficacia del precio, campañas y promociones en las ventas. <br> • Estimación del número de partes en seguros del automóvil. <br> • Predicción del rendimiento de un cultivo en base a las precipitaciones. |
| **No lineal** <br> La variable objetivo no se estima como una combinación lineal de los predictores | • Regresión polinómica <br> • Regresión logística[187] <br> • Regresión gaussiana <br> • Árboles de regresión <br> • Redes neuronales artificiales (ANN, *Artificial Neural Networks*) <br> • Bosque aleatorio (*Random forest*) | • Predicción financiera (ingresos, margen, gastos). <br> • Modelos biológicos de crecimiento de plantas. <br> • Predicción meteorológica. <br> • Proyección demográfica. <br> • Mantenimiento predictivo en fábricas. <br> • Modelos de supervivencia en física de partículas. |

**Tabla 7-4.** Tipos de regresión según el tipo de modelización, algoritmos y ejemplos de aplicación.

---

186 Dicho esto, los métodos lineales gozan de una gran aplicabilidad. Además, su simpleza y elegancia han hecho que la aproximación generalizada a los sistemas no lineales haya consistido, precisamente, en la aplicación de distintas técnicas de linealización.

187 Aunque la regression logística se emplea principalmente en problemas de clasificación, formalmente es un método de regresión, ya que estima probabilidades.

La Tabla 7-4 contiene los principales algoritmos de regresión, agrupados en lineales y no lineales. Respecto a las métricas de rendimiento, las más utilizadas se calculan a partir del error cometido en el ajuste entre el valor observado y el calculado, como el **error absoluto promedio** o el **error cuadrático promedio**.

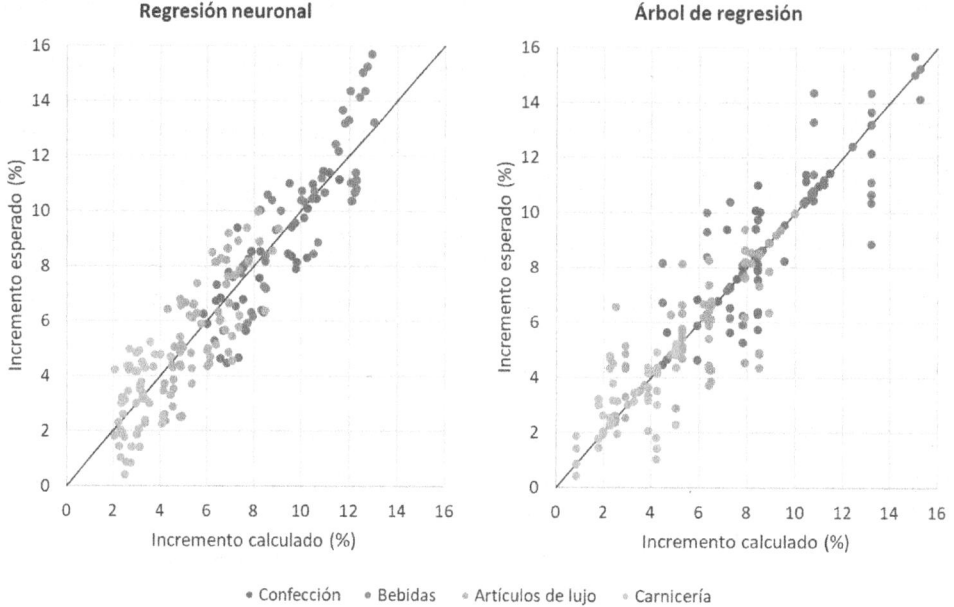

Figura 7-4. Aplicación de modelos de regresión en la estimación de las ventas.

En relación a los **métodos no lineales**, nos encontramos aquí con variantes y adaptaciones de algoritmos empleados también en problemas de clasificación. Como ya avanzamos, los **árboles de decisión** cuentan con versiones para la estimación de variables continúas, proporcionando también reglas de asignación que combinan variables categóricas y numéricas. Otra familia importante de métodos son las **redes neuronales artificiales**. Aunque abordaremos estas en otro capítulo, avanzar aquí que se componen de múltiples elementos de procesado básico, organizados en capas e interconectados, que en conjunto son capaces de aproximar funciones muy complejas, ofreciendo una gran versatilidad en cuanto a sus posibles aplicaciones.

La Figura 7-4 muestra el resultado de la aplicación de dos modelos de regresión a un conjunto de prueba para la estimación de las ventas. En base a resultados históricos, el objetivo es predecir el efecto de las promociones publicitarias en el incremento de la facturación para determinadas secciones de productos. Es un caso sencillo que tiene en cuenta la sección del producto, el tipo de promoción, el coste asociado de la misma, así como el volumen de facturación anterior a la acción comercial. La resolución de un modelo predictivo acostumbra a representarse enfrentando el valor esperado frente al calculado por el modelo. Si este proporcionara un ajuste perfecto, entonces todos los puntos caerían sobre la diagonal y el valor de los diferentes errores sería cero. Como este no es el caso, vemos que los puntos se apartan de la recta, siendo las distancias a esta el valor de las llamadas **residuales**[188].

En el caso del árbol de regresión se puede apreciar que los puntos tienden a alinearse verticalmente. Esto es debido a que los árboles dan un valor promedio de la predicción para todos los registros que cumplen las mismas condiciones, es decir, que pertenecen a un mismo nodo[189]. Esta dispersión no existe en el caso de la regresión empleando redes neuronales, donde los puntos están más apretados alrededor de la diagonal, con la excepción de las promociones más exitosas en la sección de bebidas, donde el modelo es más conservador[190].

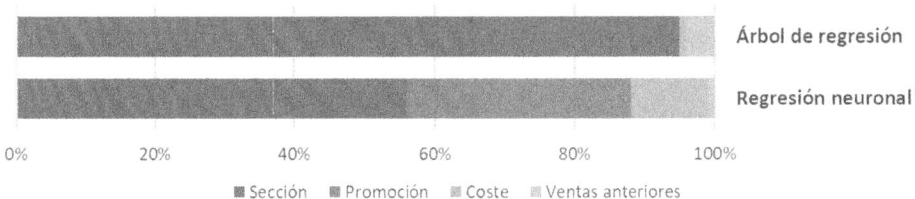

**Figura 7-5**. Importancia relativa de cada predictor en la estimación de las ventas.

La Figura 7-5 muestra el peso relativo de cada variable a la hora explicar la variable objetivo, información proporcionada por el propio algoritmo. Aunque la sección del producto domina en ambos modelos, en el neuronal el resto de las variables tiene mayor presencia (el árbol no llega a considerar siquiera el tipo de promoción). En este sentido, el árbol consigue explicar prácticamente la misma variabilidad que la red neuronal teniendo en cuenta menos factores, proporcionando, además, reglas de asignación que nos pueden ayudar en el diseño de la promoción. Como en el caso de los modelos de clasificación, el foco en la capacidad descriptiva o predictiva nos indicará cuál de los dos modelos es el más interesante para el negocio, teniendo en cuenta a su vez las distintas métricas de rendimiento que ofrece cada uno.

Dentro de los modelos de regresión cabe destacar el **análisis de series temporales**, donde además de entender la composición, tendencia y estacionalidad de una sucesión de datos fechados, se busca estimar la evolución futura de la serie según su comportamiento histórico (*forecasting*).

---

188  Los puntos están coloreados según la sección a la que pertenece el producto con fines descriptivos, siendo el modelo único para todas ellas.

189  Es el mismo comportamiento que veíamos en el caso de la clasificación, donde la propensión de asignación a una clase venía dada por la pureza del nodo.

190  Esto puede sugerir la conveniencia de realizar modelos predictivos individuales para cada sección de productos.

## 7.3.2 Aprendizaje no supervisado

Cuando las observaciones carecen de etiqueta, perdemos entonces la referencia que nos permite calibrar en qué medida un modelo está produciendo resultados correctos. Esto no quiere decir que no podamos evaluar ni inspeccionar la evolución del proceso de aprendizaje, pero sí que tenemos que hacerlo de una forma diferente.

El **aprendizaje no supervisado** (*unsupervised learning*) viene a dar una vía para estos casos. Aquí el objetivo no está en encontrar el patrón que soporta una relación determinada entre los atributos de una observación, sino en descubrir esas relaciones mediante la identificación de agrupaciones y coocurrencias en los datos de la forma más desatendida posible. Es decir, en el aprendizaje supervisado sabemos lo que estamos buscando (otra cosa es que seamos capaz de encontrarlo o, simplemente, que no exista), mientras que en el no supervisado no.

Por ejemplo, si disponemos de datos de transacciones de compra en una cadena de supermercados recogidos durante un trimestre, podemos segmentar estas transacciones con el fin de descubrir perfiles de compra significativos para el negocio. Estos perfiles pueden identificar a un grupo de clientes orientados a la compra de comida, con visitas centradas en los fines de semana y gasto medio; un segundo grupo, interesados en la compra de vinos de calidad alta, con una frecuencia de visita más esporádica pero de gasto elevado, y que viven en zonas de alto poder adquisitivo; un tercero podría estar formado por buscadores de ofertas, con tamaños de cesta pequeños y de baja rentabilidad, etc. Podemos ir un paso más allá e intentar determinar si existen productos o familias de productos que los clientes de cada uno de estos perfiles compran de forma conjunta en cada visita al supermercado. Un modelo de reglas de asociación nos puede decir que, entre otras combinaciones, el segmento de compradores de vino acompaña en el 43% de los casos sus caldos con un tipo de queso muy específico. Es más, el modelo nos puede indicar que el 74% de las cestas que contenían queso también tenían vino, pero que ese porcentaje desciende cuando contabilizamos aquellas que teniendo vino también tenían queso, lo que indica que en la mayoría de los casos el queso es el detonante de la compra del vino. Para cerrar el ejemplo, resulta que la cadena de supermercados está pensando en discontinuar la venta de ese queso, ya que su margen es muy estrecho y además es un producto muy perecedero. Conclusión: si eliminamos el queso de la lista de productos provocaremos que el segmento de compradores de vino se vaya a hacer sus compras a la competencia, allí donde encuentre el queso. Es decir, perderemos un nicho de clientes de alta rentabilidad y muy fidelizado.

Este relato del queso y el vino está basado en un caso real (hay muchos como este), y ejemplifica muy bien lo que la minería de datos, y concretamente la combinación de dos modelos de aprendizaje no supervisado, puede aportar al negocio; llegar a estas conclusiones a través solo de herramientas de consulta y visualización es tarea imposible. También ilustra la envergadura de un problema de *Big Data* en cuanto a la posible volumetría de los datos, y a la necesidad de procesarlos todos para poder extraer información relevante.

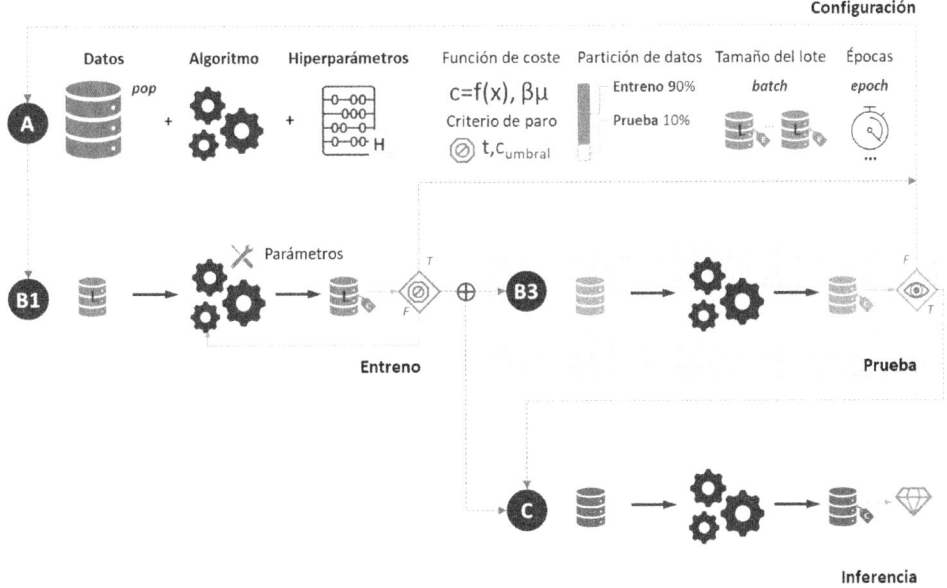

**Figura 7-6**. Fases en un proceso de aprendizaje no supervisado.

Al no disponer de observaciones etiquetadas, el proceso de aprendizaje no supervisado es diferente al del caso supervisado. La Figura 7-6 muestra sus fases, que matizamos a continuación:

▶ **Configuración** (A). El punto de partida es un conjunto de observaciones, en este caso sin etiquetar, un tipo de algoritmo y también un conjunto de hiperparámetros del modelo. Entre estos nos encontramos una función de coste y, como antes, una serie de criterios de paro del aprendizaje. La función de coste no puede estar basada ahora en métricas de discrepancia entre valores esperados y calculados, sino que dependerá más del tipo de modelo[191]. Por el mismo motivo, la división de datos en subconjuntos de entrenamiento, validación y prueba pierde sentido, aunque comentaremos enseguida este aspecto.

▶ **Entrenamiento** (B1). Conceptualmente esta fase es equivalente a la del aprendizaje supervisado. El objetivo es ir afinando los parámetros del modelo mediante sucesivos pases sobre los datos[192]. La principal diferencia es que ahora no tenemos una fase de validación. Esto implica entrenar con todos los datos disponibles, aunque hay excepciones.

---

191 Por ejemplo, en el caso de la segmentación de transacciones que veíamos anteriormente, la función de coste tendrá en cuenta alguna medida de similitud u homogeneidad entre las cestas que componen cada segmento.

192 El empleo de lotes para la modificación de los parámetros dependerá del tipo de modelo y algoritmo, pero no es tan frecuente en este caso.

▶ **Prueba** (B3). Los modelos de segmentación pueden presentar una fase opcional de prueba. De ser así, en la fase de configuración tendremos que haber guardado un pequeño porcentaje de datos a tal efecto. El objetivo de esta fase es ver que los porcentajes de cada segmento, así como la distribución de variables en cada uno de ellos, es consistente entre el subconjunto de entrenamiento y el de validación[193]. Este estudio, aunque tiene una fuerte componente visual, debería estar basado en alguna métrica de rendimiento, permitiéndonos también la comparación entre distintos algoritmos. Por el contrario, los modelos de asociaciones y patrones secuenciales, que veremos más adelante, son deterministas en cuanto al conjunto de datos inicial, por lo que esta fase de prueba no tiene sentido. Si esta fase está presente y la prueba no es satisfactoria, entonces replantearemos la configuración del aprendizaje mediante un nuevo experimento; en caso contrario procederemos a la inferencia[194].

▶ **Inferencia** (C). Igual que en el caso supervisado, el modelo está listo para entrar en producción, enriqueciendo las observaciones con nuevas etiquetas.

A continuación vamos a ver con algo más de detalle los modelos de segmentación y análisis de asociaciones.

## 7.3.2.1 SEGMENTACIÓN

Dada una colección de objetos caracterizada por una serie de atributos, los métodos de **segmentación** (*clustering*) persiguen la separación de dichos objetos en distintas agrupaciones (clústeres), de forma que intentan maximizar dos criterios simultáneamente: la homogeneidad intrasegmento y la heterogeneidad intersegmento. Estos criterios acostumbran a actuar como función de coste.

Es importante no confundir la segmentación con la clasificación. En esta última disponemos ya de los grupos y lo que queremos es desarrollar un sistema, mediante aprendizaje supervisado, que sea capaz de asignar objetos a esos grupos. Por el contrario, en la segmentación no disponemos de los grupos, siendo nuestro objetivo descubrirlos mediante aprendizaje no supervisado.

Esta búsqueda de la separabilidad llevada al extremo, produciría finalmente tantas agrupaciones como observaciones en la colección. Sin embargo, el propósito de la segmentación es obtener un número de agrupaciones que sea manejable para el objetivo de negocio marcado. Por ejemplo, si estamos hablando de trabajar sobre una base de datos de 10 millones de clientes para lanzar una campaña comercial, la segmentación nos permite situarnos en un punto intermedio entre gestionar a todos los clientes por igual y diferenciarlos individualmente. La primera opción es

---

193  Un modelo de segmentación puede también presentar sobreajuste.

194  Si no hay fase de prueba y, por tanto, el fin del aprendizaje lo marca la fase de entrenamiento, procederemos directamente a la inferencia.

excesivamente grosera, mientras que la segunda puede resultar impracticable. Por el contrario, una segmentación que compartimentara a los clientes en, por ejemplo, 15 agrupaciones, nos permitiría detectar perfiles homogéneos en cuanto a rasgos sociodemográficos, hábitos de consumo y uso de los servicios. De esta manera se puede personalizar la campaña para cada agrupación, llegando a derivar después acciones individuales sobre cada cliente[195].

| Sector | Ejemplos de aplicación |
| --- | --- |
| Salud | • Detección de fenotipos clínicos en nuevas enfermedades<br>• Identificación de perfiles de pacientes en ensayos clínicos<br>• Identificación de áreas de interés en imágenes médicas<br>• Estudio de la interrelación de factores de riesgo para la salud |
| Telecomunicaciones | • Detección de patrones de llamadas fraudulentas<br>• Optimización de la red celular según patrones de movilidad<br>• Correlación de eventos en la gestión de la infraestructura<br>• Segmentación de clientes e identificación del abandono |
| Seguros | • Detección de fraude y abuso en el uso de seguros médicos<br>• Perfilado de partes para identificar extensiones de pólizas<br>• Modelización actuarial de pólizas y diseño de precios<br>• Caracterización de rasgos comunes en partes de accidente |
| Finanzas | • Diseño y diversificación de carteras de inversión<br>• Auditoría y detección de anomalías en datos contables<br>• Análisis de rentabilidad y riesgo de entidades bancarias<br>• Evaluación de la volatilidad en series temporales financieras |
| Distribución | • Identificación de similitudes y diferencias entre tiendas<br>• Caracterización de clientes para sistemas de recomendación<br>• Generación de grupos de productos para optimizar el surtido<br>• Segmentación de cestas para el diseño de promociones |
| Agricultura | • Estudio de la productividad de distintas zonas de cultivo<br>• Evaluación de la sostenibilidad ecológica de granjas<br>• Comparación de tipos de suelo para cultivo<br>• Análisis del rendimiento de diferentes genotipos de semillas |

Tabla 7-5. Ejemplos de aplicación de las técnicas de segmentación en distintos sectores.

---

195 Un caso en el que tiene sentido manejar un mayor número de segmentos es en la **detección de anomalías**. Aquí el objetivo es detectar grupos que pueden ser muy pequeños en tamaño (nichos), pero con un comportamiento muy marcado y diferenciado.

Hay que dejar claro que no existe una segmentación única que se pueda construir sobre un conjunto de datos. Dependiendo del objetivo de negocio, unos atributos tendrán más sentido y peso que otros, ocurriendo lo mismo con el número óptimo de agrupaciones.

La Tabla 7-5 contiene una relación de aplicaciones de las técnicas de segmentación para diferentes sectores. Todas aquellas relacionadas con la gestión de clientes tienen una gran transversalidad. En cualquier caso, la segmentación es una técnica muy común como base a la hora de realizar la modelización de un conjunto de datos, actuando como técnica exploratoria inicial, método de muestreo o punto de partida para modelos de clasificación y predicción.

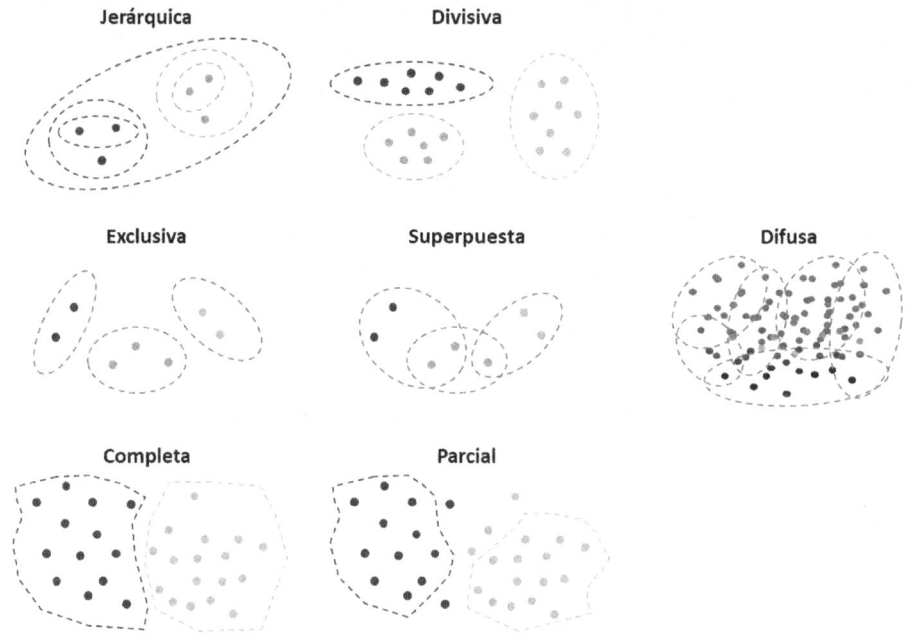

**Figura 7-7.** Tipos de segmentaciones.

Existen una gran variedad de métodos de segmentación, así como múltiples alternativas a la hora de categorizarlos. La Figura 7-7 muestra tres criterios de clasificación (cada uno en una fila) que no son excluyentes. El objetivo y los requerimientos de la segmentación guiarán la elección de un método u otro. Por ejemplo, una segmentación de especies botánicas requerirá un método exclusivo (*hard*), y probablemente jerárquico y completo, ya que nos interesa que cada especie esté en un solo segmento. Por el contrario, una tipificación de pacientes se efectuará mejor con un método superpuesto (*soft*), debido a que los perfiles exhibirán un cierto grado de solapamiento. En el extremo de los métodos superpuestos están los **métodos difusos** (*fuzzy*), donde todas las observaciones están asignadas a todos los segmentos mediante un grado de pertenencia.

| Familia | Características | Algoritmos |
|---------|----------------|------------|
| **Basados en la conectividad** Métricas de distancia | Métodos de segmentación jerárquica donde los segmentos están anidados. La generación puede partir de las observaciones que se van agregando, formando los segmentos (aglomerante), o divisiva, donde la población global se va repartiendo en distintos grupos | • Segmentación jerárquica aglomerante (AGNES, *AGglomerative NESting*) <br>• Segmentación jerárquica divisiva (DIANA, *DIvisive ANAlysis*) <br>• BIRCH (*Balanced Iterative Reducing and Clustering using Hierarchies*) |
| **Basados en el prototipo** Métricas de distancia | Métodos divisivos donde cada segmento está caracterizado por un centro de gravedad que se calcula minimizando la distancia entre sus observaciones | • K-medias <br>• K-prototipos <br>• Mapas autorganizativos (SOM, *Self-Organizing Maps*) |
| **Basados en la distribución** Métricas de probabilidad | Las observaciones son agrupadas de acuerdo con su afinidad a seguir una misma distribución de probabilidad estadística | • Mezcla gaussiana (GMM, *Gaussian Mixture Modeling*) <br>• Mixtura de Dirichlet (DMM, *Dirichlet Mixture Models*) <br>• EM (*Expectation-Maximization*) |
| **Basados en la concentración** Métricas de densidad | Los segmentos se crean considerando zonas de alta concentración de observaciones que a su vez están rodeadas por zonas poco densas | • DBSCAN (*Density-Based Spatial Clustering of Applications with Noise*) <br>• OPTICS (*Ordering Points to Identify the Clustering Structure*) <br>• DENCLUE (*DENsity-based CLUstering*) |

**Tabla 7-6.** Clasificación de las técnicas de segmentación

La Tabla 7-6 contiene los principales algoritmos clasificados en 4 familias. Los métodos basados en la conectividad y en prototipos son los más convencionales. En ambos casos se utilizan criterios de proximidad o similitud para la asignación de los segmentos. En estos algoritmos es necesario especificar el número de segmentos o la distancia umbral a modo de hiperparámetros.

En **modo inferencia**, la aplicación de un modelo de segmentación a un conjunto de datos nos dará como resultado la asignación de un identificador de segmento a cada observación, normalmente acompañado por alguna métrica de similitud.

## 7.3.2.2 REGLAS DE ASOCIACIÓN Y PATRONES SECUENCIALES

El análisis de asociaciones persigue el descubrimiento y la cuantificación de relaciones relevantes en grandes volúmenes de datos. Estas relaciones toman la forma de **reglas de implicación**, donde la presencia (o ausencia) de una serie de ítems en un conjunto de datos conlleva la de otros.

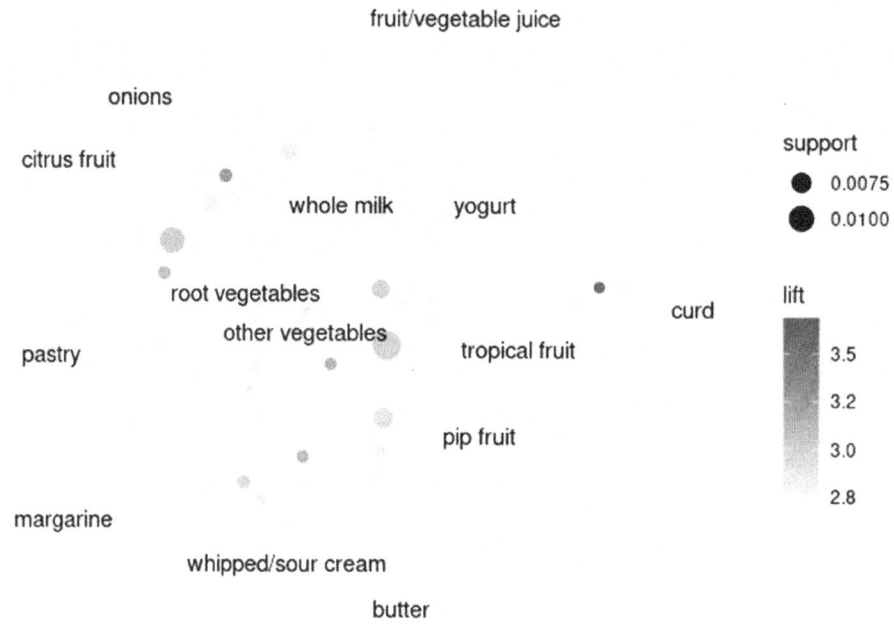

**Figura 7-8.** Visualización de reglas de asociación en un análisis de cestas de la compra realizada con la librería de R arulesViz.

La detección de estas relaciones se realiza dentro del contexto de una **transacción**, entendida de forma general como una colección de atributos que forman parte de un evento. Uno de los campos donde más se aplica el análisis de asociaciones es en el **análisis de cestas de la compra** (MBA, *Market Basket Analysis*). En este caso, cada transacción es una cesta de la compra, y sus atributos son los distintos productos que la forman[196]. Partiendo de un conjunto de cestas registradas durante un periodo de tiempo, el objetivo es identificar que combinaciones de productos son adquiridos de forma conjunta dentro de una misma compra. Si en el mismo conjunto de cestas disponemos del identificador del cliente que ha realizado cada compra, entonces podemos hacer que la transacción sea igual al cliente; de esta manera, el análisis nos dirá qué productos combinan los clientes en sus compras, con independencia de que lo hagan en una o varias visitas.

---

196 Es decir, en el contexto del análisis de asociaciones, la transacción es también comercial.

En el caso anterior, los ítems o atributos de la transacción son homogéneos, ya que se trata de identificadores de productos[197]. Esto no tiene por qué ser siempre así. Si estamos interesados en detectar relaciones entre los síntomas, la medicación y los efectos secundarios que puede sufrir un paciente, entonces el paciente constituye la transacción y los ítems son, por ejemplo, el nivel de colesterol, la estatina recetada y la aparición de dolores musculares en la zona de las rodillas. Este caso muestra, además, que los atributos pueden ser binarios, indicando la presencia o ausencia de dolor, y también continuos, como el nivel de glucosa[198].

Sin entrar en mucho formalismo, podemos decir que una regla de asociación es una vinculación de la forma

$$A \rightarrow B, A \cap B = \varnothing$$

donde $A$ y $B$ son conjuntos disjuntos de ítems, denominados ***itemsets***. $A$ recibe el nombre de **antecedente** (o cuerpo) de la regla, mientras que $B$ es el **consecuente** (o cabeza). Para un conjunto de $p$ transacciones $T = \{t_i, ..., t_p\}$, una transacción $t_i$ contendrá el *itemset* $A$ si $A$ es un subconjunto de sus ítems. Volviendo al ejemplo del análisis de cestas de la compra, la detección de reglas de asociación en una cadena de electrodomésticos podría dar resultados como

$$[video\ cámara]+[pantalla\ de\ proyección] \rightarrow [teléfono\ móvil]$$

$$[pantalla\ de\ plasma]+[teléfono\ móvil] \rightarrow [consola]+[tostadora]$$

En este caso, el cliente es la transacción, estando sus compras recogidas durante un periodo de seis meses. En este punto, y de forma intuitiva, podemos decir que cuando un cliente compra una video cámara y una pantalla de proyección entonces compra también un teléfono móvil[199].

El problema del análisis de asociaciones radica en que el número posible de combinaciones para formar reglas crece de forma exponencial con el número de ítems. Es necesario, por tanto, disponer de algoritmos que sean capaces de explorar de forma eficiente el espacio de todas las combinaciones de productos, extrayendo aquellas más relevantes. La cuestión, por lo tanto, está en determinar cuándo una regla es relevante. Esta evaluación puede ser subjetiva, teniendo en cuenta el conocimiento del negocio, u objetiva, basada en una serie de métricas estadísticas como el **soporte** (*support*), la **confianza** (*confidence*) o el **interés** de la regla (*lift*), que cuantifican su frecuencia,

---

197  La estructura de datos típica para la realización de un análisis de asociaciones se compone de una tabla con al menos dos columnas: un identificador de la transacción y un identificador del ítem, siendo la clave primaria la combinación de ambas. Otra posibilidad es esta misma estructura pivotada, donde cada registro es una transacción y cada ítem una columna. El problema de esta última es que no es escala bien con el número de ítems.

198  Estos casos requieren un preprocesado adecuado de los datos.

199  El análisis de asociaciones no nos informa de la secuencia en que estos productos son comprados, sino que se limita a informarnos de una concurrencia entre los ítems en el antecedente y en el consecuente de la regla.

relevancia y capacidad predictiva. El resultado de un modelo de análisis de asociaciones se puede visualizar de forma gráfica, como en la Figura 7-8. La representación en forma de grafo dirigido permite asignar las distintas métricas de interés que acabamos de comentar al tamaño y color de los nodos, y también al trazo y grosor de los arcos.

Cuando añadimos la componente temporal al análisis de asociaciones llegamos a los modelos de **patrones secuenciales**. Se trata también de encontrar relaciones entre ítems, pero ahora entre múltiples transacciones que están relacionadas entre sí, perteneciendo todas a lo que llamamos un **grupo de transacciones**. Además, nos puede interesar cuantificar la cadencia en que se producen esas relaciones. Por ejemplo, las expresiones

$$[colesterol\ alto] \gg [estatina+ejercicio\ físico] \rightarrow [colesterol\ correcto]$$

$$[pan] \gg [huevos+queso] \rightarrow [leche]$$

$$[congelados] \gg [carro\ de\ la\ compra] \gg [confirmación] \rightarrow [abandono]$$

son ejemplos de reglas donde el antecedente está formado por una secuencia temporal de *itemsets* separados por una doble flecha.

La cuantificación de una regla de secuencias se realiza también mediante el soporte, la confianza o la elevación. A la hora de detectarlas, además de establecer umbrales para las métricas anteriores, nos puede interesar que estas cumplan una serie de restricciones temporales, estableciendo intervalos y lapsos de tiempo mínimos y máximos entre los *itemsets* que forman la secuencia.

| Tipo | Algoritmos | Ejemplos |
|------|-----------|----------|
| **Reglas de asociación** | • Apriori<br>• FP-Growth<br>• PrefixSpan<br>• SIDE (*SImultaneous Depth-first Expansion*)<br>• ECLAT (*Equivalence CLAss Transformation*) | • Ubicación de productos en el punto de venta<br>• Diseño de promociones y venta cruzada<br>• Optimización de almacenes<br>• Diagnosis médica<br>• Secuenciación de proteínas<br>• Detección de relaciones entre palabras dentro de un texto<br>• Análisis del fracaso escolar |
| **Patrones secuenciales** | • Apriori<br>• PrefixSpan<br>• SIDE (SImultaneous Depth-first Expansion)<br>• GSP (*Generalized Sequential Pattern*)<br>• SPADE (*Sequential Pattern Discovery using Equivalence classes*) | • Incremento de ventas (*upselling*)<br>• Análisis de navegación en páginas web (*clickstream analysis*)<br>• Detección de fraude en partes de seguro médico<br>• Análisis de sendas de abandono de clientes<br>• Estudio de la evolución de pacientes<br>• Identificación de intrusiones en redes informáticas |

**Tabla 7-7.** Algoritmos y ejemplos para el análisis de asociaciones y patrones secuenciales.

Desde el punto de vista de la inferencia, los modelos de reglas pueden ser aplicados a nuevas transacciones, obteniendo los productos que mejor se asocian con el contenido de estas según las reglas existentes en el modelo. Esto permite, por ejemplo, la implementación de sistemas de personalización de ofertas. La Tabla 7-7 reúne los principales algoritmos y aplicaciones para el análisis de asociaciones.

Además del supervisado y no supervisado, existen otros paradigmas de aprendizaje, como el **aprendizaje semisupervisado**, que combina los dos, el **aprendizaje por refuerzo** (*reinforcement learning*) o el **aprendizaje profundo** (*deep learning*). Este último no hace referencia tanto a un nuevo concepto de aprendizaje, sino a una tipología de algoritmos alrededor de las redes neuronales artificiales. Veremos estos dos últimos en un capítulo posterior.

## 7.4  PUESTA EN PRODUCCIÓN E INFERENCIA DE MODELOS

Una vez que un modelo de minería de datos ha sido desarrollado, el siguiente y más importante paso es su **despliegue a un entorno productivo**, donde puede ser aplicado a nuevos datos. Es importante resaltar que este **entorno de inferencia** (*scoring*) será, en principio, diferente al de modelización. Puede tratarse de un sistema transaccional, analítico o con una carga de trabajo mixta. Por ejemplo, un modelo predictivo se presta a ser integrado dentro de una aplicación OLTP, etiquetando transacciones a medida que estas se producen. Adicionalmente, una solución OLAP también se beneficiaría de dicha integración, publicando los resultados de la inferencia en informes y cuadros de mando.

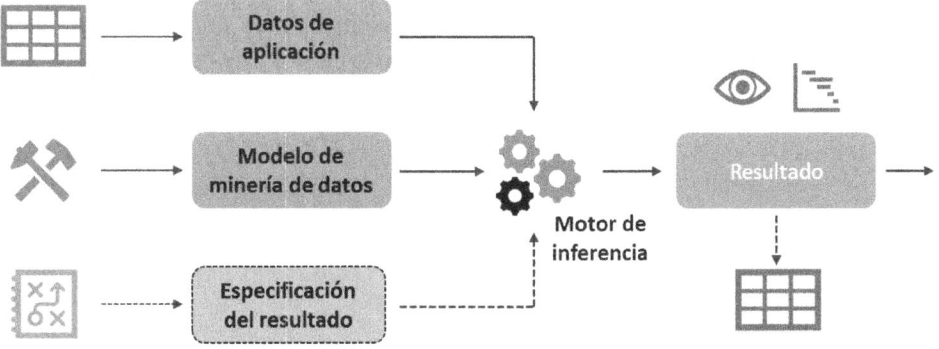

**Figura 7-9.** Inferencia de un modelo de minería de datos.

La Figura 7-9 resume el proceso de inferencia. Además del modelo en sí y de los datos sobre los que debe ser aplicado, nos hace falta un **motor de inferencia** (*scoring engine*). Esta es la pieza que tiene la capacidad de entender el modelo (tipo, parámetros, atributos de entrada) y utilizarlo para inferir un resultado de acuerdo con una especificación. La especificación dicta en que contenido de la inferencia estamos interesados y dependerá del tipo de modelo. Finalmente, el resultado puede ser almacenado, visualizado o utilizado dentro de un proceso y una lógica de negocio.

La puesta en producción de un modelo implica una serie de consideraciones que se deben tener en cuenta:

▶ **Estandarización de la definición del modelo.** El entorno de producción debe soportar diferentes tipos de modelos, desarrollados mediante herramientas de distintos proveedores. Es decir, el mecanismo de inferencia debe ser agnóstico en cuanto al origen del modelo. Existen diferentes estándares de representación de modelos, destacando el formato **PMML** (*Predictive Model Markup Language*) y el **PFA** (*Portable Format for Analytics*)[200]. Un gran número de soluciones del mercado pueden exportar y/o importar modelos en estos formatos.

▶ **Desacoplamiento del preprocesado.** Los datos sobre los que se aplica el modelo pueden ser diferentes en el entorno de desarrollo y en el de producción. Esto no solo es cierto para la ubicación y formato de los atributos, sino también para las transformaciones requeridas sobre estos antes de alimentar el modelo. Incluso dentro del mismo entorno productivo podrá ser necesario soportar diferentes formatos de registro.

▶ **Variación en el contenido de la inferencia.** El resultado de aplicar un modelo puede variar de un escenario a otro. Por ejemplo, en la aplicación de un modelo de segmentación en un entorno analítico nos puede interesar la obtención de las métricas de calidad y confianza en la asignación de cada observación a cada segmento obtenido. Sin embargo, en una aplicación de CRM operacional solo necesitaremos el identificador del segmento al que mejor se ajusta dicha observación. Los requerimientos de persistencia de los resultados también podrán variar de un caso a otro.

▶ **Encapsulación.** Una vez en producción los modelos no son eternos. Se deben monitorizar con el fin de detectar posibles desviaciones, normalmente debidas a un cambio de comportamiento en los datos. Cuando esto ocurre hay que recalibrar el modelo y reemplazarlo con una nueva versión, lo que supone volverlo a entrenar y validar con datos nuevos y representativos. Este reemplazo debería ser transparente, al menos mientras los datos de entrada al modelo (*signature*) no cambien, pero incluso en el caso en que sí lo haga el algoritmo subyacente. En consecuencia, la forma de invocar el modelo tampoco tendría que ser modificada.

## 7.4.1 Escenarios de inferencia de modelos

Hay diferentes escenarios en los que se puede invocar un modelo. La selección entre uno u otro dependerá de los requerimientos de latencia de la aplicación, pero también de como de volátiles son los datos y, consecuentemente, de con qué frecuencia hay que recalcular los resultados y persistirlos.

---

200 PMML está basado en XML, mientras que PFA emplea JSON. Ambos son desarrollados y mantenidos por el Data Mining Group (*https://dmg.org*).

1. **Inferencia por lotes con persistencia**. El modelo es aplicado a un conjunto de observaciones en bloque. Los datos de entrada residen típicamente en un fichero o en una tabla de una base de datos, a donde van a parar también los resultados de la inferencia. Este escenario es interesante cuando es necesario procesar un gran número de observaciones y guardar los resultados para su posterior consumo. La inferencia por lotes puede ejecutarse bajo demanda o bien de forma planificada mediante un proceso periódico. La latencia en la aplicación del modelo no es importante.

2. **Inferencia por lotes sin persistencia**. Este caso es muy similar al anterior, con la salvedad de que no hay el requerimiento de persistir los resultados. Lo que se persigue es obtener siempre, y de forma ágil, el último resultado de la inferencia en el momento de su consulta. Las bases de datos relacionales se prestan a este escenario, ya que la invocación del modelo puede ser embebida dentro de la definición SQL de una vista. De esta manera, cada vez que se accede a esta los resultados son actualizados.

3. **Inferencia en cascada**. Aquí la inferencia se produce como reacción a un evento. Aunque no es exclusivo, este escenario vuelve a ajustarse muy bien a los gestores de datos. En estos, un **disparador** (*trigger*) es un objeto de la base de datos que define un conjunto de acciones que se ejecutarán en respuesta a una operación SQL sobre una tabla o una vista, incluyendo inserciones, actualizaciones y borrado de registros. Adicionalmente, el disparador tiene en su definición el momento de su activación, que puede ser antes o después de la operación. Las acciones consisten en elementos de lenguaje procedimental, incluyendo la invocación de procedimientos almacenados, así como operaciones laterales en la base de datos, como inserciones o actualizaciones en otras tablas. Por ejemplo, la invocación de un modelo puede ubicarse dentro de un disparador en una tabla, de forma que cada vez que se produzca una inserción o actualización de un registro en ella, el modelo es aplicado y el resultado almacenado.

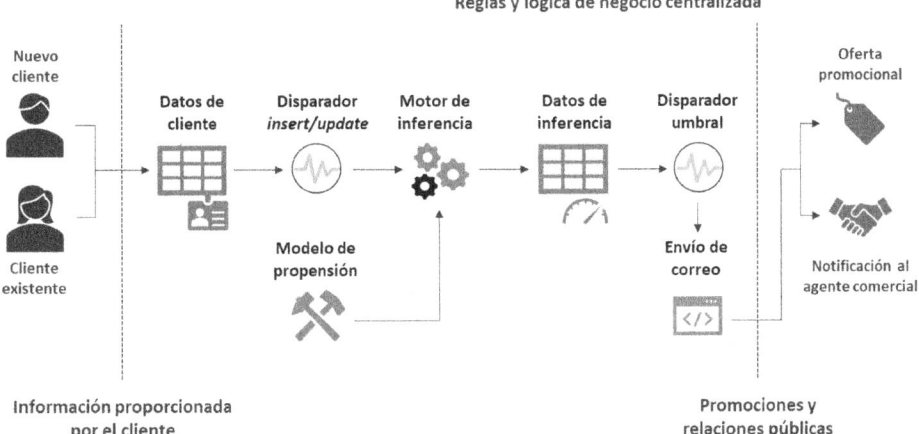

**Figura 7-10**. Activación de un modelo de propensión mediante disparadores en una base de datos.

4. **Inferencia en tiempo real**. Este escenario se da principalmente cuando se desea aplicar, con una latencia mínima, un modelo a observaciones individuales que todavía no tienen persistencia. Estas acaban de ser generadas por una aplicación a la que hay que devolver los resultados en tiempo real para soportar una acción de negocio. Un ejemplo sería la decisión de generar un cupón de descuento en la caja de un supermercado, teniendo en cuenta el resultado de aplicar un modelo de propensión al contenido de la compra.

El escenario de inferencia en cascada es interesante desde el momento en que concentra la aplicación de los modelos en un único punto, allí donde residen los datos. De esta manera, no es necesario programar esta operación en cada proceso de negocio, quedando ligada a la misma transacción en la base de datos. Así, es posible implementar, por ejemplo, campañas de fidelización de clientes sin necesidad de utilizar un *software* especializado. La Figura 7-10 representa un ejemplo de esto. Cada vez que se registra un nuevo cliente, o que cambia la información de uno existente, se activa un disparador en la tabla de clientes que puntúa el perfil aplicando un modelo de propensión de compra. El resultado se almacena en otra tabla, donde otro disparador comprobará si el valor es mayor que un determinado umbral, fijo o dinámico. En caso afirmativo, un procedimiento almacenado en la base de datos enviará un correo al cliente con una promoción especial, notificando al mismo tiempo a un agente comercial.

| Forma de despliegue | Características | Escenarios |
|---|---|---|
| Código propio | El modelo se invoca con las funciones de inferencia de la propia librería con la que fue generado u otra compatible | • Inferencia por lotes |
| Base de datos | El modelo es generado en la base de datos o importado | • Inferencia por lotes<br>• Inferencia en cascada |
| Servicio web | Despliegue del modelo en un servicio en la nube o publicación como API | • Inferencia en tiempo real |
| Contenedor | Encapsulación del modelo dentro de un contenedor y despliegue de este en una plataforma de orquestación | • Inferencia por lotes<br>• Inferencia en tiempo real |
| Cuantización | Despliegue de modelos con reducción de tamaño y menos precisión | • Inferencia en tiempo real con muy baja latencia para dispositivos IoT |

**Tabla 7-8**. Mecanismos de despliegue e invocación de un modelo de minería de datos.

En definitiva, existen distintos mecanismos de despliegue dependiendo del escenario de inferencia. La Tabla 7-8 los resume.

## 7.5 HERRAMIENTAS Y SOLUCIONES PARA MINERÍA DE DATOS

Desde una perspectiva de herramientas, hasta la mitad de los años noventa del siglo pasado, la modelización se realizaba caso por caso a través de lenguajes de programación, empleando en ocasiones paquetes estadísticos especializados. Surgirían entonces una serie de entornos de desarrollo integrados, equipados con sofisticadas interfaces gráficas y librerías de algoritmos, donde la programación era sustituida por la parametrización. Soluciones de aquella época como **SAS Enterprise Miner** o **IBM SPSS Modeler** siguen presentes en el mercado, siendo **KNIME Analytics Platform** una opción más reciente en esta línea. Todas ellas proporcionan un entorno de desarrollo visual de modelos, con extensiones para la conexión a repositorios, preparación de datos y representación gráfica.

Otra área importante de herramientas está dentro de los gestores de bases de datos, normalmente relacionales, en forma de librerías programables mediante SQL y lenguajes procedimentales. Al evitar el movimiento de grandes volúmenes de datos a un motor analítico externo , esta aproximación permite un gran escalado y una gestión integrada de datos y modelos. Proveedores de **plataformas de *data warehouse***, como Oracle, Microsoft, Vertica, Teradata o IBM tienen extensiones para minería de datos dentro de sus soluciones.

Las arquitecturas actuales basadas en microservicios desacoplados, estándares abiertos y entornos en la nube híbridos demandan una gran flexibilidad a la hora de integrar los diferentes componentes que constituyen una solución. Bajo estos requerimientos, la minería de datos ha experimentado una vuelta a los orígenes de la mano de un amplio ecosistema de marcos de desarrollo alrededor de lenguajes de programación como **Python**, **Julia** o **R**. Cabe destacar aquí librerías como **scikit-learn**, **TensorFlow**, **Keras** o **PyTorch**, estas tres últimas más enfocadas al aprendizaje profundo, sistemas como **Spark MLlib**, que proporciona un alto rendimiento para el entrenamiento de modelos de forma distribuida, o entornos de desarrollo, como **JupyterLab**.

La oferta de servicios en la nube, especialmente en forma de PaaS y SaaS, permite combinar componentes de modelización, despliegue y monitorización de distintos proveedores, siendo la orquestación de las API una necesidad. Cada proveedor tiene su propio entorno, cubriendo las tres fases del proceso y las operaciones alrededor del ciclo de vida de los modelos. Podemos destacar **AWS SageMaker**, **Google Vertex AI**, **Azure Machine Learning** o **Kaggle**, esta última consistente en una plataforma colaborativa basada en JupyterLab.

Con el fin de simplificar aún más el proceso, especialmente atrayendo a usuarios no especializados, nos encontramos últimamente con los **entornos de modelización automáticos**, donde el sistema es el encargado de acondicionar los datos, seleccionar el algoritmo más adecuado, e incluso poner el modelo en producción o generar el código asociado. **IBM Watson Studio** dispone de una extensión (AutoAI) con esta funcionalidad.

## 7.6 RESUMEN DEL CAPÍTULO

La minería de datos proporciona un conjunto de técnicas y metodologías para el descubrimiento de patrones, relaciones y tendencias difíciles de detectar mediante métodos de consulta convencionales.

▶ Un proceso de minería de datos se compone de tres etapas: **preprocesado** y **acondicionamiento** de los datos, **modelización** y puesta en **producción**.

▶ Las **técnicas** de modelización pueden clasificarse en **supervisadas** y **no supervisadas**. En el primer caso se parte de observaciones con uno de sus atributos identificado como objetivo. Trabajando sobre datos históricos, el propósito del modelo es estimar ese atributo a partir de los otros, de forma que pueda ser aplicado a nuevas observaciones y obtener predicciones.

▶ Las principales técnicas supervisadas son la **clasificación**, donde el atributo objetivo es categórico, y la **regresión**, donde es numérico.

▶ En la modelización no supervisada no hay un atributo objetivo; de lo que se trata es de descubrir relaciones entre los atributos mediante la identificación de agrupaciones y coocurrencias en los datos. Los modelos de **segmentación**, la detección de **asociaciones** y de **patrones secuenciales** son ejemplos de técnicas no supervisadas.

▶ Una vez obtenidos y validados, los modelos son **puestos en producción** para ser aplicados a nuevos datos, integrándose con el resto de los sistemas transaccionales y analíticos de la organización.

Más adelante estudiaremos el **aprendizaje profundo**, y como su reciente desarrollo está permitiendo nuevos tipos de análisis que tienen que ver con la percepción, el razonamiento y otros procesos cognitivos.

# 8

# ANÁLISIS PRESCRIPTIVO: MODELOS DE OPTIMIZACIÓN

Algunos autores prefieren plantear el análisis prescriptivo antes que el predictivo. Compartiendo ambos cierta orientación, especialmente en lo referente a proyectar el futuro, creo que es más natural posicionar el segundo antes que el primero, al menos si tenemos en cuenta el grado y la secuencia de adopción de los diferentes tipos de analíticas por parte de las organizaciones. Dicho esto, es cierto que la penetración del análisis prescriptivo varía mucho entre sectores, destacando la **logística**, la **investigación operativa**, la **fijación de horarios** o la **estrategia de precios** como algunas de las áreas con mayor aplicación. En cualquier caso, existen muchas sinergias y diversos casos donde se combinan modelos prescriptivos y predictivos bajo un mismo objetivo, siendo frecuente ver a estos últimos como elemento de entrada en los análisis prescriptivos.

## 8.1 MOTIVACIÓN Y OBJETIVOS

La función del **análisis prescriptivo** es intentar responder con una recomendación a un problema planteado. Si el análisis descriptivo nos ayuda a identificar y comprender la causa de los problemas, y el predictivo a tener una estimación de lo que sucederá en el futuro, el análisis el prescriptivo nos permite, a partir de un situación de partida con una serie de condicionantes, generar recomendaciones y acciones para establecer cuál debería ser la siguiente acción en la toma de decisiones.

Bajo este contexto, en el análisis prescriptivo destacan las técnicas de **optimización**, que se encargan de explorar y evaluar distintas soluciones a un problema, con el fin de seleccionar aquella que maximiza o minimiza una o varias métricas de negocio. Aplicaciones concretas como la simulación, la planificación o la programación de operaciones (*scheduling*) utilizan, en mayor o menor medida, la optimización como técnica base.

La Tabla 8-1 contiene algunos casos de la analítica prescriptiva por área de aplicación y en distintos sectores. Las aplicaciones relacionadas con la optimización de rutas, la planificación de la producción o el diseño de horarios podríamos decir que son un clásico dentro de los análisis prescriptivos.

| Sector | Área | Caso de uso |
|--------|------|-------------|
| **Finanzas** | Optimización de las inversiones | Determinación de la mejor cartera en base a la tipología de inversión, riesgo y evolución del mercado |
| **Transportes** | Optimización de flotas | Programación de rotaciones de tripulaciones y aeronaves para satisfacer la planificación de vuelos |
| *Marketing* | Automatización y personalización de mensajes | Planificación y creación de flujos de envíos de correos electrónicos con el fin de maximizar la conversión de clientes |
| **Distribución** | Diseño de almacenes y rutas | Ubicación de productos en almacenes y secuencias de reparto con el fin de minimizar los tiempos de entrega |
| **Energía** | Planificación de la producción | Generación de energía eléctrica en función de la demanda teniendo en cuenta diversas fuentes y restricciones |
| **Salud** | Programación de turnos | Elaboración de calendarios de enfermería en hospitales considerando distintas condiciones y convenios |

**Tabla 8-1.** Casos de uso en la órbita de la analítica prescriptiva.

En este capítulo vamos a presentar las tres categorías principales de métodos que nos podemos encontrar dentro del análisis prescriptivo: **optimización matemática**, **programación evolutiva** y **modelos probabilísticos**.

## 8.2 OPTIMIZACIÓN MATEMÁTICA

Los métodos de **optimización matemática** gozaron de un amplio desarrollo dentro de la llamada **investigación operativa** (*operational research*), un campo surgido originalmente de la industria militar, y cuya finalidad es la resolución de problemas logísticos y estratégicos en el despliegue de recursos y la planificación de operaciones.

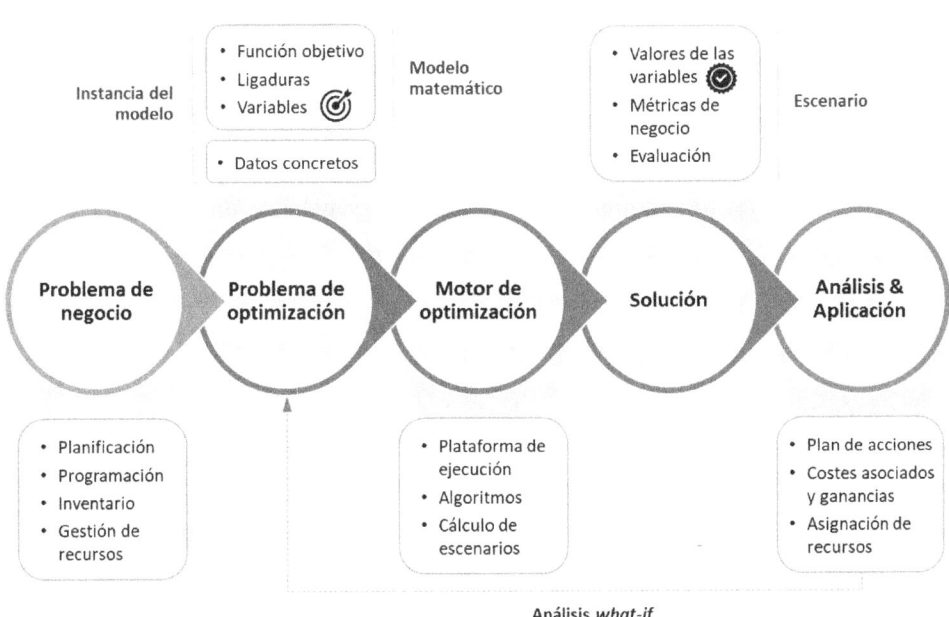

**Figura 8-1.** Planteamiento de un problema de optimización.

La Figura 8-1 muestra el planteamiento genérico de un problema de optimización. Este consta de las siguientes fases:

▶ **Definición del problema de negocio.** Un problema es susceptible de ser abordado mediante técnicas de optimización cuando el objetivo puede ser planteado en términos de encontrar la mejor solución dentro de un contexto determinado[201]. Por ejemplo, una fábrica que elaborar dos tipos de *pizzas* necesita saber cuántas debe producir de cada una con el fin de maximizar beneficios. En este caso, el contexto vendrá determinado por los márgenes de cada tipo de *pizza*, sus condiciones de elaboración y las restricciones a tener en cuenta en el proceso de fabricación.

▶ **Planteamiento del problema de optimización.** Aquí se trata de formular el problema de negocio en términos matemáticos. Por un lado está la definición del modelo, que incluye la función a optimizar (en el caso de las *pizzas* se trataría de una maximización), las variables a resolver (número de unidades a fabricar de cada tipo de *pizza*) y las restricciones o **ligaduras** que hay que tener en cuenta. En nuestro ejemplo estas ligaduras podrían tener en cuenta el número máximo de pizzas a fabricar de cada tipo (por temas de almacenamiento y conservación), así como los recursos disponibles (mano de obra, harina, etc.) y sus costes

---

201 Normalmente el objetivo se plantea como la minimización de una función de coste o la maximización de una función de beneficio.

asociados. Este modelo matemático es genérico para el problema en cuestión, de forma que al proporcionar datos concretos (unidades de fabricación, horas de fabricación, márgenes por tipo de *pizza*, etc.) obtenemos una instancia que es la que resolveremos.

▶ **Motor de optimización**. De acuerdo con las características del problema se debe elegir un algoritmo de optimización que calculará distintas posibles soluciones al problema, denominadas **escenarios**, sobre una plataforma de ejecución.

▶ **Solución**. El motor de optimización generará soluciones viables al problema, proponiendo unos valores específicos para las distintas variables de decisión y el valor optimizado de la función objetivo.

▶ **Aplicación**. La solución obtenida se lleva a producción, en nuestro ejemplo fabricando el número de unidades de cada tipo de *pizza*. En este punto es posible invocar el modelo de optimización de forma repetitiva e interactiva, evaluando el impacto que supone un cambio en los datos concretos o en la relajación de determinadas ligaduras. Este proceso de investigación de diferentes escenarios se denomina **análisis *what-if***.

En un problema de optimización, el conjunto de todas las **soluciones viables**, aquellas que satisfacen todas las ligaduras, recibe el nombre de **región factible**. Dentro de esta región se encuentran las **soluciones óptimas**, que son aquellas que además dan el valor óptimo para la función objetivo (máximo, en el caso de las *pizzas*). Las soluciones fuera de la región factible son **soluciones inviables**, ya que violan alguna de las ligaduras establecidas.

Existen numerosas alternativas respecto a los métodos que se pueden emplear para la optimización de la función objetivo. Estas dependerán del dominio de las variables a resolver (enteras, binarias, reales, etc.) y de la complejidad de las relaciones entre estas y de las distintas ligaduras.

## 8.2.1 Programación lineal

La **programación lineal** (*linear programming*) es probablemente el método de optimización matemática más empleado. Tiene cabida cuando la función objetivo se puede plantear como una combinación lineal de las variables a resolver, que deben ser continuas, y las ligaduras pueden definirse también en forma de desigualdades lineales.

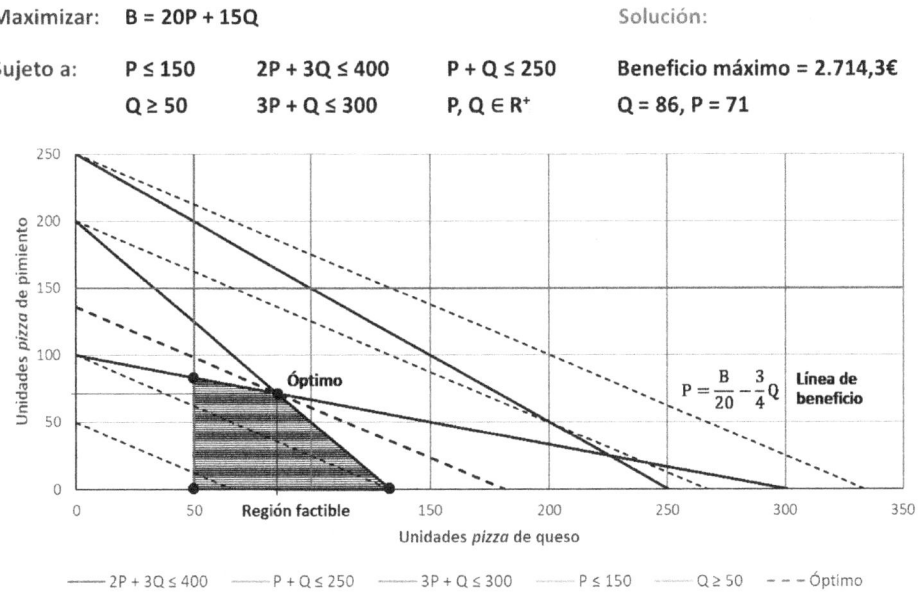

Maximizar:    B = 20P + 15Q                                              Solución:

Sujeto a:     P ≤ 150        2P + 3Q ≤ 400        P + Q ≤ 250        Beneficio máximo = 2.714,3€

              Q ≥ 50         3P + Q ≤ 300         P, Q ∈ R⁺          Q = 86, P = 71

**Figura 8-2.** Maximización del beneficio en la fabricación de pizzas.

La Figura 8-2 muestra el ejemplo de la fabricación de pizzas planteado y resuelto como un problema de programación lineal. La fábrica elabora *pizzas* de queso y de pimiento. El beneficio que obtiene por cada unidad es de 20€ para la de pimiento y 15€ para la de queso. Para la fabricación de ambos tipos dispone de 400 horas de mano de obra y 300 kg de harina. Una pizza de pimiento requiere 2 horas de mano de obra y 3 kg de harina para su elaboración, mientras que para la de queso son necesarias 3 horas y 1kg de harina. El objetivo es determinar las unidades que con estos recursos se pueden fabricar de cada *pizza* con el fin de maximizar el margen. Además, por temas logísticos y de conservación, la cantidad total de *pizzas* fabricadas no puede ser superior a 250 unidades, 150 en el caso de la *pizza* de pimiento, teniendo que servir además un pedido mínimo de 50 *pizzas* de queso.

Este objetivo da lugar a una función de beneficio a maximizar teniendo en cuenta el margen de cada tipo de *pizza*, y 5 funciones de ligadura, todas ellas planteables como combinaciones lineales de las variables a determinar. En la Figura 8-2 podemos ver cómo queda delimitada la región factible una vez trazadas las rectas que definen las ligaduras (en trazo continuo). En este caso, la condición de que el número de unidades totales fabricadas no sea superior a 250 es superflua; lo mismo ocurre con el límite de 150 unidades para las *pizza* de pimiento. Es decir, con las otras tres ligaduras acotamos la zona de soluciones viables al problema.

La figura representa también las **líneas de beneficio** (trazo discontinuo), que son nuestro objetivo. Todas ellas son paralelas, ya que la pendiente es la misma, variando entre ellas el beneficio, que vendrá dado por la ordenada en el origen. Es decir, cada una de estas líneas da como resultado el mismo beneficio para todos sus puntos. Se trata, por lo tanto, de encontrar la última línea que toca la región factible, ya que está tendrá el mayor valor posible para la función objetivo[202]. A la vista de la gráfica, debería quedar claro que un problema de maximización presentará varias soluciones óptimas cuando la pendiente de las líneas de beneficio coincida con la de alguna de las ligaduras que marcan el contorno de la región factible.

Desde el punto de vista de la optimización, un **modelo inviable** es aquel para el que no existe solución alguna que satisfaga todas las ligaduras. Aunque pueden ser el resultado de una formulación incorrecta del problema, también pueden deberse a un conflicto real en el sistema modelizado. Por ejemplo, que las unidades totales de *pizza* a fabricar no excedan las 250 unidades es incompatible con satisfacer un pedido consistente en 275 *pizzas* de queso. Una forma de resolver estas inviabilidades es mediante la **relajación de ligaduras**. Relajar una ligadura quiere decir alterar el lado derecho de la desigualdad con un valor más permisivo o conveniente. En este sentido, debemos distinguir entre **ligaduras duras** (*hard constraints*) y **ligaduras blandas** (*soft constraints*). Las primeras no pueden ser relajadas bajo ningún concepto, mientras que las segundas pueden ser violadas en algunas circunstancias, introduciendo normalmente algún tipo de penalización en la función objetivo. Por ejemplo, si las existencias de harina no pueden ampliarse debido a una huelga indefinida del proveedor, entonces la ligadura $3P + Q \leq 300$ será dura. Sin embargo, en el caso de existir la posibilidad de disponer de más horas de mano de obra pagando horas extras, podemos convertir en blanda la ligadura $2P + 3Q \leq 300$, añadiendo tiempo adicional y un límite (duro en este caso) para este. Es decir, $2P + 3Q \leq 300 + T$, $T \leq 50$. Como las horas extras tienen un coste ($10€$ la hora, por ejemplo), entonces la función de beneficio tendría que quedar necesariamente penalizada: $B = 20P + 15Q - 10T$. En definitiva, lo que estamos haciendo es introducir una nueva variable en el problema para la cual necesitamos calcular también su valor.

**Simplex** es el algoritmo de referencia para resolver los problemas de programación lineal, siendo la base de muchos otros. Consiste en un método iterativo que parte de la delimitación de la región factible y la elección de una solución viable. A partir de esta, el algoritmo se va moviendo por los vértices de la región hasta que alcanza aquel que toca a la línea de beneficio óptima.

## 8.2.2 Otros métodos de optimización matemática

La **programación no lineal** (*non-linear programming*) se emplea cuando las ligaduras o la función objetivo no pueden expresarse como combinación lineal de las variables involucradas. Esto es habitual en problemas más complejos, como la determinación de estrategias de precios, donde existen dependencias cuadráticas. La **programación en**

---

202  En problemas de maximización se trata de moverse hacia arriba en las líneas de beneficio (*isoprofit lines*), mientras que en los de minimización es hacia abajo (*isocost lines*).

**base a restricciones** (*constraint programming*) es una alternativa cuando la solución al problema es una combinación de valores discretos sujeta a una serie de condiciones, como la planificación de horarios.

Los **métodos estocásticos** (*stochastic optimization*) tienen en cuenta la aleatoriedad presente en la función objetivo. Se aplican en situaciones de incertidumbre, manejando distribuciones de probabilidad condicional que pueden llegar a ser complejas. La gestión de inventarios, donde la demanda de productos puede ser incierta, o la planificación de redes de transporte, sujetas a condiciones climáticas y de tráfico variables, son algunos ejemplos.

## 8.3 ALGORITMOS GENÉTICOS

La computación o **programación evolutiva** (*evolutionary computation*) comprende una familia de algoritmos inspirados por la teoría de la evolución de las especies de Charles Darwin. De entre todos ellos destacan los **algoritmos genéticos** (*genetic algorithms*), con gran aplicación en problemas de optimización y búsqueda. Estos modelos son una alternativa a los planteados en el apartado anterior cuando, aun siendo evaluable, la función objetivo es difícil o imposible de plantear matemáticamente. Otros casos de aplicación son aquellos en los que las condiciones del problema van cambiando con el tiempo, o los datos están sujetos a cierta variabilidad. La Figura 8-3 muestra el flujo básico de la resolución de un problema de optimización planteado mediante algoritmos genéticos.

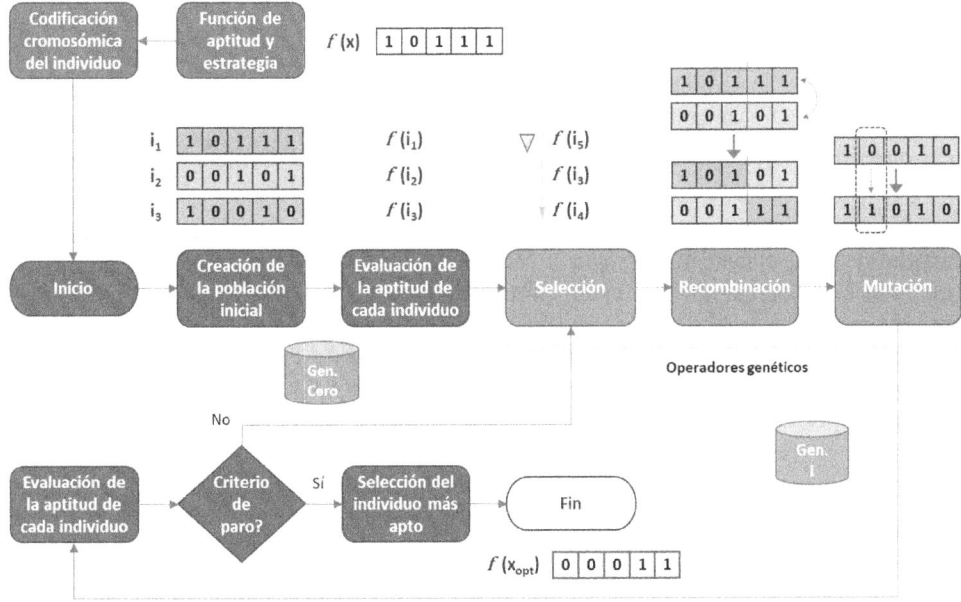

**Figura 8-3**. Flujo básico de un algoritmo genético.

En esencia, un algoritmo genético define, mantiene y hace evolucionar una **población de individuos**, cada uno de los cuales es una potencial solución a un problema que se desea resolver. Siguiendo los principios de la evolución, la idea es que, a lo largo de sucesivas generaciones, los individuos mejor adaptados al entorno tienen mayor probabilidades de supervivencia, pasando las características que los definen a sus descendientes, de forma que estos son cada vez más fuertes. La medida de esta fortaleza es el resultado de evaluar la **función objetivo** (también denominada de aptitud) que se desea optimizar sobre cada individuo. Siguiendo con la analogía biológica, si solo se tiene en cuenta la herencia cerrada de padres a hijos, las sucesivas generaciones ser irían degenerando, por lo que es necesaria la introducción de cierta variabilidad en los descendientes que permita, ahora volviendo al ámbito algorítmico, expandir el espacio de búsqueda de soluciones. En definitiva, la idea es que, tras sucesivas iteraciones, la calidad de las soluciones vaya mejorando hasta que nos quedemos con aquella que genera un valor óptimo.

| Operador | Características | Métodos |
|---|---|---|
| **Selección** (*selection*) | Separación de los individuos que serán usados como padres en la siguiente generación | • Selección proporcional<br>• Muestreo estocástico<br>• Selección por torneo |
| **Recombinación** (*crossover*) | Combinación de la información de dos individuos produciendo normalmente dos descendientes. Si no se aplica, ambos padres son clonados directamente | • Recombinación de punto único<br>• Recombinación uniforme<br>• Recombinación ordenada |
| **Mutación** (*mutation*) | Alteración de uno o más genes en un cromosoma con el fin de dar variabilidad a la población | • Mutación por volteo<br>• Mutación por inversión<br>• Recombinación ordenada |

El punto de partida en un algoritmo genético es la identificación de la **función de aptitud** y la forma en que se van a representar los individuos. Esta representación (genotipo) recibe el nombre de **cromosoma**, que está compuesto por una serie de **genes**. En muchos problemas lo genes son binarios, pero pueden ser también número enteros o reales. La población inicial de individuos, generada de forma aleatoria, se evalúa mediante la función de aptitud, y se hace evolucionar mediante la aplicación de los llamados **operadores genéticos**, de naturaleza marcadamente probabilística. La Tabla 8-2 resume su función, citando algunos de los algoritmos más utilizados en cada caso. Aunque muy frecuentes, tanto la **recombinación** como la **mutación** son operadores opcionales. Dentro del proceso de evolución acostumbran a emplearse también distintas estrategias. Una de ellas es el **elitismo** (*elitism*), que consiste en duplicar directamente a la nueva generación un número determinado de los mejores individuos de la actual, buscando la preservación de los mejores rasgos.

| Utensilio | Peso | Valor |
|---|---|---|
| Toalla | 20 | 11 |
| Mapa | 8 | 95 |
| Cantimplora | 70 | 49 |
| Gafas de sol | 8 | 18 |
| Cámara | 40 | 29 |
| Pantalones | 18 | 13 |
| Jersey | 15 | 14 |
| Camisa | 13 | 15 |
| Aspirinas | 2 | 25 |
| Cepillo | 9 | 3 |
| Tiritas | 3 | 23 |
| Calcetines | 6 | 12 |
| Calzoncillos | 5 | 19 |
| Teléfono | 38 | 120 |
| Cargador | 15 | 56 |

**Población generación i**

| 1 | 2 | 3 | 4 | 5 | 6 | 7 | 8 | 9 | 10 | 11 | 12 | 13 | 14 | 15 | Peso | Valor |
|---|---|---|---|---|---|---|---|---|---|---|---|---|---|---|---|---|
| 1 | 1 | 1 | 0 | 0 | 0 | 1 | 1 | 0 | 0 | 0 | 1 | 1 | 0 | 1 | 154 | 262 |
| 0 | 1 | 1 | 1 | 1 | 0 | 0 | 1 | 1 | 1 | 0 | 0 | 0 | 1 | 1 | 203 | 410 |
| 0 | 1 | 1 | 1 | 1 | 0 | 1 | 1 | 0 | 1 | 0 | 0 | 0 | 0 | 0 | 163 | 123 |
| 0 | 1 | 0 | 0 | 1 | 1 | 0 | 1 | 0 | 1 | 1 | 1 | 0 | 1 | 0 | 135 | 310 |
| 0 | 1 | 1 | 1 | 1 | 0 | 1 | 0 | 1 | 0 | 0 | 0 | 0 | 0 | 0 | 143 | 230 |
| 1 | 1 | 0 | 0 | 0 | 1 | 1 | 0 | 0 | 1 | 0 | 1 | 1 | 0 | 1 | 96 | 223 |
| 1 | 0 | 1 | 1 | 0 | 0 | 1 | 0 | 0 | 1 | 1 | 1 | 0 | 0 | 0 | 131 | 130 |
| 0 | 0 | 1 | 1 | 1 | 1 | 1 | 0 | 1 | 1 | 1 | 1 | 0 | 0 | 0 | 171 | 186 |
| 1 | 1 | 1 | 0 | 0 | 1 | 0 | 1 | 1 | 0 | 0 | 0 | 0 | 0 | 0 | 131 | 208 |
| 1 | 0 | 1 | 1 | 1 | 1 | 0 | 1 | 0 | 1 | 0 | 0 | 0 | 0 | 1 | 193 | 194 |

**Individuo óptimo**                 Sacrificio

| 1 | 2 | 3 | 4 | 5 | 6 | 7 | 8 | 9 | 10 | 11 | 12 | 13 | 14 | 15 | Peso | Valor |
|---|---|---|---|---|---|---|---|---|---|---|---|---|---|---|---|---|
| 0 | 1 | 1 | 1 | 1 | 0 | 0 | 1 | 1 | 1 | 0 | 0 | 0 | 1 | 0 | **188** | **354** |

**Figura 8-4**. Planteamiento del problema de la mochila mediante algoritmos genéticos.

Un ejemplo de referencia en la aplicación de los algoritmos genéticos es el llamado **problema de la mochila** (*knapsack problem*), que ilustra bien las características y ventajas de estos frente a problemas de búsqueda y optimización combinatoria. El planeamiento es sencillo: se dispone de una mochila, con una capacidad limitada en cuanto al peso que puede cargar, y una serie de utensilios, cada uno con un peso y un valor asociado. Se trata de determinar que selección de utensilios debe cargarse en la mochila con el fin de maximizar su valor y no exceder la carga máxima. Por ejemplo, si se dispone de 15 utensilios, entonces la representación cromosómica de un individuo se podría hacer mediante un vector binario de 15 posiciones. La Figura 8-4 muestra una población de 10 individuos tras una serie de generaciones donde se han ido aplicando los distintos operadores genéticos. El segundo individuo es el que proporciona una mochila de mayor valor. Sin embargo, excede el peso máximo de la misma, que es de 200. Por este motivo, se sacrifica el último utensilio de forma que no se viola la restricción del peso y el valor total del conjunto continúa siendo el más grande.

Los algoritmos genéticos encuentran mucha aplicación en problemas de ingeniería y finanzas, donde la representación del problema de búsqueda es compleja, incluyendo variables de distintos tipos. Otro campo donde también destacan es en la propia minería de datos, como técnicas de optimización de hiperparámetros en modelos de aprendizaje, tanto supervisados como no supervisados. Como principal inconveniente está la interpretación de los resultados, especialmente la forma en la que se llega a una solución válida. La velocidad de convergencia hacia una solución óptima y el escalado ante la complejidad del problema son otras de sus desventajas.

## 8.4 MODELIZACIÓN PROBABILÍSTICA

Los algoritmos genéticos que acabamos de estudiar manejan un importante componente de incertidumbre en su funcionamiento. Los operadores genéticos incorporan la probabilidad en su operativa de cara a proporcionar variabilidad a los individuos de las generaciones. Esto permite expandir el espacio de búsqueda de soluciones de una forma controlada. Otros algoritmos de optimización, como el **recocido simulado**[203] (**SA**, *Simulated Annealing*), utilizan también mecanismos probabilísticos para la determinación de máximos o mínimos globales. Es importante no perder de vista que los métodos probabilísticos, al contrario que los determinísticos, como la programación lineal, proporcionan soluciones aproximadas a los problemas de optimización; estas no solo son suficientes en múltiples escenarios, sino que los métodos que las generan son la única alternativa ante problemas computacionalmente complejos.

Existen otros tipos de métodos probabilísticos dentro del análisis descriptivo enfocados a la modelización de situaciones inciertas con relaciones complejas entre las variables que las gobiernan. Las cadenas de Markov son uno de ellos.

### 8.4.1 Cadenas de Markov

Aunque existen diversas variantes e implementaciones, las **cadenas de Markov** (*Markov chains*) son modelos conceptualmente sencillos que permiten describir y explicar sistemas cuyo estado va variando con el tiempo. Esta sencillez se logra mediante una simplificación inherente a la definición del modelo: el estado actual del sistema solo depende del estado anterior, obviándose cualquier secuencia previa (*memoryless*). Podemos decir, por lo tanto, que en esta reducción está también su limitación, ya que no es posible contextualizar la evolución del sistema y tener en cuenta posibles tendencias que gobierna su comportamiento.

---

203 El nombre de este algoritmo viene de la metalurgia, donde el recocido es un proceso de calentamiento y enfriamiento lento de los metales que se aplica con el fin de darles ciertas propiedades de resistencia y ductilidad. En problemas de optimización esto se traduce en ir disminuyendo, de forma lenta, la probabilidad de aceptar soluciones peores a las actuales a medida que se va explorando el espacio de búsqueda.

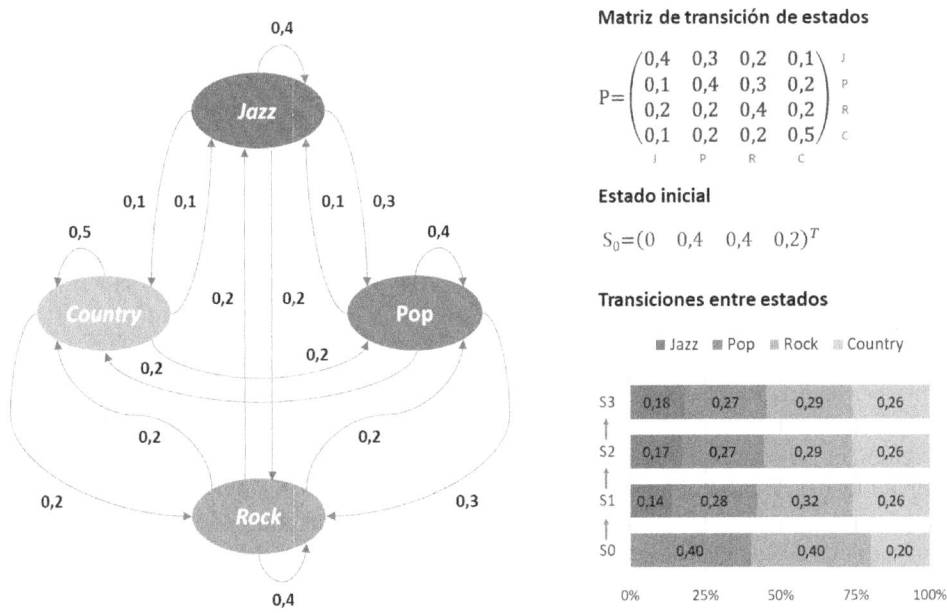

**Figura 8-5**. Transición entre estados en un proceso de Markov.

La Figura 8-5 ilustra un proceso de Markov consistente en determinar el siguiente estilo musical (estado) que escuchará un oyente. Las probabilidades de transición entre los posibles estilos están cuantificadas basadas en un estudio experimental[204], de forma que todos los tránsitos que abandonan un estado determinado suman uno. Estas constituyen la **matriz de transición de estados**. De esta forma, y dado un estado inicial $S_0$ que representa las probabilidades de que un oyente esté escuchando cada uno de los estilos, es posible establecer la posible evolución de sus gustos entre canción y canción[205]. En la figura se muestran las probabilidades de que la primera, segunda y tercera canción escuchada pertenezca a cada uno de los estilos. En general, el n-ésimo estado vendrá dado por la expresión

$$S_n = S_0 \times P^n$$

---

204   Existen distintos métodos para calcular las probabilidades de transición de unos estados a otros en una cadena de Markov, como el algoritmo de Metropolis-Hastings o el método de Montecarlo, ambos relacionados entre sí.

205   Un proceso de Markov siempre modeliza cambios de estado discretos, de forma que entre transiciones el sistema permanece estable. Esto no quiere decir ni que la cadencia entre transiciones sea constante, ni que el sistema no pueda transitar hacia el mismo estado.

lo que indica que la probabilidad de movimiento de un estado a otro solo depende del último estado, y que las probabilidades de transición entre estados permanecen invariantes a lo largo de todo el proceso.

Como comentábamos al principio del apartado, existen distintas variaciones de las cadenas de Markov que permiten la gestión de transiciones continuas en el tiempo, o incluso la implementación de memoria de estados. Su aplicación se puede generalizar a ámbitos como el análisis de redes sociales, para estudiar la evolución de los usuarios entre distintos grupos, la predicción del clima, en cuanto supone un posible cambio de estado climatológico, o incluso la asociación de las palabras en un texto con determinados sentimientos o cambios de estado emocionales.

Mencionar para acabar este apartado de modelos probabilístico las **redes bayesianas** (*Bayesian networks*). Si bien en apariencia pueden resultar similares a los procesos de Markov, su orientación es distinta. Una red bayesiana toma la forma de un grafo acíclico dirigido (DAG) para representar relaciones complejas entre variables a partir de sus probabilidades condicionales[206]. Mediante estas es posible estimar que factores han contribuido de forma más probable a la ocurrencia de un determinado evento[207]. En este sentido, cabe destacar su aplicación en temas de diagnóstico médico, donde se modelizan las relaciones entre síntomas y diagnósticos, el análisis de riesgos o el control de calidad, donde destacan las aplicaciones de **análisis de causa raíz** (**RCA**, *Root Cause Analysis*).

## 8.5 HERRAMIENTAS Y SOLUCIONES PARA ANÁLISIS PRESCRIPTIVO

En cualquiera de sus métodos, el *software* para análisis prescriptivo está básicamente implementando en forma de librerías para distintos lenguajes de programación o entornos de computación matemática, como **MATLAB**.

En la parte de optimización matemática cabe destacar **IBM ILOG CPLEX**, un motor de optimización para la resolución de problemas de optimización lineal y cuadrática. Alrededor de él, IBM proporciona diferentes soluciones en forma de entorno de desarrollo integrado, como **IBM ILOG CPLEX Optimization Studio** (Figura 8-6), o de librerías de Python, programables desde **IBM Watson Studio** en IBM Cloud.

---

206 Aquellas que miden la probabilidad de que suceda un evento habiéndose producido otro previamente, sin que medie necesariamente una relación causal entre ambos hechos.

207 Una red bayesiana puede emplearse como paso inicial a la hora de construir una cadena de Markov, ya que permite modelizar la distribución conjunta de las variables que marcan los estados en el proceso.

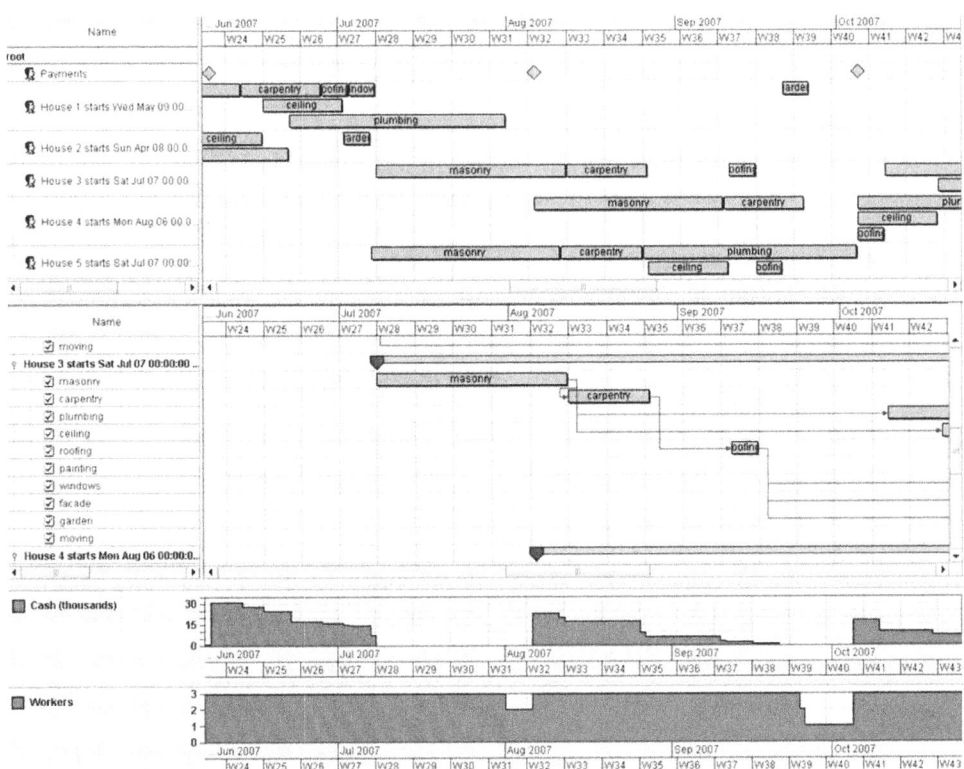

**Figura 8-6.** Resolución de un problema de planificación con IBM ILOG CPLEX Optimization Studio.

En el caso de los algoritmos genéticos, cabe destacar las librerías **DEAP** y **PyEvolve** para Python o **GA** y **genalg** para R. De forma análoga, existen módulos para la implementación de cadenas de Markov: **PyMC3** o **PyDSTool** para Python, y **markovchain** para R.

## 8.6 RESUMEN DEL CAPÍTULO

En este capítulo hemos presentado las características del análisis prescriptivo y su principales aplicaciones enfocadas a la generación de recomendaciones para la toma de decisiones, destacando casos de uso en el ámbito de la planificación, el reparto de recursos o la programación de actividades.

▶ Los modelos de **optimización matemática** se centran en la búsqueda de soluciones a problemas de maximización o minimización de objetivos sujetos a múltiples ligaduras o restricciones. Permiten el **análisis interactivo de escenarios** mediante la relajación y simulación de estas restricciones, determinando un conjunto de soluciones viables.

- ▶ Dentro de los métodos de optimización matemática destacan los de **programación lineal**, donde tanto la función a optimizar como las ligaduras pueden plantearse como combinaciones lineales de las variables de búsqueda.

- ▶ Cuando la función a optimizar es compleja, o su representación matemática no es posible, los **algoritmos genéticos** ofrecen una aproximación probabilística que es viable en muchos casos. Estos se basan en hacer evolucionar una población de potenciales soluciones al problema mediante la aplicación de una serie de operadores, asemejándose su funcionamiento a la forma en que las especies se van reproduciendo y adaptando al medio.

- ▶ Además de la resolución de problemas de búsqueda y optimización, el análisis prescriptivo se encarga también de la **modelización de sistemas complejos** sujetos a incertidumbre. Destacan en este sentido las **cadenas de Markov**, que permiten evaluar cómo puede evolucionar un proceso a lo largo de una serie de posibles estados dadas unas ciertas probabilidades de transición.

Con el siguiente capítulo finalizaremos esta segunda parte del libro, dedicada a la explotación de la información. Es un capítulo importante, ya que trata de la base que estará marcando el desarrollo futuro de las tecnologías de la información y, quien sabe, de la sociedad también: la **inteligencia artificial**.

# 9

# ANÁLISIS COGNITIVO: INTELIGENCIA ARTIFICIAL

Inspirada por ciertos rasgos que caracterizan a la inteligencia humana, la **computación cognitiva** (*cognitive computing*) aplica, entre otras, técnicas de **inteligencia artificial** (**AI**, *Artificial Intelligence*), **visión por ordenador** (*computer vision*) o **procesamiento de lenguaje natural** (**NLP**, *Natural Language Processing*) con el fin de tratar grandes conjuntos de datos no estructurados y encontrar soluciones a problemas y necesidades complejas.

Estos sistemas suponen un salto cualitativo importante respecto a los sistemas programables, que dominaron la informática desde mediados de los años 50 del siglo pasado. La diferencia radica en que los sistemas cognitivos no tienen que ser programados de forma explícita, sino que pueden aprender a partir de interacciones y experiencias que les son proporcionadas en forma de conjuntos de datos. De alguna manera, la idea detrás de ellos es emular el proceso que llevamos a cabo las personas cuando tomamos decisiones: **observar**, **interpretar**, **evaluar** y **decidir**. Las personas, además, cerramos el ciclo al calibrar el éxito o el fracaso de la decisión mediante un proceso global denominado **aprendizaje**, que nos permite una afinación y mejora continua. Los modelos cognitivos, al igual que los predictivos que veíamos en capítulos anteriores, necesitan todavía en gran medida que un agente externo les guíe en esa calibración, pero la estrategia y el proceso a seguir es básicamente el mismo.

## 9.1 MOTIVACIÓN Y OBJETIVOS

Los siguientes son algunos ejemplos de los ámbitos de aplicación de los sistemas cognitivos:

▶ La transcripción automática del audio de una conversación entre una agente y un cliente, detectando el motivo de la consulta, el tono empleado por el agente, y si el cliente solucionó finalmente la incidencia.

▶ La síntesis de voz para la generación bajo demanda de audiolibros para personas con dificultades visuales.

▶ El reconocimiento automático de tumores en imágenes médicas.

▶ La interpretación de una noticia, extrayendo palabras clave, conceptos, entidades y relaciones, así como su traducción a diversos idiomas.

▶ La generación de contenido textual (informes, código de programación, correos electrónicos, etc.) y multimedia (imágenes, discursos, música, etc.) a partir de una serie de indicaciones.

▶ La elaboración de un perfil psicosociológico de un candidato a un puesto de trabajo a partir de sus publicaciones en redes sociales.

▶ La creación de agentes conversacionales, también denominados **asistentes virtuales** (*chatbots*), para la gestión de llamadas en centros de atención telefónica, sistemas de reserva o consulta.

▶ La implementación de sistemas de búsqueda integral, combinando fuentes heterogéneas y dispares en cuanto a formato, para la detección de relaciones complejas en investigación medioambiental.

▶ La recomendación del mejor tratamiento para un paciente, basado en su historial clínico, la experiencia en casos similares, y la literatura médica y farmacológica existente al respecto.

La relación podría ser más larga, pero estos ejemplos nos dan ya algunas pistas del propósito y la función de estos sistemas. Nos indican también que hablamos de aplicaciones analíticas, pero también operacionales, como los asistentes virtuales o los sistemas de conducción automática, basados estos últimos en tecnologías de visión artificial. Es por ello por lo que estamos hablando de forma genérica de sistemas cognitivos, con independencia de si su funcionalidad es analítica u operacional.

Una de las necesidades comunes de los ejemplos que acabamos de dar es la de **procesar fuentes no estructuradas**: texto, audio e imágenes. Este rasgo es un elemento característico del *Big Data*, pero también están presentes los otros, como el volumen, siendo fácil intuir los tamaños de los conjuntos de datos involucrados, la velocidad a la que estos se generan y, no menos importante, la veracidad alrededor de la generación de contenidos. En este sentido, el rápido desarrollo del procesamiento cognitivo y la AI es una de las principales consecuencias del auge de las tecnologías de *Big Data* (y viceversa).

La Figura 9-1 muestra como la sinergia de distintos factores, a modo de capas concéntricas, ha posibilitado el desarrollo tan rápido de la AI en los últimos diez años. En primer lugar, el desarrollo tecnológico ha permitido el acceso a importantes recursos de computación en la nube de una manera eficiente, rápida y económica. La disponibilidad de soluciones de *Big Data* para el almacenamiento y procesado de grandes volúmenes de datos y su acceso mediante API, ha facilitado el desarrollo de aplicaciones descentralizadas en las que se combinan componentes de distintos proveedores. En un segundo nivel nos encontramos con la explosión del dato en cuanto a variedad y volumen. Las redes sociales han creado una cantidad tal de información que han hecho posible, en una tercera capa, el desarrollo y entrenamiento de una nueva generación de algoritmos sobre infraestructuras y plataformas asequibles en la nube.

Muchos de estos algoritmos, como las **redes neuronales artificiales** o los **algoritmos genéticos**, habían sido desarrollados años atrás, pero la falta de datos y recursos de cómputo hicieron disminuir su interés en aquel momento.

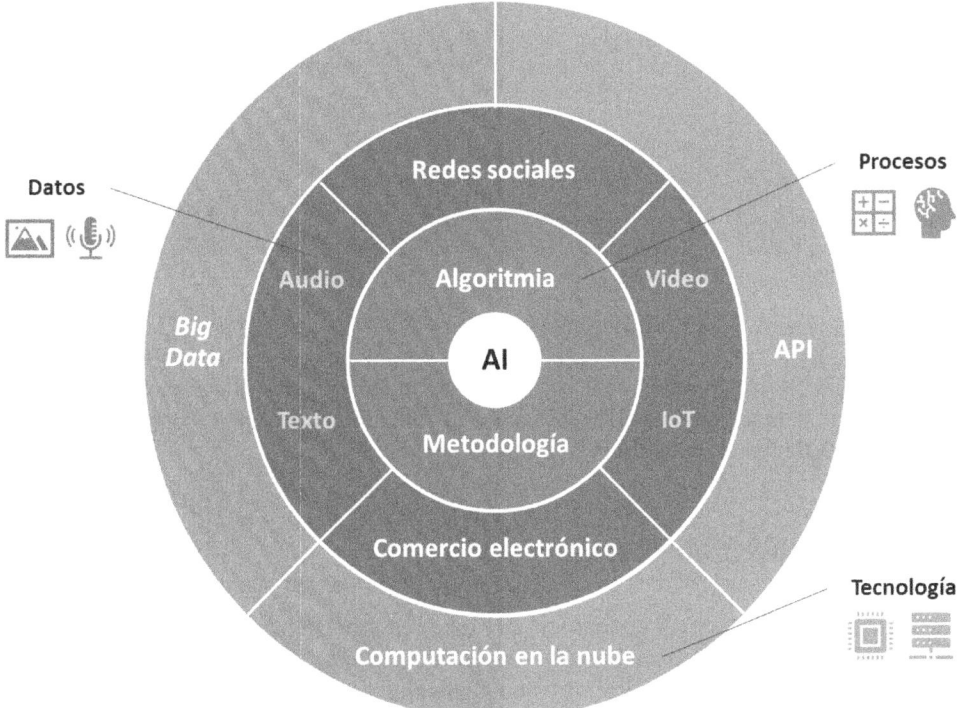

**Figura 9-1**. Posibilitadores en el desarrollo de la inteligencia artificial.

Aunque comparten muchos enfoques, estrategias de aprendizaje y una base algorítmica común, los sistemas de análisis cognitivo van más allá que los de análisis predictivo, con otros condicionantes marcados precisamente por la variedad y el volumen de los datos a manejar. A la vista de los ejemplos que hemos dado, los objetivos se ven también diferentes, siendo mucho más ambiciosos.

Por dichos objetivos, y también por el tipo de información que manejan, en muchos casos de alta sensibilidad, el empleo de sistemas cognitivos está siempre sujeto a una cierta controversia. No hay que perder de vista las importantes implicaciones que los sistemas de inteligencia artificial pueden tener en temas como la **privacidad**, la toma de decisiones de forma sesgada y poco explicada, o el posible riesgo vital alrededor de algunas de estas decisiones. Si a esto unimos el impacto que puede tener en las relaciones sociales y laborales, el debate ético y moral está servido, dando lugar a distintas **iniciativas regulatorias** y posicionamientos a favor o en contra de estas.

**Figura 9-2.** Capacidades de un sistema cognitivo.

La Figura 9-2 resume las cuatro capacidades que exhibe un sistema cognitivo. La capacidad de interacción está más enfocada a la aplicación operacional, mientras que las tres primeras tienen un carácter más analítico.

## 9.2 MECANISMOS DE APRENDIZAJE

Los sistemas cognitivos comparten con los predictivos la necesidad de un proceso de aprendizaje para sistematizar un comportamiento y ser capaz de generalizarlo y aplicarlo. De hecho, son sistemas marcadamente predictivos, ya sea en forma de modelos de clasificación o regresión, aunque también los podemos encontrar en tareas de reconocimiento de patrones y segmentación. Por ejemplo, un sistema que identifica el tipo de suelo (urbano, industrial o agrícola) a partir de imágenes aéreas del territorio no deja de implementar un modelo de clasificación. La diferencia radica fundamentalmente en el tipo de dato que hay que tratar y el algoritmo empleado para ello.

Vamos a ver a continuación los mecanismos principales de aprendizaje que podemos encontrar en los sistemas cognitivos. En realidad estos pueden seguir calificándose como **supervisados** o **no supervisados,** tal y como veíamos en el Capítulo 7. Sin embargo presentan ciertas características que los hacen hasta cierto punto especiales.

## 9.2.1 Aprendizaje por refuerzo

El **aprendizaje por refuerzo** (*reinforcement learning*) es un tipo de aprendizaje no supervisado con mucha tracción en inteligencia artificial. La idea detrás de este paradigma es que un sistema, denominado **agente**, sea capaz de tomar la decisión adecuada mediante un aprendizaje basado en prueba y error.

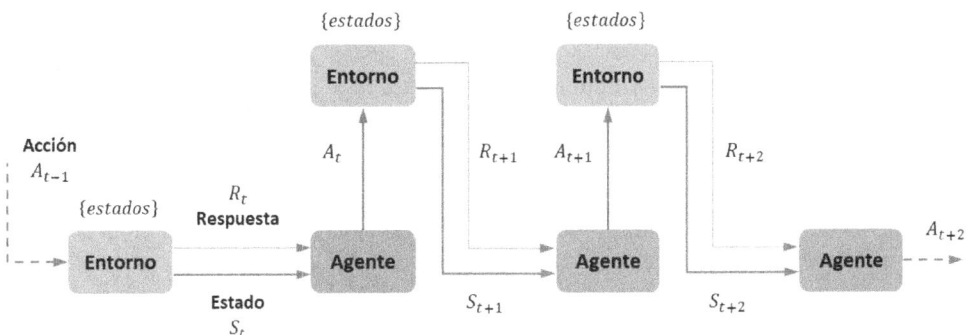

**Figura 9-3.** Interacción entre un agente y su entorno en un proceso de Markov.

**Nota.** Adaptado de *Key Concepts of Modern Reinforcement Learning* [Figura],por Bisong, E., ekababisong.org (*https://ekababisong.org/key-concepts-of-modern-reinforcement-learning/*).

Partiendo de un estado inicial, el agente emprende una acción y recibe una retroalimentación de su entorno. Esta puede consistir en una penalización o una recompensa, en función de la cual evolucionará hacia otro estado. La idea es que el agente acabe transitando a estados que maximicen la recompensa acumulada dentro un **proceso de decisión de Markov**, como el que vimos en el capítulo anterior.

La Figura 9-3 ilustra este proceso. En una interacción $t$, el agente recibe una representación del estado de su entorno ($S_t$) y toma, en base a esta, una decisión en forma de acción ($A_t$). Consecuentemente, el entorno le devuelve una respuesta ($R_{t+1}$) y su nueva representación ($S_{t+1}$). El agente va evolucionando por una sucesión de estados, acciones y respuestas en forma de trayectoria, donde los valores de la respuesta y el nuevo estado sólo dependen del estado anterior y la acción tomada sobre este. La función de respuesta, también denominada **función de recompensa**, vendrá definida por el problema a resolver. En cualquier caso, la recompensa es un número real[208], siendo el objetivo del agente la acumulación del mayor premio posible a lo largo de toda la trayectoria, no en el corto plazo de una iteración.

El aprendizaje por refuerzo se viene empleando con éxito en robótica y control industrial, con aplicaciones en sistemas de conducción autónoma, visión artificial o manipulación de mercancías. También en el procesamiento del lenguaje natural, tanto en la síntesis de texto como en la traducción. Los juegos de azar son otra área de gran aplicación y exhibición de estos sistemas. Hay que destacar también sus aplicaciones en *marketing*, tanto en la parte de sistemas de recomendación de productos como en la de personalización de la publicidad.

## 9.2.2 Aprendizaje profundo

El **aprendizaje profundo** (*deep learning*) no hace referencia a un nuevo paradigma de aprendizaje, sino a una tipología de algoritmos alrededor de las redes neuronales artificiales. Podemos encontrar aplicaciones de estos algoritmos en aprendizaje supervisado, no supervisado y también por refuerzo. Es decir, hablamos de algoritmos para tareas de clasificación, regresión o segmentación, que se pueden emplear tanto para datos estructurados como no estructurados.

Los modelos basados en redes neuronales se basan en el mecanismo de aprendizaje del sistema nervioso, imitando el procesamiento de las señales que realizan las **neuronas**. Cada una de ellas se activa cuando recibe un cierto estímulo de entrada, propagándolo hacia otras neuronas, que van repitiendo la operación. Mediante la interconexión de muchas de estas unidades básicas, organizadas en niveles, es posible hacer un tratamiento muy elaborado de la información.

Los algoritmos que emulan estas estructuras organizan **elementos de procesamiento**, el equivalente a las neuronas, en distintas **capas**, de forma que la información fluye a lo largo del arreglo. Además de la capa de entrada y la de salida, encargadas de recibir las observaciones y de dar el resultado, existen capas intermedias que permiten un cómputo más complejo. La topología de la red, incluyendo el número de capas, los elementos por capa y la forma de interconectar estos, marcará el tipo de red y sus posibles aplicaciones.

Es importante aclarar que el empleo de redes neuronales no se restringe al ámbito cognitivo y el tratamiento de datos no estructurados. Por el contrario, se han venido aplicando desde hace años en problemas, podríamos decir, más tradicionales de clasificación, predicción, segmentación, reducción de la dimensionalidad u optimización.

---

208  La recompensa a modo de premio será un número positivo, mientras que una penalización tendrá un valor negativo.

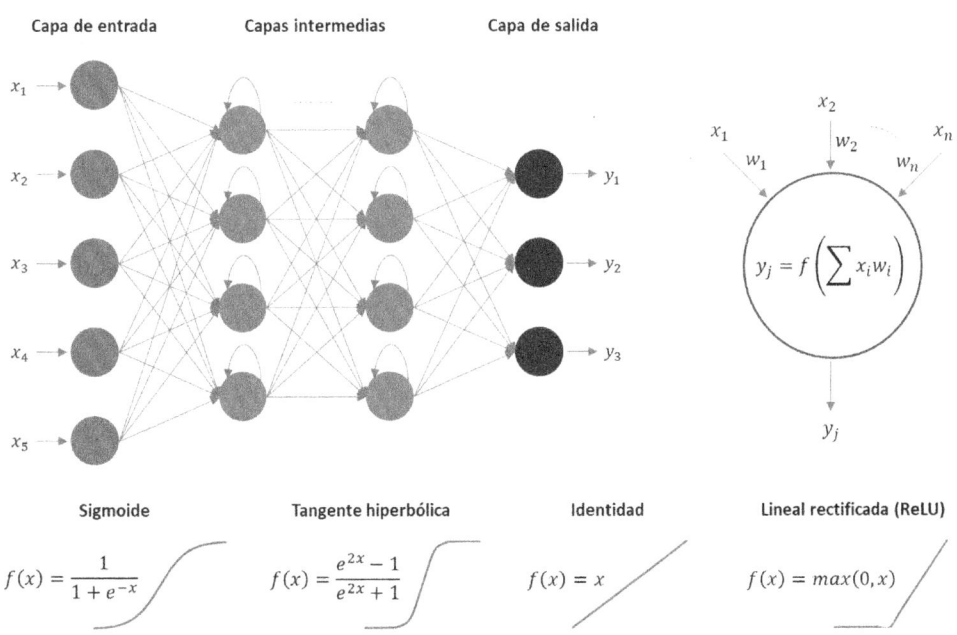

**Figura 9-4.** Red neuronal artificial, elemento de procesamiento y funciones de activación.

La Figura 9-4 muestra un ejemplo de topología de red neuronal artificial. En este caso vemos que hay dos capas intermedias y que la interconexión entre capas es total; es decir, todos los elementos de una capa reciben una señal de todos los elementos de la capa inmediatamente anterior. Además, los elementos de las capas intermedias tienen **conexiones recurrentes**, recibiendo como señal de entrada su propia salida. A la derecha de la figura tenemos el funcionamiento de cada elemento de procesamiento. Básicamente este consiste en una suma ponderada de las entradas, a la que se aplica una **función de activación**. El aprendizaje en estos modelos consiste en encontrar el valor de esos pesos de ponderación que minimizan una **función de coste** determinada. Lo normal es que todos los elementos que comparten la misma capa tengan la misma función de activación. Su elección dependerá del tipo de problema. En tareas de clasificación la capa de salida acostumbra a equiparse con funciones tipo escalón, como la sigmoide o la tangente hiperbólica, mientras que para regresión se utilizan funciones lineales. La función lineal rectificada, que también muestra la figura, se utiliza mucho en las denominadas **redes neuronales de circunvolución** (CNN, *Convolutional Neural Networks*), empleadas en el procesamiento de imágenes y del lenguaje natural.

Por ejemplo, en un problema de clasificación de imágenes de plantas, una red neuronal será entrenada dentro de un proceso de aprendizaje supervisado. Para ello se le suministrarán ejemplos representativos del problema, consistentes en pares de imagen-clase. La imagen de la planta vendrá representada por un conjunto de píxeles, cuyo número definirá el número de unidades en la capa de entrada a la red (el cual puede ser muy grande). A su vez, el número de clases de plantas definirá la cantidad de unidades en la capa de salida. Cuando durante el entrenamiento a la red se le suministra un par concreto, la unidad de la capa de salida que se debe activar (valor 1) será la correspondiente a la clase en cuestión, permaneciendo el resto inactivas (valor 0). En base a la divergencia entre la clase obtenida y la esperada se realiza el ajuste de los pesos de todas las conexiones de la red, utilizando para ello diferentes técnicas de minimización del error.

Los algoritmos basados en redes neuronales se han venido aplicando en minería de datos durante décadas. Su éxito se podía considerar relativo, ya que siempre se han visto con cierto recelo debido a tres motivos principales. El primero es la **dificultad en su interpretación**, siendo tradicionalmente considerados como cajas negras, aunque ha habido ciertos avances en este sentido. El segundo viene dado por el **gran número de hiperparámetros** que se deben manejar, haciendo de su configuración un proceso complicado y en ocasiones manual. Por último, los **tiempos de aprendizaje**, proporcionales al tamaño de la red y el volumen de los datos, han sido demasiado largos hasta hace unos años.

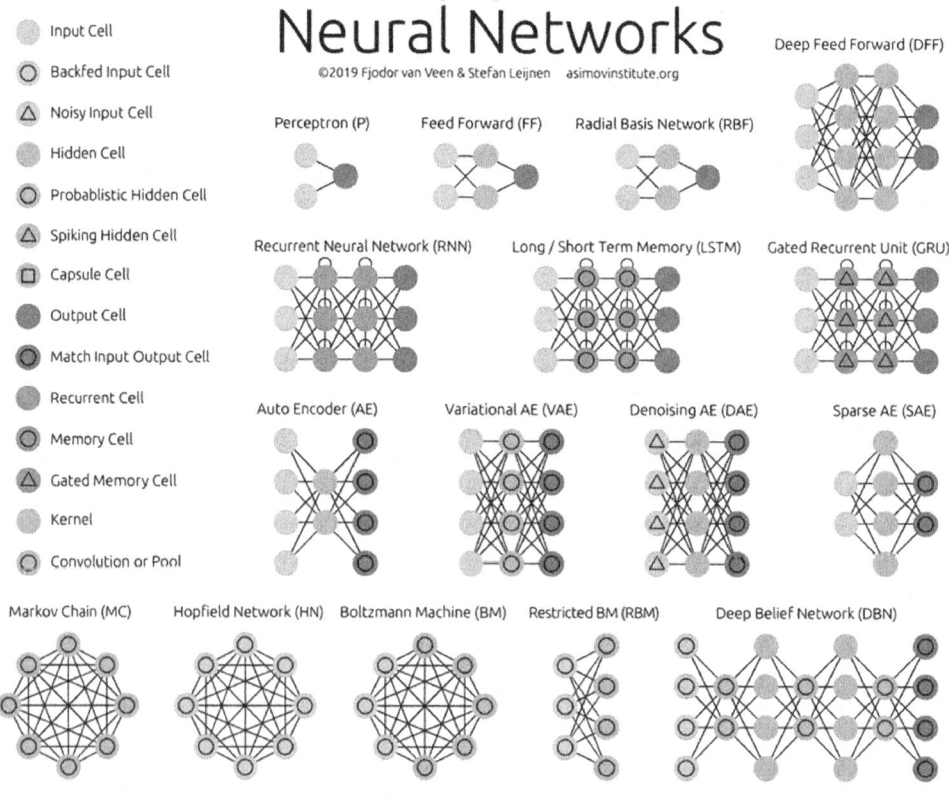

**Figura 9-5.** El zoo de las redes neuronales.

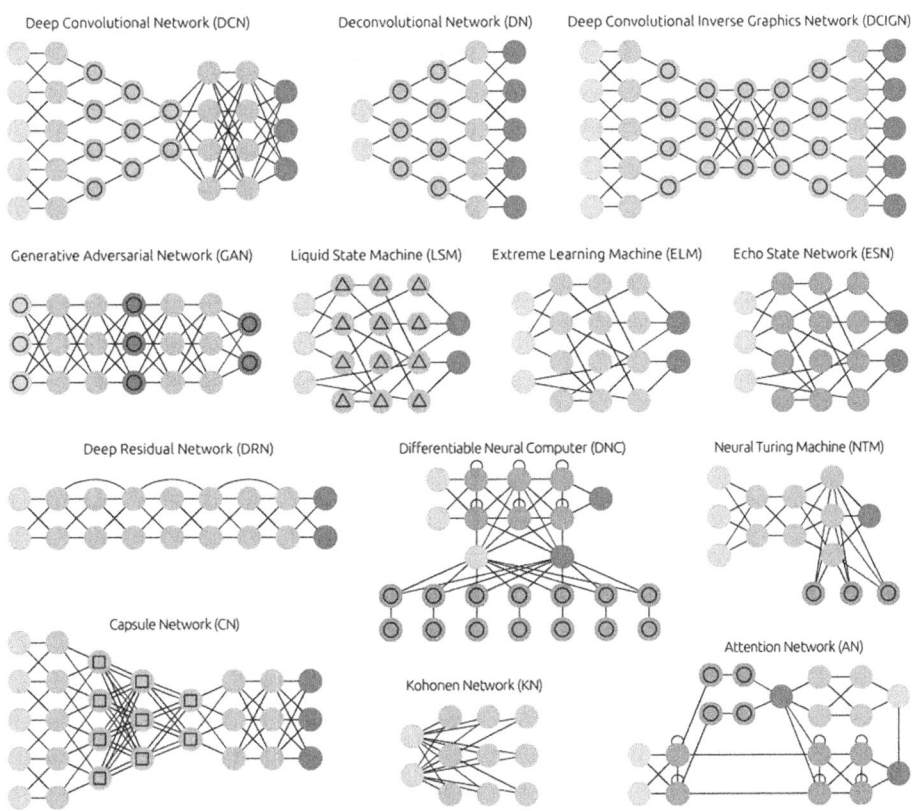

**Figura 9-5** (continuación). El zoo de las redes neuronales.

**Nota.** Extraído de *The Neural Network Zoo* [Figura], por Van Veen, F., The Asimov Institute, 2016, (*https://www.asimovinstitute.org/neural-network-zoo/*).

A principios de la década pasada se produce un resurgir en el interés en este tipo de modelos, generándose una explosión de nuevas aplicaciones, principalmente en inteligencia artificial y en el procesamiento de datos no estructurados, como audio, texto o imágenes. Detrás de este impulso hay una serie de factores necesariamente confluentes, que ya hemos venido comentando. El primero tiene que ver con los avances en *hardware* y capacidad de cómputo. El desarrollo y uso de **unidades de procesamiento gráfico** (**GPU**, *Graphical Processor Unit*) y otros chips especializados ha permitido pasar de semanas a días en cuanto a tiempos de entrenamiento. Simultáneamente, el despliegue generalizado de **infraestructura y plataformas especializadas** en la nube han facilitado el acceso rápido a potentes entornos de cálculo, sin necesidad de grandes inversiones.

| Topología | Descripción | Aplicaciones |
|-----------|-------------|--------------|
| **Red recurrente** (**RNN**, *Recurrent Neural Network*) | Especializadas en la conversión de secuencias, teniendo en cuenta decisiones anteriores | • Análisis de sentimiento<br>• Filtros de *spam*<br>• Traducción automática<br>• Reconocimiento del habla |
| **Red de circunvolución** (**CNN**, *Convolutional Neural Network*) | Orientadas al procesado y reconocimiento de imágenes mediante capas especializadas | • Reconocimiento de objetos<br>• Clasificación de imágenes<br>• Predicción de secuencias en análisis de video |
| **Red generativa antagónica** (**GAN**, *Generative Adversarial Network*) | Generan datos sintéticos a partir de patrones detectados en los datos de entrada | • Generación de imágenes a partir de texto<br>• Composición musical<br>• Conversión de imágenes |
| **Transformador** (**TNN**, *Transformer Neural Network*) | Procesan y generan datos a partir de secuencias donde ponderan cada parte de forma diferenciada | • Generación de resúmenes<br>• Generación de texto<br>• Contestación de preguntas<br>• Traducción automática |

**Tabla 9-1.** Principales topologías de redes neuronales artificiales empleadas en sistemas cognitivos.

El segundo factor vino dado por la disponibilidad de **grandes volúmenes de datos** sobre los que basar los entrenamientos. Como ya sabemos, internet, las redes sociales y la masificación del comercio electrónico trajeron consigo una cantidad de datos sobre los que poder desarrollar aplicaciones para el procesamiento del lenguaje natural, la transcripción y síntesis del habla o el reconocimiento de imágenes. Esto trajo como consecuencia, y aquí está el tercer factor, el diseño de **nuevas topologías** de redes neuronales y mecanismos de aprendizaje y optimización de hiperparámetros. Estas arquitecturas se caracterizaban por incrementar de forma considerable tanto el número de capas intermedias como la distribución de elementos de procesado, apareciendo arreglos en dos y tres dimensiones. Este crecimiento en profundidad es lo que le ha dado nombre a este tipo de modelos[209]. Sirva la Figura 9-5, un clásico ya en la literatura sobre redes neuronales, como ejemplo de la variedad de elementos de procesamiento y topologías disponibles, orientada cada una a resolver una tipología de problema.

La Tabla 9-1 resume cuatro de las principales arquitecturas de redes neuronales empleadas para procesar datos no estructurados. Aunque todas ellas tienen relevancia en su campo, cabe destacar los **transformadores** (*transformers*), que constituyen la base actual de los **grandes modelos de lenguaje** (**LLM**, *Large Language Model*). Estos modelos son capaces de generar contenido discursivo de gran naturalidad a partir de un entrenamiento sobre enormes conjuntos de datos textuales, donde se extraen

---

209  A partir de dos capas intermedias se puede considerar a la red, y por lo tanto al aprendizaje, como profunda.

patrones, estructuras y relaciones presentes en el lenguaje[210]. Las redes neuronales que los sustentan están constituidas por miles de millones de hiperparámetros, con tiempos de aprendizaje medidos en semanas o meses. **GPT-4** (OpenAI), sobre el que está basado en popular **ChatGPT**, **LLaMA** (Meta) o **LaMDA** (Google), son algunos ejemplos de estos modelos del lenguaje.

## 9.3 APLICACIONES EN EL ÁMBITO ANALÍTICO

Vamos a centrarnos ahora en las aplicaciones analíticas de este tipo de sistemas con dos ejemplos que implican el uso de estas tecnologías. Dejamos fuera aquellas que giran alrededor de las capacidades más interactivas y operacionales, como los asistentes virtuales, las herramientas de traducción automática, los conversores de voz a texto y de texto a voz, o las aplicaciones en robótica y conducción automática. En cualquier caso, todas estas parten igualmente de un proceso de aprendizaje, donde el sistema es adaptado a un contexto en base a una serie de ejemplos, para luego realizar tareas de inferencia a nivel de clasificación, regresión o segmentación.

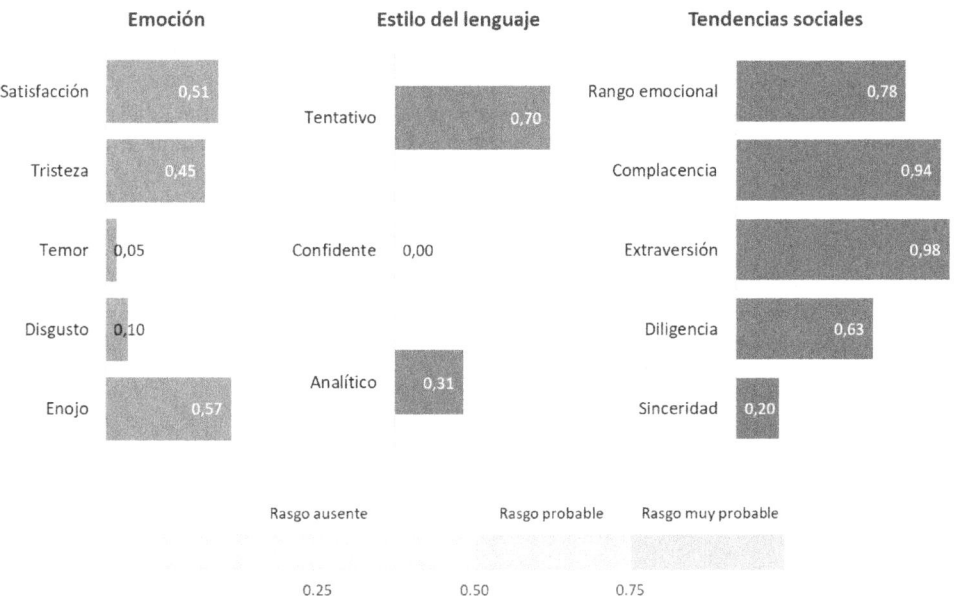

**Figura 9-6.** Análisis de tono en un correo electrónico.

---

210   Un aspecto importante de estos modelos es la forma como se codifica el texto para alimentar a la red neuronal durante el proceso de entrenamiento e inferencia. Para ello se utilizan técnicas que hacen corresponder las entradas del texto a vectores continuos que las representan (***embeddings***).

## 9.3.1 Análisis de conversaciones

El **análisis de tono** es un buen ejemplo de lo sencillo, provechoso y económico que puede resultar montar un sistema cognitivo. El objetivo no es otro que detectar y cuantificar rasgos que caractericen una comunicación en términos del estilo, el carácter y el estado anímico que expresa. Esta comunicación puede tener la forma de un correo electrónico, una noticia en prensa, un discurso o una conversación entre varias personas. La Figura 9-6 muestra un ejemplo de este tipo de análisis realizado sobre un correo electrónico, donde se identifican una serie de rasgos en el documento, agrupados en tres familias. Este puede servir para estudiar cómo está evolucionando el tono de las comunicaciones entre un vendedor y un cliente alrededor de una oportunidad de negocio, deduciendo a partir de ahí si esta progresa adecuadamente o, por el contrario, si hay que cambiar algo en la estrategia. Con un sentido más práctico y operativo, otra aplicación es la revisión del tono de un correo antes de enviarlo, con el fin de validar la forma en la que se está haciendo la notificación y si se adapta o no al estilo de comunicación corporativo.

Para desarrollar un sistema de análisis de tono hay que disponer de una colección importante de documentos para el entrenamiento de un modelo[211]. Cada uno de estos documentos debe estar previamente anotado con los diferentes rasgos que contiene y que queremos ser capaces de detectar. Este proceso de anotación tiene que ser manual, y llevado a cabo por alguien con conocimientos en comunicación, psicología y lingüística. Si la idea es medir el tono global del documento, pero también de cada frase concreta, es fácil darse cuenta del esfuerzo necesario para la implementación del sistema, sin contabilizar todavía los aspectos tecnológicos y operativos: infraestructura necesaria y especialistas en modelizado, entrenamiento, despliegue, recalibración, etc.

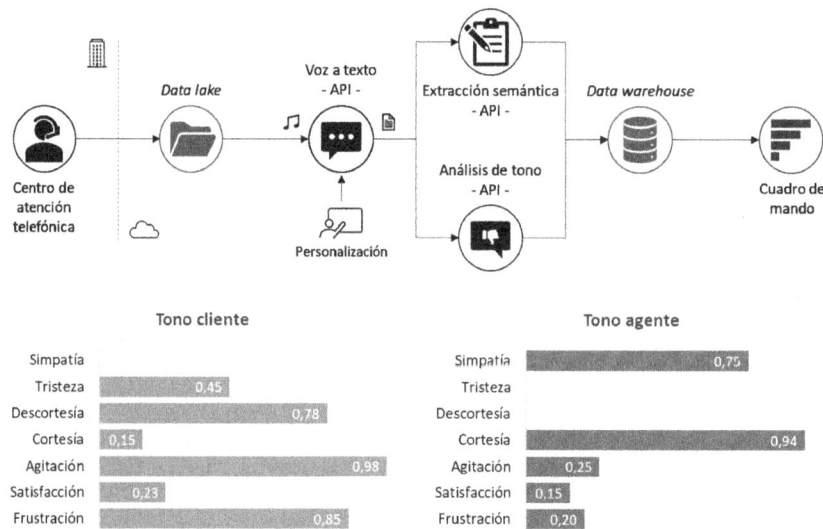

**Figura 9-7.** Análisis de tono y semántico en las conversaciones con los clientes

---

211  Una red neuronal recurrente sería un modelo apropiado para este caso.

Sin embargo, existen proveedores que nos facilitan todo este trabajo, proporcionando un conjunto de **servicios cognitivos** en la nube en forma de **API**. La Figura 9-7 enseña un ejemplo de cómo sería una implementación con ellos. En este caso, se trata de analizar las conversaciones en un centro de atención telefónica con el objetivo, entre otros, de medir el tono de los agentes y relacionarlo con la eficacia a la hora de resolver las incidencias. Esta medición puede hacerse a nivel de conversación completa o de cada manifestación concreta, distinguiendo entre las realizadas por el cliente y el agente. En este sentido, un análisis muy interesante sería estudiar cómo va variando el tono del cliente desde que la conversación se inicia hasta que termina, viendo la habilidad del agente en todo el proceso.

El sistema para implementar este análisis consistiría en una aplicación que se encarga de coordinar el flujo de los datos, la llamada a las diferentes API, y la persistencia y presentación de resultados. Los pasos serían los siguientes:

1. En primer lugar, las grabaciones de las conversaciones son almacenadas en un contendor dentro de un almacén de objetos en la nube. Esto puede hacerse por lotes (una vez finalizado el día) o tan pronto como la conversación concluye.

2. El audio de las conversaciones debe ser transcrito a texto, ya que los servicios de análisis posteriores requieren este formato de entrada[212]. Para ello es necesario invocar un servicio de conversión de voz. Este API recibe un archivo de audio[213] y genera una transcripción del contenido en texto. En la mayoría de los proveedores, esta transcripción puede ser básica, incluyendo solo el resultado literal, pero también puede contener elementos adicionales bajo petición, como término alternativos, medidas de confianza o la detección de determinadas palabras en la transcripción (*keyword spotting*). Otra funcionalidad que proporcionan estos API, y que nos interesa en este caso, es el **etiquetado de los interlocutores** (*speaker diarization*), de forma que podemos identificar a quien pertenece cada manifestación transcrita.

   Estos servicios de transcripción de audio a texto son un buen ejemplo de los beneficios de **externalizar una función cognitiva**. Ya hemos comentado las ventajas de delegar en un tercero la construcción de este tipo de modelos. Ahora bien, esta delegación no implica que el servicio no se pueda personalizar y adaptar a nuestro propio contexto. Esto es una necesidad frecuente en la transcripción de audio a texto, aunque también en otros escenarios. En el caso en que nos ocupa, el centro de atención puede ser el de soporte de un proveedor de infraestructura en la nube, donde es habitual el empleo de una jerga y la mención de componentes específicos y propios. Los servicios de transcripción de audio a texto están desarrollados y entrenados teniendo en cuenta un vocabulario base de propósito general, por lo que no ofrecerían una calidad aceptable en este caso. Sin embargo,

---

212 Esto no tendría que ser necesariamente así. El servicio de análisis de tono podría trabajar directamente sobre audio si hubiese sido entrenado con este formato. Además, de esta manera el tono podría extraerse no solo en base al contenido de la conversación, sino también teniendo en cuenta la locución. De esta manera, el análisis sería más completo, aunque el modelo cognitivo sería más complejo de desarrollar.

213 Se acostumbran a soportar otros interfaces de entrada (HTTP, WebSockets).

la mayoría de ellos ofrecen la posibilidad de realizar una **adaptación lingüística**, mediante la cual se puede entrenar un modelo propio que expande el modelo base incluyendo la terminología específica. Algo parecido ocurre con las características del audio. Si nuestro centro de atención está empezando y sólo atiende en inglés, será frecuente la llamada de usuarios no nativos con acentos variados. En estos casos también suele ser posible la realización de una **adaptación acústica** con el fin de mejorar la resolución de la transcripción a casuísticas complicadas[214]. Para cualquiera de estas dos adaptaciones será necesario proporcionar datos de ejemplo, pero el servicio nos proporciona métodos dentro del API para la realización del entrenamiento de uno o varios modelos personalizados, su seguimiento y su posterior utilización[215]. En definitiva, no solo tenemos la capacidad de usar un sistema cognitivo gestionado por un tercero, sino que podemos adaptarlo a nuestras propias necesidades.

3. Una vez que tenemos la transcripción del audio podemos pasar a analizarla. Para ello invocamos a dos servicios. El primero de ellos nos proporciona una **extracción semántica** del contenido. Esta puede incluir la identificación de palabras clave, conceptos que subyacen en el contenido pero que no son nombrados de forma explícita, entidades mencionadas (personas, empresas, lugares, etc.), relaciones entre estas entidades, etc. Al igual que en el caso de la transcripción de audio a texto, esta extracción se puede personalizar mediante el desarrollo de **anotadores** que son capaces de identificar entidades y relaciones concretas después de un proceso de entrenamiento. El objetivo de esta extracción semántica es pasar de un contenido no estructurado a otro que sí lo está, cuantificando además la relevancia de cada elemento extraído. Es decir, automatizar la identificación del objetivo y el contenido de la conversación entre el usuario y el agente. Esto nos permitirá el análisis posterior de las consultas más habituales, sobre que componentes son y acerca de qué incidencias.

4. Paralelamente, la transcripción pasa por el servicio de **análisis de tono**, donde obtendremos una serie de rasgos (la Figura 9-7 muestra siete) asociados a cada comentario, tanto del cliente como del agente. Cada rasgo estará cuantificado por un nivel de relevancia.

5. Finalmente, tanto el resultado de la extracción semántica como del análisis de tono son almacenados en una base de datos relacional, bajo un modelo que permita su representación y consulta en un **cuadro de mando**.

En definitiva, este proceso nos permitirá añadir nuevos indicadores (KPI) a nuestro sistema de medición del centro de atención telefónica a partir de un contenido no estructurado, difícil de abordar de otra manera.

---

214 Otro caso complicado se da cuando la calidad del audio es mala y no puede ser mejorada. Por ejemplo, en las comunicaciones entre un helicóptero de rescate y su base.

215 Otra adaptación típica es la basada en gramáticas. Esta es útil en sistemas de reconocimiento de voz que esperan respuestas concretas del usuario ante determinadas preguntas, limitando el vocabulario reconocible, pero proporcionando mejor resolución y rapidez en la transcripción.

## 9.3.2 Análisis de imágenes

El **análisis de imágenes** es otra área donde se han desarrollado múltiples y variados servicios cognitivos, existiendo un gran número de aplicaciones.

Clasificación de imágenes        Detección de objetos        Segmentación de imágenes

 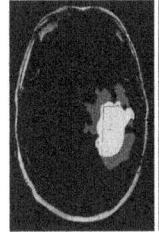 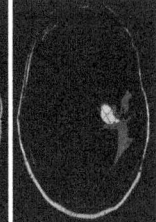

Identificación del tipo de uso del terreno

Ubicación de objetos de valor para determinar su posible falta

Perfilación de un tumor para seguir su evolución en el tiempo

- Agrícola: 97%
- Urbano: 1%
- Industrial: 2%

▓ Móvil: 96%
▓ Portátil: 99%

3 meses → 14 meses

**Figura 9-8.** Casos de uso del análisis de imágenes.

La Figura 9-8 muestra los tres casos de uso principales dentro del análisis de imágenes, mientras que la Tabla 9-2 los detalla y da algunos ejemplos.

| Caso de uso | Objetivo | Aplicaciones |
|---|---|---|
| **Clasificación de imágenes** | Determinar en qué medida una imagen completa pertenece a una o más categorías predefinidas | • Identificación de piezas defectuosas o estropeadas<br>• Reconocimiento de personas<br>• Clasificación de imágenes aéreas |
| **Detección de objetos y acciones** | Marcar el contenido de una imagen o video empleando una serie de etiquetas predefinidas que indican objetos o acciones | • Conteo de personas, vehículos, etc.<br>• Seguimiento de objetos en cadenas de producción<br>• Conducción automática |
| **Segmentación de imágenes** | Perfilar y etiquetar la posición precisa de una serie de objetos en una imagen en base a una serie de etiquetas predefinidas y formas | • Ubicación de objetos en imágenes de satélite<br>• Localización y seguimiento de tumores<br>• Reconocimiento dactilar |

**Tabla 9-2.** Casos de uso en análisis visual.

La **detección de objetos** es uno de los tres casos de uso con más aplicaciones. Estas pueden consistir en la identificación de una serie de tipos de objetos predefinidos en una imagen o video, incluyendo su posición, pero también la de acciones o movimientos, como puede ser la consecución de un gol en un partido de futbol. Esto último puede ser útil, por ejemplo, para localizar todos los tantos marcados en la jornada por los diferentes equipos y elaborar resúmenes de forma automática.

Otro ejemplo es el conteo de distintos objetos. Concretamente, la identificación de coches, motos, camiones u otros vehículos que circulan por una autopista, con el fin de determinar en qué franjas horarias se concentran los atascos y cuál es el motivo (por ejemplo, debido a que el número de camiones es elevado). La Figura 9-9 contiene los pasos necesarios para construir un sistema de este tipo. Son los siguientes:

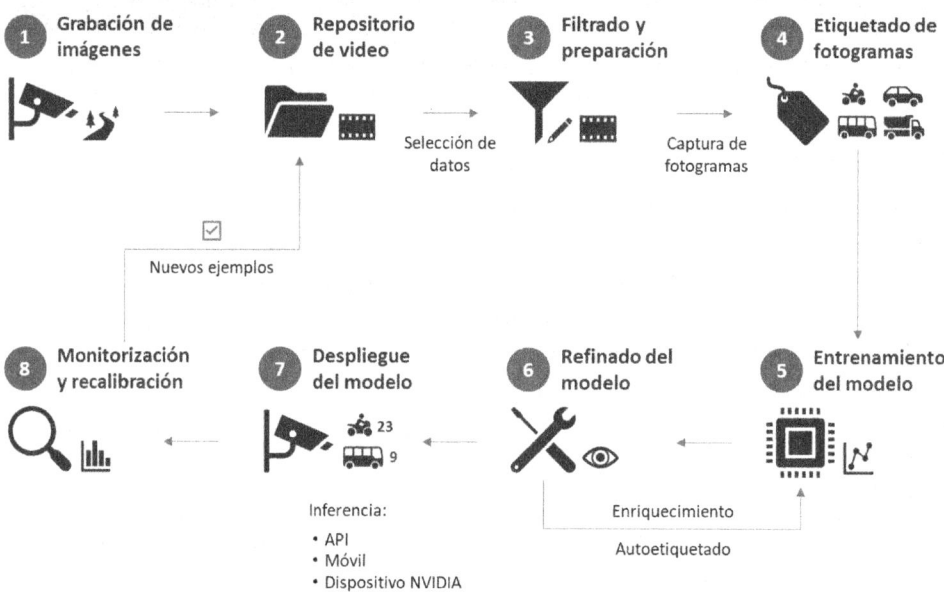

**Figura 9-9.** Pasos en la construcción de un modelo de detección de vehículos.

1. En primer lugar necesitaremos un conjunto de grabaciones sobre los que basar el entrenamiento del modelo. Estas grabaciones deben ser reales y representativas de las situaciones que se quieren modelizar: no solo se trata de que aparezcan los distintos objetos que se quieren identificar (automóviles, motos, distintos tipos de camiones, autobuses, etc.), sino que deben hacerlo sobre un escenario real, no montado artificialmente.

2. Estas grabaciones se documentan y almacenan en un repositorio, formando el conjunto de datos de entrenamiento.

3. Antes de proceder al etiquetado, los videos se pueden tratar con el fin de disminuir el posible ruido, eliminando las de menor calidad y representatividad. En este

punto es necesario también tener definidos los objetos que se quieren identificar en las imágenes.

4. El paso de **etiquetado** es el más importante. En primer lugar se deben extraer los fotogramas de cada grabación que se emplee para el entrenamiento. Dependiendo de la solución empleada, esta extracción tendrá que ser manual o automática, especificando un intervalo de captura en el último caso. De cualquier manera, es importante asegurar que los fotogramas obtenidos son representativos de los diferentes objetos que se quieren identificar. Esto significa que en el total de las imágenes de entrenamiento así generadas, cada objeto debe aparecer un mínimo de veces[216]. Por lo tanto, es habitual utilizar una extracción automática de fotogramas y luego complementarla con fotogramas adicionales con el fin de alcanzar estos mínimos. Una vez seleccionados los fotogramas, se debe proceder a su etiquetado manual, marcando el contorno de cada uno de los objetos que en ellos aparecen.

El proceso de etiquetado manual debe hacerse necesariamente empleando alguna herramienta gráfica que permita el recorrido por los diferentes fotogramas y el marcado del contorno de cada objeto (Figura 9-10), existiendo muchas en el mercado. Dicho marcado puede hacerse rodeando el objeto con un rectángulo o con un polígono. El primero es más rápido, tanto para la anotación como para el posterior entrenamiento, pero el segundo es más preciso de cara a recuperar la posición del objeto en la inferencia del modelo.

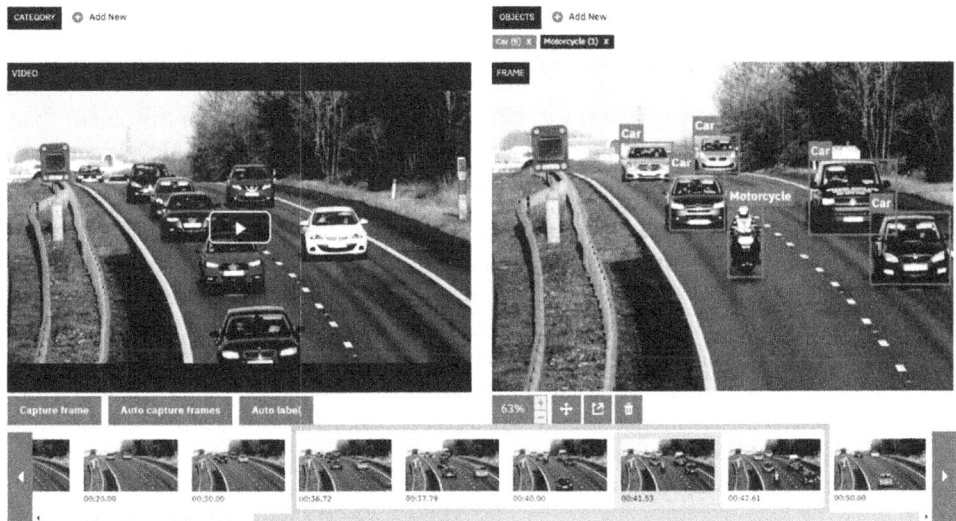

**Figura 9-10.** Etiquetado de objetos en IBM Maximo Visual Inspection.

---

216 Es difícil establecer un número mínimo general de fotogramas por objeto, ya que este dependerá tanto de la complejidad y densidad de las imágenes, como del número total de objetos que se deben identificar. Como primera aproximación, no debería bajar de 5–10 apariciones.

5. Como en todo aprendizaje supervisado, una vez que disponemos del conjunto de entrenamiento etiquetado podemos pasar a la **generación del modelo**. Dependiendo del caso de uso y de la forma en la que desplegaremos posteriormente el modelo, habrá que elegir entre distintos tipos de algoritmos y optimizaciones. Por ejemplo, para la detección de objetos hay que tener en cuenta el dispositivo donde se realizará la inferencia, si dispone de CPU o GPU, si hay que trabajar con imágenes de alta resolución, o si el marcado está hecho con rectángulos o polígonos. **YOLO** (*You Only Look Once*) o **Detectron**, basados en redes neuronales de circunvolución, son dos ejemplos de estos algoritmos[217].

En el caso de la clasificación de imágenes, y para agilizar el entrenamiento, se puede partir de **modelos preentrenados**, especializados en determinadas áreas, como comida, plantas o escenas. La mayoría de los proveedores de servicios de reconocimiento visual en la nube disponen de estos modelos como punto de partida. A su vez, es una práctica habitual desarrollar un modelo base preentrenado sobre el que ir construyendo después versiones cada vez más especializadas.

6. Una vez entrenada una primera versión del modelo, es posible hacer un **refinamiento** para mejorar su resolución. En el caso de los modelos de detección de objetos, este suele consistir en un **autoetiquetado**: se utiliza el propio modelo para etiquetar nuevos fotogramas, de forma que el conjunto de entrenamiento aumenta y se puede entrenar una nueva versión del modelo más precisa. Este autoetiquetado debe ser supervisado, aceptando, modificando o rechazando las nuevas anotaciones propuestas. Adicionalmente, el conjunto de entrenamiento puede ser **enriquecido** con nuevas imágenes (*image augmentation*), obtenidas a partir de las originales aplicando difuminados, filtros y rotaciones. Se trata, en este caso, de hacer más variados los datos de aprendizaje, mostrando los objetos bajo otros puntos de vista, ángulos y contornos. Estos mecanismos de refinamiento estarán disponibles en función de la herramienta utilizada.

7. Una vez validado[218], el modelo puede ser desplegado ya en producción para tareas de inferencia. La forma más directa es mediante la **publicación de un API**, de forma que el modelo puede ser invocado pasando la señal de la imagen (*streaming*) y obteniendo los conteos de los distintos tipos de vehículos cada cierto tiempo. Sin embargo, esta forma de invocación centralizada introduce latencia en el proceso de inferencia, por lo que es habitual mover el modelo cerca del punto de aplicación. Esta forma de despliegue está en línea con la denominada **computación frontera** (*edge computing*)[219], donde tanto el almacenamiento como el procesado se mueve cerca del punto de generación de los datos para mejorar los tiempos de respuesta

---

217 Cada uno de estos algoritmos ofrece distintos niveles de exactitud, requiriendo también más o menos tiempo de entrenamiento.

218 Como en cualquier otro modelo de clasificación, aquí aplican distintas métricas de precisión, exactitud o sensibilidad a la hora de verificar y dar por bueno el entrenamiento.

219 A veces traducida también como **computación en el borde**, aunque el término inglés sin traducir es el empleado habitualmente.

y disminuir el consumo de ancho de banda. Para ello, el modelo es exportado e importado en un dispositivo con capacidad para hacer inferencia (conectado a las cámaras de control de la autopista, en nuestro caso) y almacenar y/o enviar los resultados. Esto puede hacerse empaquetando el modelo en un contenedor, o bien utilizando algún marco de despliegue. **TensorRT**, que se ejecuta en dispositivos NVIDA equipados con GPU, es uno ellos; **Core ML**, para sistemas equipados con Apple iOS, es otro.

8. El último paso es la **monitorización del modelo** en producción, con el fin de detectar posibles pérdidas de precisión en la identificación de los vehículos y la necesidad de recalibración. La aplicación del modelo a nuevas imágenes y su verificación permitirá ampliar la base de datos de entrenamiento.

En el caso de querer detectar acciones, el procedimiento sería muy similar al que acabamos de plantear. La diferencia radica en que la anotación consistiría en marcar con una etiqueta el principio y el fin cada tipo de acción, con lo que esta estaría compuesta por un número determinado de fotogramas.

## 9.4 PROBLEMAS DE SESGO Y FALTA DE EQUIDAD EN LOS MODELOS

Como hemos visto a lo largo de diferentes capítulos, el aprendizaje supervisado se basa en la detección de un patrón subyacente en unos datos de entrenamiento mediante el desarrollo de un modelo que posteriormente se puede aplicar para realizar predicciones. Ya se trate de datos estructurados o no estructurados, o estemos empleando una sencilla regresión lineal o una red neuronal recurrente con millones de hiperparámetros, el mecanismo es siempre el mismo, y viene marcado por la inferencia estadística más clásica: utilizar una muestra para caracterizar a toda una población estadística, de manera que asumimos que el comportamiento de la primera es representativo de la segunda[220]. Pero, ¿qué ocurre cuando la muestra no es representativa de la población que se está intentando modelizar? En este caso, el modelo obtenido adolecerá de falta de **exactitud** (*accuracy*), de forma que producirá resultados que se apartan de los reales[221]. Ahora bien, una falta de representatividad de la muestra no es el único motivo para obtener resultados inexactos cuando aplicamos un modelo. Otra explicación, inherente al problema en sí, es la propia **variabilidad** existente en los datos, que hace que la extracción de patrones y tendencias no sea tarea fácil.

---

220  La inferencia estadística nos da métodos para calcular los límites dentro de los cuales esta asunción es válida.

221  No pretendemos aquí hacer una exposición rigurosa alrededor de las fuentes de error y su medición, sino introducir una serie de conceptos habituales cuyo significado es necesario conocer a la hora de diseñar y construir modelos.

Por ejemplo, si queremos construir un sistema de reconocimiento facial que clasifique a una persona según su ciudad de nacimiento a partir de una foto, la variabilidad es tal, y debida a tan variados motivos, que la exactitud del sistema, medida como el número de clasificaciones correctas[222], dejará mucho que desear. La disponibilidad de una amplia y variada muestra de fotos de personas, etiquetadas con su correspondiente lugar de nacimiento, no sería suficiente para modelizar adecuadamente un problema tan complejo. En un caso como este, diremos que el sistema de reconocimiento facial producirá **errores aleatorios**, fruto de esa variabilidad, pero también de cualquier otra imprecisión cometida en el proceso de toma o recolección de las fotos y su etiquetado.

Otro problema distinto es cuando nos enfrentamos a modelos que producen **errores sistemáticos**. En el ejemplo anterior del reconocimiento facial, y con un conjunto de entrenamiento ideal, las clasificaciones incorrectas pueden darse en cualquier sentido, etiquetando como coruñés a una persona nacida en Torrelodones con la misma probabilidad que a un barcelonés se le califica como porteño. Sin embargo, el error sistemático es aquel que se produce siempre, de manera consistente y repetitiva, en la misma dirección. Por ejemplo, si el sistema tiene tendencia a confundir a los naturales de Vilanova i la Geltrú con aquellos nacidos en Hortolândia, estaremos ante un error que se da por sistema. En este caso diremos que existe un **sesgo** (*bias*) en la respuesta del modelo, o también que el modelo está sesgado, en la medida en que tiende a proporcionar unas respuestas frente a otras.

El sesgo es un concepto estadístico. Este puede ser debido a diferentes causas. Una de ellas es la realización de mediciones de forma defectuosa, por ejemplo empleando instrumentos mal calibrados. Si cuando se tomaron las fotos a los nacidos en Vilanova i la Geltrú la cámara tenía una tara en el objetivo que distorsionaba la imagen y les hacía adquirir rasgos de hortolandenses, es de esperar que el modelo ubique a los naturales de la capital de la barcelonesa comarca del Garraf en el municipio brasileño del estado de São Paulo.

Otra de las causas del sesgo es el empleo de muestras no representativas en el entrenamiento, tal y como planteábamos anteriormente. Concretamente, de **muestras desequilibradas**, donde unas clases dominan frente a otras, estando estas últimas subrepresentadas. Si en la muestra los nacidos en la ciudad de Barcelona son muchos menos que los de Buenos Aires, entonces la probabilidad de identificar correctamente a los primeros es, por sistema, muy inferior a la de los segundos.

---

222  Se puede matizar mucho más el rendimiento del modelo con métricas como la **precisión** (*precision*) y la **sensibilidad** (*recall*) que miden en qué sentido se está equivocando el modelo al producir una clasificación incorrecta.

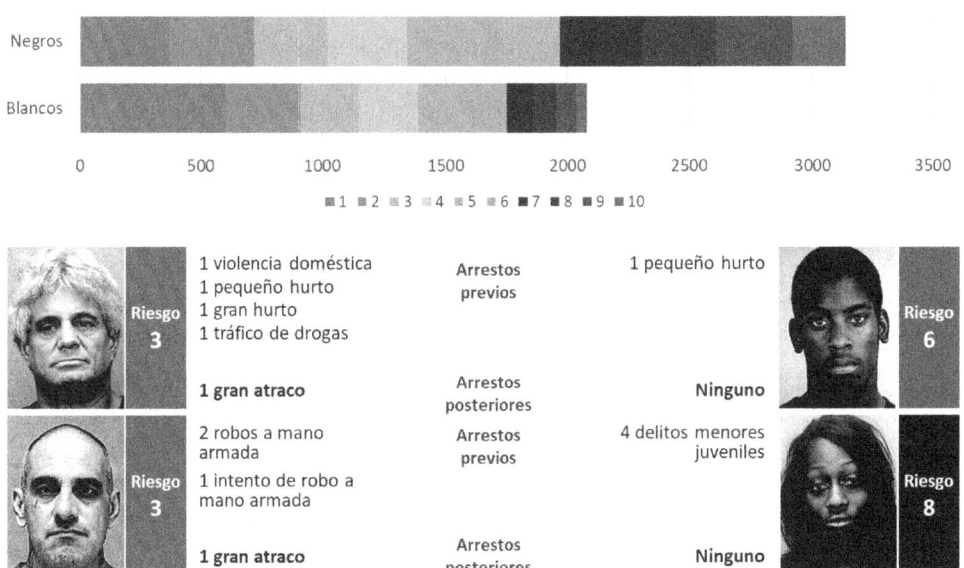

**Figura 9-11.** Sesgo en el sistema COMPAS.

**Nota.** Extraído de *Machine Bias* [Figuras], por Angwin, J., Larson, J., Matu, S. y Kirchner, L., F., ProPublica, 2016, (*https://www.propublica.org/article/machine-bias-risk-assessments-in-criminal-sentencing*).

En este último sentido es donde este sesgo estadístico comienza a tomar **connotaciones psicosociológicas**, dejando de ser únicamente un problema de exactitud o precisión matemática. Si en determinados contextos un modelo produce decisiones sesgadas, perjudicando a ciertas personas o colectivos, entonces estamos ante un problema de **falta de equidad** (*fairness*), normalmente con importantes implicaciones morales. Se han dado, quizás cada vez de forma más notoria, diferentes casos al respecto.

Uno de los más llamativos fue el del **sistema COMPAS** (*Correctional Offender Management Profiling for Alternative Sanctions*), un software para la evaluación de la probabilidad de reincidencia de una persona que ha cometido un delito. Esta desarrollado por la compañía Equivant, formando parte de la familia de productos **Northpointe Suite** para la gestión de casos legales[223], empleado en los tribunales de ciertos estados de los Estados Unidos de América. Mediante la definición de unas escalas de riesgo de reincidencia en distintos tipos de infracciones, COMPAS evalúa, entre otras cosas, la probabilidad de que un arrestado vuelva a cometer un delito mientras está pendiente de juicio, o bien una vez quede en libertad. Para ello utiliza distintos algoritmos de clasificación que tienen en cuenta los antecedentes de la persona, incluyendo actos de

---

223  *https://www.equivant.com/northpointe-suite-case-manager/*

delincuencia juvenil, arrestos por drogas, la estabilidad familiar, los lazos comunitarios o el historial educativo.

El primer problema de COMPAS, y de otros muchos sistemas de predicción, es su **opacidad** en cuanto a las clasificaciones. Es decir, emiten un resultado, pero no es posible explicar o justificar la decisión. Esto tiene dos caras. Por un lado, es consecuencia del empleo de algoritmos complejos, como las redes neuronales, donde la salida del modelo es el resultado de una combinación tal de cálculos, funciones y probabilidades, que es muy difícil la interpretación y la trazabilidad de los valores obtenidos. Hay que decir, sin embargo, que en los últimos años se han realizado varios avances para mejorar la explicación de estos modelos, impulsados en gran parte por la aparición de marcos regulatorios que lo exigen[224]. La otra cara obedece al secreto comercial, y en ocasiones es más complicada.

El segundo problema tiene que ver con las sospechas de **sesgo y parcialidad** en las decisiones del sistema. Según una investigación llevada a cabo por el portal de noticias ProPublica en 2016[225], COMPAS tiende a puntuar a los individuos de raza negra con un mayor riesgo de cometer nuevos delitos que a los de raza blanca, si bien los primeros muestran una tasa real de reincidencia mucho menor. El número de reincidencias correctas que COMPAS era capa de predecir se situaba en torno al 60%. Ahora bien, el porcentaje de individuos calificados de alto riesgo que no llegaban a reincidir era del 23% en el caso de personas blancas, pero subía al 45% en el caso de personas negras. Inversamente, el 48% de las personas blancas etiquetadas de bajo riesgo acababan siendo arrestadas de nuevo, mientras que el porcentaje bajaba al 28% en las personas negras. La Figura 9-11 da más detalles de este estudio, mostrando la diferencia en las puntuaciones de riesgo entre una raza y otra, así como algunos de los casos que se mencionan en el estudio.

## 9.4.1 Mitigación del sesgo

La investigación de ProPublica ha sido discutida en diferentes frentes, el de Equivant el primero. En cualquier caso, nos puede servir como ejemplo de los riesgos que conlleva la utilización de conjuntos de entrenamiento desequilibrados, si es este, y no otro, el motivo que puede estar detrás de la supuesta falta de imparcialidad del sistema. Si la distribución de los casos empleados en el aprendizaje del sistema obedece a la mostrada en la Figura 9-11, entonces es de esperar que la respuesta del mismo sea tendenciosa. Este comportamiento lo podemos encontrar en distintos sistemas, como los de reconocimiento facial, donde los ejemplos de entrenamiento no están equilibrados en cuanto a raza, sexo o rango de edad; o en los modelos

---

224 Una de la líneas en este sentido consiste en alterar los atributos de entrada al modelo en diferentes sentidos y magnitudes, midiendo como varía la respuesta; el modelo sigue funcionando como una caja negra, pero al menos se puede cuantificar y documentar lo sensible que es a distintos valores y si la respuesta es siempre consistente.

225 *https://www.propublica.org/article/machine-bias-risk-assessments-in-criminal-sentencing*

de evaluación del riesgo crediticio o de accidente, donde la preponderancia de determinadas casuísticas durante el aprendizaje penaliza a determinados colectivos a la hora de obtener un seguro o una hipoteca.

La solución al problema del sesgo en los modelos predictivos no está exenta de discusión. Algunos argumentan que el sesgo está presente de por sí en la sociedad, en las personas y en sus actos, de forma que los modelos acaban reflejando una realidad. Sin embargo, en la medida en que supone una falta de equidad en la toma de decisiones, su presencia debería mitigarse, y en esta dirección avanzan las leyes y las regulaciones[226].

En este sentido, podemos dar las siguientes reglas y recomendaciones:

▶ Las muestras empleadas en el entrenamiento de los modelos deben ser representativas de la población que se está estudiando. Si no es posible, se deben implementar técnicas de **sobremuestreo** para equilibrar las distribuciones y la presencia de grupos poco frecuentes.

▶ La existencia de sesgo en los resultados debe ser comprobada, identificando su causa y afectación, y tomando medidas para su corrección.

▶ Emplear solo atributos que sean relevantes para la predicción, sin introducir aquellos de los que se conoce de antemano su efecto en este sentido.

▶ Como norma general, el empleo en los modelos de atributos que puedan suponer una **discriminación**, como la raza, el sexo, la religión, la edad o cualquier otro factor sensible debería evitarse. Si su empleo es necesario, entonces no deben ser la única fuente de información para que el algoritmo tome las decisiones.

▶ Evitar la introducción de **ideas preconcebidas** o prejuicios por parte de los desarrolladores y analistas a cargo del modelo. Utilizar equipos variados en cuanto a perspectivas.

En cualquier caso, los modelos deben ser monitorizados, evaluados y auditados de forma regular, efectuando los ajustes y recalibraciones necesarias en el caso de identificar sesgos en los resultados. Como veremos en el siguiente apartado, existen herramientas y soluciones que implementan y facilitan estas tareas.

---

226 GDPR (*General Data Protection Regulation*) en Europa o ECOA (*Equal Credit Opportunity Act*) en los Estados Unidos de América.

## 9.5 HERRAMIENTAS Y SOLUCIONES PARA ANÁLISIS COGNITIVO

Al igual que en el caso del análisis predictivo, existen distintos paquetes y librerías para el desarrollo de modelos cognitivos, especialmente alrededor de las redes neuronales y el aprendizaje profundo[227]. **TensorFlow** (Google), **PyTorch** (Meta) o **MXNet** (Apache) son algunos de los entornos más empleados para el desarrollo de aplicaciones de visión por ordenador y procesamiento del lenguaje natural. Todos ellos ofrecen interfaces para distintos lenguajes de programación, cubriendo funciones que van desde el entrenamiento hasta la inferencia de modelos y puesta en producción.

### 9.5.1 Aceleración de la inferencia de modelos por *hardware*

**TensorFlow** es sin duda uno de los marcos de desarrollo más empleados. Cuenta, además, con distintas librerías construidas sobre él que facilitan la construcción de modelos al proporcionar una capa de abstracción. **Keras** (Python) es una de las más populares. Con el fin de acelerar y optimizar las cargas de trabajo de TensorFlow, Google desarrolló ya en 2016 un circuito integrado específico denominado **TPU** (*Tensor Processing Unit*), especialmente adecuado para redes neuronales de circunvolución. Actualmente, Google proporciona acceso a máquinas virtuales equipadas con **TPU como un servicio** en Google Cloud Platform. Una vez creada la instancia de la máquina, el modelo de TensorFlow debe ser desplegado en la misma, tanto para tareas de entrenamiento como de inferencia[228].

**Figura 9-12.** Dispositivos equipados con TPU de la familia Google Coral.
**Nota.** Extraído de *Coral* [Imagen], Google, 2023, (*https://coral.ai/products/*).

---

227  *https://en.wikipedia.org/wiki/Comparison_of_deep_learning_software*

228  Una TPU se encarga principalmente de acelerar y paralelizar la multiplicación de matrices, que es una de las operaciones más importantes y costosa en los modelos neuronales. Esto se nota especialmente en los procesos de entrenamiento, que se ven reducidos en tiempo, consumiendo también menos energía que empleando una CPU o GPU. Esta aceleración es tan bien considerable en las tareas de inferencia donde, por ejemplo, se deben identificar múltiples objetos en tiempo real y con muy baja latencia.

Con el fin de desplegar tareas de inferencia en la frontera, especialmente de clasificación y detección de objetos, Google desarrolló también unos circuitos más pequeños, denominados **Edge TPU**, que pueden instalarse en dispositivos pequeños con capacidad de alimentación eléctrica limitada. En el ejemplo del conteo de vehículos que veíamos en apartados anteriores, cada cámara que capta la señal en vivo del estado de la autopista estaría conectada a uno de estos dispositivos, sobre el que se habría desplegado previamente el modelo para la identificación de los vehículos. La propia Google comercializa dispositivos equipados con TPU a través de Coral, una de sus subsidiarias (Figura 9-12). Por ejemplo, el **Coral USB Accelerator** permite añadir un coprocesador Edge TPU a un sistema, como una **Raspberry Pi**, a través del puerto USB. La cámara se conectaría a la Raspberry donde se desplegaría también el modelo de detección de vehículos, utilizando la Edge TPU para acelerar la inferencia[229].

Para dar alguna idea del rendimiento de estos coprocesadores, una Edge TPU puede realizar 4 TOPS[230], consumiendo 2 watios de potencia (2 TOPS por watio). En modelos de visión artificial esto equivale a procesar cerca de 400 fotogramas por segundo para la clasificación imágenes en video mediante redes neuronales de circunvolución[231].

Desde el momento en que las **GPU** están especializadas en cálculo matricial, son también una alternativa para la aceleración de modelos de aprendizaje profundo, con un rango de aplicaciones más general y amplio que las TPU. **NVIDIA**, uno de los principales fabricantes de GPU, desarrolla las familias **Tesla** y **Titan**, orientadas para tareas de entrenamiento, y **TensorRT** y **Jetson** para inferencia. Todas ellas se apoyan en una plataforma y modelo de programación paralela denominado **CUDA** (*Compute Unified Device Architecture*), soportado por TensorFlow y PyTorch, entre otros.

## 9.5.2 Servicios cognitivos en la nube

Como ya hemos venido comentando, la alternativa al desarrollo propio de modelos cognitivos está en los servicios en la nube, donde podemos encontrar distintas API especializadas según el tipo de dato y el objetivo.

---

229  La Edge TPU utiliza un formato especial de TensorFlow, más compacto, denominado **TensorFlow Lite**, al que hay que convertir los modelos. Es posible también desplegar modelos entrenados con otras librerías, como PyTorch o Keras, mediante un proceso de conversión análogo.

230  1 TOPS (*Trillion Operations Per Second*) equivale a $10^{12}$ operaciones por segundo; es una métrica empleada, entre otras aplicaciones, para medir y comparar la velocidad de los aceleradores de modelos de aprendizaje profundo.

231  *https://coral.ai/docs/edgetpu/benchmarks/*

La Tabla 9-3 muestra los principales servicios para el procesamiento del lenguaje natural en la nube, ofrecidos por AWS, Google Cloud, Microsoft Azure e IBM Cloud. En mayor o menor medida, todos ellos permiten la personalización y adaptación de algunas de las características. En algunos casos, esto es indispensable, como en la **clasificación de textos**, donde es el usuario el que debe proporcionar las categorías y los ejemplos correspondientes para hacer el entrenamiento. En otras situaciones, como en la **extracción de relaciones y entidades**, el servicio está preentrenado con sistemas de tipos genéricos, por lo que es recomendable realizar una adaptación al dominio mediante un entrenamiento basado en la anotación manual de textos[232]. Otra característica interesante es la disponibilidad en algunos casos de **modelos contextuales específicos**. Por ejemplo, Google proporciona un modelo especializado en salud y ciencias de la vida para el procesamiento de contenido médico.

En el caso de la transcripción de voz a texto, la oferta es también similar entre proveedores, proporcionando todos características en la línea de lo expuesto en el Apartado 9.3.1: identificación de interlocutores, extracción de palabras clave, adaptación lingüística, uso de vocabularios, etc.

AWS, Google y Microsoft tienen también sus correspondientes servicios de reconocimiento visual[233]: **Amazon Rekognition, Google Vision AI** y **Azure Cognitive Services for Vision**. Este último proporciona capacidades de clasificación de imágenes, detección de objetos, identificación facial y **reconocimiento de caracteres (OCR**, *Optical Character Recognition*), soportando la extracción de texto manuscrito en diferentes idiomas. Amazon Rekognition añade el reconocimiento de gestos y emociones en la detección facial y la identificación de celebridades. Como Google Vision AI, también detecta la presencia de contenido explícito. Todos ellos soportan el entrenamiento de modelos a medida, proporcionando herramientas para el etiquetado de objetos y el enriquecimiento de imágenes.

---

232  Los proveedores también proporcionan aplicaciones para realizar y supervisar esta anotación manual, incluyendo la monitorización del entrenamiento, la validación y el despliegue del modelo. **IBM Watson Knowledge Studio** es una opción en este sentido.

233  IBM retiró **Watson Visual Recognition** de IBM Cloud en enero de 2021, meses después de anunciar que dejaría de invertir en el desarrollo de tecnología de reconocimiento facial, debido a la inquietud generada en el momento sobre problemas de privacidad y sesgo racial en su aplicación.

| Proveedor | Servicio | Características |
|-----------|----------|---------------|
| AWS | Amazon Comprehend | • Reconocimiento de entidades<br>• Análisis de sentimiento<br>• Identificación del idioma<br>• Clasificación de textos<br>• Detección de eventos<br>• Identificación de conceptos<br>• Extracción de frases y palabras clave<br>• Identificación de información sensible<br>• Análisis sintáctico |
| Google Cloud | Natural Language AI | • Análisis de sentimiento<br>• Extracción de entidades<br>• Análisis sintáctico<br>• Clasificación de textos |
| Microsoft Azure | Cognitive Service for Language | • Reconocimiento de entidades<br>• Identificación de información sensible<br>• Identificación del idioma<br>• Análisis de sentimiento y opinión<br>• Elaboración de resúmenes<br>• Extracción de frases y palabras clave<br>• Extracción de entidades y relaciones<br>• Clasificación de textos |
| IBM Cloud | Watson Natural Language Understanding | • Análisis sintáctico<br>• Análisis de sentimiento y emoción<br>• Extracción de palabras clave<br>• Extracción de entidades y relaciones<br>• Identificación de conceptos y categorías<br>• Clasificación de textos<br>• Elaboración de resúmenes<br>• Extracción de roles semánticos<br>• Extracción de metadatos |

**Tabla 9-3**. Principales servicios en la nube para el procesamiento del lenguaje natural.

Por su parte, IBM centra su oferta de análisis visual en **IBM Maximo Visual Inspection**. Entre otras cosas, lo interesante de esta plataforma es que permite gestionar todo el ciclo de vida de los modelos, incluyendo el inventariado y despliegue a dispositivos en la frontera. En 2022, la consultora IDC calificó a Microsoft como el líder en plataformas de visión por ordenador de propósito general (Figura 9-13).

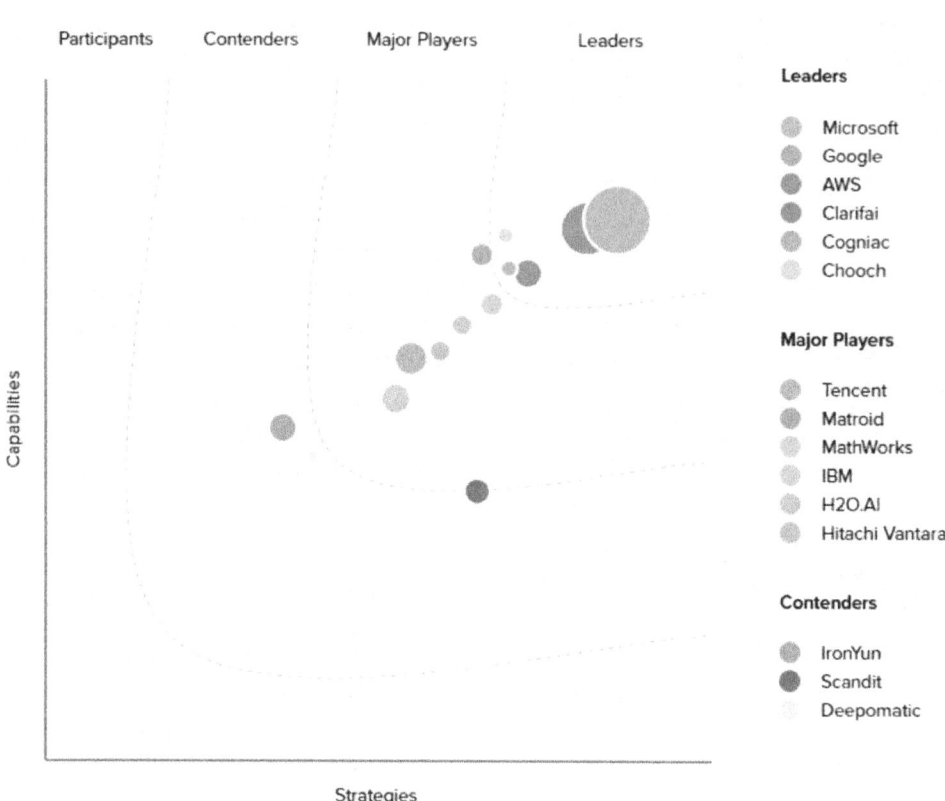

**Figura 9-13**. Evaluación de vendedores de plataformas de visión por ordenador de propósito general – IDC MarketScape 2022.

**Nota.** Extraído de *General -Purpose Computer Vision AI Software Platforms 2022 Vendor Assessment* [Figura], IDC Custom Solutions, 2022, (*https://microsoft.idc-custom.com/marketscape/us49776422/*).

### 9.5.3 Soluciones para la detección y mitigación de sesgo

Por último, vamos a dar algunas referencias sobre soluciones para la identificación y corrección del sesgo en modelos predictivos. Por un lado, existen distintas herramientas dirigidas al desarrollador para examinar, documentar y corregir la existencia de comportamientos discriminantes en modelos de aprendizaje automático. **AI Fairness 360**[234] es una librería de código abierto desarrollada por IBM que proporciona una API (Python y R) para obtener métricas de medición de sesgo y equidad, conteniendo diversos algoritmos para su mitigación. Estos incluyen el rebalanceo y ponderación de los datos de entrenamiento, la modificación de objetivos y el ajuste de las predicciones con el fin de obtener modelos más equitativos. Entre las métricas de medición destacan

234 *https://www.ibm.com/blogs/research/2018/09/ai-fairness-360/*

aquellas que evalúan la igualdad de oportunidades que otorga el modelo a diferentes grupos sensibles. Esto sirve para evaluar, por ejemplo, si un modelo de aprobación de préstamos exhibe ratios diferentes para hombres que para mujeres.

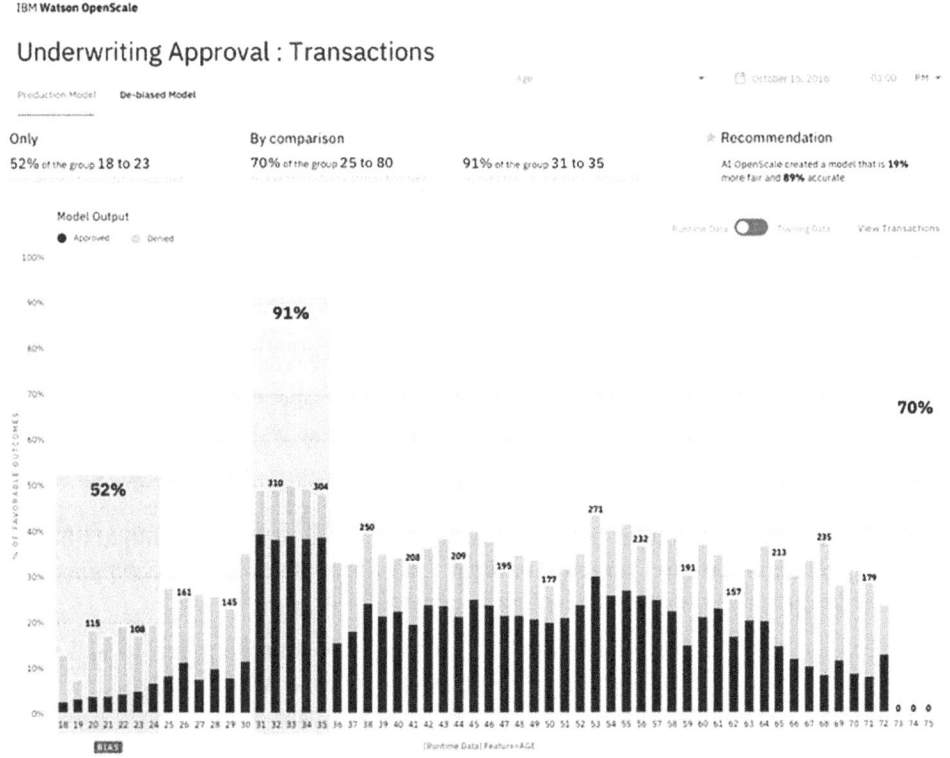

**Figura 9-14.** Detección de sesgo con IBM Watson OpenScale.

Basado en parte en AI Fairness 360, **IBM Watson OpenScale** es una plataforma para el seguimiento y la monitorización de modelos de aprendizaje automático en producción. Entre otras funcionalidades, incluye herramientas para la explicación de modelos, detección de desviaciones en la calidad de las predicciones, métricas de rendimiento y **monitorización de la equidad** en las inferencias (*fairness monitoring*). La Figura 9-14 muestra un ejemplo de monitorización de un modelo en producción para la aprobación de créditos. En la gráfica se puede apreciar que la concesión de estos a solicitantes de entre 18 y 23 años, el grupo monitorizado, es sustancialmente inferior que en otras franjas de edad: 52% frente al 70% en la franja de 25 a 75 años, que actúa como referencia. Por el contrario, alrededor del 91% de los solicitantes entre 31 y 35 años ven el crédito aprobado. En el primer caso, la ratio de puntuaciones favorables del modelo respecto al grupo de referencia es de 52/70 = 0,74, mientras que en el segundo es de 91/70 = 1,30. Si el umbral de sesgo se sitúa en el 0,80 (algo que es configurable), entonces Watson

OpenScale generaría una alarma calificando el modelo como sesgado[235]. En este caso, además, podría generar automáticamente un modelo alternativo empleando las técnicas y algoritmos que hemos comentado anteriormente.

Watson OpenScale puede monitorizar modelos basados en distintas librerías (TensorFlow, PyTorch, Scikit-learn, etc.), ejecutándose en distintos servicios públicos (IBM Watson Machine Learning, AWS SageMaker, etc.) y privados.

## 9.6 RESUMEN DEL CAPÍTULO

En este capítulo hemos abordado los sistemas cognitivos y sus distintos ámbitos de aplicación en el procesamiento de información no estructurada, emulando capacidades humanas como la comprensión, el razonamiento y el aprendizaje mediante técnicas de inteligencia artificial.

- ▶ **El aprendizaje profundo** está basado en modelos de redes neuronales artificiales, en las que se imita el procesamiento de las señales que realizan las neuronas en los tejidos nerviosos.

- ▶ Mediante la organización de numerosos elementos de proceso en capas interconectadas siguiendo distintas topologías, las redes neuronales son capaces de modelizar estructuras de datos complejas en tareas como la **visión artificial** o el **procesamiento del lenguaje natural**. Constituyen también la tecnología detrás de los **grandes modelos de lenguaje,** como GPT-4.

- ▶ Existen distintos **servicios cognitivos en la nube** que permiten la aplicación transparente de estos algoritmos sin necesidad de desarrollar o entrenar modelos. Estos servicios permiten desarrollar aplicaciones para el análisis de texto o la detección de objetos en imágenes ensamblando llamadas a distintas API remotas.

- ▶ En los modelos cognitivos, pero en los de aprendizaje automático en general, existe el riesgo de proporcionar **resultados sesgados**, entendidos como respuestas que de forma sistemática da el algoritmo favoreciendo unos resultados frente a otros para determinados casos. En la medida en que supone una **falta de equidad**, sobre todo al tratar información sensible (raza, edad, religión, sexo, etc.), el sesgo debe mitigarse empleando conjuntos de entrenamiento equilibrados y otras medidas correctoras a través de herramientas y soluciones especializadas.

---

235  Para la determinación del sesgo aquí se está empleando el llamado **impacto desigual** (*disparate impact*), una métrica que mide si la ratio del porcentaje de puntuaciones favorables de un grupo monitorizado respecto al mismo porcentaje en un grupo de referencia es inferior a un determinado umbral. En este caso, el grupo a monitorizar es el de jóvenes entre 18 y 23 años. La franja de edad entre 31 y 35 años presenta un comportamiento llamativo en el otro sentido en cuanto a la concesión de créditos; esta circunstancia sería interesante investigarla aunque, de acuerdo a la métrica empleada, no constituiría un comportamiento sesgado.

▶ El desarrollo de modelos cognitivos requiere una alta capacidad de proceso. Para ello existen distintos **dispositivos de hardware aceleradores** que se pueden emplear tanto en el entrenamiento como en la inferencia. En el caso de modelos de reconocimiento de imágenes, esta última suele desarrollarse en la frontera (*edge*), cerca de donde se generan y almacenan los datos, de forma que la aplicación es más ágil y no requiere el movimiento de grandes volúmenes de datos.

Terminamos con este capítulo la parte del libro dedicada a los sistemas de análisis de la información. Nos queda por ver cómo podemos gobernar no solo los datos, sino los distintos activos generados alrededor de ellos a lo largo de todo este viaje.

# 10

# GESTIÓN Y GOBIERNO DEL DATO Y SUS ACTIVOS

Se podrían llenar estanterías con toda la literatura existente alrededor de un tema tan importante como el **gobierno del dato** (*data governance*). De forma directa, podríamos decir que es el marco que proporciona cohesión a todo lo que hemos visto hasta ahora. El tema es tan amplio, y con tantas ramificaciones e interdependencias, que nuestro objetivo con este último capítulo del libro es ofrecer una visión general que sirva para posicionarlo y generar interés.

Como con cualquier otro objetivo de gobierno, gobernar los datos en una organización significa implementar políticas que aseguren la integridad, seguridad y disponibilidad de los datos, con el fin de mantenerlos bajo unos estándares de calidad que permitan su aprovechamiento. Estas políticas se basarán en un conjunto de **regulaciones**, **normativas** y **procedimientos**, pero también en la asignación de distintos **roles**, **autoridades** y responsabilidades. Con todo, el sistema de gobierno debe promover mecanismos de control y medición que permitan su evaluación y seguimiento a través de distintos indicadores (KPI).

Como disciplina, el gobierno del dato se enmarca en un concepto más grande, denominado de forma genérica **gestión de datos** (*data management*). Otros temas, como la gestión de **operaciones sobre los datos y modelos** (*DataOps, MLOps*) o la **observancia de los datos** (*data observability*) aparecen también integrados dentro de este marco superior. El posicionamiento y la interrelación de todos estos elementos no siempre es fácil, existiendo ciertos solapamientos que conviene aclarar.

Tenemos que partir de la base de que cuando nos referimos a gestión del dato realmente estamos hablando de gobernar **activos alrededor del dato** (*data assets*). Es decir, no solo incluimos los datos como unidad de información y sus diferentes materializaciones (bases de datos, archivos, etc.), sino también los flujos de transformación en procesos ETL, los cuadros de mando e informes generados y los modelos de aprendizaje automático, una de cuyas funciones es la de generar, a su vez, nuevos datos.

## 10.1 GESTIÓN DEL CICLO DE VIDA DE LOS DATOS

Si de algo hemos estado hablando a lo largo de los capítulos anteriores es de **gestión del dato**, comenzando en el Capítulo 1. Es decir, de arquitecturas, herramientas, procesos, y métodos para manejar el ciclo de vida de los datos. En este ciclo de vida incluimos todos los mecanismos relacionados con la ingestión, el almacenamiento, el procesado, la protección y la explotación de los datos.

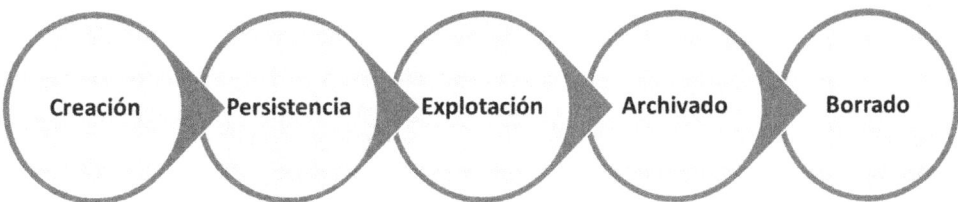

**Figura 10-1.** Ciclo de vida del dato.

La Figura 10-1 muestra las 5 etapas por las que pasa el dato dentro de una organización, desde su creación hasta su eliminación. Estas son:

1. **Creación**. Los datos son recopilados de fuentes internas y externas a la organización de acuerdo a su relevancia y al valor potencial que pueden aportar al negocio.

2. **Persistencia**. Esta etapa considera el **procesamiento** y el **almacenamiento** como un todo, con independencia de su precedencia. El procesamiento se encarga de transformar y acondicionar el dato, incluyendo su protección en función de su sensibilidad. El almacenamiento mantiene el dato disponible para su explotación posterior, encargándose también de su salvaguarda. Un dato que no persiste, al menos de forma efímera, no forma parte de este ciclo. Hablamos en este caso de datos generados y consumidos en tiempo real, como la lectura constante de un sensor, que son desechados de forma inmediata.

3. **Explotación**. El dato está disponible para su uso a través de los sistemas analíticos con el fin de soportar la toma de decisiones, pero también las operaciones del negocio y otros usos, incluyendo su comercialización.

4. **Archivado**. En función de la antigüedad del dato y de su frecuencia de uso (temperatura), este será retirado de los sistemas de producción y archivado. Este archivo se mantendrá durante un periodo de tiempo, determinado por la

organización y las posibles regulaciones que la afecten, durante el cual los datos archivados pueden ser accedidos bajo petición[236].

5. **Borrado**. Finalmente, el dato es eliminado de forma controlada y segura una vez que ha transcurrido el periodo de retención prefijado.

De acuerdo con este ciclo[237], los sistemas que hemos estado estudiando se encargan de materializar y hacer realidad estas etapas, moviendo los datos entre ellas hasta que finalmente son descartados.

## 10.1.1 El marco DAMA-DMBOK2

Sin embargo, como disciplina, la gestión del dato formaliza y abstrae este ciclo de vida dentro de un modelo compuesto por una serie de procesos, reglas y recursos de cara a una administración efectiva de grandes volúmenes de información. Es decir, no se trata solo de disponer de sistemas que extraigan la información, la almacenen y la pongan a disposición del usuario, sino que hay que establecer roles, responsabilidades y procedimientos que aseguren tres principios fundamentales bajo una visión estratégica:

▶ La información expuesta a los usuarios[238] es veraz, creíble, de calidad, sin errores y, en definitiva, fiable.

▶ La información y sus activos se encuentran bien documentados y catalogados, siendo de fácil acceso y consumo.

▶ La información, tanto en reposo como en movimiento, se mantiene de forma segura, de acuerdo con las regulaciones existentes.

En definitiva, se trata de alcanzar un equilibrio que permita un acceso rápido y efectivo a información de calidad, algo que no siempre es fácil.

---

236 Este archivado puede hacerse hoy en día de forma muy transparente y económica. Los almacenes de objetos en la nube, que veíamos en el capítulo 3, facilitan la transición de los datos de contenedores (*buckets*) calientes a otros más fríos, donde el acceso es más esporádico.

237 El ciclo de vida de los modelos de aprendizaje sigue un flujo similar, pero con alguna etapa más y determinadas interrelaciones. Lo veremos más adelante.

238 Usuarios tanto internos como externos.

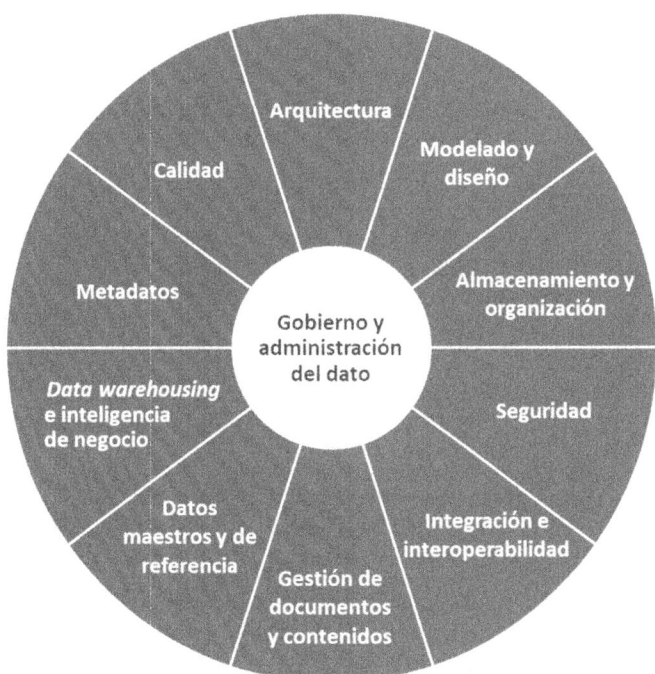

**Figura 10-2.** Áreas principales de conocimiento en el marco DAMA-DMBOK2.

**Nota.** Adaptado de *The DAMA Guide to the Data Management Body of Knowledge (DAMA-DM BOK)* [Figura], por Earley, S., & Henderson, D., Sebastian-Coleman, L (Eds.), 2017, Technics Publications LLC, 2017.

Existen distintos marcos (*frameworks*) que definen como debe ser este **modelo de gestión**, pero el más popular y extendido es el definido por **DAMA**[239] (*Data Management Association*), una asociación internacional sin ánimo de lucro fundada en 1980 en los Estados Unidos, dedicada a promover la gestión de datos como práctica. DAMA funciona como una red internacional de organizaciones afiliadas (*chapters*), cada una con sus propios miembros, actividades y certificaciones. Existen delegaciones en varios países de habla hispánica.

---

239  *https://www.dama.org*

| Área de conocimiento | Descripción |
|---|---|
| **Arquitectura de datos** | Definición técnica y especificaciones (*blueprint*) de los requerimientos entorno a los datos, su integración, control y alineamiento con la estrategia de negocio |
| **Modelado y diseño** | Elaboración del modelo (lógico, físico) que representa los requerimientos técnicos de los datos de cara a satisfacer las necesidades de negocio |
| **Almacenamiento y organización** | Especificación de los elementos de *hardware* y *software* para la persistencia, organización, conservación y protección de los datos |
| **Seguridad del dato** | Definición, desarrollo y ejecución de las políticas y procedimientos de seguridad para autentificar, autorizar, acceder y auditar el acceso a los activos de datos |
| **Integración e interoperabilidad** | Gestión del movimiento y la consolidación de los datos entre los sistemas de cara a proporcionar un acceso eficiente dentro de la organización |
| **Gestión de documentos y contenidos** | Planificación, implementación e integración de la gestión documental y la coexistencia y explotación de datos estructurados y no estructurados |
| **Datos maestros y de referencia** | Gestión de datos compartidos con el fin de disminuir la redundancia en el uso y estandarizar las definiciones alrededor del significado de los datos |
| ***Data warehousing* e inteligencia de negocio** | Planificación e implementación de procesos para el soporte de la toma de decisiones informadas a través de herramientas analíticas |
| **Gestión de metadatos** | Actividades de planificación, implementación y control para habilitar el acceso a la información sobre los datos que maneja la organización de forma integral |
| **Calidad de los datos** | Prácticas y técnicas encaminadas a controlar y asegurar que los datos están preparados para ser consumidos, ajustándose a las necesidades de los usuarios |
| ***Big Data*** | La recolección y explotación de grandes volúmenes de datos con el fin de descubrir patrones, tendencias y relaciones no conocidas previamente |
| **Ética sobre el dato** | Definición de códigos de conducta alrededor de la manipulación y la modelización del dato con el fin de asegurar su uso dentro de un contexto moral definido |
| **Gobierno del dato** | Prácticas y procesos con el fin de supervisar, controlar y garantizar la gestión adecuada de los datos y los activos alrededor de ellos |

**Tabla 10-1.** Descripción de las áreas de conocimiento en DAMA-DMBOK2.

Entre otras actividades, DAMA se encarga de la definición y el mantenimiento del **DAMA-DMBOK** (*DAMA Data Management Body of Knowledge*), un marco de trabajo que establece la gestión del dato como una serie de áreas de conocimiento y un conjunto de procesos, prácticas, documentos y métricas relacionadas. Este marco adopta la forma de guía, cuya primera edición se publicó en 2009, y la segunda y actual (DAMA-DMBOK2) en 2017[240].

DAMA-DMBOK2 estructura la práctica de la gestión de datos alrededor de **11 áreas de conocimiento** o especialización principales (Figura 10-2). A estas hay que sumar dos áreas de incorporación más reciente sobre *Big Data* y ética alrededor de los datos. Cada área consta de una serie de actividades y subactividades, que a su vez se componen de tareas y pasos. La Tabla 10-1 enumera estas distintas áreas de conocimiento con su descripción.

Cada una de estas áreas consta de un **diagrama de contexto**, que esquematiza y enmarca su alcance. El diagrama refleja los objetivos del área, los elementos necesarios para conseguirlos, las actividades a realizar y sus entregables, los roles involucrados y sus responsabilidades, así como las herramientas y técnicas empleadas. Cada una de las actividades listadas pertenece a un grupo: **planificación** (P), **control** (C), **desarrollo** (D) y **operaciones** (O). La Figura 10-3 muestra el diagrama de contexto para el área de *Big Data*. Se puede observar que no solo se mencionan actividades relacionadas con la infraestructura de los datos, sino que se cubren también aspectos relacionados con la modelización y el análisis descriptivo y predictivo.

---

240  Existe una versión de la guía en castellano (*https://technicspub.com/dmbok/*).

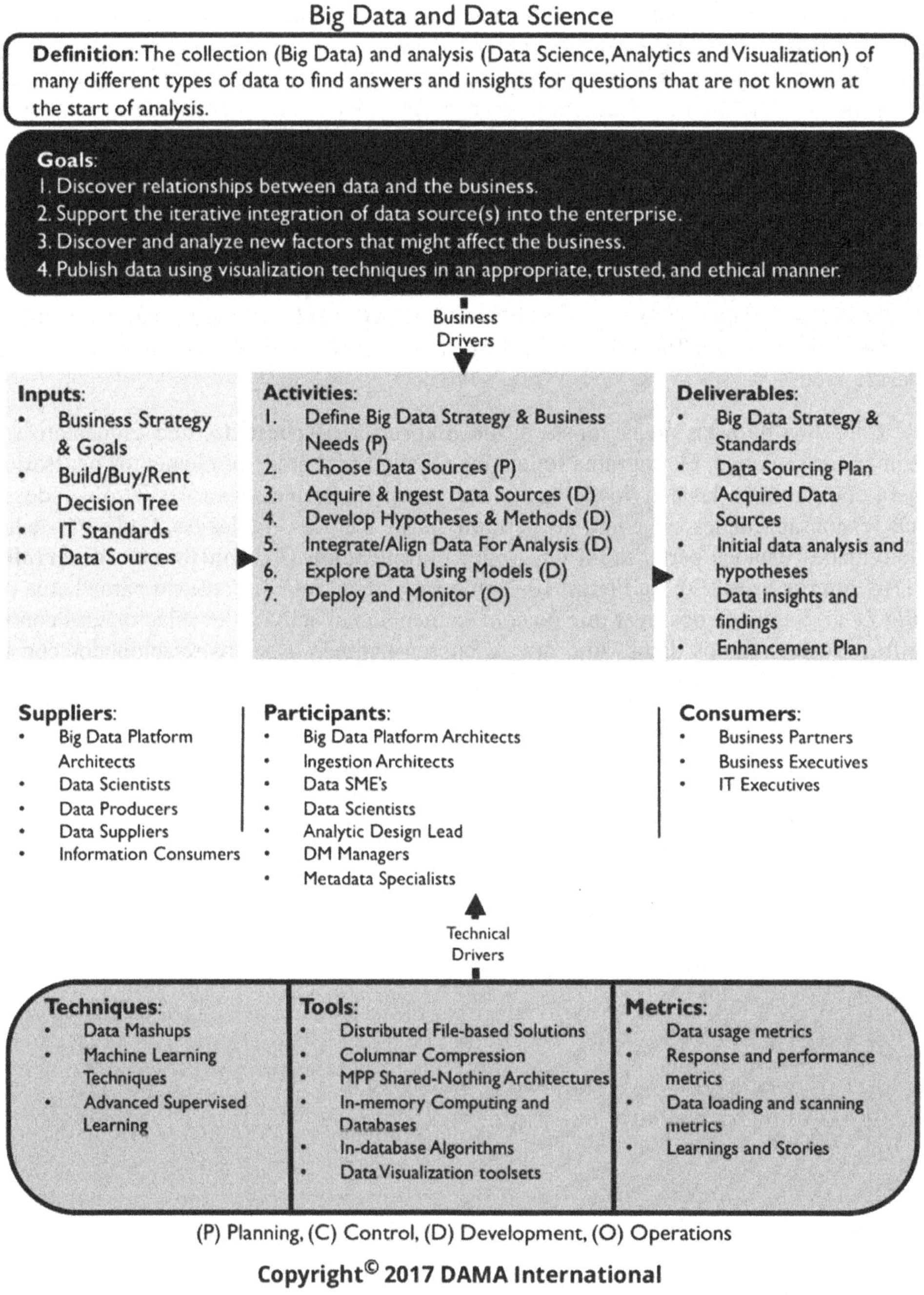

## Big Data and Data Science

**Definition:** The collection (Big Data) and analysis (Data Science, Analytics and Visualization) of many different types of data to find answers and insights for questions that are not known at the start of analysis.

**Goals:**
1. Discover relationships between data and the business.
2. Support the iterative integration of data source(s) into the enterprise.
3. Discover and analyze new factors that might affect the business.
4. Publish data using visualization techniques in an appropriate, trusted, and ethical manner.

Business
Drivers

**Inputs:**
- Business Strategy & Goals
- Build/Buy/Rent Decision Tree
- IT Standards
- Data Sources

**Activities:**
1. Define Big Data Strategy & Business Needs (P)
2. Choose Data Sources (P)
3. Acquire & Ingest Data Sources (D)
4. Develop Hypotheses & Methods (D)
5. Integrate/Align Data For Analysis (D)
6. Explore Data Using Models (D)
7. Deploy and Monitor (O)

**Deliverables:**
- Big Data Strategy & Standards
- Data Sourcing Plan
- Acquired Data Sources
- Initial data analysis and hypotheses
- Data insights and findings
- Enhancement Plan

**Suppliers:**
- Big Data Platform Architects
- Data Scientists
- Data Producers
- Data Suppliers
- Information Consumers

**Participants:**
- Big Data Platform Architects
- Ingestion Architects
- Data SME's
- Data Scientists
- Analytic Design Lead
- DM Managers
- Metadata Specialists

**Consumers:**
- Business Partners
- Business Executives
- IT Executives

Technical
Drivers

**Techniques:**
- Data Mashups
- Machine Learning Techniques
- Advanced Supervised Learning

**Tools:**
- Distributed File-based Solutions
- Columnar Compression
- MPP Shared-Nothing Architectures
- In-memory Computing and Databases
- In-database Algorithms
- Data Visualization toolsets

**Metrics:**
- Data usage metrics
- Response and performance metrics
- Data loading and scanning metrics
- Learnings and Stories

(P) Planning, (C) Control, (D) Development, (O) Operations

**Copyright© 2017 DAMA International**

**Figura 10-3.** Diagrama de contexto para el área de Big Data en DAMA-DMBOK2.

Extraído de *DMBOK v2 Images Download* [Figura], DAMA International, 2017
(*https://www.dama.org/cpages/dmbok-2-image-download*).

El **área de gobierno y administración** del dato (*data stewardship*) es central a todas las demás, ya que es la encargada de regular todos los elementos del marco y coordinar a los diferentes actores. Dentro de su grupo de actividades operacionales destacan las relacionadas con el desarrollo de estándares, glosarios y catálogos alrededor de los datos. Aunque en el marco DAMA-DMBOK2 dispone de su propia área, la catalogación y gestión de metadatos es una tarea de gobierno típica en la mayoría de las organizaciones, como también lo es el mantenimiento de los datos de referencia. De forma general, la Tabla 10-2 contiene algunos de los elementos más relevantes en el gobierno del dato, elementos que se materializan en repositorios y herramientas específicas para su administración y gestión.

| Elemento | Descripción |
| --- | --- |
| **Estandarización del dato** | Guías y reglas que definen como los datos deben estar organizados y ser tratados: nomenclatura, formato, definición, clasificación. Pueden emplearse estándares propios o externos (ISO 8000, ISO/IEC 11179, etc.) |
| **Glosario de negocio** | Relación de términos y definiciones de negocio, incluyendo las reglas, las políticas y los procedimientos que los regulan, así como los datos en los que se apoyan: formato, cálculo, origen, responsable, etc. |
| **Datos de referencia** | Aquellos elementos estáticos que proporcionan contexto y consistencia al resto de la información: códigos de productos, países, proveedores, tipologías de clientes y competidores, clasificaciones de sensibilidad del dato, etc. |
| **Metadatos** | Información sobre los datos, cubriendo aspectos descriptivos, estructurales, técnicos y administrativos. Los metadatos permiten establecer interdependencias, realizar análisis de impacto y estudiar el linaje de los datos |
| **Catálogos de datos** | Inventarios centralizados de archivos, repositorios, modelos, cuadros de mando, etc. para facilitar el acceso a los datos disponibles en la organización. Centraliza también el acceso a los datos de referencia, glosarios y metadatos |

**Tabla 10-2.** Principales elementos de coordinación en el gobierno del dato.

Otro elemento importante, tal y como veíamos en el Capítulo 1, es el relativo a la **gestión del dato en cuanto a su sensibilidad**. Los datos de referencia deben contener las distintas tipologías de clasificación del dato. De esta forma, cuando un dato es inventariado en un catálogo y se le asigna una tipología concreta de sensibilidad[241],

---

241 Hay herramientas que, en función del análisis de los valores que toma el dato, son capaces de realizar esta clasificación de forma automática.

automáticamente deben aplicarse los **mecanismos de eliminación** (*data redaction*) o **enmascaramiento** (*data masking*) pertinentes. Por ejemplo, un campo de un informe médico conteniendo el número de la seguridad social del paciente debería ser catalogado como **información personal sensible** (**PSI**, *Personal Sensitive Information*), siendo eliminado u ocultado en cualquier acceso autorizado[242]. Por el contrario, el enmascaramiento se podría aplicar al número de tarjeta de crédito de los clientes, alterando ciertos dígitos con caracteres fijos, pero manteniendo el formato. De esta manera se podrían enlazar dos listas de clientes a través de dicho número, pero manteniendo la confidencialidad del dato.

## 10.1.2 Operaciones sobre los datos y observancia

Alrededor del año 2008, la industria se vio en la necesidad de tener que sistematizar y automatizar la elaboración y el despliegue del *software*, con el fin de ganar en agilidad y competitividad. El problema al que se enfrentaba era la falta de cooperación y entendimiento entre los que desarrollaban los programas y aquellos que los ponían en producción y los mantenían. Surgió entonces la idea integrar ambas funciones, **uniendo el desarrollo y las operaciones** bajo el concepto de **DevOps** (*Development and Operations*), con el fin de mejorar y reducir el ciclo de vida del *software*. Inspirado y basado en la metodología **Agile**[243], DevOps combina elementos de organización de equipos, herramientas y prácticas con el fin de reducir el tiempo entre la introducción de un cambio en el código y su aplicación en producción, automatizando al máximo todo el ciclo y controlando y asegurando la calidad.

Con esta misma idea de agilidad y automatización, alrededor de 2015 se empieza a hablar de **DataOps**. En este caso el contexto son los datos, y el objetivo es desarrollar una serie de prácticas para mejorar la gestión de su ciclo de vida que permita un análisis más fluido y dinámico de la información. En este sentido, y tal y como lo hace DevOps, DataOps abraza la idea de **integración y entrega continua** (**CI/CD**, *Continuous Integration / Continuos Delivery*), con el fin de alimentar de forma ininterrumpida, orquestada y escalable los sistemas analíticos de la organización.

---

242 Una de las grandes ventajas de hacer que el acceso a los datos se efectúe a través de un catálogo es poder aplicar de forma automática reglas y filtros en función del usuario.

243 La metodología Agile gestiona los proyectos de desarrollo de software como una iteración constante de etapas (***sprints***), enfocada a producir pequeñas mejoras que pueden ser implementadas y evaluadas de forma rápida y continua. Permite una colaboración más eficiente entre los miembros del proyecto y una respuesta más rápida ante los cambios. Una de las implementaciones de Agile más empleadas es **Scrum**.

**Figura 10-4.** Ciclo de actividades en DataOps.

**Nota.** Adaptado de *DataOps Explained: How To Not Screw It Up* [Figura], por Glen Willis, 2023, Monte Carlo (*https://www.montecarlodata.com/blog-what-is-dataops/*).

Como podemos ver en la Figura 10-4, la producción de activos del dato es consecuencia del encadenamiento de una serie de actividades que implican la integración de distintos sistemas, equipos y procesos. Podemos hablar de cuatro pilares principales:

⮞ **Automatización**. DataOps persigue la eficiencia en todos los procesos relacionados con el dato. Para ello, necesita la máxima automatización de las distintas etapas involucradas. Esto es especialmente relevante en el ciclo de vida de los modelos de aprendizaje automático, como veremos más adelante, pero también en las tareas de integración, aseguramiento de la calidad y validación de los datos.

⮞ **Colaboración**. Para DataOps, los equipos de gestión del dato deben ser interfuncionales, constituidos por arquitectos e ingenieros de datos, pero también por analistas y usuarios de negocio.

⮞ **Mejora continua**. La medición de los procesos, su corrección, adaptación y optimización debe ser algo presente y constante.

⮞ **Agilidad**. La mejora continua no es posible sin la capacidad de reaccionar rápidamente ante posibles cambios en los requerimientos y problemas en el ciclo de vida de los datos. Los procesos deben ser flexibles y adaptables, permitiendo su modificación de forma iterativa.

Se trata, en definitiva, de ensamblar los procesos y las técnicas que nos definen las áreas de gestión del dato que veíamos en el apartado anterior, de manera que podamos explotar la información de forma ágil. En esto tienen mucho que ver las herramientas empleadas, ya que son estas las que nos permitirán engranar y automatizar todo el ciclo. De una manera u otra, ha sido la aparición de estas herramientas lo que ha impulsado todo este movimiento. Con todo, la idea de DataOps casa muy bien con las arquitecturas de datos descentralizadas que veíamos al final del Capítulo 2, donde el dato es concebido como un producto (**data mesh**) que debe ser elaborado y vendido dentro y fuera de la organización.

Toda esta idea de automatización de los procesos toma forma en el concepto de **flujo de datos** (*data pipeline*) como elemento de manipulación y entrega. En el Capítulo 4 hablábamos de estos flujos con un foco muy centrado en la extracción, transformación y carga (ETL). Para DataOps, la gestión del dato debe girar en torno a estos flujos, pero haciéndolos extensivos al resto de activos, como la inferencia de modelos predictivos y la integración de los datos que esta produce. La Figura 10-5 muestra un flujo de datos para la construcción y despliegue de un cuadro de mando. La idea de DataOps es automatizar al máximo los distintos pasos involucrados. Aunque aquellos relacionados directamente con el cuadro de mando no suponen un tratamiento sobre los datos, se consideran parte del flujo, ya que forman parte del proceso de hacer la información accesible a los usuarios para el análisis. Son precisamente algunas de estas etapas las que no pueden ser automatizadas del todo, aunque sí sistematizadas. Es importante recalcar que cada etapa lleva asociada sus propios procesos de aseguramiento de la calidad, existiendo dos controles sobre producto final: uno para los datos y otro para el cuadro de mando.

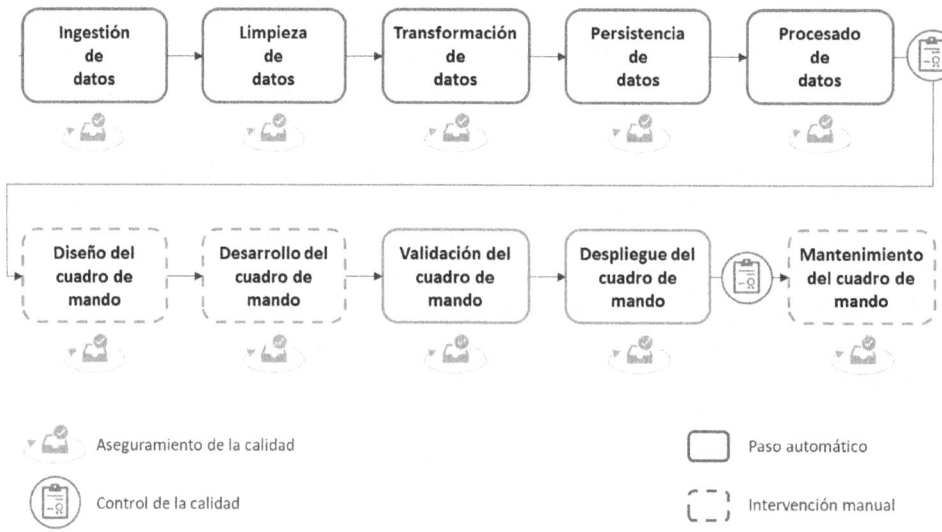

**Figura 10-5.** Flujo de datos (*data pipeline*) para la construcción de un cuadro de mando.

Si el gobierno del dato es central en su gestión, cuando hablamos de operaciones lo es la **observancia del dato** (*data observability*). También con su origen en la ingeniería del *software*, la observancia de los datos tiene como objetivo el control, la comprensión y la resolución de problemas en entornos de datos complejos mediante la instrumentación y la monitorización. Se basa en el seguimiento de tres características asociadas a la manipulación del dato:

▶ **Calidad**. En cada actividad de DataOps, hay que asegurar que los datos son consistentes, precisos y actuales. Para ello se emplean técnicas de validación y perfilado de datos para detectar posibles anomalías e inconsistencias en tiempo real. El control de calidad implica la realización de auditorías para verificar el linaje de los datos y la adecuación de las transformaciones por las que ha pasado.

▶ **Rendimiento**. La observancia también mide y controla el estado de los sistemas que procesan y almacenan los datos, teniendo en cuenta la utilización de sus recursos, así como posibles problemas asociados con los flujos de datos en términos de acceso a los sistemas origen, conectividad o latencia.

▶ **Acceso**. Se trata de controlar que los datos son usados de forma apropiada y segura, clasificándolos de forma automática y aplicando medidas de bloqueo y enmascaramiento, como las que veíamos anteriormente.

En definitiva, el paso de hablar de gestión y gobierno del dato a hacerlo de DataOps y observancia se produce en la medida en que instrumentalizamos y automatizamos los procesos que componen las diferentes áreas de administración y manipulación de la información.

Como ya sabemos, una parte cada vez más importante de estos procesos son los relativos al aprendizaje automático. Para ver cómo pueden automatizarse y los beneficios que esto reporta, debemos entender antes como es la metodología asociada a su desarrollo.

## 10.2 GESTIÓN DEL APRENDIZAJE AUTOMÁTICO

Como vimos el Capítulo 7, el objetivo de la minería de datos es el descubrimiento de información a partir de grandes volúmenes de datos y su aplicación para la toma de decisiones. Entre un extremo y otro median una serie de etapas que se deben cubrir. Como en otros ámbitos, las metodologías nos ayudan a la hora de establecer un procedimiento estructurado y estandarizado para definir y abordar dichas etapas.

Vamos a ver como es el enfoque metodológico para la elaboración de modelos de aprendizaje automático. Nos centraremos en la minería de datos, pero podemos hacer extensivo el planteamiento al desarrollo de los modelos cognitivos que estudiamos en el Capítulo 9. Posteriormente estudiaremos como podemos automatizar todo el proceso de construcción y las operaciones que esto involucra.

## 10.2.1 Metodologías para minería de datos

Al margen de especificidades ligadas a algún dominio concreto, existen básicamente 4 metodologías tradicionales para abordar un proceso de minería de datos. Son, por orden cronológico, **KDD** (*Knowledge Discovery in Databases*), **CRISP-DM** (*Cross-Industry Standard Process for Data Mining*), **SEMMA** (*Sample, Explore, Modify, Model, Assess*) y **OSMN** (*Obtain, Scrub, Explore, Model, iNterpret*). De la segunda existen extensiones más recientes, como **ASUM-DM** (*Analytics Solutions Unified Method for Data Mining*) y **TDSP** (*Team Data Science Process*).

**KDD** es la precursora de todas ellas. Tiene sus orígenes en 1989, cuando un grupo de investigadores en procesamiento de datos e inteligencia artificial empezaron a organizar una serie de conferencias anuales sobre el tema (KDD-89 fue la primera). Su principal motivación era sistematizar la forma en que, hasta la fecha, se realizaba el análisis de los datos y su interpretación en las organizaciones. Este era básicamente manual, adolecía de contexto de negocio y empezaba a ser impracticable ante el aumento de los volúmenes de datos corporativos. Ante esto, KDD presentaba el conocimiento como un producto, resultado de un proceso planificado de descubrimiento orientado por los datos, y no como el resultado de la aplicación aislada de un algoritmo. El planteamiento era agnóstico en cuando a plataforma tecnológica y herramientas.

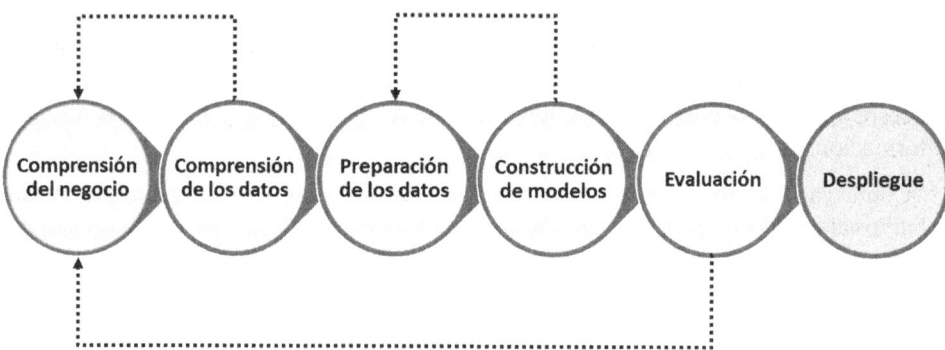

**Figura 10-6.** Etapas en la metodología CRISP-DM.

Aunque la menciona y valora, KDD no cubre la etapa inicial que elabora el entendimiento del contexto de negocio, fijando los objetivos desde el punto de vista de los usuarios finales. Tampoco desarrolla la incorporación del conocimiento y los modelos generados a la operativa de la organización, pudiendo esta limitarse a la elaboración de un informe y la presentación de los resultados.

**CRISP-DM** vendría a subsanar estas carencias, especialmente en lo referente a la definición del contexto de negocio. Es una metodología que divide el proceso de minería de datos en un ciclo de seis etapas (Figura 10-6). Esta metodología fue desarrollada a finales del siglo pasado por un consorcio de cuatro compañías[244]. La primera versión se presentó en 2000. En años posteriores hubo un intento de actualizarla, pero no se ha publicado nada más al respecto. Está basada en la acumulación de numerosas experiencias reales a la hora de abordar proyectos de minería de datos, siendo la metodología más empleada en la actualidad[245]. Como KDD, también es agnóstica en cuanto a plataforma y herramientas.

La secuencia de las etapas en CRISP-DM no es rígida, dependiendo del resultado de cada una la etapa que se ejecutará después. Cada etapa se divide en una serie de tareas (Figura 10-7), produciendo estas, a su vez, una serie de entregables (informes de conclusiones, datos, modelos, etc.).

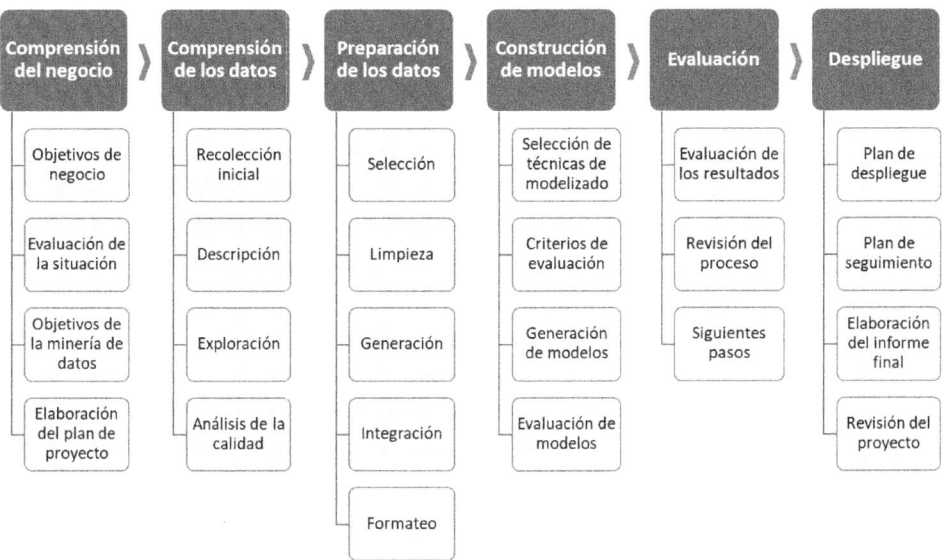

**Figura 10-7.** Tareas por etapa en la metodología CRISP-DM.

---

244  Integral Solutions Ltd (adquirida posteriormente por SPSS, esta después por IBM), DaimlerChrysler AG, NCR Systems y OHRA.

245  *https://www.datascience-pm.com/crisp-dm-still-most-popular/*

El objetivo de cada etapa es el siguiente:

▶ **Comprensión del negocio**. Esta etapa se compone de cuatro tareas. Se comienza por acotar el objetivo que se pretende abordar con el proyecto, definiendo sus límites, restricciones y recursos disponibles. Es fundamental aquí establecer los criterios de éxito; en el grado en que sea posible, siempre serán preferibles medidas cuantitativas a cualitativas. A continuación, será necesario trasladar tanto objetivos como medidas al contexto técnico de la minería de datos. La fase termina con la elaboración del plan de proyecto, que deberá incluir un **análisis de coste-beneficio**, y la elección de la plataforma tecnológica y herramientas. La Tabla 10-3 detalla las tareas de esta etapa tomando como ejemplo el análisis de abandono de clientes en el sector de las telecomunicaciones. En esta etapa es importante definir de forma precisa los distintos conceptos involucrados en el análisis. La definición del indicador de abandono, que establece cuando consideramos que un cliente ha cesado su actividad con la compañía, es algo fundamental y no trivial, ya que se trata de la variable a predecir.

▶ **Comprensión de los datos**. La etapa anterior contemplaba un inventario de recursos que incluía la identificación de los orígenes de datos que se emplearan en el proyecto. Esta segunda fase ahonda en este sentido. El objetivo es **familiarizarse con los datos**, su estructura y relaciones, identificando al mismo tiempo posibles problemas en términos de calidad. Esta etapa debe suponer también una primera iteración sobre el modelo de datos que se empleará en etapas posteriores.

▶ **Preparación de los datos**. Esta etapa producirá los conjuntos de datos necesarios para alimentar a las herramientas de modelización. Si la fase de comprensión de los datos suponía un primer acceso a los mismos, esta fase ya implica integración y transformación. El objetivo es **consolidar un modelo de datos** que sea fácil de mantener, tanto en lo referente a la incorporación de nuevos atributos como a la actualización de los registros existentes en el conjunto.

▶ **Construcción de modelos**. Aquí aplicamos ya una o varias técnicas de modelización sobre los datos, habitualmente de forma encadenada. Para cada técnica hay que seleccionar el algoritmo más adecuado y su parametrización, siendo esta última objeto de varias iteraciones de cara a su optimización.

▶ **Evaluación**. La fase anterior termina con la evaluación de uno o más modelos desde un punto de vista técnico, ligada a la capacidad resolutiva de los algoritmos. Ahora es el momento de evaluar si la modelización alcanza los objetivos planteados al inicio. Si la respuesta es afirmativa, entonces los modelos serán aprobados y estarán listos para su despliegue en producción.

| Tarea y entregables | Descripción y ejemplos |
|---|---|
| **Establecer los objetivos de negocio**<br>Trasfondo de la organización<br>Objetivos de negocio<br>Criterios de éxito | **Determinar y documentar los objetivos de negocio:**<br><br>• Disminuir la ratio de abandono del servicio de telefonía móvil de clientes rentables en 4 puntos<br><br>• Entender el ciclo de vida de un cliente desde que entra hasta que abandona, definiendo alertas tempranas<br><br>• Orientar las campañas de retención con ofertas de venta cruzada personalizadas por tipología de cliente |
| **Evaluación de la situación**<br>Inventario de recursos<br>Requerimientos y restricciones<br>Riesgos y contingencias<br>Terminología<br>Costes y beneficios | **Detallar los factores a considerar en el proyecto:**<br><br>• Disponibilidad de datos de facturación y demográficos, con un histórico de 10 años. 110 millones de clientes<br><br>• El departamento de *marketing* necesita 2 meses para definir y desplegar una campaña de retención<br><br>• Se generará de forma automática al final de cada mes un listado de clientes propensos al abandono<br><br>• El retorno de la inversión deberá ser del 125% en 2 años<br><br>• El proyecto se realizará en los sistemas internos |
| **Objetivos de la minería de datos**<br>Objetivos técnicos<br>Criterios de aceptación | **Definir los objetivos del proyecto en términos técnicos:**<br><br>• Estimar la probabilidad de que un cliente abandone la compañía a 2 meses vista teniendo en cuenta una ventana de comportamiento de 6 meses<br><br>• Estimar el abandono con un umbral de precisión del 65%<br><br>• Determinar patrones secuenciales que indiquen saltos frecuentes entre segmentos de clientes hasta que, potencialmente, abandonan la compañía<br><br>• Obtener reglas de asociación entre servicios contratados para el diseño de promociones de cara a la retención |
| **Elaboración del plan de proyecto**<br>Plan de proyecto<br>Elección de herramientas | **Definir los siguientes pasos y la infraestructura a utilizar:**<br><br>• Los datos para la modelización se almacenarán en PostgreSQL, utilizando PowerCenter como ETL<br><br>• La modelización se realizará con SPSS Modeler y el despliegue y la inferencia con SPSS CADS |

**Tabla 10-3**. Descripción y entregables de la etapa de comprensión del negocio en CRISP-DM.

▸ **Despliegue**. La fase final, y la más importante, es la de puesta en producción de los modelos. Esto implica el despliegue y la integración de estos en los sistemas de negocio, ya sean operacionales o informacionales. Con independencia de que el despliegue implique una inferencia en producción de los modelos o se limite a una serie de recomendaciones, es fundamental la realización de un informe y una presentación final que exponga las conclusiones en términos que sean claros para el negocio y sus diferentes usuarios. Al finalizar el proyecto se deben documentar las lecciones aprendidas, así como los puntos a considerar de cara a posibles extensiones. También es fundamental evaluar el **retorno de la inversión**.

Si bien ya han transcurrido más de dos décadas desde su primera publicación, CRISP-DM está plenamente vigente en cuanto al desarrollo analítico de un proyecto de minería de datos. Las etapas de comprensión y preparación de datos necesitan una cierta actualización, ya que inicialmente solo contemplaban la gestión de datos estructurados en observaciones y atributos. Lo mismo ocurre con la etapa de despliegue. De acuerdo con el desarrollo tecnológico de la época, CRISP-DM no aborda los distintos aspectos alrededor de la inferencia y el mantenimiento de los modelos, algo requerido en los entornos de *Big Data* de hoy en día.

Respecto al resto de metodologías, todas ellas giran alrededor de las mismas etapas definidas por CRISP-DM. **SEMMA** fue desarrollada por SAS Institute a finales de esta última primera década. No es, por lo tanto, agnóstica en cuanto a tecnología, estando más centrada en los aspectos técnicos del proyecto. **OSEMN** consiste más bien en una relación ordenada de tareas alrededor de la construcción de modelos, más apropiada para labores de experimentación.

**ASUM-DM** fue desarrollada en 2015 por IBM. Se puede considerar una versión extendida y refinada de CRISP-DM, de la que adopta su visión analítica y la extiende con un enfoque Agile. Hace más foco en la parte de gestión del proyecto, identificando roles, perfiles y tareas, proporcionando guías y plantillas para cada una de las etapas. Con un planteamiento similar, Microsoft lanzó en 2016 **TDSP**. Como CRISP-DM, TDSP proporciona una definición del ciclo de vida de los modelos y una estructura de proyecto estandarizada. Sin embargo, pone el foco en las fases productivas, contemplando la infraestructura, las herramientas y los recursos requeridos, con una clara orientación a la computación en la nube. No es de extrañar, por tanto, que se apoye en Azure en lo referente a la tecnología. Entre otras aportaciones, TDSP es especialmente relevante por aplicar y sistematizar las prácticas de desarrollo y despliegue de software a la minería de datos. Como veremos en el siguiente apartado, esta visión de «**el modelo como producto**» es la base de los planteamientos de **MLOps** para la automatización de todo el ciclo de vida, siguiendo las mismas ideas y directrices que en DataOps.

## 10.2.2 Automatización de modelos: MLOps

En el Capítulo 7 cubrimos los aspectos más relevantes relativos a la puesta en producción e inferencia de los modelos predictivos. Siguiendo esa misma línea, en el

Capítulo 9 hablamos de la necesidad de monitorizar la aplicación de estos modelos para, entre otras cosas, detectar la existencia de sesgo y, si es necesario, proceder a un reajuste o recalibración. Mirada en su conjunto, la vida de un modelo se compone de dos ciclos necesariamente enlazados sin solución de continuidad.

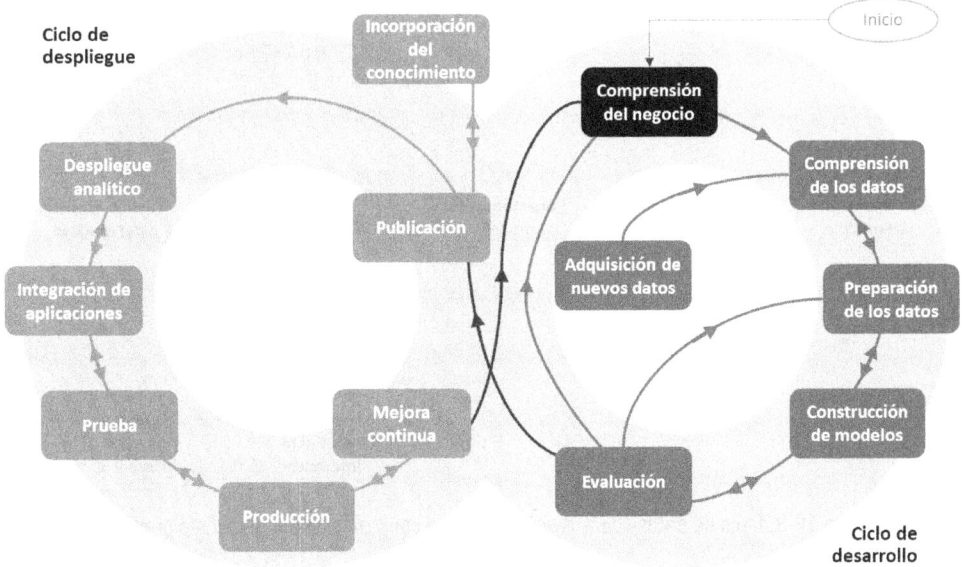

**Figura 10-8.** Ciclos de desarrollo analítico y despliegue de modelos de aprendizaje automático.

**Nota.** Adaptado de *An ode to the analytics grease monkeys* [Figura], por Erick Brethenoux, 2017, KDnuggets (*https://www.kdnuggets.com/2017/02/analytics-grease-monkeys.html*).

La Figura 10-8 plasma esta idea de integración y entrega continua (CI/CD), muy en la línea de los conceptos y elementos de DataOps que planteamos en apartados anteriores. Una vez validado, el modelo abandona el ciclo de desarrollo y pasa al de despliegue. En este momento, el modelo ya nos aporta un conocimiento, que dependerá del tipo de algoritmo utilizado: habremos obtenido segmentos de clientes, propensiones de compra o asociaciones de productos que nos permitirán entender mejor el negocio. Sin embargo, nuestro objetivo es la **inferencia**, aplicando el modelo a nuevos datos con el fin de seleccionar público objetivo para nuestras campañas, identificar y retener a los clientes más rentables o diseñar un cupón de descuento en el mismo momento en que se cierra una transacción. Para ello tenemos que publicar el modelo en un repositorio y documentarlo[246], desplegarlo en forma de API o

---

246  A la hora de la documentación, se han puesto recientemente de moda las **tarjetas de modelos** (*model cards*), que vienen a ser una especie de prospecto conteniendo las indicaciones de uso: como ha sido entrenado, las métricas de entrenamiento y errores cometidos, etc. Google ha definido las suyas (*https://modelcards.withgoogle.com/about*) e IBM ha hecho lo propio (*https://aifs360.mybluemix.net/*).

contenedor, integrar y probar su invocación con otros procesos y, por último, ponerlo en producción y monitorizarlo.

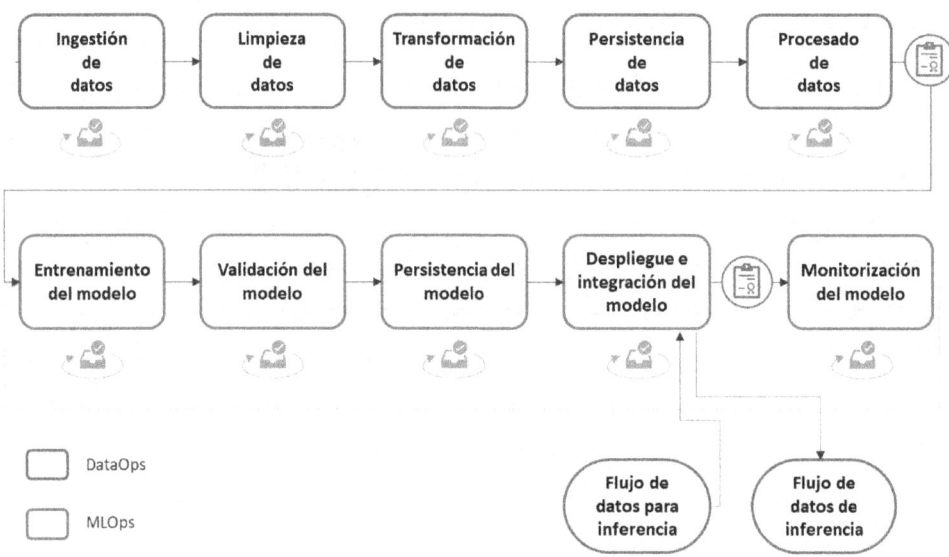

**Figura 10-9.** Flujo de datos (*data pipeline*) para la construcción de un modelo predictivo.

Con la misma idea que DataOps, pero con el foco en las particularidades del ciclo de vida de los modelos de aprendizaje automático, surge **MLOps** (*Machine Learning Operations*). En esencia, se trata de sistematizar y hacer operativas las distintas etapas involucradas en el desarrollo y despliegue de los modelos que ya hemos ido viendo a lo largo de diferentes capítulos, con el fin de hacerlas escalables y lo más automáticamente posible[247].

La Figura 10-9 muestra un flujo de datos, en este caso orientado a la construcción y publicación de un modelo predictivo. La primera parte de este flujo, la que tiene que ver con los datos, es similar a la que veíamos en la Figura 10-5. Las diferencias están en los matices alrededor del procesado final de los datos antes de la modelización, que será distinto que en el caso de elaborar un cuadro de mando. Formalmente, esta parte sería responsabilidad de DataOps. La segunda parte del flujo, desde el entrenamiento hasta la monitorización del modelo y la recalibración, sería ya un tema de MLOps. Este segmento es susceptible de ser automatizado prácticamente por completo. Como comentábamos en el Capítulo 7, existen soluciones de modelización automática que se encargan de la selección de atributos, el entrenamiento en paralelo de diferentes algoritmos, la

---

247  En ocasiones se utiliza el término **ModelOps** en lugar de **MLOps**. Básicamente vienen a ser la misma cosa, si bien ModelOps opta a ser más genérico, al incluir modelos que no son generados a través de aprendizaje automático. Los modelos basados en reglas de decisión (y aplicados mediante motores de reglas para la inferencia) serían un ejemplo.

optimización de sus hiperparámetros y su comparación. A partir de ahí, el modelo puede ser exportado a diferentes formatos, publicado mediante un API e invocado por lotes o en tiempo real. La monitorización constante del modelo en producción también se sistematiza, incluida la posible recalibración del modelo en el caso en que se detecte sesgo o cualquier otra desviación, como veíamos en el Capítulo 9. La figura indica también que es necesaria la concurrencia de otros flujos de datos durante la operativa del modelo: uno que acondiciona los datos para alimentar el modelo, teniendo en cuenta que las transformaciones pueden ser distintas a las requeridas para el entrenamiento, y otro que recoge los datos de la inferencia y los integra con otros sistemas y procesos del negocio.

Con el fin de completar las metodologías de minería de datos y expandirlas con los conceptos e ideas de MLOps, han surgido ya algunas iniciativas en el sector. Una de ellas es **CRISP-ML(Q)**[248], que recoge el planteamiento del ciclo de desarrollo de CRISP-DM y lo amplía cubriendo las fases de despliegue y monitorización, con un foco especial en el aseguramiento de la calidad.

## 10.3 SOLUCIONES PARA LA GESTIÓN Y GOBIERNO DEL DATO

Existen múltiples y variadas herramientas para la gestión y el gobierno del dato. Muchas de ellas son en forma de solución de gobierno integrada, mientras que otras están más especializadas en algún área concreta. La Tabla 10-4 contiene algunas de las más relevantes

| Fabricante | Solución | Foco |
|---|---|---|
| Collibra | **Collibra Platform** | • Gestión de metadatos<br>• Linaje y análisis de impacto<br>• Catálogo de datos |
| Informatica | **Axon Data Governance** | • Diccionario de datos<br>• Gestión de calidad<br>• Observancia |
| Atlan | **Atlan Platform** | • Catálogo de datos<br>• Glosario de negocio<br>• Linaje y análisis de impacto |
| Oracle | **Oracle Enterprise Metadata Management** | • Gestión de metadatos<br>• Catálogos semánticos<br>• Análisis de impacto |
| IBM | **IBM Cloud Pak for Data** | • Catálogo de datos<br>• Gestión de metadatos<br>• Clasificación y glosarios |

**Tabla 10-4.** Algunas de las principales soluciones en el área de gestión y gobierno del dato.

---

248 *https://ml-ops.org/content/crisp-ml*

En el área de DataOps podríamos citar a los principales actores que vimos en el Capítulo 4 y en el Capítulo 5 sobre transformación del dato. Soluciones como **Apache Airflow**, **Databricks**, **Collibra** o **Trifacta** dominan este sector del mercado.

Si nos ceñimos a herramientas de observancia, **Datadog**, **Grafana** o **Dynatrace** cubren no solo la parte de datos, sino que permiten el seguimiento, control de trazas y generación de métricas para sistemas y aplicaciones en general. **MLflow**, **TensorBoard** o **Kibana** están más especializadas en la observancia de modelos y MLOps.

## 10.4 RESUMEN DEL CAPÍTULO

En este capítulo hemos planteado una visión general de los distintos aspectos relacionados con la administración del dato.

- ► Como disciplina, la gestión del dato se encarga de **administrar el ciclo de vida de la información** en la organización, encargándose de su recolección, transformación y almacenamiento, pero también de su custodia y destrucción cuando ya no es necesaria.

- ► El marco de gestión del dato **DAMA-DMBOK2** define el modelo de gestión del dato a través de 13 áreas de conocimiento especializadas, donde el gobierno del dato es un elemento central y coordinador de todas las demás. Para cada área, DAMA-DMBOK2 define objetivos, roles, responsabilidades, herramientas y métricas a controlar.

- ► Basado en planteamientos Agile, **DataOps** establece una serie de prácticas y operaciones de cara a sistematizar y automatizar el despliegue de datos dentro de la organización. Bajo una concepción de integración y entrega continua, se apoya en la **observancia** de los sistemas que gestionan los datos para controlar y medir el estado de los procesos asociados.

- ► Dentro del ciclo de desarrollo de los modelos de aprendizaje automático, la metodología **CRISP-DM** establece un marco iterativo de seis etapas, que va desde la comprensión de negocio y el acceso a los datos hasta el entrenamiento de los modelos y su validación, tanto técnica como funcional.

- ► De forma equivalente a DataOps, **MLOps** se encarga de sistematizar el ciclo de despliegue de los modelos, incluyendo su integración con las aplicaciones y sistemas del negocio, la puesta en producción y la monitorización y posterior recalibración, cuando esta sea necesaria.

En definitiva, la gestión y el gobierno del dato son partes fundamentales a la hora de orquestar los diferentes elementos y roles relacionados con el procesamiento de la información y los activos relacionados.

# BIBLIOGRAFÍA RECOMENDADA

Con el fin de facilitar la ampliación de los distintos temas abordados en el libro, la siguiente es una recomendación de textos de referencia, agrupados según los conceptos tratados. Aunque internet es un origen constante de información, siendo su continua actualización su principal aportación, considero que es interesante disponer de una primera línea de consulta sobre una base de fuentes recientes, aunque también consolidadas. En la siguiente relación prima la concreción frente a la extensión, algo que creo el lector agradecerá[249].

## Introducción al *Big Data*

Casas, J., Nin, J., & Julbe, F. (2019). *Big Data: análisis de datos en entornos masivos*. Editorial UOC.

Pochiraju, B., & Seshadri, S. (Eds.). (2019). *Essentials of Business Analytics: an introduction to the methodology and its applications*. Springer.

Zikopoulos, P., Eaton, C., deRoos, D., Deutsch, T., & Lapis, G. (2012). *Understanding Big Data: analytics for enterprise class Hadoop and streaming data*. Mc Graw Hill.

## Arquitecturas y patrones

Dehghani, Z. (2022). *Data Mesh: entrega de valor impulsado por los datos a escala*. Marcombo.

Gorelik, A. (2019). *The Enterprise Big Data Lake: delivering the promise of Big Data and Data Science*. O'Reilly.

---

249 Aunque el idioma no ha sido un criterio para la elaboración de esta selección, he tratado de incluir referencias en castellano en la medida en que estas están disponibles de forma original o mediante traducción.

Inmon, B., Levins, M., & Srivastava, R. (2021). *Building the Data Lakehouse*. Technics Publications.

John, T., & Misra, P. (2017). *Data Lake for Enterprises: leveraging Lambda architecture for building enterprise data lake*. Packt.

Kimball, R., & Ross, M. (2013). *The data warehouse toolkit: the definitive guide to dimensional Modeling*. Wiley Publishing.

LaPlante, A. (2021). *Data Fabric as Modern Data Architecture*. O'Reilly.

## Almacenamiento y procesamiento de datos

Damji, J., Wenig, B., Das, T., & Lee, D. (2020). *Learning Spark: lightning-fast data analytics*. O'Reilly.

Kimball, R., & Caserta, J. (2004). *The data warehouse ETL toolkit: practical techniques for extracting, cleaning, conforming, and delivering data*. Wiley Publishing.

Kleppmann, M. (2022*). Diseño de aplicaciones mediante el uso intensivo de datos*. Marcombo.

Marz, N. (2015). *Big Data: principles and best practices of scalable Realtime data Systems*. Manning Publications.

Redmon, E., & Wilson, J. (2012). *Seven Databases in Seven Weeks: a guide to modern databases and the NoSQL movement*. Pragmatic Bookshelf.

Reis, J., & Housley, M. (2022). *Fundamentals of Data Engineering: plan and build robust data systems*. O'Reilly.

Stopford, B. (2018). *Designing Event-Driven Systems: concepts and patterns for streaming services with Apache Kafka*. O'Reilly.

White, T. (2015). *Hadoop: the definitive guide*. O'Reilly.

## Análisis descriptivo y visualización de datos

Feigenbaum, A., & Alamalhodaei, A. (2020). *The Data Storytelling Workbook*. Routledge.

Few, S. (2006). *Information Dashboard Design: the effective visual communication of data*. O'Reilly.

Kirk, A. (2012). *Data Visualization: a successful design Process*. Packt Publishing.

Wexler, S., Shaffer, J., & Cotgreave, A. (2017). *The Big Book of Dashboards: visualizing your data using real-world business scenarios*. John Wiley & Sons.

## Minería de datos, aprendizaje automático y análisis prescriptivo

Delen, D. (2019). *Prescriptive Analytics: the final frontier for evidence-based management and optimal decision making*. Pearson FT Press.

Gutiérrez, D., Tapia, A., & Rodríguez, A. (2020). *Algoritmos genéticos con Python: un enfoque práctico para resolver problemas de ingeniería*. Marcombo.

Raschka, S., & Mirjalili, V. (2019). *Python Machine Learning: aprendizaje automático y aprendizaje profundo con Python, scikit-learn y TensorFlow*. Marcombo.

Sutton, R., & Barto, A. (2018). *Reinforcement Learning: an introduction*. The MIT Press.

Tan, P., Steinbach, M., & Kumar, V. (2014). *Introduction to Data Mining. Pearson*.

Witten, I., Fran, E., & Hall, M. (2011). *Data Mining: practical machine learning tools and techniques*. Morgan Kaufmann.

## Inteligencia artificial y aprendizaje profundo

Benjamins, R., & Salazar, I. (2020). *El mito del algoritmo: cuentos y cuentas de la inteligencia artificial*. Anaya Multimedia.

Bosch, A., Casas, J., & Lozano, T. (2019). *Deep Learning: principios y fundamentos*. Editorial UOC.

Kelleher, J. (2019). *Deep Learning*. MIT Press.

Miralles, J. (2020*). Proyectos de Inteligencia Artificial: guía práctica para abordar con éxito proyectos de IA en la empresa*. Amazon Media EU.

Pajares, G., Herrera, P., & Besada, E. (2021). *Aprendizaje Profundo*. RClibros.

Villas, M., & Camacho, J. (2022). *Manual de ética aplicada en inteligencia artificial*. Anaya Multimedia.

## Gobierno del dato, DataOps y MLOps

Ladley, J. (2019). *Data Governance: how to design, deploy and sustain an effective data governance program*. Academic Press.

Raj, E. (2021). *Engineering MLOps: Rapidly build, test, and manage production-ready machine learning life cycles at scale*. Packt Publishing.

Treveil, M. (2020). *Introducing MLOps: how to scale machine learning in the enterprise*. O'Reilly Media.

Trewin, S. (2012). *The DataOps Revolution: delivering the data-driven enterprise*. CRC Press.

# SÍGUENOS EN INSTAGRAM Y ACCEDE GRATIS A NUESTRA BIBLIOTECA DIGITAL DURANTE 30 DÍAS.

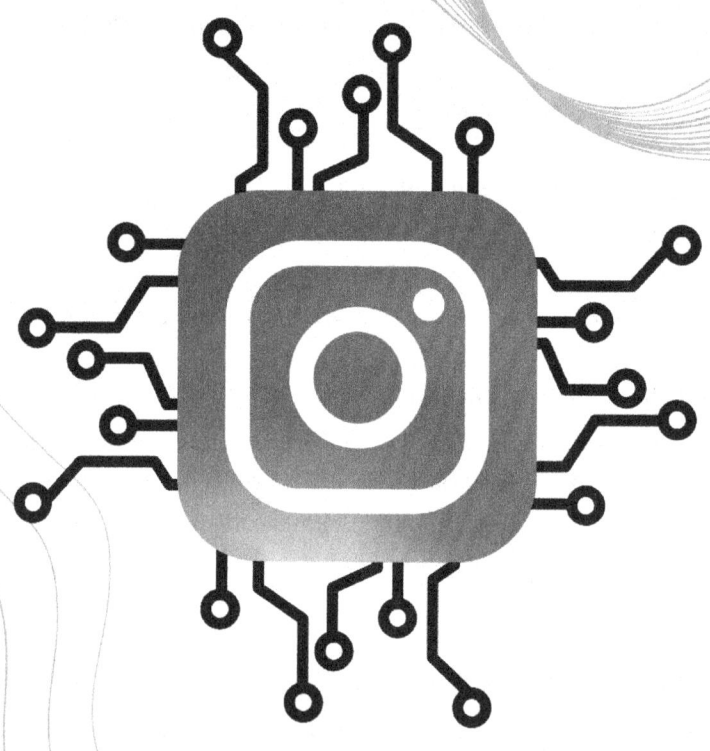

## @grupoeditorialrama

¡ENVIANOS TU MAIL POR PRIVADO!

Grupo Editorial
**ra-ma**

40 ANIVERSARIO